U0113374

北京大学
120ᵗʰ ANNIVERSARY OF PEKING UNIVERSITY
1898—2018

一带一路

青年命运共同体

北京大学研究生会
北京大学全球互联互通研究中心

商务印书馆
创于1897
The Commercial Press

2019年·北京

《"一带一路"青年命运共同体》

编委会主任

叶静漪

编委会副主任

陈永利　翟　崑

主编

苏晖阳

编委

（按姓氏音序排列）

白　桦	陈　光	陈军伟	陈尚敏	黄　冠	黄胜辉	李　昂
李嘉如	李林硕	李　佩	李婷婷	李闻笛	李汶颐	李雨思
林子薇	盛姜月	石长翼	苏晖阳	王　瑞	王少川	王圣博
王晓玉	吴朋政	吴思敏	熊　岚	杨　冬	杨廷婷	姚昕言
叶　莹	于明坤	余庆峰	张博宇	张姣姣	张　勤	赵　磊
赵远婕	周一帆					

全球视野和大国青年

袁明

北京大学燕京学堂院长，北京大学国际关系学院教授

十多年前，我开始给北大的年轻朋友们讲"全球视野和大国青年"。这个题目后来讲到了全国 985 高校的许多学校，还走进了北京、天津、江苏、新疆的许多中学校园。我自己也忘了究竟修订更新过多少次内容。

我之所以选这个题目，是想把自己多年读书以及参加国际活动后的思考告诉年轻人。世界在起大变化，大国青年要有担当，当然，大国青年也是很不容易做的。

几天前，我在英国牛津，参加北京大学 120 周年校庆海外庆典暨北京大学英国校区启动仪式。在题为"国际关系新时代中的身份认同与文化多元"的演讲中，我提到，中英两国人士有一种共性，即富有历史感。究天人之际，通古今之变，这是人性中极美的知与识之光辉。生活在信息技术不断为生活助力的当下，历史感分外重要，它会提醒我们，我们究竟从哪里来，要到哪里去？我们为什么出发，并再次出发？

那么，历史感如何在现实中得以呈现呢？

历史的记忆，岁月的沉淀，常常要被生活的新实践一遍遍唤醒。当下地球上几十亿人参与其中的"一带一路"布局与实践，是被唤醒的伟大历史记忆所激发的当代宏图。

上周在往来英国的航程上,我不止一次地想起,如今万里高空之下的这块被称为欧亚大陆的土地,不知沉埋了多少人类活动的往事。除了大漠驼铃,这些人类的故事也伸展到万顷碧波之外。现任北大党委书记的郝平教授告诉过我,他在教育部工作时,曾远行到达印度洋西部岛国科摩罗,岛上的博物馆中陈列着来自中国的青花瓷,甚至海岸边还时有青花瓷的碎片出现。如瓷器这样的精美的华夏文明瑰宝,我们曾在欧洲的博物馆和宫殿遗址中见过许多,但是它们居然也被远传至非洲岛屿,这真令人生发无限遐想。历史的准备,要等有心人来发现。

《"一带一路"青年命运共同体》一书,是北京大学的青年学生为主体创作的。看完全稿后我的第一感觉是,当代大国青年需要具备的情怀、视野、敏锐和实干,似乎都闪现在这本书的字里行间。全书紧扣青年的使命与担当这个大主题,实实在在地涉及了当代世界政治、经济、社会生活的众多方面,如国际维和、难民救助、教育合作、环境保护、跨境电商、多元化融资体系、跨区域物联网建设、信息化与智能化、医疗卫生服务、反腐败与国家治理现代化等等。

更使我感动的是本书的几个关键词,它们是:和平、繁荣、开放、创新、文明。这些词分别以各章标题的形式列出。我以为这样的点睛,至关重要。

因为古老的丝路,留下的远不止是物质的遗产。

人类不断超越自我,走到今天,太不容易。展现人类进步的主线是什么?这本书的年轻写作者们,在翟崑老师的具体指导下,提炼出和平、繁荣、开放、创新、文明这些关键词汇,点出了真正的人类精神,或者说人类精神的真正积极方面。我们可以看一下对应的反义词:征战、凋敝、闭塞、守旧、野蛮,这样的状态,都是对人的生活与尊严的伤害。我们应当尽一切努力防止历史悲剧重演。丝路精神的当代提炼,也只有到这样的高度,才会真正激发人继续向上、向善、向美、向真的追求。

如前面所提到的瓷器,它是物质的,但它体现并传承的文明气息和气象,能以极强的魅力远播四方,早就超越了华夏先民的原住地,甚至还从异域得到了英文中"China"这一名称。同样还有丝绸，也是物质的，这样的物质所带动的审美创造，是中华文明给世界的巨大贡献，是真、善、美在生活中的具体展现。中华文明，气象万千，其中内容之丰富，一时是道不尽的。我们仅以丝绸与瓷器为例，它们这样的"开题"，给后人留下了多少创意、想象和再发展的空间。

见物如见史。华夏文明的传人，在全球化的今天，如何为世界提供新的公共产品？北京大学的年轻人，以"'一带一路'青年命运共同体"作为标题，立意高远。

高远的立意，催生毅力和坚持，也必须靠能力甚至"绝技"来体现。

大国青年，有全球视野，有文化底气，有沟通能力，身怀"奇艺"或"绝技"，就一定能在这个时代，做好自己，服务他人，服务社会，构筑起真正的人类命运共同体。

谨向青年朋友们致以最美好的祝愿。

是为序。

2018 年 4 月

目 录

"一带一路"：青年的使命与担当

《"一带一路"青年命运共同体》编委会

在 2018 年的五四青年节来临之际，我们尝试通过《"一带一路"青年命运共同体》一书，回答一个时代之问——中国青年如何与国家、社会、世界同行？答案是当代青年对"一带一路"青年命运共同体的思考与实践。

一

中国青年如何与国家、社会、世界同行？这个问题源于当代青年如何继承发扬五四精神。"五四"是中国青年和国家命运的代名词。北京大学作为新文化运动的中心和五四运动的策源地，把五月四日定为校庆日。四年前的 2014 年 5 月 4 日，习近平主席视察北京大学，与师生对话并探讨社会主义核心价值观，激励新时代的北大青年和全国青年继承发扬五四精神，"与祖国和人民同行，努力创造精彩人生"。习近平主席说："五四运动形成了爱国、进步、民主、科学的五四精神，拉开了中国新民主主义革命的序幕，促进了马克思主义在中国的传播，推动了中国共产党的建立。""广大青年对五四运动的最好纪念，就是在党的领导下，勇做走在时代前列的奋进者、开拓者、奉献者，以执着的信念、优良的品德、丰富的知识、过硬的本领，同全国各族人民一道，担负起历史重任，让五四精神放射出更加夺目的时代光芒。"在党的十九大报告中，习近平总书记再次强调了"青年兴则国家兴，青年强则国家强","全党要关心和爱护青年,为他们实现人生出彩搭建舞台"。2018年,恰逢北大建校120周年,习近平主席北大五四讲话四周年,青年学子们手中应该有一份"勤学、修德、明辨、笃实"的答卷了。

中国青年如何与国家、社会、世界同行?这个问题扩展于中国青年如何建设"青春世界"。习近平主席在北大五四讲话中说:一代又一代有志青年"以青春之我,创建青春之家庭,青春之国家,青春之民族,青春之人类,青春之地球,青春之宇宙"。青春在当下,在改革开放40年的中国,在大变革的世界中,青年如何实现中华民族伟大复兴,如何在中国崛起的同时造福世界,成为新的时代命题。关于中国与世界的关系,习近平主席在2017年1月达沃斯论坛上曾经问到,"世界到底怎么了",并提出中国的全球化主张和全球治理方案。同年5月,习近平主席在"一带一路"国际合作高峰论坛上说,一直思考解决当今世界的三大赤字问题,即和平赤字、发展赤字、治理赤字。而习近平主席在2013年秋天提出的"一带一路"建设,正是联通中国发展和世界共同发展的中国倡议和国际共识。

中国青年如何与国家、社会、世界同行?这个问题落实于"一带一路"建设。党的十八大以来的五年,也是"一带一路"倡议落实推进的五年。党的十九大将"一带一路"列入党章,为"一带一路"确立了战略定位和发展方向,并赋予其建设现代经济体系、推进人类命运共同体建设和全球治理的使命。"一带一路"不仅要服务于"美好生活",也要服务于"美好世界"。习近平主席在国内外多个场合强调青年在"一带一路"建设中的积极作用。"每一代青年都有自己的际遇和机缘,都要在自己所处的时代条件下谋划人生、创造历史。青年是标志时代的最灵敏的晴雨表,时代的责任赋予青年,时代的光荣属于青年。"从这个意义上说,"一带一路"就是这一代青年人的际遇和机缘,责任与光荣。

因此,中国青年如何与国家、社会、世界同行?这个问题的答案就是"青年丝路人"的责任与担当。习近平主席在2017年5月"一带一路"国际合作高峰论坛开幕式演讲中说:一代又一代"丝路人"架起了东西方合作的纽带、和平的桥梁。"丝路人"是"一带一路"的认同，解决的是"我是谁"的问题。早在"一带一路"建设初期，就有学者使用"一带一路人""丝路新使者""丝路新通使"等相关概念，而"丝路人"是对过去各种"一带一路"参与者称谓的总称。那些认同"一带一路"的志同道合者是"丝路人"。"丝路人"坚持"一带一路"的"共商、共建、共享"三原则。"丝路人"有责任担当，是责任共同体；有利益需求，是利益共同体；休戚相关，是命运共同体。这些"丝路人"，"完全可以从古丝绸之路中汲取智慧和力量，本着和平合作、开放包容、互学互鉴、互利共赢的丝路精神推进合作"。而"丝路人"的中坚力量，是"青年丝路人"，是"一带一路"的青年命运共同体。

二

习近平主席在"一带一路"国际合作高峰论坛上确立了"一带一路"的五大目标，即把"一带一路"建成和平之路、繁荣之路、开放之路、创新之路、文明之路。五年来，"青年丝路人"在"一带一路"建设的"五路"目标上，刷亮了"一带一路"建设的青春度。他们正在形成"一带一路"青年命运共同体的"知—行—创"模式。知是教研一体，行是多元实践，创是开创引领。

青年与和平的"一带一路"。知——北京大学南南合作与发展学院重在培养发展中国家的青年官员。北京大学学生就业指导服务中心在全国首设"国际组织实习就业"专题班，为学生获得在国际组织工作和实习的机会、通过国际组织做贡献迈出第一步。北大国际关系学院的王丽娜博士系统研究了"一带一路"国家的青年问题和青年政策，发现联合国、地区组织，包括很多国家，更加看重青年在治理中的正面作用，制定更加有为的青年政策，从而降低青年暴力冲突，扩大青年红利。行——北大的刘廷梅同学成为一名光荣的国际维和战士，在东帝汶执行维和行动，表现优异，获得联合国和东帝汶的双料勋章。宋玺同学成为一名女特战队员，参加了亚丁湾海上护航行动，参与了解救在索马里海域遭遇海盗袭击的船员。中国青年志愿者参与到西亚北非难民的援助活动。创——孟文婷博士正在研究联合国维和行动、海外风险保护、国际救援等多种安全模式,进而探究"一带一路"的安全维护模式。越来越多的青年人致力于解决病媒生物和外来物种防范、跨国农业合作、生物质能等非传统安全问题。

青年与繁荣的"一带一路"。知——北大一些院系纷纷成立"一带一路"研究中心,开设课程,举办讲座,研究"一带一路"的经济逻辑,评估"一带一路"的实际操作,完善"一带一路"的趋利避害。一大批学生参与到与"一带一路"相关的课题,产生了像"一带一路"贸易投资指数、"一带一路"五通指数评估等重大成果。行——还有一些学生结合自己的专业,参与到"一带一路"的产业建设与项目合作,融资体系与资本市场,能源结构与绿色发展,基础设施与国际法等问题的研究与实践。北大管理学院的博士后陈岗在"一带一路"建设的核心区福建省平潭综合实验区党工委、管委会办公室挂职,将其学习到的经济理论运用到平潭综合实验区的开放实践。创——北大的以色列留学生高佑思和中国学生方晔顿,联合创造了跨国体育产业创新模式。青年更强的道德正义感和社会责任感,触发他们关注和追求真实的繁荣、高质量的繁荣、可持续的繁荣。

青年与开放的"一带一路"。知——"一带一路"正成为一个国际性的IP,"一带一路"不只是中国青年的,也是国际青年的。"一带一路"青年命运共同体的建设,得有不分内外、无问东西的精神。"一带一路"青年命运共同体对中国青年而言是要有国际意识,对外国青年来说是更加了解中国。北大燕京学堂设立了中国学的国际硕士项目,将这两方面的需求对接起来。国际象棋世界冠军侯逸凡以棋道论开放之道,将"一带一路"倡议比作国际象棋中的定式,牢记并运用定式将有助于青年实现自我——开放对青年而言不仅意味着勇于走出舒适区进行多元尝试,也意味着接受自己的成功与失败。行——青年们注意到,有些国家并不承认"一带一路",有些人也不认同"一带一路",但他们明白,"一带一路"青年命运共同体不是选边站队,而是在于表达这样一种信息——让我们为美好世界释放青春能量,贡献青春智慧。在"带路"上的、不在"带路"上的,中美青年、中日青年、中印青年，都可以在一起合作。"一带一路"青年命运共同体也欢迎批评者。批评者能否存在，本身就是"一带一路"青年命运共同体开明与否的评判标准。创——北大的新加坡留学生佘雯雁同学有感于来自东南亚的留学生与中国学生的相互交流不多，创办了中国—东盟青年峰会，以留学生为主组织，面向全球青年开放，一炮打响。在第二届峰会上，青年们还请来了并非东盟国家但是正在申请成为东盟成员的东帝汶的青年代表，开放包容之心可见。

青年与创新的"一带一路"。知——鲁迅先生说："北大是常为新的，改进的运动的先锋，要使中国向着好的，往上的道路走。"北大林建华校长强调"守正创新，引领未来"。创新驱动实质上是人才驱动，而创新型人才则来自于创新型教育。北京大学极客实验室这样的新兴教育平台培养善于接受新事物、知识储备扎实、国际视野开阔的青年人。行——当下中国青年正以前所未有的热情和能力投身于科技创新的浪潮之中。百度作为全球最大的中文搜索引擎，向"一带一路"国家提供大数据技术，帮助他们建立完善的互联网体系。张晓升、韩梦迪等一大批北大优秀青年致力于纳米技术的探索，将其技术转化为成果并投入于智慧城市建设之中，为沿线国家提供解决"城市病"的尖端技术和方案。创——北大光华管理学院毕业生戴威抓住数字经济的机遇，提出共享单车概念，ofo 不仅致力于优化中国人的出行选择，而且在走出国门后，完善优化合作国家的交通出行体系，推动绿色城市建设，助力政府管理和全球低碳治理模式的创新。

青年与文明的"一带一路"。知——北大设置了一系列"一带一路"相关课程，帮助青年了解各国历史文化及国情。青年也认识到，从历史经验中总结出来的"丝路精神"，是"一带一路"的共同价值观，共同软实力，而非中国一国之价值观或软实力，易于广泛接受并形成文明互鉴。这在很大程度上解决了中国在崛起过程中的共同价值观困扰问题。新加坡的黄俊扬同学，求学之路从新加坡到意大利，再到北大，可谓丝路知识之旅。行——在青年交往中，不管有没有宗教信仰，归根到底，都有共同的惠及民众、普度众生、终极关怀的使命。众多的学生组织和社团为青年国际交流提供了机会，将知识储备转为开放对话的产出。北京大学文物爱好者协会、燕园文化遗产保护协会等社团走出校园，投身"一带一路"历史文化遗产保护。在敦煌，越来越多的青年人继承事业，将遗产变为活产，将古老催化青春。创——"一带一路"青年命运共同体，就是青年们在文明互鉴过程中的创造。

未来已来。青年人正放眼未来，掌握通往未来的钥匙。青年将成为"一带一路"这场新时代的全球性运动的中坚力量。中国青年在"一带一路"建设中继承发扬五四精神，与各国志同道合的青年一起，致力于更具包容性的"一带一路"青年命运共同体建设，是对中国青年与国家、社会、世界同行这个问题的时代之答。

第一章

青年与和平

引　言

　　世界正处于大发展、大变革、大调整时期，和平与发展仍然是时代主题。古丝绸之路，和时兴，战时衰。要想推动落实"一带一路"倡议，首要条件就在于一个和平安宁的国际环境，建设一个远离恐惧、普遍安全的世界。然而，曾经被誉为"流淌着牛奶与蜂蜜的地方"的古丝绸之路沿线地区，现在不少地方一经提起就让人联想到冲突动荡和危机挑战。纵观人类文明发展进程，尽管千百年来人类一直期盼永久和平，但战争从未远离，人类始终面临着战火的威胁。在人类有历史记录的3421年中，只有268年没有发生过战争。暴力是人类竞争的最极端形式。直到现在，人们仍然面临着战争与暴力威胁的局面。战争的原因从未改变：贪婪、争强好胜、骄傲，以及对食物、土地、资源与霸主地位的欲望。具体表现为大国间的竞争愈演愈烈，地区之间经济和社会发展失衡的程度不断加深，地球生态环境持续恶化；人们对公正缺失、社会不平等的现象越来越不满；民粹主义思潮风起云涌，与"强人政治"的复苏遥相呼应。这些危机与挑战对维护世界和平的事业，尤其是对追求和平的青年造成了强大的冲击。

　　不过，冲突和动荡无法阻挡青年对和平的追求。中国的维和行动给冲突地区带去了信心，让当地民众看到了希望。刘廷梅完成了从北大学子到国际维和战士的华丽变身，宋玺则从一个能歌善舞的大四学生摇身一变成为"北大铁娘子",展示了新时代的知识青年以身践行、维护世界和平的风貌。中国参加维和取得的优秀成果,证明了青年人在维护世界和平中的作用,为青年人如何更好地投身维和事业提供了榜样。为了帮助涌入欧洲的来自西亚北非地区的大量难民,中国青年志愿者与其他国家的热心青年一道,在多种社会力量的共同努力下,为难民提供了一个安全稳定的生活环境。青年志愿者的行为,对个人价值的实现、国家的发展产生了双重影响。在维护生物安全方面,不少青年人奋斗在病媒生物和外来物种防范、跨国农业合作、生物质能的开发利用等科研一线。同时,教育对于维护世界和平具有重要意义,青年们通过孔子学院、北京大学南南合作与发展学院等平台参与国际教育合作与交流,在内心深处播撒了饱含和平理念的种子,为世界的未来留下了希望。

从国家层面看,各方对人类和平与发展的前景既有期待,也有忧虑。中国作为一个负责任的大国,坚定维护联合国权威和地位,积极履行应尽的国际义务和责任,致力于构建以合作共赢为核心的新型国际关系,打造对话不对抗、结伴不结盟的伙伴关系。人类生存在同一个地球上,本国安全不能建立在别国不安全的基础上,别国面临的威胁也可能成为本国的挑战。面对日益复杂化、综合化的安全威胁,各国单打独斗不行,迷信武力更不行。各国应该尊重彼此主权、尊严、领土完整,尊重彼此发展道路和社会制度,尊重彼此核心利益和重大关切。

人类的前途是光明的,但光明的前途不会自动到来,需要人类齐心协力去开创。和平与发展的道路不会一帆风顺,构建人类命运共同体的目标需要各国为之不懈奋斗,需要各国青年为之团结一心。中国将积极推动共建"一带一路",始终做世界和平的建设者、全球发展的贡献者、国际秩序的维护者。中国青年将同各国青年一道,共同开创人类更加繁荣、更加安宁的美好未来。

"一带一路"之和平共建重在青年的民意相通

王丽娜

北京大学国际关系学院博士研究生

2017 年 5 月 14 日，中国国家主席习近平在"一带一路"国际合作高峰论坛开幕式上指出，丝绸之路的精神核心是"和平合作、开放包容、互学互鉴、互利共赢"，要将"一带一路"建成和平之路、繁荣之路、开放之路、创新之路、文明之路。作为"一带一路"顺利进行的重要前提，和平是丝路精神的核心要素，也是丝路建设的关键挑战。目前，"和平赤字"是全人类面临的主要挑战之一。习近平主席倡导"共商、共建、共享"的全球治理理念，开创合作共赢的新模式，构建人类命运共同体。作为国家对外交往中最活跃、最积极的因素，青年在"一带一路"建设中扮演重要角色。建设"和平之路"离不开青年的参与，"一带一路"建设中要注重青年的作用，促进沿线青年培育共同的朋友圈，加强互动与互粉，使其成为国家互赞而非互黑的主要动力，促进沿线民众心相近、民相亲，建设青年命运共同体，借助青年的力量消除"和平赤字"，为"一带一路"建设的顺利推进保驾护航。

一、青年与和平的关系

青年是由少年向成年的过渡阶段，常与生机、朝气、活力和革新等词联系在一起，被认为是充满生机和活力并蕴藏着巨大能量的特殊社会群体。当代青年爱好和平，思维活跃，心系国家大事及人类共同面临的各种挑战。诸多以青年为主体的非政府组织是促进世界和平建设的主要力量。

但是青年群体在为世界和平做出重大贡献的同时，也有可能成为不稳定的因素，引发暴力冲突。青年和政治暴力之间的密切关系已经得到各个领域相关研究的论证。著名政治理论家杰克·戈德斯通（Jack Andrew Goldstone）指出，从英国革命和1848年法国革命起，青年在每一次政治危机中都扮演显著角色。[1] 一位历史学家甚至认为，二战前夕经济危机对青年群体的打击是导致德国纳粹崛起的重要诱因。[2] 法里德·扎卡瑞亚（Fareed Zakaria）在《愤怒的政治：他们为什么恨我们》一文中称，阿拉伯国家面临着严重的青年膨胀问题，大多数国家一半以上的人口都小于25岁，当经济增速放缓以及社会环境的变化与青年膨胀相互作用时，青年群体中就会产生政治反抗的诉求。[3] 厄达尔（Henrik Urdal）对全球各国1950—2000年间的国内武装冲突以及1984—1995年间的恐怖活动和暴乱与青年膨胀之间的关系进行了定量分析，结果证明青年膨胀会增加武装冲突发生的风险。[4]

未来五年是"一带一路"提速的关键时期，以"五通"推"五路"必须保障"一带一路"沿线的和平与稳定。青年既是促进和平的助推力，也是"和平之路"建设的重大挑战。因此了解"一带一路"沿线国家的青年概况和安全挑战，并提出应对措施至关重要。

二、"一带一路"国家的青年概况

大多数"一带一路"国家仍是发展中国家，人口结构属于"成年型"，尚未步入老龄化社会，青年是社会的主力。此外，青年一代成长于信息时代，思维更加开阔，更具包容性。但是，由于青年人口增多以及全球化浪潮带来

---

[1] Goldstone, J. A. Demography, environment, and security. *Environmental Conflict,* Westview Press, 2000.

[2] Moller, H. Youth as a force in the modern world. *Comparative Studies in Society & History,* 1968, 10(03):237-260.

[3] Zakaria, F. The politics of rage: Why do they hate us? *Newsweek,* October 15, 2001, 22-40.

[4] Urdal, H. A clash of generations? Youth bulges and political violence. *International Studies Quarterly,* 2006, 50(03):607-629.

的诸多问题，青年群体也有可能成为不稳定的因素。因此，"和平之路"建设尤其需要关注青年群体，将其变为促进和平而非引发冲突的重要推动力。

第一，"一带一路"国家青年人口膨胀，是"和平之路"建设的重要对象。当代青年，一般指于1980年至1995年出生的人群，被美国人称为"Y一代"或者"千禧一代"。但是各国对于青年的定义不一而同，且年龄划分各有差异。联合国将青年定义为15—24岁之间的年轻人，但随着高等教育的普及，学生在校时间延长，青年的年龄阶段也需根据社会经济状况的变化而有所调整。因此，我们在这里将青年的年龄段拉长为15—29岁。根据联合国数据库数据，2015年"一带一路"沿线东南亚、南亚、西亚北非、中东欧以及中亚和蒙古国五个地区的青年人口分别为1.6亿、4.7亿、1.3亿、0.6亿和0.2亿，共计8.4亿。青年人口在总人口中的比例分别为25.34%、27.33%、26.84%、19.12%和27.84%。[①]尽管这一比例到2025年和2050年将有所下降，但除了中东欧之外，其他地区预计仍将保持在20.00%以上。而且，"一带一路"建设是一个长期工程，并非一代两代人所能完成的，因此青年群体是需要持续争取的对象。

第二，青年思维开阔，是"和平之路"建设的关键突破口。青年人处于信息爆炸的时代，社交网络、新媒体等为青年提供了获取信息的多种渠道及观察问题的多维视角。相较于少年，青年更具鉴别能力；相较于老年，青年更倾向于兼容并包，更加理性和客观。皮尤调查中心2015年的一份报告显示，相较于老一辈，青年群体对中国更有好感。其中"一带一路"沿线国家中的菲律宾、印度尼西亚、泰国、印度、乌克兰和波兰的青年对中国的好感度分别为57%、67%、77%、34%、65%和48%，分别比老年人高出10%、11%、10%、12%、10%和13%。[②]目前，中国与"一带一路"国家的民心相

[①]　The United Nations. World Population Prospects, the 2015 Revision. https://esa.un.org/unpd/wpp/Download/Standard/Population/.

[②]　Pew Research Center. Views of China and the Global Balance of Power, 2015. http://www.pewglobal.org/2015/06/23/2-views-of-china-and-the-global-balance-of-power/.

通建设虽初见成效，但是当地政府及民众受到传统地缘思维的束缚，对中国的战略意图仍多有疑虑。习近平主席指出，"我们推进'一带一路'建设不会重复地缘博弈的老套路"。但是有着历史记忆的老一辈对中国追求和平的愿望仍抱有疑虑，反而是青年有可能成为"和平之路"建设的突破口。

第三，青年群体有可能成为威胁安全的不稳定因素，是"和平之路"建设需重点克服的障碍。研究表明，青年人口的增多尤其是青年膨胀容易引发武装冲突、恐怖主义以及骚乱等政治暴力。[1]从人口角度来看，与其他国家相比，20世纪90年代伊斯兰国家仍然保持了相对较高的生育率，从而导致其当前的青年膨胀问题也相对严峻。"一带一路"沿线伊斯兰国家多达29个，2015年这些国家的青年人口总计3.15亿，占到总人口的27%，而到2025年青年总人口将增长到3.31亿。[2]但与此同时，"一带一路"沿线国家的总抚养比一直居高不下。2015年东南亚、南亚、西亚和中亚的总抚养比分别为48.1%、53.7%、54.3%和51.5%，[3]这意味着青年抚养少儿和赡养老年人的压力巨大。青年人口增多，就业压力加大，生活成本提高，加之与城市化、民主化等多种因素发生化学反应，如果无法妥善处理，青年问题有可能成为"和平之路"建设中的重大安全隐患。

三、加强"一带一路"青年交流的政策建议

鉴于青年群体的诸多特点，中国在"和平之路"建设中有可能也有必要将青年作为突破口。通过打造"青年版""带路"倡议、创新"青年版"传播模式、构建"青年版"交流框架，培育我们共同的朋友圈，促进"一带一路"

---

[1] Urdal, H. A clash of generations? Youth bulges and political violence. *International Studies Quarterly*, 2006, 50(03):607-629.

[2] The United Nations. World Population Prospects, the 2015 Revision. https://esa.un.org/unpd/wpp/Download/Standard/Population/.

[3] The United Nations. World Population Prospects, the 2015 Revision. https://esa.un.org/unpd/wpp/Download/Standard/Population/.

青年的互动与互粉，使其成为国家互赞而非互黑的主要动力。

第一，打造"青年版""带路"倡议，让青年喜闻又乐见。2015年3月28日《推动共建丝绸之路经济带和21世纪海上丝绸之路的愿景与行动》（以下简称"《愿景与行动》"）发布，该文件对"一带一路"的内涵和内容都进行了详尽的阐释。关于"一带一路"倡议的外宣和内宣工作基本上都是对该倡议文本的解读和分析。青年是倡议对外传播的关键受众之一，有必要在遵循《愿景与行动》主体意思的基础上以青年爱听且听得懂的语言打造一份"青年版"的"一带一路"倡议。一方面，倡议的语言表述要"年轻化"。语言设计上可多采用青年喜闻乐见的"流行语"或用语方式，风格轻松，语言幽默。例如，一些网络流行语如"小目标""洪荒之力""世界那么大，我想去看看""重要的事情说三遍"的使用就可以让倡议显得既诙谐又亲切。另一方面，倡议的内容安排要"主题化"。既然是"青年版"的倡议，那就要突出青年关心的议题，如就业、环保等。如上文所述，"一带一路"沿线青年人口膨胀，失业、工作贫困、环境污染以及卫生等问题将严重威胁青年的生存状况和生活质量。此外，目前处于青年膨胀期的国家20年或25年后会迎来青年人口萎缩，总抚养比的提升更将加大青年的负担。因此，倡议中的内容要主题鲜明，多提跟青年切身相关的议题，这样更容易引起他们的关注和共鸣。

第二，创新"青年版"传播模式，不仅标新还要立异。当前"一带一路"对外传播形式多样，但是并没有对其受众进行准确定位，也没有根据不同类型的受众制订具体的传播方案。"一带一路"沿线有8.4亿青年，他们接收信息效率高，传播信息速度快，且在人口结构中处于承上启下的位置，可上传下达。制订针对青年的新颖的传播模式，势在必行。首先，可打造有创意的文化产品。产品是文化和理念的载体，可渗透到民众生活的方方面面。例如，根据青年的普遍喜好，可以制作一些以丝绸之路为主题的动漫、游戏、电视剧和电影等。此外，一些娱乐节目也可以起到加强青年交流的作用。如哈萨克斯坦歌手迪玛希在中国的爆红引起了哈萨克斯坦对湖南卫视《歌手》

的高度关注，哈萨克斯坦哈巴尔电视台从 2017 年春季开始全程转播迪玛希参加的 2017 年《歌手》节目，这档娱乐节目成为哈萨克斯坦民众了解中国的一扇窗口。迪玛希演唱的哈萨克斯坦著名民谣《Daididau》，让中国民众对哈萨克斯坦有了新的认识。其次，利用社交媒体推出"神级"制作。火爆网络的"Seve 舞步"和神曲《PPAP》，YouTube 上出现了多个版本，风靡全球。几年前流行的快闪活动也曾是街谈巷议的行为艺术。虽然"一带一路"倡议是构建人类命运共同体，但其实质是跟民众生活息息相关的重要实践。创作与丝绸之路相关的"神级"作品，通过社交媒体广为传播，弘扬丝路精神，事半而功倍。最后，开发新型的传播方式。最近几年非常火热的网络直播，受众以青年为主。利用视讯等方式进行网上现场直播，充分发挥了互联网直观、快速的特点，表现形式生动、内容多样、交互性强、地域不受限制，且其受众可划分，推广效果佳。中国地大物博，美食、美景、美文美轮美奂；丝路文化博大精深，茶叶、瓷器、丝绸，每一项都体现出独特韵味。可以充分发挥直播平台的作用，进行美食直播、茶艺直播、陶瓷制作工艺直播等，以更加直观的方式向"一带一路"沿线国家展现中国文化，在线与青年进行互动。

第三，构建"青年版"交流框架，因人制宜，培育朋友圈。"一带一路"横跨三大洲两大洋，贯穿五个大区，国家和人口众多，文化和宗教多样，民心相通建设面临多重困难和挑战。来自不同文明的青年在宗教信仰、思维方式、文化理念等方面有所差异，即使同一国家的青年群体也会进一步细化，如学生、青年学者以及青年企业家等。但是作为同一年龄群体，这些人又有着诸多共性。因此，构建多边交流机制，将来自不同文化、不同阶层的青年汇聚到一起，求同存异，借助多边平台多交朋友，多做了解。

首先，可推动建立多边青年领袖峰会机制，促进"一带一路"青年政治精英的交流。目前，中国已经与部分国家和地区开展了青年精英交流活动，如中国—中东欧国家"16+1 合作"机制框架下的青年政治家论坛，是中国与中东欧青年政治家多边交往的重要平台，旨在加强双方青年政治家的互动，深入探讨"一带一路"倡议同中东欧国家发展战略对接，目前已经举办了两届。2015 年 4 月 21 日和 28 日，中国驻土耳其大使馆在安卡拉连续举办"一带一路：愿景与行动"圆桌论坛和青年论坛，百余名政界和传媒界青年精英代表出席了上述活动。但是，双边交流无法满足多边互动的需求。中国可与相关国家推动建立多边青年领袖峰会机制，在此大框架下参考中国—中东欧青年政治家论坛的形式分地区设立分论坛，推动"一带一路"国家青年政治家之间的交流与互动。同时，可建立青年学者圆桌会议作为其配套活动，集合各国的青年学者定期举行专题论坛，加强政策上的沟通。

其次，可借助"一带一路"倡议为青年企业家提供互动的载体。"一带一路"建设过程中，国家之间、区域之间的协调性和包容性发展离不开青年企业家的参与。尤其是"一带一路"倡议牵涉到经济领域的方方面面，具有开拓及创新精神的青年企业家必定会成为倡议实施的具体参与方。各国可在"一带一路"倡议框架内开展青年企业家交流活动，加强企业精英的交流与沟通。例如可参考中美青年创客大赛，举办以"一带一路"建设中的具体项目为主题的、由"一带一路"国家的青年企业家以及创新团队参加的创新大赛，既能增加交流机会，又可为倡议实施献计献策。

最后，可加快实施各式各样的青年学生交流项目，发扬传承青年交流经验。当前，"Y 一代"已经成为社会主力，95 后出生的"Z 一代"也即将成年步入社会。2010 年后出生的"α 一代"则将成为完全的"技术一代"，他们将更多地接受关于现代科技的全球观念。中国与沿线各国之间"Y—Y"交流的成果和经验需要通过"Y→Z"以及"Z→α"之间的传承推动"Z—Z"和"α—α"之间的青年交流。通过建立多国校际联盟为青年学生提供国际交流的平台以及代际传承的纽带，拉长"一带一路"青年交流的长度，拓展人文交流的宽度。

总之，青年将成为中国与"一带一路"国家加强人文交流、促进民心相通建设的突破口。各国应紧抓未来发展契机，推动"一带一路"朋友圈的发展与壮大，促进国家之间的互粉与互赞。

"一带一路"倡议为青年点亮前路

李若谷

北京大学国家发展研究院 BiMBA 商学院硕士研究生

2013 年 9 月,中国国家主席习近平在出访哈萨克斯坦期间,在哈萨克斯坦纳扎尔巴耶夫大学发表演讲,首次提出共建"丝绸之路经济带"的伟大倡议。"丝绸之路经济带"从江苏连云港启程,途径西安、兰州、乌鲁木齐等西部重要节点城市,一路向西,经哈萨克斯坦、俄罗斯、中亚各国、西亚各国,连通中国与西欧。同年 10 月,习近平主席在访问东南亚国家期间,提出共建"21 世纪海上丝绸之路"的重大倡议,共建"丝绸之路经济带"和"21 世纪海上丝绸之路"得到国际社会高度关注,也被明确为今后我国开展对外合作与交往的总原则。

进入 2018 年,"一带一路"倡议即将迎来它的五岁生日,在这五年间,"一带一路"从无到有,从宏观到微观,从顶层设计的谋篇布局到重大项目落地、多双边合作文件签署、多双边规划制定,始终坚持政策沟通、设施联通、贸易畅通、资金融通、民心相通。以资金融通为例,为配合"一带一路"伟大构想,在中方倡议下,相继成立了亚洲基础设施投资银行、丝路基金,给予"一带一路"框架下的重大战略性项目以有力支持,开局良好、未来可期。

"一带一路"建设是一项系统工程,坚持共商、共建、共享原则,积极推进沿线国家发展战略的相互对接。沿线各国资源禀赋各异,经济互补性较强,彼此合作潜力和空间很大,顺应了"一带一路"倡议迅速发展的深层次逻辑。其中,向西"重走"传统丝绸之路发展迅速,油气管网相继贯通,双西公路等重大基础设施互联互通项目陆续实施，中欧班列数量保持增长，是我国向西开展"丝绸之路经济带"建设的成功实践，影响深远。国家有关政策鼓励我国企业积极主动"走出去"，把我国先进装备、先进标准、先进技术带出去，在"一带一路"沿线国家投资兴业，传播中国的世界影响力。

2013—2015 年，我就职于中国商用飞机有限责任公司（以下简称"中国商飞"，COMAC）。中国商飞是国资委管理的最年轻的央企，于 2008 年 5 月 11 日在中国上海成立，是我国实施国家大型飞机重大专项中大型客机项目的主体，也是统筹干线飞机和支线飞机发展、实现我国民用飞机产业化的主要载体。截至 2017 年年底，中国商飞已向客户交付三架 ARJ21 新支线喷气客机，标志着中国支线喷气客机正在向批产化稳步迈进。第二架 C919 大型干线客机首飞成功，标志着干线客机正式开始试飞征程。此外，与俄罗斯联合航空制造集团联合研制的远程宽体客机是两国企业在高科技领域开展务实合作的重大战略性合作项目。2017 年 5 月 22 日，双方企业在上海共同成立了合资公司——中俄国际商用飞机有限责任公司。同年 9 月 29 日，中俄联合研制的远程宽体客机正式命名为 CR929，C 即中国，R 即俄罗斯。你中有我、我中有你，体现了"一带一路"建设"兼容并包"的发展理念，以及对共商、共建、共享原则的实践。中国商飞一路走来，沿着一条全面布局民用航空业发展的道路，是一场从 0 到 1 的蜕变。

由于诸多历史原因叠加，我国制造飞机的历史脚步止于 20 世纪 90 年代，其时，我国已经具备制造大型客机的能力，"运十"就是这个时代的产物。然而，"造不如买、买不如租"的观点一度甚嚣尘上。这一时期，也正是欧洲空客公司整合法、德、英、西、意等传统航空强国优势资源，迅速崛起并与大西洋彼岸的航空巨无霸——波音公司分庭抗礼的时期。到 2008 年中国商飞成立之时，中国在民用航空制造业的空白迫使中国航空人奋起直追。然而，将近 30 年的宝贵发展机遇期已逝，世界民用航空业的现有格局逐渐形成：波音、空客牢牢占据第一梯队，庞巴迪、巴西航空身处第二梯队，日本等国亦虎视眈眈，前有狼后有虎，境遇不妙。面对这样的格局，中国商飞将视野投向了传统航空强国——俄罗斯，俄罗斯也是我国推动"一带一路"建设，开展投资与产能合作的重要国家。

纵观历史，现代中国的对外开放可谓一步一个脚印走得艰辛。改革开放初期，靠基础低端贸易、所谓"三来一补"艰难开局，随后进出口贸易逐渐升级，中国制造大国、制造强国的地位逐渐确立。2001年，中国正式加入世界贸易组织（WTO），开启了融入世界经济体系的新一轮征程。此时，我们提出的口号是"市场换技术"，既立足当下的实际国情国力，又放眼未来。科学技术是第一生产力，指示着未来国家和世界的走向：谁握有先进技术，谁就掌握着未来发展的主动权和在世界舞台的话语权。2013年，习近平主席提出"丝绸之路经济带"的顶层设计，推动了我国新时代下新一轮的高水平对外开放，标志着我国的发展又走到了一个关键转折点，即由埋头专注做事，转为参与全球分工，在全球布局中思考自身定位。中国这个超级世界公民，已经无法"独善其身"，世界呼唤与中国共舞，亦要求中国承担更多义务、责任。

与世界航空巨头的合作，始于空客公司将其总装线主动落户天津，然而我国在航空技术上仍未有实质性突破。我亲历了对俄合作，也见证了我国在航空设计、制造技术领域的迎头赶上，逐渐赢得世界尊重的历程。2014年10月起，远程宽体客机联合研制工作组在莫斯科实现首次会师，揭开了联合研制工作的序幕。双方航空工程师在总体设计、气动、结构强度、航电、四性、发动机、驾驶舱、PLM、试飞等专业领域展开全面对话与交锋。航空制造是工业制造领域的集大成者，是一国工业水平的综合体现。从一步一步跟在其他国家后面学习、模仿，到与其交锋对话，中国航空制造业风雨兼程，充满艰辛，但又令人鼓舞。在"一带一路"的引领下，航空之路将续写新篇章。

"生逢其时"可谓恰如其分地描述了我们这一代年轻人的幸运和际遇。我们这一代人，成长于改革开放的历史大变革、大发展时期，见识了中国国际地位的提高、战略定位的重塑。无论80后，还是90后，天赋使命感、责任感和担当意识。如果放置在全球发展、分工和布局的大背景下，二战之后难得的和平发展期确保了我国在相对和平稳定的时代大背景下得以喘息和发展。自此，中国不再仅仅是中国人的中国，还是世界的中国。面对开放发展的时代命题，逐渐成长起来的青年们被寄予厚望，同时，又被给予难得的发展机遇和试炼的广阔舞台。正如我亲身经历的中俄联合研制远程宽体客机，80后青年们已经开始登上历史舞台，逐渐承担起愈来愈重的历史责任。青年们以过硬的技术和专业背景、国际化的视野、高超的外语水平，逐渐赢得了自己的位置。然而，这一切都还远远不够。"一带一路"倡议要求专才与通才并济：一是有关人才应具备与相关国家人才直接沟通的能力，精通英语及其他外语；二是掌握国际法律与通行规则、对外交往惯例、经济规律、管理实践、商业运营、项目管理、金融等关乎全领域国际合作的知识；三是要对有关国家国情民情、地缘政治有充分了解。这是新时代对青年人才的要求，"一带一路"倡议为青年点亮前路，又在每一位青年才俊扎实的工作推动下随历史车轮驰步向前。

还需特别提醒的是，"一带一路"沿线国家大多国情特殊，国力对比悬殊，其境遇可类比我国改革开放初期：缺乏资金、技术、高技能劳动力，在与我国的合作中，对我国寄予希望。这些情况，是我们不曾遇到的，考验着我们的对外交往能力、国家战略实现和落实水平。同时，这些又是时代给我们出的试卷，借用习近平主席的话，"时代是出卷人，我们是答卷人，人民是阅卷人"。对于新时期的年轻人而言，应当勇于面对，可谓重任在肩，但又希望满满。

第一节　传承丝路精神，再创丝路辉煌

当今世界充满着机遇和希望，也充斥着危机和挑战。地区间的合作空间巨大，发展机遇之丰富前所未有，然而，地区间的冲突不断，阻碍和平与发展的危机此起彼伏。包括和平赤字、发展赤字、治理赤字在内的一系列威胁，是人类共同面对的挑战。以合作、发展、繁荣为主题的古丝绸之路，如今却是发生冲突与摩擦的热点地区。

以色列人曾经付出了巨大的努力，去寻找"流淌着牛奶与蜂蜜的地方"。直到今天，"流奶与蜜之地"仍是历尽坎坷的人们共同的愿景和追求。和平的薪火代代相传，人们才有机会谋求发展，进而实现文明的互通与相融。当今世界，国家不可能独立于世界单独生存，国家之间也早已不是零和博弈的竞争关系。相反，面对人类共同的挑战，如环境危机、发展危机，唯有国家间精诚合作、互利共赢，方能汇集各方智慧，集腋成裘，抵御全人类的发展危机，谱写人类辉煌的新篇章。习近平主席提出"一带一路"倡议，就是着眼于全人类共同的发展需求，谋求一条适合人类发展的和平之路。和平稳定的区域环境是实现合作共赢发展道路的基础，而人类命运共同体的构建，则为和平稳定的发展道路指明了方向。古丝绸之路的发展兴衰，折射出来的正是和平之于区域繁荣的关键作用，提示了我们构建人类命运共同体的重大意义。

一、丝绸之路定义

丝绸之路这一概念并非自古有之。中国与欧亚非三大洲各地区的联系交流起源很早，但东西方之间的交往路线在学术上一直没有概括性的名称。1877 年，德国地理学家李希霍芬（F. von Richthofen）在《中国——亲身旅行和据此所作研究的成果》一书中，首次将汉代中国和中亚南部、西部以及印度之间以丝绸贸易为主的交通路线称为"丝绸之路"（德文

Seidenstrassen，英文 the Silk Road）。1910 年，德国历史学家赫尔曼（A. Herrmann）在《中国与叙利亚之间的古代丝绸之路》一书中，根据新发现的考古材料，进一步把丝绸之路延伸到地中海西岸和小亚细亚，确定了丝绸之路的基本内涵，即它是中国古代经由中亚通往南亚、西亚以及欧洲、北非的陆上贸易交往的通道。因为大量的丝和丝织品经由此路西传，故称为丝绸之路。

狭义的丝绸之路指的是全长 6440 公里，东起中国古代都城长安，经中亚诸国，如阿富汗、伊朗、伊拉克、叙利亚等，最终到达罗马的一条贸易往来、文化交融的道路。这条路是连接古代东西方的文化之路、贸易之路，因丝绸这一最有代表性的货物而得名。广义的丝绸之路泛指全部东西方之间经济、文化往来的道路。例如，西汉时期西域的官方通道"西北丝绸之路"；北向蒙古高原，再西行天山北麓进入中亚的"草原丝绸之路"；从长安到成都再到印度的山道崎岖的"西南丝绸之路"；从广州、泉州、杭州、扬州等沿海城市出发，从南洋到阿拉伯海，甚至远达非洲东海岸的"海上丝绸之路"等。[①]

二、丝绸之路缘起

欧亚大陆自古以来就以骑马和养马闻名，哈萨克斯坦的贝雷尔墓地等考古遗址证实，游牧的阿里马斯比亚人不仅繁殖马匹，而且还有能够沿着丝绸之路传播精美艺术品的伟大手工艺人。[②] 这些为丝绸之路的产生提供了机缘和条件。

中国的丝绸传至罗马帝国后，很快就得到了贵族的喜爱，此后各国使者将中国生产的丝绸源源不断地运到波斯、罗马。在中国古代对外贸易产品中，包括丝绸、瓷器、茶和马匹在内的产品是流通过程中最受欢迎，也是规模最

---

① 《揭"一带一路"历史秘密："丝绸之路"名称是谁"发明"？》，人民网，2015 年 4 月 15 日。http://culture.people.com.cn/n/2015/0415/c87423-26848892.html。

② The Horses of the Steppe: The Mongolian Horse and the Blood-Sweating Stallions. http://dsr. nii.ac.jp/rarebook/02/index.html.en.

大的。其中，丝绸的价值远高于其他一切产品。[①]

中外商旅在丝绸之路上广泛交换各类货物的同时，也实现了文化和艺术的联通。佛教借助丝绸之路传入中国，不断发扬光大；"龟兹乐""西凉月"等乐舞艺术传入中原，逐渐成为隋唐宫廷乐舞的基础。

自唐代以后，海上丝绸之路逐渐兴起，陆上丝绸之路亦未中断。工匠、军民的大量往来迁徙，逐渐促进科技文化的发展，在这个过程中，新民族逐渐形成，文化交流和商业往来日益繁荣。

习近平主席在"一带一路"国际合作高峰论坛开幕式上，曾把古丝绸之路沿线地区形容为"流淌着牛奶与蜂蜜的地方"。这一典故出自《圣经》，在《出埃及记》3章8节中，耶和华告诉摩西，他将拯救以色列人，带领他们前往"美好宽阔流奶与蜜之地"。由此，西方人常用"流淌着牛奶与蜂蜜的地方"来比喻富饶之地、幸福乐土。

古丝绸之路也的确是这样的一条富饶之路。总体来说，古丝绸之路是一条承载政治、经济、文化交流的和平之路，繁荣了1700多年，是古代东方中国与西方文明的交汇之路。首先，丝路上的商队从西方运来在中国并不常见的动物、植物、皮货、珠宝首饰等货品，再从中国运出包括丝绸、茶叶、瓷器在内的深受丝绸之路沿线国家喜爱的商品，丰富了沿线国家人民的生活。其次，丝绸之路开通后，中原的铸铁冶炼、凿井等技术传入西域，提高了西域人民的生产制造水平，极大地促进了社会生产力的发展；中国的四大发明、丝织技术、漆器工艺等也经由丝绸之路传向世界各地，促进了世界文明进程。再次，丝绸之路开通后，西域使节来到中原，和中原王朝建立了紧密的政治联系；同时波斯、罗马等帝国也遣使来到中国，促进了中西文化交流。最后，佛教、拜火教、摩尼教和景教也随着丝绸之路来到中国，成为很多人的信仰，并沿着丝绸之路的分支，传播到朝鲜半岛、日本与其他亚洲国家。

---

① 水丽淑《西汉丝绸之路走向繁荣的原因及启示》，《兰州大学学报（社会科学版）》2014年第6期。

那么，如此庞大的区域文化贸易交流体系，是如何发展繁荣起来的呢？这绝不仅仅是单方面的供给需要，必定是在时代背景和多方面的因素共同作用下，才铸就了古丝绸之路的辉煌。研究古丝绸之路繁荣的原因，将启示我们，如何重建这一古老但具有持续生命力和未来价值的富饶之路、繁荣之路。

三、丝绸之路繁荣原因

政治往来打开局面。西汉时期，尽管政治稳定，国家强盛，但是北方的游牧民族长期以来的袭扰是汉王朝的大患。汉武帝刘彻决心改变与匈奴交往的不利局面，两次派遣张骞出使西域，为汉朝与中亚国家的对外交往打开先河。自此之后，国家与国家之间的贡赐贸易，包括和亲政策的附属品往来，外国使节的进贡与中原王朝的回赠等，都极大地刺激了丝绸之路上的使者，也引导了商团参与大规模商业贸易。[1]

稳定的周边局势及和平环境。荣新江教授根据传世文献，如隋代裴矩的《西域图记》、唐朝贾耽的《皇华四达记》等，再现了当时商队出行的场景。最初，商队往往大规模出行，以求经商途中的安全。显庆三年（公元658年），唐朝在灭西突厥汗国，进而控制整个西域中亚地区以后，开通道路，列置馆驿，行旅变得更加安全，商队可以不必为了安全而追求规模大，甚至出现了个人出行的情况。[2]这充分说明，丝绸之路的繁荣，与当时的社会环境不能分开。一个和平稳定的大环境，为丝路的繁荣提供了保障。

中国发达手工业的强大吸引力。汉唐时期，中国的手工业发展迅猛。以丝绸为代表的一系列商品成为中亚以及西亚各国王室的奢侈品，深受各个阶层的喜爱。各国的上层社会掌握了大量的财富，并且相互攀比，形成了对于奢侈品的巨大需求。这种贸易需求促进了丝绸之路的发展和繁荣。

---

[1] 水丽淑《西汉丝绸之路走向繁荣的原因及启示》，《兰州大学学报（社会科学版）》2014年第6期。

[2] 荣新江《出土文献所见丝绸之路概说》，《北京大学学报（哲学社会科学版）》2016年第1期。

四、丝绸之路之兴衰演替——和平主导丝路

丝绸之路在发展历程中，并非一帆风顺。相反，丝绸之路时断时续，有学者认为其可被划分为七个发展周期。[①] 每一次的衰败和兴起，都受到了重要的历史事件影响。通过总结丝绸之路的发展兴衰史，可以找出区域繁荣稳定的根本原因。"以史为鉴，可以知兴替。"这个引导区域繁荣的根本原因，是人类面向未来、谋求发展的密钥。

第一周期始于公元前 139 年，当年张骞率领百人使团出使西域，并于公元前 126 年回汉，完成丝绸之路"凿空之旅"，丝绸之路正式开通。公元前 108 年，汉军攻破大宛都城，终止了丝绸之路上的袭扰，确保了丝绸之路的安全，丝绸之路随即走向繁荣。在这一过程中，沿线国家的经济和人口都有了很大的发展。然而，一旦和平局面被打破，丝绸之路便陷入了危机。王莽篡汉后，丝绸之路便迅速衰败，公元 16 年，西域各国切断与中原新莽政权的联系，丝绸之路被迫中断。

第二周期丝绸之路始于公元 97 年，班超将丝绸之路延伸到了波斯湾，再次打通了丝绸之路，中国经济迅速复苏。公元 217 年，"丁酉大疫"夺去大批人的性命，瘟疫直接导致了丝绸之路的衰退。

公元 455 年，波斯和北魏重启丝绸之路，丝绸之路第三周期开始。在这一时期，玻璃的制作工艺传入中国。公元 589 年，隋朝结束了中国的南北分裂局面，大一统的隋朝与丝绸之路沿线国家的关系迅速紧密，隋炀帝派裴矩管理丝绸之路。由于隋朝初年的政治稳定，区域和平，丝绸之路迅速复兴。然而隋末大乱，群雄并起，公元 618 年隋炀帝死于江都之变，丝绸之路随即再次终结。

公元 639 年，唐太宗击败东突厥与吐谷浑，征服了漠南漠北，维护了这一地区的和平与稳定，再次重启了丝绸之路。随着盛唐在军事、政治等领域的发展，中国成为当时世界上最强的国家，丝绸之路沿线的稳定得以

---

① 周阳敏《传统丝绸之路兴衰历史周期研究》，《河南社会科学》2017 年第 10 期。

保证，丝绸之路沿线国家进入史上最为繁盛的时期。然而，公元 755 年，安史之乱爆发，政治的不稳定导致了区域的不稳定，和平的局势又被打破，各个部族出于自保的目的，纷纷退出丝绸之路，丝绸之路再次终结，这属于第四周期。

北宋时期，由于朝廷控制的疆域有限，并不能有效地维护丝绸之路沿线的和平与稳定，因此陆上丝绸之路衰退，代之而来的是海上丝绸之路的兴起。宋朝时期，南方经济富足，且造船业有了很大发展，指南针广泛应用于航海。中国历史上第一部系统性外贸管理法则《元丰市舶条》的出台，标志着中国古代海上丝绸之路进入鼎盛时期，这可以看作是丝绸之路的第五周期。然而，1235 年爆发的蒙宋战争再次打破了和平稳定的区域局势。到 1259 年第三次蒙宋战争时，海上丝绸之路也中断了。

公元 1279 年，元朝统治中国。元朝疆域广大，完全控制了丝绸之路运输线，并广泛设置驿路，恢复了欧亚交通网络，丝绸之路再次兴盛。到了明朝时期，丝绸之路也仍然繁荣。明朝对西域主张怀柔，宽厚的政策极大地促进了丝绸之路的发展。然而 1618 年，后金攻取抚顺，明朝开始走向衰弱，丝绸之路再次衰退。这是丝绸之路的第六周期。

1728 年，随着清朝国力日渐强盛，与俄国签订了《恰克图条约》。根据条约，俄国以皮毛、呢绒换取中国的茶、丝织品，丝绸之路重新复苏。这一阶段，正值清朝康乾盛世，区域局势和平稳定，丝绸之路进入第七个繁盛周期。

综上所述，丝绸之路的繁荣通常受益于国家统一、政治稳定所带来的区域和平，其衰退则往往与战乱导致的区域混乱有关。因此，和平是"一带一路"繁荣和发展的前提。首先，和平可以保障丝绸之路运输线的安全，促进商队运营；其次，和平的政治环境也促进了各国间的友好往来，促进了贸易需求；最后，在和平统一的社会环境下，人民群众对于生活质量的追求也推动了丝绸之路的发展。

习近平主席指出，"古丝绸之路绵亘万里，延续千年，积淀了以和平合作、开放包容、互学互鉴、互利共赢为核心的丝路精神"①。进入21世纪，面对复苏乏力的全球经济形势，纷繁复杂的国际局势，传承和弘扬丝路精神显得更为重要。"一带一路"沿线各国唯有秉持和平合作、开放包容、互学互鉴、互利共赢为核心的丝路精神，坚持相向而行，方能走出一条相遇相知、共同发展的道路，才能重现昔日陆上丝路"使者相望于道，商旅不绝于途"的盛况和海上"舶交海中，不知其数"的繁华，走向幸福安宁、和谐美好的远方。

丝绸之路的过去，承载着区域的发展和时代的进步；丝绸之路的未来，更是承载着全人类的共同愿望。丝绸之路的未来，当是以构建人类命运共同体为核心逐步展开。

五、丝绸之路展望——青年命运共同体打造丝路未来

"一带一路"倡议不仅是古丝绸之路的延续，而且是新时代下，各国人民的共同事业。"一带一路"倡议的落实，则离不开区域的和平与稳定。其中，人类命运共同体的意识至关重要。2017年1月18日，习近平主席在联合国日内瓦总部发表了题为"共同构建人类命运共同体"的演讲，提出了维护世界和平，促进共同发展的中国方案——构建人类命运共同体，实现共赢共享。

干春松教授指出，人类命运共同体的构建，将加强国际共同事务的决策效能，理顺各方之间的责任和权力关系，实现各国共同利益最大化，有利于推动全球共同价值的建构。② 当前广泛出现的全球性利益冲突，不仅制造了区域紧张形势，而且阻碍了区域经济贸易的合作往来。人类命运共同体的构建，就是要在全球利益和国家利益之间找到共赢点，超越国家的本位利益，实现更大范围上的人类利益。人类命运共同体的构建，将贯穿在"一带一路"

---

① 《习近平在"一带一路"国际合作高峰论坛开幕式上的演讲——携手推进"一带一路"建设》，《人民日报》2017年5月15日。

② 干春松《"各美其美、美美与共"与人类命运共同体》，《人民论坛·学术前沿》2017年12期。

倡议的落实过程中，不仅是区域经济文化发展的根本密钥，而且关乎全人类的未来。

青年是"一带一路"沿线各国持续合作发展的重要基础和核心力量。新时代，北大青年积极响应党和国家"一带一路"倡议和"共同构建人类命运共同体"的号召。2017 年 7 月，首次"一带一路"国际实践团——"牵手中菲——北京大学博士生赴菲律宾国际实践团"正式出团，北京大学逾 20 名研究生访问菲律宾，通过深度对话政府官员、参观访问相关企业、感受当地的社会文化和风俗习惯等活动，在国际舞台上展现了北大学子的风采。[①]2017 年 10 月，北京大学举行了以"青年的责任与担当"为主题的"一带一路"青年论坛，"一带一路"沿线国家大使、留学生、专家学者等受邀参与。与会者围绕各国青年如何参与"一带一路"视域下的全球治理合作、青年在"一带一路"国家经济合作中的机遇和使命、"一带一路"国家青年命运共同体等方面进行主题发言与探讨，给北大青年学子及来自多元文化背景的优秀青年碰撞思想、交流启迪的机会。[②]

大道至简，实干为要。构建人类命运共同体，关键在于行动。各国青年作为各个国家的未来与希望，应当跳出狭隘的民族主义桎梏，树立全球观和大局观，确立起人类命运共同体意识，培养开放包容的心态，担起历史赋予我们的使命。

---

① 《北京大学博士生国际实践团赴菲律宾调研》，人民网，2017 年 8 月 16 日。http://edu. people.com.cn/n1/2017/0816/c1053-29474824.html。

② 《"四海一家（TOGETHER AS ONE）"北京大学第十四届国际文化节即将开幕》，北京大学新闻中心，2017 年 10 月 26 日。http://news.pku.edu.cn/xwzh/2017-10/26/content_ 299733.htm。

第二节　国际维和中的青年力量

当今，霸权主义和强权政治在国际政治、经济和安全领域中依然存在，并有新的发展。以人权和维护西方价值观为主要特征的"新干涉主义"① 严重损害了许多中小国家的独立主权和发展利益，也对世界和平和国际安全造成威胁。世界面临的不稳定性和不确定性突出，贫富分化日益严重，地区热点问题此起彼伏，恐怖主义、公共安全、气候变化等非传统安全威胁持续蔓延，人类面临许多共同挑战。

在这样的国际背景之下，跨国界的联合国维持和平部队对维护国际社会和平稳定起到了举足轻重的作用。联合国维和部队的职责主要包括：一方面，要管控好局部性的小范围冲突，在严防其进一步扩大的基础上，寻求化解矛盾，防止冲突再次发生；另一方面，保护无辜百姓生命安全，减少战争对其可能造成的伤害，并帮助他们恢复正常的生活，为未来以政治方式解决冲突提供和平基础。

在依旧动荡不定的国际大环境下，中国维和部队遵循长期以来形成的四条维和行为准则——合法原则、中立原则、同意原则、最低限度使用武力原则，愈发活跃于联合国各维和活动中。中国维和部队的建立与发展，对中国国内安全的稳定，负责任大国形象的塑造以及人类命运共同体理念的宣传，都有着重要而深远的影响。同时中国维和军人在异国土地上的积极有为，也为世界的和平与发展做出了卓越而深刻的贡献。

一、青年维和军人成为维和中坚力量

1988 年 9 月，中国正式申请加入联合国维持和平行动特别委员会，27

---

① 指在当前的国际环境下出现的一种以人道主义和捍卫西方共同的价值观为借口，以武力干涉别国内政为手段，以推行霸权主义和构筑有利于西方的国际关系新秩序为目的的思潮和模式。

年后的 2015 年 9 月 28 日，中国国家主席习近平在联合国维和峰会上宣布，中国将加入新的联合国维和能力待命机制。习近平主席还承诺中国将成立一支具有 8000 人规模的维和待命部队；派遣更多的工程、运输、医疗人员参加到维和动事业中；未来五年里，为世界各国培训 2000 名维和人员，通过向非盟无偿提供价值 1 亿美元的军事援助，帮助非洲建设常备军和危机应对快速反应部队。2017 年，中国外交部部长王毅在联合国维和行动安理会高级别会议上指出，在开展维和行动方面，中国不仅派出了大量的维和人员，包括大约 35 000 人次的维和部队以及 2700 人次的维和警察，而且在出资方面排名世界第二。[1]

在加入联合国维持和平行动特别委员会的 20 多年里，中国取得了跨越性的进步：维和人员从无到有，兵力规模从小到大，部队类型从单一到多样。在派兵地域上，由最初中东 1 个任务区拓展到最多时同时在 11 个任务区；在派兵类型上，由单一工兵分队拓展为工兵、运输、医疗、警卫、步兵等多种类型的分队；在派兵规模上，由最初的 5 名军事观察员拓展到如今的 2720 名军事维和人员，是联合国安理会常任理事国中派出兵力最多的国家。[2]

同时，在这支规模不断壮大，作风如钢铁般坚毅的部队中，青年军人逐渐占据了主体地位。在 2004 年派出的赴利比里亚维和部队中，医疗分队的平均年龄为 33 岁，其中，最小的为 22 岁；[3] 在 2013 年派出的赴利比里亚维和部队中，北京军区某红军师官兵平均年龄为 24 岁；[4] 在 2016 年 3 月中国

---

[1] 《履行庄严承诺　播撒和平希望——在联合国维和行动安理会高级别会议上的发言》，中华人民共和国外交部，2017 年 9 月 21 日。http://www.fmprc.gov.cn/web/zyxw/t1495381.shtml。

[2] 《中国军队维和 25 年：派遣兵力规模从小到大》，人民网，2015 年 4 月 21 日。http://military.people.com.cn/n/2015/0421/c1011-26875743.html。

[3] 《为和平进步：赴利比里亚维和医疗分队出征之际》，网易，2004 年 3 月 17 日。http://news.163.com/2004w03/12493/2004w03_1079461843700.html。

[4] 《中国赴利比里亚维和官兵执行运输任务　均龄 24 岁》，中国新闻网，2013 年 5 月 7 日。http://www.chinanews.com/mil/2013/05-07/4792447.shtml。

派出的第四支驻利比里亚维和警察防暴队中，队员的平均年龄为 28 岁，最小的为 22 岁。[①]从以上数据中可以看出，中国维和部队平均年龄趋于年轻化，青年人已成为中国维和部队的主力兵。

中国对世界维和活动的开展做出了巨大的贡献，其中青年人发挥了主要作用。中国青年人已经成为中国维和部队，乃至世界维和行动的中坚力量。"蓝盔"下那一张张青春炽热的面孔，已经是维和部队中最靓丽的风景线。

二、青年维和军人塑造中国大国形象

中国维和部队在农业技术、工业开发、医疗保障、铁路修建等方面给予了驻地国人民广泛而真诚的帮助，这其中青年军官的贡献功不可没。90 后如今已成为维和部队中占比最高的一代人，以"不怕苦、不怕累"的坚毅形象战斗在维和前线。青年军人不仅身体素质较强，而且知识水平较高。他们凭借坚强不屈的意志、超强的战斗力、过硬的专业技术，将中国军人的力量、形象、天职和深入骨髓的爱国精神挥洒极致，彰显着特色鲜明的中国军事文化符号，塑造着全新的中国大国形象。

（一）最信任的依靠

90 后二级士官马良旭在经过体能、战术、扫雷排爆、战场急救、英语等 10 多个科目封闭式训练的层层考核后，成为 2017 年赴黎巴嫩执行维和任务的一员。他在黎巴嫩执行维和任务的过程中，有一个当地妇女将一颗地雷扔向他们（所幸这颗地雷并未爆炸），马良旭等维和部队军人立刻运用专业知识进行了紧急处理。事后得知，这名阿拉伯妇女在自己家院子里发现一颗地雷，情急之下就抱着这颗地雷寻找中国维和部队，由于恐惧，加上语言沟通上的困难，这名妇女做出了将地雷扔向维和队员的举动。事后她说："你们是联黎部队的冠军，我只信任你们！"中国维和部队无私的帮助与付出，

---

① 《中国第四支赴利比里亚维和警察防暴队出征》，浙江新闻，2016 年 3 月 2 日。http://zjnews.zjol.com.cn/system/2016/03/02/021044763.shtml。

使得中国"冠军"成为驻地国人民最信任的依靠，也让驻地国人民看到一个可信、可靠的大国——中国。①

（二）高素质的伙伴

2015年，习近平主席在联合国峰会上承诺的有关维和目标，现已悉数落实。中国政府实实在在的付出，以青年人为主力的维和人员踏踏实实的钻研与奉献，获得了国际伙伴的一致好评。

在2011年5月到2012年11月这一年半时间里，北京大学毕业生刘廷梅被派遣到联合国东帝汶任务区执行维和任务。在他看来，此行乃是代表祖国出征，必须要为国争光，不能丢中国警察的脸，他一直将党旗下的誓言牢记于心。在东帝汶维和警察总部，刘廷梅主要工作内容是信息化建设。通过长期的刻苦攻坚，他成功开发出所需的软件系统，该软件系统在东帝汶被广泛使用。鉴于所取得的杰出工作成果，刘廷梅不仅被授予"联合国和平勋章"，而且还得到东帝汶总统颁发的"团结勋章"，受到了各方的高度评价。②

（三）负责任的大国

在加入联合国维持和平行动特别委员会的20多年里，中国积极参与联合国开展的维和行动，中国维和官兵们坚持严格遵守联合国制定的维和人员行动准则和当地政府制定的法律法规，在联合国维和部队中做到了零违纪和零遣返。特别是中国青年维和官兵军容威武、纪律严明、能力精湛、富有爱心的良好形象，赢得了国际社会的高度赞誉。

2014年，联合国马里特派团司令曾高度评价中国派出的维和部队，他说："你们是最好的部队，你们纪律严明、堪当重任，拥有你们是我们的骄傲。"联合国刚果（金）维和特派团司令也认为，中国部队是表现最好的部队，最令他放心。时任利比里亚总统瑟利夫赞扬中国维和部队"是伟大

---

① 《马良旭：90后士兵维和归来散发满满正能量》，网易，2017年7月25日。https://news.qq.com/a/20170725/022904.htm。

② 《刘廷梅：不辱使命 为国争光》，文明风，2013年3月6日。http://wmf.fjsen.com/topic/2013-03/06/content_10788418.htm。

的中国人民和军队的友好使者"。①

中国派出的维和部队不仅提高了联合国维和行动的效率，而且大大提升了联合国维和行动的合法性。中国维和部队用实际行动彰显出中国作为一个世界大国"爱和平、负责任"的风范，同时也展示出中国军队"威武之师、文明之师、和平之师"的良好形象。中国维和部队的优良作风和专业表现，证明了中国是世界和平的守护者，表达了中国希望成为世界各国的朋友，相互交流、携手共进的意愿。

中国维和部队无疑为中国树立负责任的大国形象起到了不可替代的重要作用。以青年官兵为主体的维和部队用行动传递和平、用真情浇灌友谊，以优异表现和出色成绩，展示着爱和平、负责任大国的良好形象，成为红土地上一张亮丽的"中国名片"。维和活动直观而真实地告诉世界：中国已经不是曾经的"东亚病夫"，而是有能力、敢担当、负责任的真正大国。

宋玺，北京大学心理与认知科学学院 2012 级本科生。她出身于军人家庭，从小怀揣着军人梦，大四时不顾亲友反对，毅然从军报国，立志成为最好的兵，在膝盖旧伤的折磨下，仍以全优的成绩进入海军陆战队，并选择了更有挑战性的侦察兵任务，②其后作为唯一一名女子特战队员参加亚丁湾护航。2017 年 4 月凌晨，经过 7 小时的惊险营救，在后方负责保障工作的她和队员一起，成功解救了在索马里海域遭到海盗登船袭击的 19 名外籍船员。她说："我最自豪的时刻，就是听到被解救的外国船员们举着中国国旗竖着大拇指对我们说，'Thank you，China'。"③

---

① 《维和部队是"中国人民和军队的友好使者"》，人民网，2015 年 4 月 8 日。http:// politics.people.com.cn/n/2015/0408/c70731-26810650.html。

② 《满腔热血赴碧海 | 记海军陆战队女子侦察兵、北大 2012 级本科生宋玺》，搜狐，2017 年 8 月 1 日。http://www.sohu.com/a/161369122_177046。

③ 《索马里护航的特战队员原来是北大才女》，星岛环球网，2017 年 12 月 19 日。http:// news.stnn.cc/xwrw/2017/1219/509672.shtml。

三、青年维和军人传播"和平崛起"理念

（一）"和平崛起"理念

在以青年为主体的中国维和部队身上，我们可以看出中国参加联合国维和行动的一个明显特征：中国所派出的都是工兵、医疗、运输这一类属于保障性质的部队，自始至终都不曾派遣进攻性部队到其他国家的境内执行任务。这一特征符合中国政府长期以来始终奉行的外交理念——维护世界和平，促进共同发展。曾经有一名参加维和行动的青年战士在自己的志愿书上写下："只要能为世界和平做出一点儿中国军人的贡献，就是再苦再累，哪怕牺牲生命也在所不惜。"正是这些中国的青年维和军人们，在维护世界和平的信念支撑下，在吃苦流血的实际行动中，成为一支意志坚定、作风优良的维和力量，他们克服了接踵而至的困难，完成了为国出征的使命。

这与北大人的理想追求不谋而合。马寅初校长曾经告诫北大人："所谓北大主义者，即牺牲主义也。服务于国家社会，不顾一己之私利，勇敢直前，以达其至高之鹄的。"林毅夫教授也曾勉励北大学子："只要民族尚未复兴，我们的责任就没有完成，只要天下还有贫穷的人，就是我们自己的贫穷，只要天下还有苦难的人，就是我们自己的苦难，这是我们北大人的胸怀，也是我们北大人的庄严承诺。"这种牺牲与承诺，不仅是北大学子追求兼济天下的庄严承诺，也是维和青年舍身维护世界和平的倾情诉说。

（二）"和平崛起"理念的宣传

对于现在的中国来说，青年维和者渴望和平的心声，还在国际舞台上产生了更加深远的影响，不仅扩展了我国的外交关系，也向外传递了和平的理念。

由于政治体制的不同，外国政府和人民往往对我国的发展方向与方式有一些曲解。在"中国威胁论""修昔底德陷阱"等国外主流媒体报道的舆论影响下，许多其他国家的民众产生了中国崛起必定会威胁到世界和平稳定的错误印象。这些因意识形态差异而造成的误解，又往往会给我国外交、贸易等方面制造壁垒，影响我国国际影响力的进一步提升。在这种严

峻的国际形势下，如何摆脱由外媒一手塑造的"危险"形象、传播和平崛起的理念一直是中国思考的问题。通过不断拓展维和领域的合作来促进国际交流，进而向国际社会传递中国的发展理念，似乎是现在最行之有效的方式之一。

1. "和平崛起"理念与"一带一路"

"一带一路"对中国下一步的发展有重要意义，以青年人为主体的维和部队积极投身联合国维和行动，可以从外交、经济和文化理念等方面为中国在"一带一路"沿线国家和地区扩大影响力起到促进作用。

其一，参与国际维和行动有利于搁置与"一带一路"沿线国家的领土争端问题。我国与"一带一路"沿线多个国家都存在领土争端问题，在这些问题上我们不会做出让步，但是现在将这些争议尖锐化，必将影响中国在"一带一路"相关地区的发展，使利益严重受损。而维和部队在这些国家或相关国家的维和活动中的积极表现，必将给其政府和人民留下正面印象。维和部队对"和平崛起"理念身体力行的表达，也能从一定程度上消除误会，进而减缓这些"底线问题"的提出与讨论。

其二，参与国际维和行动有利于扩大我国与"一带一路"沿线国家的经贸合作。"一带一路"沿线许多国家资源丰富，具有巨大的经济发展潜力。"和平崛起"理念的渗透，将为其与中国的合作创造更加和谐的环境，为其经济发展提供更加良好的条件。保护当地人民生命财产安全的维和行动，可以加深中国与这些国家的相互了解和政治互信，促进双方开展更深入、更全面的经济和贸易合作。

2. "和平崛起"理念推动建交

联合国维和办对外联络处官员尼克·邦拜克曾经表示，非常高兴看到中国愿意为联合国的维和事业做贡献。中国的维和军人和警察，已经进入了世界上最好部队的行列。"我们也鼓励中国能采取一些实际行动，来捐弃前嫌，发展同一些国家的外交关系，比如中国和海地虽没有建立正式外交关系，但是我们还是派遣中国维和部队前去那里执勤。因为我们发现，参加维和有时候能帮助国家之间相互理解和交流。"①

没有最好的战争，也没有最坏的和平，世界对于和平的炽热诉求，有助于中国维和部队所传递的"和平崛起理念"得到广泛的认可与共鸣，进而加强中国与一些尚未建交国家之间的沟通，为双方早日建交做准备。

四、维和青年使命——任重而道远

中国在联合国的维和事业上投入了大量的人力与财力，就世界范围来看，中国的维和部队也是表现最为优良的队伍，具有训练有素、装备精良的特点。就联合国五大常任理事国而言，中国力求在联合国框架内解决世界范围内发生的国与国之间的冲突，希望充分发挥联合国的平台作用。可以说，中国的积极参与大力推动了联合国包括维和在内的各项工作的开展。

2015 年 10 月 7 日，美国《新闻周刊》发表了一篇题为"为何中国突然对问题重重的联合国部队增加投入"的文章。文章中指出，在加入安理会后的 30 年里，中国在多数时候都把维和行动看成是一种干预、侵害他国主权的行为。现如今，习近平主席在联合国维和峰会上做出了增加维和人数、提供资金支持的承诺，这表明了中国对于国际干预的新态度——不再像过去那样一味反对，反倒是希望通过自身努力，寻求重新塑造旧体系。有一些抱有怀疑的人认为中国的举动并不是好心想要帮助他人，更多的是基于本国的国家利益。他们的理由是，在联合国维和任务区中，一共有九处位于非洲大陆，而中国正好在这里有大量的投资。② 对于这一指责，习近平主席在 2014 年于韩国首尔大学发表演讲时所提出的义利关系可以很好地进行回应。在习近平主席看来，在国际交往中一定要树立正确的义利观，既要讲利，更要讲义。唯有做到义利兼顾，方能实现义利兼得；唯有达到义利平衡，方能实现义利

---

① 《我国将全面参与国际维和以树立负责任大国形象》，新浪，2004 年 11 月 25 日。http://news.sina.com.cn/c/2004-11-25/14025030905.shtml。

② 《日媒：中国突然对联合国部队增加投入为哪般？》，网易，2015 年 10 月 8 日。http://news.163.com/15/1008/02/B5CF5ISH000146BE.html。

共赢。①

现阶段，中国积极投身于维和活动的行为，将不得不面临一些质疑——怀疑这是中国地区野心的一种侧面体现。如何尽快消除这一误解，需要维和军人的智慧与行动助力。维和期间文化交流以及"和平崛起"理念的有效传递，或给消除以上怀疑提供可能。

在新时代的形势下，维和任务越来越需要青年人的参与，青年维和者的活力、知识与爱国情怀也必将不断为中国维和军队注入新鲜血液。同时，我们也无比期待，继张赵乐②、"维和警察"刘廷梅、"北大铁娘子"宋玺之后，维和部队中出现更多北大人的身影。相信在不久的将来，以有理想、有知识、有担当的北大人为代表的中国青年定能凭借一腔爱国热血，以独立之精神、自由之思想、严明之军纪活跃在中国维和事业中，用自己的方式为中国维和事业不断贡献力量。

---

① 《习近平在韩国国立首尔大学的演讲（全文）》，新华网，2014 年 7 月 4 日。http://news.xinhuanet.com/world/2014-07/04/c_1111468087.htm。

② 北京大学中国语言文学系 2015 级本科生，是北京大学第一位登上作战舰艇执行海外任务的女生，随海军护航编队赴亚丁湾、索马里执行护航任务。在部队期间曾获优秀士兵、荣誉舰员、重大任务勋章等。

第三节 难民救助与志愿者服务

随着全球化的进一步加深,各国之间相互依赖的程度加强,国际经济政治化和国际政治经济化相互交叉的进程,促使涉及各国利益的事务不断增多,各国联系的广度日趋加深,从而产生了众多非传统安全威胁,使得国际安全形势日益严峻。自"阿拉伯之春"爆发以来,西亚北非地区的大量难民涌入欧洲,导致了严重的难民危机,也使难民问题吸引了全世界的目光。在难民救助的过程中,包括中国在内的各国志愿者都做出了巨大贡献,而志愿者群体中涌现出来的青年身影则具有特殊意义。

当前严重的难民问题对世界安全构成了巨大威胁,不利于国际社会的和平与稳定。要想解决这一世界性难题,不仅需要国家在宏观层面的协调与合作,而且也需要志愿服务组织和一切爱好和平、富有爱心的个人参与进来,他们同样是解决难民问题的重要力量。在难民救援行动中不断涌现的青年身影,反映了年青一代深切的人道主义关怀和强烈的社会责任感。其中,中国青年志愿者在难民救助过程中的亮眼表现,反映了中国青年对世界和平的美好期许,同时彰显了中国负责任的大国形象。

一、志愿服务工作在难民救助领域的扩展

传统的志愿服务聚焦于社会福利,但随着志愿服务事业的逐步发展与深化,志愿服务的领域不断增加。志愿服务工作在难民救助领域的深入,反映了志愿服务项目多元化的发展趋势,展现了志愿者们深切的人道主义关怀。

持续发酵的欧洲难民危机,导致了欧洲社会的动荡不安。对于处在难民迁移"前线"的意大利、希腊等欧洲边境国家来说,大量难民的涌入使当地政府已不堪重负。在这种情况下,志愿服务组织和个人在解决难民安置问题、保障难民基本人权方面发挥了重要作用。一方面,包括联合国难民署在内的大型非政府组织拥有较为充足的资金和完备的管理体系,主要通过招募志愿

者并对其开展培训以实现对难民群体的大范围、多维度救助。另一方面，独立志愿者以及小型的志愿者团体，虽然只能提供小范围的帮助，但由于其具有灵活性和流动性的优势，可以关注到那些没有进行难民登记、被政府和大型组织忽视的对象。[①] 在各国政府、非政府组织、小型志愿者团体、独立志愿者等多种社会力量的共同努力下，为难民提供一个安全稳定的生活环境的设想将成为可能。

二、难民救助行动中的青年志愿者身影

在难民救助的过程中，涌现了大量青年志愿者的身影。以 Shanan Ali 为例：Ali 是就读于墨尔本大学法学院的一名博士研究生，在了解到叙利亚难民悲惨的生存状况后，Ali 便义无反顾地前往滞留了大量难民的米蒂利尼岛，并快速地投入到难民救助工作当中。Ali 在致力于难民安抚工作的同时，还通过相机向世人还原了难民的日常生活。他希望能够通过真实的记录使更多人关注难民群体，向他们提供援助。[②]

像 Ali 一样，来自世界各个国家和地区的青年志愿者们，通过各种各样的参与方式，对难民进行了救助。其中，中国青年志愿者在难民救助的过程中也发挥了重要作用。"共同未来"国际志愿服务项目、"关注难民"志愿团队等志愿服务组织的出现，是中国年青一代勇于担当人类共同责任、积极捍卫世界和平的重要表现。

三、中国青年志愿者在难民救助过程中的表现

中国的志愿服务工作是伴随改革开放而产生的新兴事物，在借鉴欧美国家志愿服务经验的基础上，结合了中国传统文化中的慈善思想。志愿者及志

---

① 《欧洲难民志愿者：小人物的"洪荒之力"》，凤凰号，2017 年 1 月 25 日。http://wemedia.ifeng.com/7647245/wemedia.shtml。

② 《墨尔本大学生志愿者用镜头捕捉难民现状》，搜狐，2015 年 10 月 15 日。http://www.sohu.com/a/35830181_100561。

愿者工作在 20 世纪 90 年代传入中国。1999 年"深圳市义务工作联合会"的建立，标志着中国内地第一个正式注册志愿者团体的成立。1993 年由北京大学学生自发组织的志愿服务团体"爱心社"，是中国高校志愿者活动的开端。1994 年 12 月 5 日，在中国共产主义青年团中央的发起和指导下，中国青年志愿者协会成立，从此中国青年的志愿者活动逐步向专业化、组织化方向发展。随着中国在国际事务中参与度逐渐提高，跨国界的经济、政治、文化交流活动不断增加，越来越多的青年志愿者走出国门，承担更多的国际义务。

（一）"共同未来"国际志愿服务项目

2016 年 9 月，在中国儿童少年基金会和国际法促进中心的指导下，"共同未来"国际志愿服务项目成立并逐步开展工作，其主要的工作内容就是支持中国青年赴土耳其对叙利亚难民（特别是其中的青少年和儿童）开展国际志愿服务。[①] "共同未来"是一支年轻的团队，其成员以 20 多岁的年轻人为主。在其创始团队中，囊括了来自中国顶尖高校的优秀学子。北京大学法学院 2012 级毕业生、首批罗德中国奖学金获得者张婉愉，就在"共同未来"基金会中担任了特使一职。此外，从 2017 年 4 月开始，"共同未来"在全国范围内招募了 100 多名高校志愿者，为项目注入了大量的新鲜血液。经过长期的准备，"共同未来"的志愿者们前往土耳其、黎巴嫩等地开展了实地救助，借助艺术活动、课程讲授等方式，帮助难民儿童疏导被压抑的情绪，尽可能地满足难民儿童的教育需求。志愿者们将难民在困境中创作的美术作品带回中国展示，在全国多地举办了以"我们与他们的未来"为主题的公益展览，希望借此唤起国内社会对难民问题的关注，促进人们对难民儿童的理解和关心。志愿者们也由衷地希望难民儿童能够享受到平等的受教育权利，在改变自身命运的同时，亦为中东的和平种下希望的种子。"共同未来"国际志愿服务项目为中国青年提供了一个国际交流的平台，展现了中国年青一

---

① 李明朗、袁烨《走向国际的年轻志愿者们》，《中国社会工作》2017 年第 16 期。

代对国际事务的热切关注，对人类责任的积极履行，彰显了中国负责任的大国形象，反映了中国在维护世界和平方面所做的努力。

（二）"关注难民"志愿团队

2017年7月30日，由陈楠、方怡人、何雨韩、丁茬倩等多名来自中国高校的学子组成的"关注难民"志愿团队前往埃及，与来自日本、巴基斯坦、爱尔兰等国家的其他志愿者会合，协助叙利亚AL-GAD救济基金会对当地难民开展救助工作。叙利亚AL-GAD救济基金会于2013年开始在埃及运作，在遍布埃及全国的办公室里，收容了大量停留在埃及的叙利亚难民。基金会旨在从健康、教育、社区发展等各个方面，帮助难民更好地融入当地生活。此次志愿者们在位于十月六日城的难民教育中心进行了为期25天的支教活动，开展了英语、绘画等方面的教学活动，使难民儿童和家长感受到了来自包括中国在内的世界各国和各国人民的善意与关心。中国志愿者陈楠的话道出了中国青年普遍的心声："今天我们来到这里，是想告诉世界，我们不仅为中华之崛起而读书，也愿意为维护世界的和平贡献自己的一份力量。"[1]

（三）联合国难民署中国区代言人姚晨

联合国难民署是当前国际社会公认的专门解决难民问题的组织。中国为联合国1951年《关于难民地位的公约》及其议定书缔约国之一，是联合国难民署执委会成员。长期以来，中国始终积极参加难民署会议，协助开展难民国际保护工作。自2010年起，演员姚晨担任了联合国难民署中国区代言人，标志着中国在难民救助方面迈向了新的阶段。

姚晨对难民的关注，始于她无意间看到的一张关于偶像安吉丽娜·朱莉的照片，照片上朱莉和非洲的难民儿童一起笑得非常灿烂，姚晨这才得知她并不为多数人所知的联合国难民署亲善大使身份。[2]由于局部战争、宗教迫

---

[1] 《用关爱抚平创伤 南京大学生走近埃及进行难民支教》，搜狐，2017年8月21日。http://www.sohu.com/a/166143327_415918。

[2] 木子《姚晨：与联合国难民署官员并肩作战》，《侨园》2012年第5期。

害、生态灾难等原因，目前世界范围内共有 1000 多万民众流离失所，不得不背井离乡，成为在异国他乡寻求庇护的难民。2010 年 4 月，姚晨随记者赴香港难民营了解情况，期间重点采访了从非洲战乱国家逃至香港的阿琳娜一家，并为阿琳娜一家和其他难民提供了一些财物，用于改善他们的日常生活。同年 6 月，姚晨接受了联合国难民署的邀请，成为联合国难民署中国区代言人。联合国难民署对姚晨的任命，标志着中国在难民事业方面进入了新的阶段。姚晨作为中国知名的青年演员，具有强大的社会影响力，她为难民署发声有助于提高中国民众对难民问题的关注，同时也从侧面表现出中国青年对于难民救助问题日益增长的关注。姚晨的所作所为不仅为许多难民带去了温暖，同时也展现了青年志愿者对于社会思想的巨大影响。自姚晨担任联合国难民署中国区代言人至今，中国社会对难民救助的态度发生了明显的转变。联合国难民署的一位官员曾表示，有中国公民专门打电话到难民署表达捐款意愿，而这种情况在此之前几乎是不可能发生的。①

四、高校在难民问题上所做的努力

北京大学在帮助难民方面做出了许多努力，如开展"北京大学帮助叙利亚难民项目""叙利亚难民儿童画展及系列活动"等。北京大学的许多学子作为独立的志愿者，也在难民救助活动中散发着自己的光和热。

2016 年 4 月 10 日至 15 日，由卡塔尔大学主办，卡塔尔文化和体育部、联合国志愿人员组织协办的第一届国际大学生志愿者论坛在卡塔尔开幕，来自北京大学国际关系学院和外国语学院的三名同学赴卡塔尔参加了这一活动。大会上，北京大学外国语学院阿拉伯语系的肖意达、方初用阿拉伯语进行了流利的演讲，介绍了北京大学帮助叙利亚难民的项目，赢得了在场 400余名与会者的热烈掌声。卡塔尔当地最大的阿拉伯文报纸《祖国报》以"志愿帮助叙利亚难民的创举"为题报道了本次活动，并详细介绍了北京大学代

---

① 姚晨《探访难民营》，《课外阅读》2015 年第 2 期。

表队的发言和帮助叙利亚难民的项目。①

2016 年 6 月 17 日至 19 日，北京大学举办了第十三届国际文化节之"叙利亚难民儿童画展及系列活动"。此次文化节以"Vision: Voice & Action"（视野：声音与行动）为主题，与"一带一路"的共商、共建、共享原则相契合。文化节倡导不同国家青年之间的相互合作与交流，鼓励青年在国际视野下，在发声与行动间进行文化的沟通与交流，将相对主观的"视野"融入客观的救助活动之中。此次画展及系列活动旨在提高中国社会对难民问题的关注度，增进人们对难民儿童生存状况的了解。展品包括 50 幅由难民儿童创作的展现其生活状况与内心世界的画作，以及国际法促进中心于 2016 年 2 月赴希腊、土耳其等地考察期间拍摄的摄影作品等。② 展览结束后，50 幅难民儿童画作面向社会公开拍卖，所得善款全部用于推动难民儿童生存状况的改善以及难民儿童教育事业的建设。

五、青年志愿服务的现实意义

随着中国经济实力的提高、综合国力的增强，中国对世界的影响力也越来越大。中国社会各界对难民的救助体现了中国的人文关怀，有利于提升中国的国际形象。"国之交在于民相亲，民相亲在于心相通。"中国青年志愿者在难民救助领域的积极表现，有利于增进各国人民的相互了解，是中国传递和平信号的重要渠道。埃塞俄比亚驻华大使对中国青年志愿者的工作给予了高度评价："志愿服务是友谊的象征，也是文化的联系和交流，更重要的是帮助我们解决了一些困难。虽然对志愿者来说，是一个人去做志愿服务，

---

① 《北京大学学生赴卡塔尔参加第一届国际大学生志愿者论坛》，北京大学新闻中心，2016 年 4 月 19 日。http://pkunews.pku.edu.cn/xwzh./2016-04/19/content. 293484. htm。

② 《北京大学第十三届国际文化节之"叙利亚难民儿童画展及系列活动"成功举行》，北京大学新闻中心，2016 年 6 月 21 日。http://pkunews.pku.edu.cn/xwzh/2016-06/21/content_294146.htm。

但从他的服务中受益的是越来越多的埃塞俄比亚的人民。"[①] 此外，难民援助行动的开展对解决难民问题、促进中东和平进程具有重要意义，同时也符合"一带一路"所提倡的精神。"一带一路"是促进共同发展、实现共同繁荣的合作共赢之路，是促进理解信任、加强全方位交流的和平友谊之路，而中东安全局势的好转将为中国"一带一路"倡议的落实提供更多的可能，为中国与中东国家开展一系列经贸合作创造更为稳定的外部环境。

---

① 《为中非友好谱写青春旋律：记一名援非青年志愿者》，中国网，2012 年 7 月 16 日。http://www.china.com.cn/international/txt/2012-07/16/content_25922250.htm。

第四节　国际教育合作播撒和平理念的种子

人文交流是"一带一路"建设之魂。而对沿线国家开展国际教育交流合作，必定是"一带一路"人文交流上坚实的桥梁，且这桥梁的不断铺设将会像血脉一样交织，相继贯通其他各领域，使得"一带一路"建设的精神能够传递到不同地方，在不同的领域和方向流动。

一、推动国际教育合作的必要性

当前，世界正处于发展、变革与调整的频率与幅度不断加快的时代。在这样的时代下，所有的进步与发展都需要围绕着和平展开。数百年来，世界的霸权在西方世界内部国家间不断交替掌握，西方的治理模式深深地影响了整个世界的模型。总体来看，这种西方的发展模式有其历史的合理性。但是近年来，世界多极化、经济全球化、社会网络化、文化深入交融化不断加深，世界治理模式和国际秩序变革加速推进，各国之间的联系与依存日益加深。在这一历史进程中，西方式全球治理模式的弊端日渐凸显。

中国具有东方文明古国、发展中国家以及社会主义国家的三种特性，与西方国家特征截然不同，因此中国的价值观以及对世界治理模式的看法与西方有所不同。伴随着中国的大国崛起，其全球影响力日益增强，中国以负责任的大国姿态心怀全球发展，提出了"一带一路"倡议。该倡议强调世界各国共同富裕，"独木难成林，三树聚成山"，有助于缓解全球范围内愈演愈烈的贫富分化；强调地缘经济整合，有利于缓和欧亚大陆碎片化的状态；倡导兼容并包，有利于创造新型世界价值观。因此，"一带一路"倡议不仅是一个经济合作方略，同时该倡议还包含了地域整合、矛盾调和以及共同价值观树立的功能，从根本上强化了人文交流与教育合作。教育交流有助于实现沿线各国"民心相通"，人才培养则为沿线各国政策沟通、设施联通、贸易畅通、资金融通、民心相通提供支撑。因此，在实现"五通"的过程中，教育发挥着基础性与先导性的作用。

二、国际教育合作的开展

共建"一带一路"教育行动的推动工作，已经被列入 2016 年推进"一带一路"建设工作部署，以及"十三五"规划纲要中提出的我国将要实施的 100 个重大项目之中。教育部印发《推进共建"一带一路"教育行动》的首要考虑是明确教育的定位，并提供两方面的支撑：其一，促进"五通"之一的"民心相通"，谋求在更大的范围开展更高水平以及更深层次的人文交流，推进沿线各国人民相知相亲；其二，为沿线国家开展政策沟通、设施联通、贸易畅通、资金融通工作输送，培养人才，携手促进各国教育发展，全面提升国家区域教育的影响力。

为了推动共建"一带一路"教育行动，完成"五通"目标，首先需要促进各国之间的相互了解。例如，"一带一路"倡议的落实引起了沿线国家的汉语热，而这一热潮也推进了国家之间的交流。就匈牙利来看，其国内现有四所孔子学院和两个孔子课堂，截至 2016 年共有 3800 余名注册学员，学院共举办各类文化活动 240 余场，参加人次达到 10.3 万。[①]同时，这四所孔子学院有着各自不同的特色与发展方向，具体来看：米什科尔茨大学孔子学院积极服务中资企业，搭建起学生与企业的桥梁；赛格德大学孔子学院着重于开展多彩的文化活动；罗兰大学孔子学院自主编写汉语教材，培训本土教师，成功推动汉语考试纳入到高中毕业考试中；佩奇大学中医孔子学院开设了中医学分课程，开展高端中医学术交流。中国与匈牙利两国之间在教育领域的高质量合作，是由两国政府大力推动的，是两国合作共赢的重要成果。2015 年 6 月，中国政府与匈牙利签署了《中华人民共和国政府和匈牙利政府关于共同推进丝绸之路经济带和 21 世纪海上丝绸之路建设的谅解备忘录》，这

---

① 《29 所孔子学院已落户中东欧　中资企业推升"汉语热"》，中国一带一路网，2017 年 12 月 1 日。https://www.yidaiyilu.gov.cn/xwzx/gnxw/37960.htm。

是中国首次同欧洲国家签署此类合作文件，实现了中国"向西开放"与匈牙利"向东开放"政策的有机对接。①2016年，中国与匈牙利双方成立了"一带一路"联合工作组。由此，匈牙利成为第一个在"一带一路"倡议下建立机制化合作的欧洲国家。2017年，欧尔班总理访华并出席了"一带一路"国际合作高峰论坛，两国宣布建立全面战略伙伴关系。

除了在"一带一路"沿线国家设立孔子学院等帮助外国民众了解中国的机构外，中国本土的广大高校也应当抓住机遇，承担使命，充分展现各所学校的不同优势与特色，推动与"一带一路"沿线国家的文化教育合作。各地高校必须思路开阔，准确定位，加强内涵建设，建立或创新已有的来华学生教育模式。在这一方面，北京大学取得了令人瞩目的成果。北京大学为了响应国家号召，充分利用自身的平台优势，不断加强与中亚沿线国家高校的合作，重点打造和建设了一批能够将北京大学底蕴文化与各国现实需求相结合的课程项目，集中自身优势资源，做强与"一带一路"倡议紧密关联的特色学科专业，构建与这些国家接轨的课程体系，吸引了各国大量的青年留学生，致力于为中亚国家培养本科、硕士和博士各层次人才。其中，北京大学南南合作与发展学院是北大推动国际教育合作的重要成果之一。

2015年9月26日，习近平主席在纽约联合国总部宣布，中国将设立南南合作与发展学院（Institute of South-South Cooperation and Development），由中华人民共和国商务部主管，北京大学主办，具体由北京大学国家发展研究院承办，于2016年4月在北京大学正式成立。南南合作与发展学院首期项目共录取了来自27个亚非拉欧发展中国家的48名政府官员、议员、金融从业者和青年学者作为硕士、博士学员，学员们于2016年9月入校学习。②除了硕士与博士学位教学，南南合作与发展学院还提供短期研修项目，主要

---

① 《中国和匈牙利签署"一带一路"合作文件》，新华网，2015年6月7日。http://news.xinhuanet.com/world/2015-06/07/c_1115534156.htm。

② 《习近平给南南合作与发展学院首届硕士毕业生回信》，新华网，2017年10月18日。http://news.xinhuanet.com/2017-10/18/c_1121822665.htm。

面向发展中国家的政府官员、学术机构、新闻媒体、非政府组织等中层以上管理或研究人员。

南南合作与发展学院院长、著名经济学家林毅夫曾明确表示，北大南南合作与发展学院最显著的特点就是以发展中国家的实际情况为出发点，结合各个国家在工业化和现代化进程中的实际经验，相互学习交流，以实现发展效率的共同进步。在南南合作与发展学院的第一届毕业典礼上，中国商务部副部长俞建华寄语优秀青年毕业生，希望大家回国后一如既往地关心南南合作事业，共商、共建、共享"一带一路"倡议，在各自领域推动本国发展战略与"一带一路"建设对接，共建更加紧密的合作，共享更加繁荣的未来。①

三、青年力量：负责国际教育合作实际工作

一般而言，基于创新需求的高低以及能力复合的程度，可以尝试将国际教育交流合作领域中的青年人才分为四个不同类型。

第一类，实践型青年人才。这一类青年人才并不需要出众的创新能力，但需要在单一能力方向上不断加深自己的专业水平。例如，在"一带一路"沿线国家以及中国本土，向沿线国家的学生传授有关中国政治、经济、文化内容的课程的教职人员。

第二类，管理工作型青年人才。这一类青年人才在教育合作领域也不需要有很高的创新能力，但是需要多种能力复合，熟悉教育行业微观细节，还需要了解全球教育环境的宏观变革，管理能力与专业能力都要适时发展，为实践者与技术创新者的信息交流与更新提供保障。

第三类，技术创新型青年人才。这一类青年人才需要较强的创新能力，能够随着行业潮流的变革做出实时有效的调整，但仍然需要在较为单一能力的方向上不断钻研。例如，设计教育合作项目的研发人员，他们需要深刻了

---

① 《南南合作与发展学院 2017 届毕业典礼举行》，北京大学新闻中心，2017 年 7 月 11 日。http://bdxc.pku.edu.cn/xwzh/2017-07/11/content_298611.htm。

解怎样的课程能够高度结合自身优势与对方需求。

第四类，复合型青年人才。这一类青年人才不仅需要较高的创新理念，而且还需要复合型能力，能够整合所有资源，为另外三类青年人才提供支持与保障。例如，驻沿线国家使馆的教育方向工作青年人才。

以实践型青年人才为例。2017 年是中孟友好交流年，5 月 27 日，北京大学外国语学院举行了"一带一路"公共孟加拉语文化日活动。北京大学"一带一路"公共孟加拉语课的任课教师柯修和中国国际广播电台孟加拉语部副译审杨伟明一起主持了这次活动。柯修是北京大学校友，已经在中国生活了16 个春秋，他无疑是中孟民间交往的见证者和一线参与者。他之所以举办这一次活动，主要就是想让更多的中国人了解孟加拉国多彩的文化与历史，将这次活动作为两国人民交流沟通的一个机会和平台。在活动过程中，杨伟明博士带领中方学生演唱了孟加拉语歌曲，来自印度的舞者舒梦薇给大家带来了优美的孟加拉舞蹈，柯修和学生贺晓璇一同朗诵了中孟双语诗歌，直观且深刻地让在场的观众们感受到了中孟文化的交融之美，不但展示出中国人对于和平的理念，也传递出中国的和平之心。这些奋斗在"一带一路"沿线国家教育合作一线的实践型青年人才，生动展示了对"一带一路"倡议理念的落实与践行。

四、教育——践行和平的最好方式

2005 年，在南京召开了和平学国际学术研讨会。研讨会期间，约翰·加尔通提出，暴力是后天产生的，这充分揭示了环境对于一个人的影响。[1] 如果是在一个和平稳定的环境中，那么通过多方面的影响，可能在更多的人心中建立起和平的信念。只有每个人都发自心底地渴望和平，和平才会真正降临世间。

---

[1] 王正青《教育促进人类和平的人性基础与角色实现》，《西南大学学报（社会科学版）》2012 年第 2 期。

因此，从某方面来说，教育可以说是帮助人类实现永久和平的最理想的解决方法，我们完全可以通过课程设置、内容管理、伴随式的教育，将和平的理念传递到目标群体。中国拥有以儒家思想为代表的深厚的人文背景，可以让人们从更广阔的角度审视人与人之间的利益关系，进而找到人与人之间合适的相处方式。

世界正在面临着巨大的挑战，巴以冲突持续不断、中东深陷战争泥潭，连长期以来一直被认为很安全的欧洲也面临着恐怖袭击的危险，全人类都在寻求获得永久和平的方式。在这一时代背景下，教育被寄予厚望。

首先，在战后重建中，学校一直被优先考虑。教育的恢复可以让孩子们尽快摆脱战争的阴霾，让生活回到正轨，在一定程度上缓解社会的焦虑情绪。长期以来，国际和平教育中心一直致力于在波黑的学校中研究教育对于和平的影响。研究结果表明，教育的介入能够逐步化解敌对情绪，增强曾经敌对群体之间的信任。孩子作为新生一代，由于具备一定的知识和文化，对于事物的看法会发生改变，对待他人也会变得更宽容。[①]

其次，教育可以消除间接性暴力。除了由战争等造成的肉体直接损伤，很多时候还会存在着间接性暴力，比如不平等的政治、不同群体间的暴力，这些正在侵蚀着很多地区。教育可以最大限度地动摇固化的阶层，消除间接性暴力可能引起的伤害，改善社会结构。

最后，全世界范围的教育，将形成以学校为主体、社会价值观为主要潮流的态势，这会让人们更易接受这种文化，把它视为一种正向的价值观。一旦这种文化和价值观融入家庭和学生群体中，和平的理念将会呈现出一个不断加速的趋势。

教育能够发挥化解暴力、冲突的作用，因此需要高度重视。同时，要时刻警惕，不当的教育极有可能引诱、加速地区的不稳定。以日本的教育为例，

---

① 王正青《教育促进人类和平的人性基础与角色实现》，《西南大学学报（社会科学版）》2012 年第 2 期。

有学者指出日本在战争期间煽动了日本大量的青年学生参加侵略战争，白白牺牲了大量的高校学生。[①] 在战争结束后，日本又不断地修改教科书，试图篡改曾经发生的侵略事实，塑造一个战争受害者的角色，并希望通过学校教育的方式，将这些被改头换面的历史扎根于日本青年学生心中。[②] 这一不当举措，从短期来看，加剧了日本与周边国家的矛盾；从长期来看，则不利于日本的国家安全。著名学者厄尔萨·伯纳尔在分析很多国家的暴力源头时发现，很多被煽动加入战争的民众，都是因为其在学校期间受到了潜移默化的影响，这一战争的种子一直伴随其终身，随时可能为特殊事件激活，成为其参与到战争中的直接驱动力。同样，德国也曾有类似经历。纳粹时期，德国政府通过报纸、电台等宣传方式，不断以民族优越的姿态，鼓吹其极端的民族主义，最终引发对犹太人的大屠杀。卢旺达的种族大屠杀也是一个惨痛的教训。由此可见，错误教育所造成的负面影响不容小觑。

孔子作为儒家的创始人，被后世尊为"至圣先师，万世师表"。1993年，在美国芝加哥召开的世界宗教议会通过了"全球伦理宣言"，将孔子所说的"己所不欲，勿施于人"列为重要原则，成为和平的一个准则，强调对他人的友善。同时，孔子"仁者爱人"的思想，正是在向人们传递大爱的和平精神；儒家还提倡实行"仁政"，应当追求"王道"，而不是"霸道"，不提倡使用暴力。面对当前的世界局势，先贤的教诲对于我们解决人类和平与发展的难题，依然有着非常重要的现实意义。

对于与自己不同的见解，孔子认为："君子和而不同，小人同而不和。"作为君子，应当以和为贵，奉行忠恕之道，尊重彼此不同的见解，并在不同中寻求共识。中国所提出的"求同存异""和平共处"的主张显然与儒家思想一脉相承。事实上，中国所传达出的这种理念也正在潜移默化地影响着世

[①] 王正青《教育促进人类和平的人性基础与角色实现》，《西南大学学报（社会科学版）》2012年第2期。

[②] 《对历史的反思：德国与日本的不同态度》，《光明日报》2015年8月14日。

界上很多国家。

　　"一带一路"倡议的推进，为中国打开了面向世界的窗口，也为世界创造了一个接触中国文化的契机。站在这个重要的历史节点上，代表了东方古老文明的中国，有义务将智慧、文明、和平的种子播撒在全世界，为全世界的和平与发展做出应有的贡献。

第五节　非传统安全问题的治理合作

一、公共安全与病媒生物、外来物种防范

"一带一路"沿线国家，在进行贸易合作、技术交流的同时，面临着许多的挑战与难题，其中最应当重视的就是有关病媒生物以及外来物种的预防。历史上曾有许多因为贸易、文明交流而引发疾病传播和生物入侵，对受害地区造成了严重的后遗症的例子，如地理大发现时期葡萄牙与西班牙人到达美洲后，直接造成了玛雅文明的覆灭，其中最大的一个原因就是欧洲疾病如天花、霍乱的传播。所以在预防病媒生物传播与外来物种入侵上，必须制定明确、详细的保护和处理措施。例如，在 2010 年广州亚运会期间，广东就大力开展红火蚁防控工作，保障亚运会安全。红火蚁原产于南美洲巴拉那河流域，在 2004 年传入我国后，已经蔓延到我国广东、广西等南方地区，在许多地方甚至到了暴发成灾的程度，具有严重危害性，不仅侵扰民众生活，威胁人身安全，而且破坏农作物和当地的生态环境。

影响外来生物跨地区扩散的主要因素有两个，分别是交易频率与气候相似性。相互之间贸易往来越频繁的国家或地区，就越有可能将当地物种传播至另一方；外来物种在气候越相近的地区，越容易存活。考虑到东南亚国家地理位置相近，许多国家彼此之间都有减税政策，如中国—东盟自由贸易协定，国家之间贸易往来频繁，因此外来物种入侵是必须重视的潜在难题。在外来物种的入侵问题上，中国一方面要防止本地物种在贸易往来过程中无意间传播至国外，保护"一带一路"沿线国家的生态环境；另一方面也要做好入境货物的检查工作，严防外来物种对国内的生态环境造成破坏。

病媒生物的预防工作，也可以从输出端与输入端两方面着手。综合来看，中国现在的口岸检疫政策标准是相当严格的，因此可以有效预防、管控外来病媒生物的入侵。但是，"一带一路"沿线国家的管控能力却参差不齐，各个国家的检疫标准有宽有严。因此，一些国家的病媒生物入侵风险可能会因

"一带一路"带来的更加频繁的贸易往来而提高，需要各国高度警惕。例如通过蚊媒传播的登革热。携带着登革病毒的"病蚊"可以通过城市的下水道系统繁衍后代，传播登革热。为了应对登革病毒经由蚊媒传播，政府应该加强消毒与防治工作，清除积水，破坏蚊虫的滋生环境。

在"一带一路"的建设中，病媒生物的预防工作是应当高度关注研究的议题。北大青年学者管晓庆与陈志海在《寨卡病毒病研究进展》[①]一文中对寨卡病毒病的研究进展进行了综述。寨卡病毒于 1947 年在恒河猴体内首次发现，1954 年首次在人体内检测到此病毒。在 2006 年以前，人类感染寨卡病毒的病例仅 14 例，且均为散发。2007 年，在西太平洋岛国密克罗尼希亚联邦的雅浦岛上暴发疫情。2013 年，在同属太平洋岛国的法属波利尼西亚再一次暴发疫情。2016 年 2 月，在江西省发现了我国首例输入性寨卡病毒病例。寨卡病毒的传播路径主要有三种，分别是蚊媒传播、性传播和母婴传播。在蚊媒传播过程中，媒介主要有埃及伊蚊与白纹伊蚊。在中国，埃及伊蚊主要分布于海南、广东，白纹伊蚊主要分布于辽宁、河北、山西、陕西、甘肃、西藏一线。管晓庆与陈志海提出，要想预防控制蚊媒的传播，关键就是要防止被蚊虫叮咬，具体措施有消除蚊虫的繁衍与聚集地，如社区的水池以及下水道的死水区等。

二、农业粮食与跨国合作

农业是与民众生活联系最紧密的议题，俗话说民以食为天，一个国家首先要解决的就是人民的温饱问题。如今，在现代科技与现代贸易的帮助下，粮食与其他农产品产量不断上升。但由于人口的快速增长，以及区域间差异的存在，从世界范围来看，仍然面临较大的粮食压力。因此，为了更好应对世界范围的粮食压力，需要建立跨国家的农业贸易与技术合作平台。这同样是"一带一路"倡议的核心关切，中国已经与俄罗斯、东盟开展了大量的农

---

① 管晓庆、陈志海《寨卡病毒病研究进展》，《传染病信息》2017 年第 1 期。

业合作。

（一）中国与俄罗斯农业合作

中俄两国之间长期以来合作紧密。1996 年，中俄发表了《中俄联合声明》；2001 年，双方签署了《中俄睦邻友好合作条约》；2009 年，双方共同批准了《中俄投资合作规划纲要》，制定了《中华人民共和国东北地区与俄罗斯联邦远东及东西伯利亚地区合作规划纲要（2009—2018 年）》；2013 年，国务院批复了《黑龙江和内蒙古东北部地区沿边开发开放规划》，正式将黑龙江和内蒙古东北部地区沿边开发开放上升为国家战略；2017 年，双方在 2015 年《中华人民共和国和俄罗斯联邦关于深化全面战略协作伙伴关系、倡导合作共赢的联合声明》的基础上，发表了《中华人民共和国和俄罗斯联邦关于进一步深化全面战略协作伙伴关系的联合声明》，进一步巩固了中俄双方合作共赢的全面战略协作伙伴关系，显示出中国与俄罗斯关系相对紧密以及合作互惠空间的全方位。

2009 年签订的《中俄投资合作规划纲要》包含了中俄口岸及边境基础设施建设与改造、滨海边疆与犹太自治州合作项目、中俄技术转化中心等合作规划，这是中国与俄罗斯开展的第一个包含农业在内的长期合作项目。现在中国与俄罗斯的农业贸易相对稳定，但仍有进一步发展的空间。例如，尽管两国之间的农产品互补性强，但是存在关税壁垒高以及农产品贸易种类偏少的问题。在 2012 年俄罗斯正式加入 WTO 后，俄罗斯在关税调整与对外贸易方面的政策有所改变，意味着中国跟俄罗斯在农产品贸易上，不论是数量还是种类都会有所上升。结合"一带一路"倡议，中俄两国在农业资源的共享与互惠上有巨大的前景。俄罗斯是世界上面积最大的国家，然而其实际农用地只占领土面积的 12.9%，仍有相当大比例的农业可用地尚未被开发利用；中国则有充裕的劳动力与资金，有能力对俄罗斯的土地进行投资与开发。在"一带一路"倡议下，中俄两国在农业方面产生了一种新型的以粮食返销为特点的合作模式：俄罗斯以较低的土地租金吸引中国企业前往投资，种植农作物，农产品采用俄罗斯标准，在收获后运回中国国内进行销售。在农业技术方面，俄罗斯共有 310 个农业研究单位，中国相关的农业科研机构也有 1000 多个。[①] 我们可以期待中俄之间进行更多的产学研交流与技术交换，以达到真正互补性发展，使得两国在农业上取得更加长足的进展。

（二）中国与东盟农业合作

在"一带一路"倡议的推动下，沿线的沿海国家农业具有巨大的发展潜力。以东盟为例，东盟地区农村人口众多，橡胶、水稻、林木等农业资源和自然资源丰富，其耕作方式属于劳动力密集型，较低的劳动力成本使得该地区农产品具有较强的市场竞争力。东盟是除了美国、欧盟外中国的第三大贸易伙伴，并且"一带一路"沿线的东南亚国家，如印度尼西亚、马来西亚、菲律宾、新加坡、泰国、越南、缅甸、柬埔寨等，都是东盟的成员。近年来，中国与东盟在经贸方面的合作不断深化。2000 年，时任国务院总理朱镕基最早提出了建立中国—东盟自由贸易区的建议；随后在 2002 年，中国与东盟签署了《中国—东盟全面经济合作框架协议》；2010 年，中国—东盟自由贸易区正式启动；2013 年，中国提出和东盟一起开展基础设施互联互通建设，共建"21 世纪海上丝绸之路"，推动了中国—东盟自由贸易区全面升级。

从 2000 年开始，中国对东盟的投资金额不断增加，从最初的 2000 万美元一路上涨到 2013 年的 86.4 亿美元，占中国对外投资总额的 7.1%。在 2014 年 1—6 月期间，中国对东盟出口农产品金额高达 367.6 亿元人民币、进口金额高达 507.4 亿元人民币。[②] 从以上数据中，我们不难发现近些年来中国与东盟间的合作取得了重大进展。而农产品因其本身的一些特点，使得我们不能只从这些表层的数字去分析双方在农业合作上的紧密程度。举例来说，农产品的特点在于它具有很强的时效性，需要高效率的物流与交通网络。同时农产品通常体积与重量较大，但是单位价值较低，因此不适合采取空运的形

① 许振宝、李哲敏《"一带一路"战略下中国与俄罗斯农业合作探析》，《世界农业》2016 年第 8 期。

② 曹云华、胡爱清《"一带一路"战略下中国—东盟农业互联互通合作研究》，《太平洋学报》2015 年第 12 期。

式，通常以铁路和海运为主。所以，改善铁路、港口等基础设施状况是推动农产品贸易的必要条件。

在改善亚洲国家基础设施方面，中国做出了重要贡献。2013年，习近平主席提出筹建亚洲基础设施投资银行（以下简称"亚投行"）的倡议，2015年年底，亚投行正式在北京成立。亚投行作为一家亚洲区域多边开发机构，其工作中心是帮助亚洲各国提升基础设施建设水平，以促进亚洲各国互联互通，加速经济一体化进程。具体来说，亚投行在内部审核后，将为东南亚国家的基础设施项目提供相应的资金支持，这些项目包括铁路、港口、公路等交通网络的建设，帮助这些国家发展经济。

在中国与东盟的农业合作上，中国能够提供庞大的资金与专业的农业技术支持。在"一带一路"倡议提出前，中国在东盟国家的农业投资金额存量为11.3亿美元。在2013年"一带一路"倡议提出后，中国对东盟的农业投资规模增长显著，和2013年相比增加了2.6倍。截至2016年年底，中国在东盟国家的农业投资金额存量达到了40.3亿美元，占中国对外农业投资存量总额的36.5%。从中国对东盟国家整体的投资结构来看，农业投资所占比重较高。截至2017年9月，中国的对外农业投资存量中有大约三分之一投向了东盟国家，而在中国总体的对外投资存量中，东盟所占比重仅为10%，远低于东盟在中国对外农业投资中的比重。[①] 除了资金方面，中国政府也和东盟国家开展了农业技术上的合作，例如，早在2002年，双方就签订了《中国—东盟农业合作备忘录》。在2010年召开的第十三次中国与东盟领导人会议上，时任国务院总理温家宝提出，中国将为东盟国家培训1000名农业方面的人才，并派遣300名农业专家与技术员到东盟国家进行指导，并且要建立三个新的农业技术中心，帮助东盟国家提升农业科技水平。

总体而言，中国与东盟双方在农业上相互依赖。例如，中国出口了大量

---

① 《中国东盟农业投资存量增长快》，新华网，2017年9月12日。http://news.xinhuanet.com/local/2017-09/12/c_129702031.htm。

蘑菇、猪肉、花椰菜等农产品至东盟，而东盟的热带水果、天然橡胶也在中国有庞大的市场。在现有的中国与东盟国家间合作平台、协议等框架的基础上，如何进一步充分运用双方优势资源实现双方利益最大化，建设好"一带一路"，考验着双方政府的智慧与能力。

在国际农业合作方面，有大量的研究成果。例如在跨国农用地方面，北京大学陆小璇博士认为，随着跨国农用地投资数量的增加，原先以国家为单位占据的土地资源也开始了全球化进程。在利用他国土地进行农业生产的过程中，一定要注意对当地生态环境可能造成的影响。尤其是当新型的农业技术与跨国农业相结合时，不仅会大力促进农业经济的发展，而且会使当地原有的生态环境发生改变，这种改变可能是破坏性的。因此，国际社会有必要一起制定有关跨国土地使用的规则，保护粮食和生态安全。[①]

三、生物质能源的开发利用

生物质能源的原料主要包括农业生物质、林业生物质以及藻类生物质。一方面，中国的农业生物质与林业生物质资源十分丰富。截至 2015 年，中国油料种植面积达到了 1406 万公顷，人工林种植面积世界第一。另一方面，中国生物质能的开发利用水平较低，存在巨大的发展前景。截至 2015 年，中国生物质能的利用量仅为 3000 多万吨标准煤。在《可再生能源发展"十三五"规划》《能源发展"十三五"规划》等政府文件的指导下，生物质能源的开发利用水平将获得大幅的提升。随着"一带一路"倡议的推进，生物质能源亦将获得巨大的发展空间，例如中巴经济走廊的能源合作。预计到 2020 年，中国生物质能发电装机规模将达到 1500 万千瓦。[②]

同时，中国生物质能源的发展也面临着众多的挑战。第一，在生物质能

---

① 陆小璇《跨国土地利用及其生态影响》，《生态学报》2014 年第 6 期。
② 王海波《"一带一路"背景下我国生物质能源发展的机遇与挑战》，《林业调查规划》2017 年第 2 期。

源的开发利用方面，中国缺乏拥有资金和技术优势的大型企业，生物质能源市场表现得较为混乱。第二，从市场端来看，有效且低成本的生物质能源尚未普及，不易取代现有的火力发电、核能发电等传统能源。第三，中国在生物质能源的国际合作方面缺乏整合性的规划，如何有效运用"一带一路"沿线国家当地的生物质能源仍是难题。第四，中国的生物质能源企业在知识产权方面不够重视，难以充分保护自己的专利技术，在开展跨国合作过程中，自己的合法利益容易受到侵害。

近年来，中国与东盟国家一同举办了多次有关生物质能源开发利用方面的论坛，例如 2014 年 9 月，举办中国—东盟技术对接洽谈会；2014 年 11 月，举办中国—东盟生物质能利用技术培训班；2015 年 7 月，在金边举办中国—柬埔寨现代农业及新能源技术对接会；2016 年 4 月，在缅甸举办了中缅现代农业与可再生能源技术对接会。[1] 这些论坛的举办，大力增强了中国与东盟在农业、生物质能方面的交流与合作，完全契合"一带一路"建设的要求。"一带一路"倡议所要传达出的理念就是实现全球共同繁荣，在这个大架构下，不同的国家之间开放合作、互利共赢。因此，在生物质能的开发利用上，中国将与"一带一路"沿线各国乃至世界各国开展全方位、多层面的合作。

青年学者在生物质能产业发展方面做出了许多贡献。例如，北京大学中国持续发展研究中心博士研究生洪浩在《我国生物质能产业发展战略的思考》[2] 一文中指出，中国能源的消费市场结构与发达国家相比有两点不同：第一，中国的能源消费以非再生能源为主，煤炭占总耗能的 60%，非商品能源的传统生物质（如稻秆）占 15%。第二，中国能源的消费结构城乡差距悬殊。中国人均耗能是世界平均水平的一半，其中农村人均耗能是城镇的一半，商品耗能是城镇人均的四分之一。但是，随着农村生活的逐渐富裕，农村的人均耗

---

[1]　杨晓琴、黄元波《"一带一路"背景下云南省生物质能源发展的机遇与挑战》，《绿色科技》2016 年第 8 期。

[2]　洪浩《我国生物质能产业发展战略的思考》，《中国工程科学》2008 年第 7 期。

能将逐步上升。总体上看，农村的能源需求属于刚性增长。同时，中国当前的生物质能源利用水平仍较为落后。以稻秆为例，中国农村每年可以生产稻秆 7 亿吨，但其能源转化率竟只有 15%。根据吉林省中部地区的统计情况发现，有 50% 的稻秆被用于农村取暖与炊事，30% 用于饲料，10% 用于还田。此外，如果以稻秆作为生物质能的来源还需要解决以下问题：第一，虽然稻秆这一生物质能源年产量多，但是其为农业生产和农村生活的必需品，不仅需要用作饲料、肥料，而且还需用于炊事，如果完全以人工饲料、化肥以及化石能源取代，所花费的成本较高。第二，在广大的农村地区，农户住处较为分散，收购稻秆的交通运输成本较高，也无法发挥规模经济的优势。

为了解决这些问题，一方面，应当利用那些能够在农村生产出来的现代生物质能来满足未来农村对能源的需求，使农村不仅不需要以化石能源来填补稻秆被收购后产生的能源需求，也可以带动生物质能相关产业的初期发展。另一方面，近期而言，应当致力于耕耘分散的农村等规模较小的能源消费市场；长远来看，应当充分利用解决小规模能源消费市场的经验，逐步实现生物质能源取代化石能源的目标。

无论是公共安全领域的病媒生物、外来物种防范，还是粮食安全，以及对生物质能源的开发利用，从长远来看，都与各国的长治久安密切相关，这些问题是否得到妥当的解决，直接关系到当地社会乃至国际秩序的稳定。虽然近几年来全球化进程似乎遭到了一定程度的阻碍，但是长期来看，人类终将携手共进，共同面对全球危机，"独善其身"已经不再可能。这正是"一带一路"倡议提出的时代背景，也是"一带一路"倡议想要推动的时代潮流。

附

留学生访谈实录

1. 来中国一段时间了，请问你认为你的家乡和中国在生活、文化等方面最明显的差异体现在哪里？

新加坡 Ma Wenru Karen 马雯如 新加坡一个很大的特点就是重视志愿者活动。有很多人会参加志愿者活动，高中要求每个人一年要参加 6 个小时的志愿者活动，这是教育部规定的，大家都很重视。报大学的时候会考虑你做志愿者活动的贡献。新加坡和中国存在好多差异，比如在人的性格上我觉得中国人比较随和，新加坡是竞争非常激烈的一个国家，每个人都很忙。

澳大利亚 Stanley Liang 梁灏 澳大利亚的网络发展比较慢，在数字化信息技术上都有所欠缺，中国数字技术在全世界都很领先，网络线上服务方面很先进，配套设施和管理也很规范，澳大利亚在此方面可与中国学习。其次就是澳大利亚的动物物种丰富，自然环境比较原始，空气质量良好，但也存在隐患，比如，袋鼠泛滥会阻碍交通。

日本 NIWA HO JI 丹羽宝琪 我其实从小在中国东北长大，在日本待的时间比较短，但每年夏天会回日本。在生活上，日本给我的感觉就是井然有序，这是日本人的突出特点。比如坐地铁，会等所有人都下完之后再上去，不会抢着上地铁。而在中国，有时候在等车过程中，还是稍微拥挤，急躁了一些。

2. 你认为就你个人或者青年人这个群体，在维护区域和平发展、维护和平稳定上能在哪些方面发挥作用？

土耳其 Sark Ubeydullah 董翰林 我认为作为青年人来说，在文化合作领域可以做出很多重要的工作。经贸和基础设施建设领域十分重要，也是两国合作的重要组成部分。但作为正走在求学道路中的我来说，投身文化交流相关的志愿者工作更吸引我，这种志愿者工作对于两国的发展来说，也十分重要。和平发展总要依赖不同方面的合作，而青年人能够成为和平时代的主力军。

泰国 Tanik Ruangpanyaphot 林贵成 我认为青年人可以在很多领域发挥作用。在文化交流中，青年人也可以有效地扮演一个传播文化、增进了解的角色。但就我而言，我认为青年人在经贸领域更有利于推动区域和平和国家间友好往来。我在泰国接触商业活动比较多，我认识到国际贸易对于国家之间往来的巨大推动作用。贸易的合作有助于增进国家间的了解和沟通，使国家间形成纽带，互惠互利，共谋发展，推动区域和平。

新西兰 Lyra 艾芮琳 我认为青年人最主要的作用在于利用自己在时间、精力上的优势，广泛地参与到国际青年合作项目与交流活动中去。我曾经参与到"汉语桥"活动中，在比赛中我结交了不同国家的朋友，也学习到了不同国家的文化，让我对其他国家有了更深入的了解。

澳大利亚 Stanley Liang 梁灏 在这个网络迅速发展的时代，各国的青年在网络上不要做过激的评论。目前，网络言论和安全问题越来越受到重视，我们作为新时代有素养的青年人，首先要规范自身行为，合法、公正、客观地评价事件。我们也不能忘记知识的重要性，在全球都在飞速发展的时期，我们要提升自己的知识储备。在文化交流领域，我们要多了解各个国家的文化，在尊重不同国家的文化习俗的前提下进行友好交流。

3. 你认为相比社会其他人群，青年人在加强区域合作、促进和平上有什么不可替代的优势？

土耳其 Sark Ubeydullah 董翰林 青年人更善于接受新事物，尤其是利用互联网等新兴技术手段沟通互联的能力更强，所以可以更好地实现相互交流，实现多领域合作，最终增进和平。青年人富有活力，他们更愿意，也更有时间参与到国际交流的活动中。

俄罗斯 Vladislava Chugueva 陈桂华 青年人更有活力和时间，他们喜欢认识结交新的伙伴。青年人的思想更活跃，更加开放，他们更倾向于接受新的事物，新的思想，这有助于不同文化的青年人相互学习，相互理解。和平的前提是沟通和理解，我认为青年人在这方面具有优势。

新西兰 Lyra 艾芮琳 青年人有更多的机会接触到多元的文化和知识。比如青年人海外求学，可以认识到不同文化背景下的其他青年。对于年长或者已经建立自己的家庭的人来说，除了某些行业的工作者，多数没有机会长期处于多元文化背景下。

泰国 Tanik Ruangpanyaphot 林贵成 我认为，商业和贸易往来是增进和平、改善国家关系的关键。青年人在创业上目前有很大的意愿和活力。他们的创新思维也有助于推进他们在创业领域的进展，把更多的新鲜思路代入到国际商业和贸易合作之中，推动区域发展，增进区域和平。

澳大利亚 Stanley Liang 梁灏 在信息化、网络化的时代，青年有着庞大的信息资源，能够更快地接收信息，了解世界。相对于以前信息闭塞的时代，如今在青年的影响下，全球变得更加紧密，联系更加密切。此外，青年人有更灵活的头脑，更容易接受新鲜事物，他们可以用自己独特、鲜活的方式推动和平发展。

4. 能不能结合你的国家的实际情况或需要，谈一谈作为青年，你如何利用自己的优势促进你的国家与其他国家友好往来？

俄罗斯 Vladislava Chugueva 陈桂华 俄罗斯是一个资源大国，青年可以积极推动能源领域的跨国合作。一方面可以带动区域经济发展，另外也有助于推动国家间的双边或多边合作，增进沟通和了解。同时，俄罗斯在轻工业领域，以及高科技领域，都有很高的上升空间，作为青年人，应当抓住机遇向周边国家积极学习，推动智库建设和技术领域的发展，在这个过程中，加深国家间的交流与友谊。

澳大利亚 Stanley Liang 梁灏 我们国家在网络信息覆盖方面就与中国有较大的差距，我觉得在网络领域应该加强合作。我在北大接触到很多学生组织和合作企业，这里有很广阔的机遇和宽广的平台实现国家之间的合作。我们可以从学校或者直接通过企业入手，促进海外合作。而青年人可以作为桥梁，密切关注并且加强彼此的联系。另外，世界是一个整体，珍爱生命，共同抵制病魔是人类共同的希冀，我作为化学人也要推动国家间科技、生物工程、医药工程的合作，促进世界成为命运共同体。

5. 谈完了自己的国家，我们再谈一谈其他国家的情况。近年来，中东区域形势复杂，国家间矛盾频出。你认为造成这一矛盾的原因是什么，青年人在未来可以发挥哪些作用，促进这一区域和平？

土耳其 Sark Ubeydullah 董翰林 中东地区的冲突有多方面的原因。但我们知道，和则兴，国家之间，尤其是邻近国家之间和睦相处十分重要。青年人有鲜明的时代特征和发展需求，是可以摒弃前嫌、跨文化交流互通、重新建立友谊的一代。当今世界全球化趋势不可阻挡，青年人作为全球化的受益者，对于全球化也有着不可替代的作用，青年人能够发现国家间的共同利益，探寻人类命运共同体这样一个属于新时代的年轻产物。

澳大利亚 Stanley Liang 梁灏　中东地区矛盾错综复杂，是多方面原因综合造成的。作为青年的我们，首先要坚持自己维护和平的立场。其次要积极参加宣传、教育和志愿活动，不仅让更多的人了解中东地区的现状，还要身体力行，在保证个人生命安全的情况下，前往当地进行支教、关爱活动，做和平的守卫者。

6. 除了上述有区域冲突的中东地区，大国间的摩擦和对立也时有存在。大国间的友好往来对于促进世界和平和发展有着十分重要的作用，你认为青年人在其中能发挥怎样的作用？

泰国 Tanik Ruangpanyaphot 林贵成　我觉得年轻人可以办一些画展什么的，比如我知道的有一个组织在非洲采集战区小朋友画的画，带到中国来，或者别的国家来展出，让大家看他们眼中的世界是什么，小孩的画作很纯真，能够给人直接的心灵冲击。

孟加拉国 Sunny 阳光　在很多领域，行动最快、最果决、最有效的就是年轻人，只要他们有心做出努力，去思考如何帮助不同的国家，就能在很多方面发挥作用。其实很难去预测未来的发展方向到底会怎么样，也很难说青年人具体能做出什么贡献，因为有想法的人太多，而我们要承认不是每一个想法最后都能成为现实。但是青年人的热情和广大的基数提供了无限的可能性，这让我们怀有希望。

澳大利亚 Stanley Liang 梁灏　年轻人有着灵活的头脑与充沛的精力，他们去除一些老旧的思想，对世界和平有着新的想法与思考，可以运用各种创新手段促进国家间的友好互动。

7. 请谈谈你亲身经历的、与和平有关的活动或亲身体验。

新西兰 Lyra 艾芮琳　我曾经参加过"汉语桥"活动，在"汉语桥"比赛中，我结交了很多中国的朋友，也认识了世界各地热爱中华文化的年轻人，我们在一起结下了深厚的友谊。"汉语桥"不仅仅是一个交流文化、结交朋友的舞台，也是一个增进沟通、促进文化间相互了解的平台。

俄罗斯 Vladislava Chugueva 陈桂华　今年我参加了北大国际合作部与光华管理学院主办的"一带一路"青年论坛。在这个活动中，来自"一带一路"沿线国家的大使、教授、记者和学生的精彩演讲向我传达了"一带一路"的重大意义和作用，也让我感受到了"一带一路"带给我们的变化。在这次活动中，我认识了很多不同国家的朋友，我们一致认为，"一带一路"是指引国家走向和平发展的伟大道路，也愿意与中国一起，构建"一带一路"的和平与繁荣。

土耳其 Sark Ubeydullah 董翰林　近年来，叙利亚冲突不断，数以百万计的难民涌入土耳其。我和我的父母从人道主义的角度，提供给部分难民工作。这一方面解决了他们的生活问题，另一方面也有助于稳定难民区的局势。我认为，这是我们的责任。

8. 你认为，目前开展的以和平为主题或目的的青年交流活动或者国际青年志愿者活动有什么亮点和不足。

澳大利亚 Stanley Liang 梁灏 一个亮点就是以青年人为志愿主力，彰显了世界新一代的责任感和使命感。和平的范围随着时代的发展更加广泛，而青年人能够产生新的思考和想法来重新构建和平的世界。此外，青年人总是有足够的热情与活力，能够更出色地完成交流志愿活动。不足可能就是青年人缺乏阅历和经验，在交流志愿活动中对有些问题处理不妥当。

俄罗斯 Vladislava Chugueva 陈桂华 青年交流活动与国际志愿者活动为青年提供了参与国际和平工作的机会，也让青年亲身体会到和平的来之不易，在增进友谊的同时也提供了一个相互了解的机会。但现在很多国际志愿者活动，都是输出性的，就是把志愿者和服务输出到其他国家。我认为，应该让贫困或战乱国家的孩子有机会来到和平繁荣的国家生活。学习知识文化的同时也带给他们努力的动力，也让他们感受到和平的不易，促使他们为本国的和平事业贡献力量。

9. 结合你的体验或经历，你觉得哪些具体的活动应该展开，使青年人更好地进入到促进区域和平的事业中去？

美国 Becca 左笑 首先在志愿交流前，要通过线上交流和线下技能培训既让青年们增强彼此的认识，又要提高青年能力。在志愿活动中增加一些趣味性的互动，不仅可以给予孩子们知识，更能拓展他们的眼界，让他们看到美好的世界，从而给他们学习的信心与生活的希望。在志愿服务后，从多方面展现志愿活动，不仅为日后的活动开展积累经验，留下素材，也是每个青年人弥足珍贵的回忆。

10. 中国国家主席习近平提出：丝绸之路的精神核心是"和平合作、开放包容、互学互鉴、互利共赢"，要将"一带一路"建成"和平之路、繁荣之路、开放之路、创新之路、文明之路"。"和平"，这个居于首位反复出现的核心词，是"一带一路"的基调和底色。你如何看待"一带一路"对于世界和平将起到的贡献？

澳大利亚 Stanley Liang 梁灏 "一带一路"本身就是基于和平的理念延续传承古代丝绸之路，重新构建新时代下的和平之路。"一带一路"不仅仅是经济上的互助，更是文化认同与文化交流。和平和发展已成为当今时代的主题，"一带一路"同时兼顾两大主题，不仅只对沿线国家的和平起到积极作用，也对世界的和平发展起到示范带头作用。

墨西哥 Soy 索伊 "一带一路"是一个经济导向的合作项目，开展经济合作有利于改善各方的生活水平。对于经济合作来说，和平是非常重要的公共物品，每个国家都会努力去维护，只有和平才能够让各方安稳地合作。同时，"一带一路"包含着文化的层次，就是通过这项计划，沿线各国鼓励开展更多的文化交流，而为了文化交流能够给彼此的国家留下好的印象，每个国家会更加关注自己的内部治安，从而形成有利于经济合作顺利开展的国际和平状态。这种和平的倡导和维护也需要有人来负责和牵头，所以中国作为发起国，和一些发达国家会在维护和平上起着无可替代的重要作用。

11. 中国国家主席习近平指出："当今世界，各国相互依存、休戚与共。我们要继承和弘扬联合国宪章的宗旨和原则，构建以合作共赢为核心的新型国际关系，打造人类命运共同体。"请你谈一谈对人类命运共同体的认识。

塞拉利昂 Miatta 米塔 人类命运共同体指在追求本国利益时兼顾他国

合理关切。人类只有一个地球，各国共处一个世界，任何一个动作都关系到整体的利益。很多非洲学者认为这种观念和非洲的发展、世界的发展趋势是非常吻合的。中国的成就值得非洲学习，而且中国与非洲各国也建立起了非常稳固的友谊，给过很多援助，这也体现了中国的一种"人类命运共同体"的认识。

俄罗斯 Vladislava Chugueva 陈桂华 和平对每个国家都很重要，国家间拥有良好的关系才有机会协调各方利益，谋求共同发展。我觉得"人类命运共同体"是一个很有意思的提法，它表明我们彼此的行动是相互影响的，这可能会涉及更复杂的交流、沟通和国际博弈，但总体上大家的目标都是要谋福利。我们从过去的历史中能看到，合作对各方都是有利的，而认识到每个国家都是全球化时代的一分子，共同构成新时代的"共同体"，是交流和合作的重要基础。

澳大利亚 Stanley Liang 梁灏 人类命运共同体指在追求本国利益时兼顾他国合理关切，在谋求本国发展中促进各国共同发展。各国共处一个世界，我们不能单纯地把一个世界以国别割裂成分离状态。我们其实是一个整体，休戚与共，命运紧密相连，任何一个动作都关系到整体的利益。

伊朗 Hamed 好麦特 我认为人类命运共同体，是一种全人类都普遍适用的对于美好生活的追求和向往。无论何种国籍、民族，都希望生活在一个和平、安康、富足的社会里，这是我们的共同向往。

墨西哥 Soy 索伊 我认为人类命运共同体是在一个大的框架下，即合作共赢的框架下展开的包容性强、涵盖范围广，并且体现求同存异的一系列文化、商业往来。其结果必将是造福世界人民。

泰国 Tanik Ruangpanyaphot 林贵成 全球治理需要进步力量引领，青年是打头阵的急先锋。当代青年要具有国际化意识和胸怀，要有国际一流的知识结构和管理能力，要在全球化市场竞争中善于把握机遇和争取主动。特别要善于从全球视野中谋划事业发展，在权衡利弊中做出最为有利的战略抉择。

美国 Becca 左笑 我认为人类命运共同体是全世界人民摒弃偏见、共谋发展的伟大事业。人类命运共同体的出现，标志着人类发展达到了新的阶段。加入人类命运共同体，就是加入了人类携手走入幸福的大家庭。

新西兰 Lyra 艾芮琳 建立一个公平、包容、可持续的地球，共同为人类社会的发展付出努力，人类命运共同体是一份责任，也是一份对幸福的展望。

新加坡 Ma Wenru Karen 马雯如 我认为人类命运共同体，是从全人类层面构建的，以合作交流为主题的联合体。

土耳其 Sark Ubeydullah 董翰林 人类命运共同体的出现，将会给参与其中的国家平等对话、互利互惠、共享发展的机遇，也会使人类社会真正向着和平、繁荣、可持续的方向发展，为世界人民创造福祉。

以色列 David Melamed 梅大卫 人类命运共同体，是分享机遇，也是创造未来。我认为人类命运共同体将有效地化解矛盾冲突，实现人类的和谐发展。

新加坡 Kem 王楚一 人类命运共同体，是提供给全人类分享发展成果的机遇，也是一份国家间相互扶持、共同繁荣发展的责任。作为每个个体，都应该在构建人类命运共同体的历程中贡献力量。

俄罗斯 Oscar 高侠 人类命运共同体，对我的家乡来说，是一个很大的机遇。这将会带动俄罗斯快速发展，也将提高人们的生活水平。

日本 NIWA HO JI 丹羽宝琪 人类命运共同体是面向未来的美好蓝图，是全世界人民都需要的。只有国家间建立亲密无间的关系，人民间本着互利共赢的原则共同奋斗，世界人民才会共享一个繁荣的、和平的未来。

12. 刚刚谈到人类命运共同体，那么你能再说说对"青年命运共同体"的理解吗，它和人类命运共同体有什么关系？

澳大利亚 Stanley Liang 梁灏 青年本身就是人类的重要部分，是世界的希望，代表时代发展的新生前进力量。所以青年更要心怀全球人民的利益，促进世界朝着更好的方向发展。人类命运共同体其实意味着我们所有人的命运是相连的，牵一发而动全身。而青年一方面应当意识到相连的命运，同时利用自身的勇于尝试、走在时代前沿的优势，推动人类命运共同体的构建。

伊朗 Hamed 好麦特 世界的未来属于年轻人，青年作为走在时代前列的人，其交流合作能够让世界变得更美好。其实我想强调的是责任，因为大家的生活要过得更好，那谁来努力呢？全人类的命运都联系在一起，但是现实中总会有人逃避责任，也会有弱势群体需要更多的帮助，因而我们需要青年人这样热心、志愿的群体来多做一些事情，正是因为他们无私、热情的付出，让很多困难的问题得以解决。很大程度上，"人类命运共同体"要靠"青年命运共同体"维系。当新的一代青年人出现时，原来的青年人已经成为更稳重的社会中坚，这一个过程会一直延续。

塞拉利昂 Miatta 米塔 青年命运共同体是将青年归纳为一个整体，将青年的命运紧密相连，青年作为一股体现时代发展方向的进步群体，只有朝着统一的方向前进，才会使世界更加进步、更加现代。青年命运与人类命运休戚与共，相辅相成。

墨西哥　Soy　索伊　放眼世界，青年倍觉胸怀宽广、责任重大。而要融入世界全球化大格局、大趋势、大潮流中，必须以前瞻战略，打造青年命运共同体，为全球治理奉献青春、投入热情、提供智慧。中国正越来越接近世界舞台中心，讲解"中国故事"，传递"中国声音"，提供"中国方案"，受到国际社会的高度认可和赞扬。处于这样一个时代大变迁中，青年作为国家和世界的未来，应当有担当意识，为世界的和平发展贡献力量。

美国　Becca　左笑　世界的未来属于年青一代。全球青年有理想、有担当，人类就有希望，推进人类和平与发展的崇高事业就有源源不断的强大力量。

新西兰　Lyra　艾芮琳　建立一个公平、包容、可持续的地球，是包括全球青年在内的每个人都要重视和担当的责任。青年最富有朝气，最富有梦想，是未来变革的驱动者，也是未来的领导者和建设者。青年人的力量在建立人类命运共同体中不可或缺。

新加坡　Ma　Wenru　Karen　马雯如　青年是未来，是希望，肩负着丰富命运共同体内涵、扩展命运共同体范围、提升命运共同体价值的重要使命。

以色列　David　Melamed　梅大卫　青年命运共同体一方面是给青年创造了沟通交流、合作共赢的机会。另一方面，也很好地利用了青年创造力突出、活力强的优势，将给人类命运共同体的建设提供新鲜血液。

新加坡　Kem　王楚一　青年命运共同体，是提供给我们青年人的舞台。这个舞台既是为表达我们青年人声音，让我们青年人在构建合作共赢的国际关系中发光发热，也让我们的创造力和活力得以发挥和释放。

俄罗斯　Oscar　高侠　我认为青年人有很多创新性十足的想法，以及蓬勃的活力。青年人愿意参与到国际交流合作之中，青年命运共同体的建立，将最大化地发挥青年人在合作交流方面的潜力，贡献青年力量。

日本 NIWA HO JI 丹羽宝琪 青年人十分擅长接收和传达信息和新知识，青年人参与到其中，将有效地发挥青年人的价值，拓展青年人的国际交流需求，增进青年人的友谊，最终实现青年人在人类命运共同体构建中的贡献。

13. 针对你的国家的某些需要，哪些青年志愿服务或者文化层面的沟通交流需要展开？

新加坡 Ma Wenru Karen 马雯如 我觉得可以多办一些国际交流活动，尤其加深对中国各方面的了解，通过相互理解，然后慢慢找到可以沟通合作的点。

14. 你认为志愿者活动能为"一带一路"周边国家带来怎样的帮助？

新加坡 Ma Wenru Karen 马雯如 为"一带一路"沿线国家有意愿来中国读书的青年提供大学资讯和就业规划等信息。劳工方面，新加坡有为外来劳工提供帮助的组织，中国的劳工成本的上涨可能会引入外来劳工，这时确保工人福利的志愿者或许会很好。还有一点就是进行技术交流。中国建桥的技术很厉害——行业间可以多沟通，帮助别的国家。并且可以去发展，有商机。

澳大利亚 Stanley Liang 梁灏 志愿者活动可以丰富"一带一路"的形式，拓展"一带一路"的范围，推动"一带一路"更好地推进。志愿者活动作为文化层面的交流活动，有利于"一带一路"沿线国家友谊情感的深厚。

15. 请问你所在的专业未来能在国际合作中扮演怎样的角色？

新加坡 Ma Wenru Karen 马雯如 我在经济学院，平时因为专业的原因很关心国家发展、经济动向的新闻，我觉得我学到的知识，能帮助我认识现在世界上发生的事情究竟反映了怎样的局势，以及理想的状态应该是什么样子的，如果要开展合作的话现在有哪些样板、哪些反面教材。我觉得在有好的想法的时候，应该多与老师、同学交流，一步步脚踏实地地做出事情来。我觉得"一带一路"的背景为我们都带来了不少发展的机会。

澳大利亚 Stanley Liang 梁灏 我是化学专业的。首先我要做的就是学好自己的专业知识，知识是一切活动的基础。其次就是以和平为前提进行活动，我们都知道化学利用得好，在生物技术、医药方面都发挥着巨大的作用。我作为化学人，应该心存善念，造福人类，加强国际科学合作，消除技术壁垒。

塞拉利昂 Miatta 米塔 我正在攻读光华管理学院的 MBA，平时也常常会参与举办一些文化交流活动，例如我在光华 MBA 参与组织过一场讨论在中国留学的非洲留学生能否为非洲人提供职位的交流活动，在让大家学到知识的同时也能感受到自己的能量。我认为未来中国和非洲国家的合作机会非常多，商科背景能让我切身参与这项国际事业，为国家谋福利。

日本 NIWA HO JI 丹羽宝琪 我就读于信息管理系，平时非常喜欢电脑编程。我觉得未来是一个高度信息化的时代，计算机相关技术能够在很多领域都有帮助，随着办公自动化、人工智能、虚拟现实等技术的普及，我相信计算机可以改变世界！

实践与实例展示

和平的实现，首要在于交流。人们在相互交流中彼此理解，实现合作共赢。北京大学留学交流协会（Study-abroad United Network，以下简称"SUN"）成立于2009年，是一张将北大学子与各国学生紧紧联系在一起的强大网络，致力于服务学生留学与交流。自成立以来，SUN促进了北大学生国际交流和出国留学信息的分享；整合了校友资源网络，搭建了与海外校友间的良好沟通桥梁，并帮助北大学生进行出国留学规划、适应留学生活；筹办、参与了跨国跨文化交流活动，从语伴项目到海外访问，培养北大学子的交际能力、国际视角和人文情怀，增强了北大学子的综合竞争力。SUN的主要活动包括国际交流周、国际义工项目、语伴项目以及飞跃晚宴等。

国际交流周（International Week，以下简称"IWeek"）是由国际NGO组织IWCO领导的、横跨欧亚大陆26个不同国度的活动。每个国际交流周包含7—10个不同的主题日，各国著名大学的青年学子通过不同的主题活动，向来访者全面展示本国的文化风采，从而加强全球文化的交流。每年SUN都会作为东道主举行北京IWeek活动，邀请欧亚美多国学生代表来中国进行游学。在北京IWeek会期中，北大学子们将与外国代表一起体验北京风物，走进中国文化。期间还会举办国际晚宴（International Dinner），各国代表撸起袖子充分展现自己国度的美食。制作美食的过程使各国学生之间的感情迅速升温，北大学子还会帮助外国代表做中国菜，比如麻婆豆腐、红烧狮子头，向外国友人展现中国美食文化。在一次小小的聚餐中，让中国和世界联系得更加紧密，为着共同的小目标协作、努力。北大学子还会带领外国友人一起参观北京的名胜古迹，如长城、故宫。在参观过程中，各国青年们在一起相互交流各国文化，畅谈人生与未来。除了参观景点，北大学子还会带领外国友人参访特色企业。例如，2017年，同学们一起拜访了中国书店。期间，同学们动手体验了线装书下捻、上皮、裁切、打眼、订线等工艺过程，加深了对中国传统工艺及其背后文化的理解。SUN不仅举办IWeek活动，迎接来华游学的各国学生，而且招募北大学生代表参加由其他国家高校举办的IWeek活动，为北大学子提供全方位的交流机会。

国际义工项目是SUN与香港君行国际义工旅行（OCIVA）对接的义工旅行项目。义工们可选择前往清迈、巴厘岛、斯里兰卡等地参加支教、海龟保育、孤儿院帮扶等活动，成为国际义工。在这个过程中，义工们可以接触一个陌生的世界，收获一段全新的生活体验，给自己留下一个讲不厌的故事。去支教，将爱心和知识传到更远更需要的地方，在异国的课堂上为不同肤色的孩子们描绘世界的美好，用自己的能力给孩子们带来希望；去海滩边，纵身入海穿梭于亮丽的珊瑚鱼群，月光下静等小海龟破壳而出，与几只大象成为朝夕相处的伙伴，拯救那些濒临灭绝的动物，感受更多生命的力量，用自己的双手去维护希望；在南半球的农场里收获满园果蔬，用自己的行动力挺环保，为人类社会的可持续发展做出自己的微薄贡献。

语伴项目（Language Partner Program）是SUN规模最大、举办最成功、最受欢迎的活动之一。在这里，希望提高英语或其他外语水平的中国学生与渴望学习中文的留学生结成语伴，通过日常学习生活中的交流练习外语，还可以参加SUN定期组织的各种大、小型趣味双语活动。通过语伴配对的形式，中外学生结下了深厚的友谊，即使在留学生交换结束之后，亦可以保持长期联系，不断进行跨文化的交流。2017年，SUN对语伴活动的形式进行了创新，联合北京大学外国语学院、社会学系、国际关系学院、元培学院、新闻与传播学院、政府管理学院、经济学院主办，以及北京大学燕京学堂研究生会、燕京学堂Greedy Tongues社团、拉美学生会、中欧交流协会、中日交流协会、学生书画协会共同协办了"途经你的世界——联合语伴大会"（Language Buddies' Party），更好地诠释了北京大学面向国际、兼容并包的宗旨，活动推出了外语版的谁是卧底、高端洋气的英语影视配音、国际版你画我猜，并通过直播的形式进行宣传，真正彰显了与时俱进的时代精神！

飞跃晚宴是 SUN 的王牌主打活动，是 SUN 每年开展的最大规模的项目，旨在开阔国际视野，促进精英交流，联络北大校友情谊，扩展高端人际关系网络。参加晚宴的嘉宾包括北京大学校领导、院系知名教授及领导、教育界及企业界的北大校友、海外归国校友，晚宴面向的主要群体是即将赴海外名校留学的北大同学。在晚宴上，有各类大牛的讲话，有与成功拿到 offer 同学的当面交流，有各种有趣的互动游戏，还有美味可口的点心可供品尝。对于不少参与者来说，飞跃晚宴可能成为他们大学时代的转折点。通过向优秀的师兄师姐们请教，了解他们在国外的留学经历以及申请学校过程中的趣事，参与者可以摸清前进的方向，找到自己的节奏。

相比于北京大学留学交流协会，北京大学中阿跨文化交流之路则是方向更明确、受众更集中、发展更深入的文化交流活动。

"中阿跨文化交流之路"（China-Arabia Multicultural Exchange Link，以下简称"CAMEL"）成立于 2015 年 5 月，是中国与阿拉伯国家大学生之间第一个综合性的文化交流项目，旨在通过青年互访交流活动，建立中国与阿拉伯世界优秀大学生之间的联系网络，连接中阿各领域出众人才，通过一系列交流活动，促进中阿青年的相互理解和终身友谊的建立。CAMEL 在北大深厚文化底蕴和学术氛围的影响下，一方面，致力于培养有全球化视野、跳出中国看世界的青年人；另一方面，希望发挥北大学子的创新引领作用，不仅要集思广益，探讨中国与中东构建"青年命运共同体"的方法，而且要群策群力，为中国对中东地区更深入的研究，贡献青年力量。

自成立以来，CAMEL 已与卡塔尔大学、开罗美国大学、沙迦美国大学等多所阿拉伯大学建立紧密联系。CAMEL 代表团分别于 2016 年和 2017 年寒假访问了卡塔尔大学，参加北京大学—卡塔尔大学文化交流活动。CAMEL 在卡塔尔会期中参访了中国驻卡塔尔大使馆、卡塔尔基金会、布鲁金斯多哈中心以及伊斯兰艺术博物馆等机构。代表们以"中国与海湾国家"

为交流的基点，围绕文化遗产、经济转型、区域政治合作等话题与卡塔尔大学师生交流。我国驻卡塔尔大使李琛在接待 CAMEL 代表团时提出："教育领域交流合作是中卡双边合作的重要内容，此次北大和卡大文化交流项目是双方交流合作的良好开端，祝愿该项目为增进两国高校和青年学生间的相互了解和友谊做出贡献。" 在北京会期中，CAMEL 与卡塔尔驻中国大使馆、中国伊斯兰教协会、中国人民对外友好协会等机构展开合作，以文化体验为中心向阿方代表展示了北大与中国的风采。CAMEL 将于 2018 年寒假访问埃及与阿联酋，届时将拜访开罗美国大学和沙迦美国大学，并以"区域国别研究"为主线开展相应的课题研究，分析三国未来合作的落脚点与着力点。

在互访活动之外，CAMEL 也一直致力于打造"CAMEL＋"平台，希望以文化与社会的相互理解为核心，通过实践活动撬动更大的社会资源，以促进中阿青年之间的深度了解，同时承担青年外交使命，对中国和阿拉伯社会产生更大的影响。在"CAMEL＋"平台下，CAMEL 分别于 2016 年和 2017 年，举办了以"我们与他们的未来"为题的难民儿童画展和相关研讨会。同时，"CAMEL＋"以"叙利亚难民援助"为主题，分别于 2016 年和 2017 年暑假奔赴约旦进行调研与研究工作。

在未来的工作中，CAMEL 将不断探索与创新，希望逐步深化活动内容，在青年的学术交流方面有所贡献。在 CAMEL 的平台下，成员们通过讨论与写作，相互交流知识与思想，结合实践观察，不仅要为区域研究做出贡献，也要培养大国青年所需的气度修养与综合能力。同时，在对外宣传方面，CAMEL 也希望在不断提升自身能力的基础上，加强交流成果的宣传，吸引更多优秀的青年加入，在校园中乃至社会上形成自己的独特影响，做出独特贡献。CAMEL 希望紧跟国家脚步，融入世界全球化大格局、大趋势、大潮流中。CAMEL 希望以更具前瞻性的战略，打造中国—中东青年命运共同体，为全球治理奉献青春、投入热情、提供智慧。

世界上存在 22 个阿拉伯国家，多数分布于西亚北非地区，处于东西方文明交汇的中心地带。重要的地理位置决定了其在世界政治版图中的关键地位。然而，阿拉伯世界对于绝大多数中国学生乃至国人来说，是一片神秘并危机四伏的土地。大多数人对它的印象停留在从新闻中听到的恐怖袭击、石油等只言片语里。几十年来，我国对这一地区的了解一直十分有限，且认识发展进程严重滞后于欧美。2011 年，由于缺乏对地区局势的深入了解和充分判断，当地中国企业在"阿拉伯之春"所引发的动乱中蒙受了巨大损失。就学术界而言，中国学者引用的实地调研资料多来自国外机构，中国学界实地调研得出的结论和成果还远远不足。

在这样的背景下，CAMEL 在北京大学阿拉伯语系、北京大学中东研究中心老师的鼓励与支持下，作为国内第一个大学生中阿文化交流项目诞生了。这是北大学子在这一地区迈出的勇敢一步。项目的定位是"探路者"，项目的初心是"希望和更多北大同学一起，探寻连接中阿两种文明的道路"。尽管项目的创办并非一帆风顺，遭遇了诸多挫折和挑战，但项目的参与者最终在 2016 年寒假如期前往卡塔尔，实地了解中东情况，并与卡塔尔大学的同学开展了文化交流。当时仅仅作为大二学生的创始成员们在整个项目的开展过程中，展现出了出色的抗压能力、协调沟通能力、组织策划能力。同时，他们体现出的不屈不挠的毅力，敢于向未知领域挑战的勇气，立足中国、放眼世界的思想高度，胸怀祖国、心系天下的理想情怀，都展现出了北大人"敢为天下先"的精神气质，符合北大"守正创新，引领未来"的发展使命。

总之，中国对中东地区的实地探索仍具有十分广阔的发展空间，而CAMEL 努力把自己打造成中国的一张名片，成为促进中国与阿拉伯世界建立深厚友谊、开展多方合作的坚实助力。通过 CAMEL 的平台，越来越多的北大学子开始了解中东、认识中东。更重要的是，它拓展了北大跨文化交流的领域，完善了代表们对"全球"概念的认知。很多 CAMEL 的往届成员和代表后来都继续关注这一地区的事务，并结合各自的专业，在跨文化交流领域做出了更出众的成绩。

除了以上这些促进国际交流互联的组织之外，还有很多北京大学留学生通过个人的名义，促进不同国家民众的交流、理解与包容，参与到构建人类命运共同体的历程中。来自土耳其的董翰林就是一个例子。

董翰林现在是北京大学国际关系学院硕士研究生，他已经在北京学习生活了六年。他出生于民族问题突出的土耳其，同时拥有土族、库尔德族、拉兹族血统。复杂的成长背景给予了他一种独特的视野和理解能力，结合其在北京大学六年的学习经历，董翰林对国际关系和民族矛盾等问题有了更加深刻的体会和认识。

自 2011 年以来，大约有 1100 万叙利亚人流离失所，其中有 335 万目前生活在土耳其。在这 335 万人中，只有 22 万人在临时居住中心生活，其余的难民没有固定的难民生活区，并且在语言、居住、工作、教育、身体健康等方面遇到了各种问题。这些问题的妥当解决，对于难民的安置和基本生活的保障十分重要。

董翰林一家每年都会参加一些非政府组织和国内志愿者协会的活动，前往难民集中的地方，为难民提供力所能及的帮助。董翰林的家人在土耳其经营一家餐厅，四年前他父亲曾让几位叙利亚难民在餐厅工作。在战后，受助者特别需要一份稳定的工作，因此格外珍惜这一机会。从某种意义上来说，董翰林一家的努力改变了部分难民的生活，他们之间就构成了命运共同体。

此外，董翰林和他同学一同建立了一个研究中土关系的网站——Academia China，该网站旨在搭建中土青年人学术交流平台。董翰林将自己在北京大学的学习经历、对中国的认识，以及"一带一路"倡议等中国方案放在网站上，积极推进中土两国民众，尤其是青年人之间的交流沟通和相互理解。董翰林现在担任该网站的副主编。他们用土耳其语传播中国的文化和政策，从一个亲历者的角度展示中国在科技、文化和社会等方面的发展和成就。网站作品的大部分作者是在中国大陆学习的土耳其学生，相当一部分是北大的留学生。网站包含土耳其语、英语两种语言，旨在向世界传递中国声音，让世界了解中国。

习近平主席提出要构建人类命运共同体，在这个问题上，董翰林高度认同。在他看来，人类命运共同体这个概念十分重要，中国正在试图给世界人民提供一种合作共赢的方案。这一概念强调生活在不同地域、不同政治文化背景下的人们都有着共同的命运，有着共同的生活愿景以及生活目标，这也体现在董翰林对难民问题的认识中。人类命运共同体的构建需要相互尊重、平等协商，也需要每个人主动去理解和关心其他民族的文化和历史背景，在这个过程中实现沟通和理解。人类命运共同体的构建，直接关系到全人类，提倡世界各国人民在追求美好生活的道路上相互合作、共同努力。

艺术作为文化传播和交流的特殊形式，具有受众广泛、易于接受、吸引力和魅力丰富又不失深刻内涵的特点。以艺术作为载体，传播文化、增进文化间的交流沟通，是促进文明传播的重要手段。

"随艺说"作为北京大学全球大学生创新创业中心首批入驻项目，正在打造中国首个大学生文体艺术分享平台，致力于美学生活化、艺术公益化，让每一个人都有可能成为艺术家。迄今为止，"随艺说"已经举办的大小活动参与人数达数千人次，音乐版块的随艺乐团曾入选爱奇艺节目《大学生来了》直播，浏览量达30万。迄今举办承接的晚会演出、论坛活动已达二十余场，合作拍摄的电影两部。

在弘扬传统文化方面，"随艺说"也有贡献。在一次由北京大学信息科技学院主办的中日交流晚宴上，随艺乐团的演出者是一位来自内蒙古的帅气汉子，他身穿一身蒙古族服装，手拿马头琴，唱着地道的"呼麦"，精湛的表演让人着迷，高亢激昂的嗓音连连获得日本教授的惊叹，褒奖声不断。

"随艺说"团队认为，在"中国制造"走向"中国创造"的时代背景下，其团队的创新也应该有家国情怀与国际视野。最近，团队正与北京高校香港学生联合会会长一起策划一部关于"一带一路"的真人秀纪录片，主要内容是高校大学生到非洲各国的游学交流互动，期间还会展示当地的风土人情。

第二章

青年与繁荣

引　言

当今世界，政治多极化、经济全球化、社会信息化、文化多样化深入发展，和平发展大势不可逆转。发展是解决一切问题的总钥匙，也是推进"一带一路"建设所要聚焦的根本性问题。当前国际金融危机风波尚未平息，世界经济缓慢复苏、出现分化趋势，各国无一例外都面临着严峻的发展问题。"一带一路"贯穿整个亚欧非大陆，连接着活跃的亚太经济圈、发达的欧洲经济圈以及具有广阔发展前景的中部广大腹地国家。虽然不同地区发展程度有所差异，但正是这种差异，为区域间资源的优化配置提供了动力，释放了各国发展潜力，为沿线各国携手解决发展问题，实现经济大融合、发展大联动、成果大共享提供了无可比拟的优势。

青年力量，一向是推动各项事业进步与繁荣的排头兵。在"一带一路"伟大构想推进过程中，不论是产业建设与项目合作，还是融资体系、资本市场的完善，不论是能源结构优化与绿色发展，还是设施联通、经济框架的推进，青年人都从理论与实践着手进行着全方位的探索。

以色列留学生高佑思和中国学生方晔顿，在跨国创业过程中擦出了不同文化背景、思维习惯带来的宝贵火花，许多与他们一样的青年人，用自己的实践诠释着国际交流、产业合作的深刻内涵。我国高校为青年学生提供了大量跨校交流机会，举办了各种国际论坛与国际会议，青年人才得以在与国内外各学科同龄人的思想碰撞中拓展思维、提升能力。对于"一带一路"基础设施融资难的问题，青年人也发挥着独特的作用。他们或在金融、建设规划方面为政府出谋划策；或作为金融从业者开发创新型金融业务，引导商业性资金进入基础设施行业；或从理论研究入手，通过自身实地考察资金的流动，撰写研究报告，为项目吸引来自多方的投资。青年人能凭借金融等综合手段进行助力的领域并不限于基础设施建设，在环境保护等领域他们同样传播着光与热。环境保护在任何时期都不是过时的话题，在今天更是如此。青年人踊跃加入各类环保组织，促进生态保护区建设，通过绿色金融为环保贡献着现代化力量。戴威用一辆小小的黄色单车影响了全球低碳事业的进程，推动互联互通、"共享"世界的建成。在互联网时代，各项经济要素的互联互通都离不开物联网这一新兴事物，而为物联网发展奉献青春的青年人不一而足，他们在硬件与软件等多个方面都做出了有益探索，助力夯实各项经济要素得以自由流通的基石。

对于国家来说，产业是经济之本，金融是现代经济的血液，设施联通是合作发展的基础。"一带一路"建设，需要我国与沿线国家深入开展产业合作，实现各国产业发展规划的相互兼容、相互促进。在整个过程中，项目建设是重点，增长的持续需要建立稳定、可持续、风险可控的金融保障体系，需要各国创新投资和融资模式，面对融资方面的挑战实行有效的举措。"丝绸之路经济带"与"21世纪海上丝绸之路"在"一带一路"倡议落实过程中需要同步进行，陆上、海上、天上、网上四位一体，聚焦关键通道、关键城市、关键项目，联结陆上公路、铁路道路网络和海上港口网络，扎实推进六大经济走廊框架。

青年对"一带一路"倡议中各类项目建设与完善的参与，必将助力全方位互联互通的实现，为"一带一路"沿线各个国家和地区乃至世界局势的繁荣提供信心与动力。

ofo，中国创造

戴威
北京大学光华管理学院毕业生，
ofo 创始人兼 CEO

2013 年，习近平主席提出"一带一路"伟大构想，引起世界各国广泛共鸣。"一带一路"不仅让沿线国家搭上了中国经济发展的快车，还为世界各国青年们成就梦想提供了契机。

2014 年，我与其他四名同样来自北京大学的合伙人一同创立了 ofo。2016 年，我们提出了"以共享经济＋智能硬件，解决最后一公里出行问题"的理念。创业初期，我们都没想到，ofo 会在两年多的时间里迅速成长为一个全国瞩目、布局世界的共享单车企业。这样的成绩既是源于自身的努力，也是依托于北大这个优秀的平台。在北大，我们团队成员相遇相知；在北大，我们开创了一项志在影响全人类生活的事业；在北大，我们努力为中国和世界经济的发展做出贡献。在此，我希望以一个北大青年创业者的视角，结合自身经验分享一些体会和思考。

一、初心

我在 2013 年本科毕业后，前往青海大通县支教一年。在那里，我发现学生们每天普遍需要花两个多小时走路上学。我当时就想，如果学生们能够骑自行车上学，那么就只需要半个小时左右的时间。然而对于家庭条件较差的学生来说，购买自行车的开支往往会被视为不必要的花销。

自行车，是个人成长和社会变迁的重要见证。中国的街道曾经被大量的自行车占据。当时我们父母要想买一辆自行车，大概需要全家积攒两个月的工资。可以说，自行车承载着当时每一个普通中国人对美好生活的向往，因此当我们看着父母骑车上班时，内心充满了骄傲和喜悦。上大学的时候，骑行成为我的一大爱好，需要"放空自己"时，与朋友一起骑车环游成为一个极具吸引力的选择。在过去 40 年里，改革开放带来了天翻地覆的变化，人们的生活习惯也发生了改变，道路上的汽车越来越多。自行车在人们生活中的地位发生了显著的变化，它在城市交通系统中变成了一个不再那么吸引人的选项。伴随着这种变化而来的是交通拥堵、城市污染等一系列城市化问题，使得人与城市的关系变得愈发紧张。但我相信，自行车仍然可以为当下的出行问题提供解决方案，只要能够克服传统购车模式的一些局限性，自行车就会重新展现出自身的优势。自行车本身是一种既环保，又能锻炼身体，并且易于存放、维护的交通工具，虽然其市场潜力巨大，但是便捷性无法满足用户需求，就逐渐淡出了人们的视线。"共享经济"不纠结于物品的所有权，而让用户拥有暂时性的使用权。这种商业模式同时为供给方和需求方创造价值，为经济发展模式带来了一个新思路，即通过共享实现共赢，从而促进共同繁荣。

ofo 小黄车是全球第一个无桩共享单车出行平台，首创"无桩单车共享"模式。共享经济能够推动生产要素自由便利流动，正如"一带一路"倡议能够促进经济要素高效配置，共建"青年命运共同体"能够为建成互利共赢的"利益共同体"和共同发展繁荣的"命运共同体"培养年轻力量，同时也为来自世界各国的青年提供更为广阔的发展舞台。

二、成长

2017 年年初，ofo 只有 800 多人，而现在的数字是 3000 多人。曾经有记者让我形容一下自己的工作状态，我的回答是"开着飞机换引擎"。一方面，ofo 的成长速度是惊人的。通过与全球顶尖的技术公司、GPS 服务供应商开展合作，ofo 将装有智能芯片的单车遍布全球 21 个国家 250 多座城市。截至

2017 年年底，ofo 用 1000 万辆共享单车为全球超过 2 亿用户提供了超过 60 亿次高效便捷、绿色低碳的出行服务，日订单量超过 3200 万单，成为世界共享经济发展的新动能。共享单车已经成为万众瞩目的对象，与高铁、网购、移动支付一起被来自"一带一路"沿线的 20 国青年票选为"新四大发明"。2017 年 10 月，ofo 亮相"砥砺奋进的五年"大型成就展网络科技特色体验展区。共享经济让人们感受到了中国式生活的便捷与智能，也体现出了中国创新创造的力量。

对于未来，我相信共享单车整个行业能做多大，ofo 的发展空间就有多大。共享经济模式本身在一定程度上能够推动技术发展，并通过多人共享大幅提升社会效率。共享经济模式与物联网技术结合后，将给人们生活和世界经济带来巨大的影响。

另一方面，快速成长的机遇也给我们团队带来了不小的挑战。共享单车曾被解读为"资本吹起来的风口"，但是在我看来，资本只是加快了我们的成长速度，而项目本身符合消费者需求才是 ofo 受到资本青睐和高速发展的原因。ofo 起飞的速度让全行业惊讶，但是我却丝毫没有苦尽甘来的快感。同很多大学生创业团队一样，公司在不断发展的过程中，必须要建立起更为完善的系统化支撑体系，这样才能更好地应对每天都会出现的新问题。为了应对业务的高速发展，我们的创始人团队每两三个月都不得不经历快速的自我更新，完成注定痛苦的"自我蜕变"过程。

但这些都是值得的，因为青年人需要培养自己应对挑战的能力，并且作为北大青年，更需要培养起社会责任感。只有不断完善自己的知识结构和管理能力，扩大自己的国际视野，我们才能在全球化市场竞争中把握机遇、争取主动。

三、突围

创业之路从来都不是一帆风顺的。2015 年 4 月的某一天，我在一家麦当劳坐了一整天。当时，ofo 正在做长途骑游项目，为了融资我已经奔波数月，但是即使我们不断调整方向还是得不到投资人的认可，每一次跟投资人聊完都是一盆冷水泼回来，近十名ofo员工的工资已经发不出来了。直到公司濒临倒闭，我才认识到自己的错误，不再为了面子创业，将这个包袱彻底地抛弃，努力去研究，去寻找用户的痛点。

想不出答案的时候，我就会去骑车，一边骑行，一边思索。当我看到路边都是自行车时，就在想，怎样才能使这么多骑车的人都成为我的用户，ofo的机会到底在哪里。在不断的归纳总结中，我最终明白了，比起一开始做的"骑游"项目，受众更广的真需求是"代步"，因此我们团队进一步发展规划，抓住这个关键点。就这样，ofo转向了单车共享平台，一步步走出校园，融入城市，又一步步踏出国门，进军海外。

"共享经济"的理想要想融入现实，就必须接受规范化和商业化的挑战。就共享单车而言，单车的投放量一直是我们在探索的问题。其实，所谓"共享单车泛滥成灾"并不成立，所谓"泡沫"还为时尚早。这些论断的产生，其根源并不是市场饱和，而是因为共享单车的运营还有很大的改进空间。

我相信，随着"奇点"大数据平台的不断完善和精细化运营水平的提高，ofo的数据积累会增强品牌力量，打造一个拥有几亿用户、普惠百姓的产品。未来大家都不再需要去买自己的自行车，而都可以靠共享单车解决短途出行的代步需求。现在，如果是一两公里的短途出行，大家更多会选择骑车而不是开车。如果未来三四公里的出行大家也都能去骑车，必将会对交通拥堵和环境保护问题的解决带来巨大的正面效应。

资源共享，回报社会，这是我一直以来的初心。青年人在实现自己梦想的同时，也要为"中国梦"的实现担当起一份责任。一个人的力量是弱小的，一个人能为世界做出的贡献也是有限的。因此，青年之间要进行更多的交流合作，认识到自身命运与其他青年命运之间的联系，认识到青年团体的力量对世界发展的推动作用，将青年的命运与人类的命运结合在一起，促进和引领世界繁荣发展。

四、格局

未来，放眼世界是 ofo 必然的选择。低成本、低价格曾被认为是"中国制造"在国际市场上的主要竞争优势。当前，中国制造业正在实现技术的提升和品牌的树立，逐步从"中国制造"走向"中国创造"。自行车作为中国飞速发展的见证者，正重新成为公众的聚焦点，在新时代发挥着新作用。这一次，它的重现亮相，震撼的将不仅仅是中国。

中国经济的快速发展使国际投资者向中国企业纷纷伸出了橄榄枝，众多中国创新企业正走向世界舞台。作为全球最大的共享单车平台，ofo 小黄车在共享经济领域开展了深度实践，吸引了全球媒体及经济学界的广泛关注。截至 2018 年 1 月，ofo 已经在意大利、英国、美国、泰国、马来西亚、新加坡、韩国等全球 21 个国家开展共享单车业务，已经成为共享经济领域的中国创新名片。在我看来，到 2020 年，共享单车将会遍布全世界，自行车将会成为全世界第一种被人使用、但人们不再需要专门购买的商品。共享单车的商业模式正在走向全球，ofo 未来将为全球 20 亿用户提供无差别服务，继续拓展用户规模。共享单车所带来的变化只是一个开始，其背后的共享经济更是潜力巨大，甚至能够撼动这个时代。作为青年，我们不仅要为自身奋斗，还要为国家发展、世界繁荣做出贡献。

2017 年 4 月 25 日，ofo 与联合国开发计划署签署了战略合作备忘录，在全球范围内发起"一公里计划"，从而推广低碳环保的单车出行方式，双方共同推动世界的可持续发展。ofo 在推进全球战略、为世界 20 亿用户提供出行服务的过程中，也在逐步积累经验，结合当地实际情况，不断打磨产品，力争满足当地居民的特殊需求。现在，有很多人自发走上街头，维护共享单车，他们被称为"单车猎人"。这些自发的友善行为，让我深有感触，ofo 正在让人们重拾和重建社会责任感，这也让我更加坚信，共享经济能让生活变得更加美好。共享单车不但能促进技术的进步，还能帮助全人类建立起一个"共享"的世界，从而促进人类命运共同体的构建。

"一带一路"是一条互利合作的共赢之路，是一条对接梦想的圆梦之路。

"一带一路"建设能够促进中国与世界各国共同发展、共同繁荣。中国将发展更高层次开放型经济，坚持对外开放，促进世界经济繁荣。希望每一个北大青年都能把握"一带一路"这个契机，勇于担当，为推进人类命运共同体建设提供青年智慧，贡献青年方案。为释放各国发展潜力，实现经济大融合、发展大联动、成果大共享献出青年力量，推动"一带一路"繁荣之路的建成。

青年声音与"一带一路"互通繁荣

〔阿尔巴尼亚〕Ravik Mima
北京大学南南合作与发展学院硕士研究生，
阿尔巴尼亚经济发展、旅游、贸易和企业部部长助理

中国在 2013 年提出的"一带一路"重大倡议，得到了国际社会持续广泛的高度关注，同时也为区域发展和国际社会进步带来了极大的动力，给青年人带来了施展才华的更广阔的空间，具有无限创造力的青年将会给"一带一路"的繁荣做出更多贡献。

对于习近平主席提出的人类命运共同体，我的看法是，"一带一路"就是在建立不同国家和区域之间的桥梁，让各国各地区得以超越地理意义上的限制而成为一个整体。中国在这个构想中扮演的角色是一个负责任的大国，承担更大的责任，使世界能够连接起来，向更美好的未来进发。这个倡议能够获得广泛关注和深切赞同，一定与时代大背景和国际需求分不开。"一带一路"倡议，正是对经济全球化和区域合作互联互通需要的积极响应，它旨在促进更大范围、更高水平和更深层次的区域合作，所带来的一系列重大变化都符合沿线国家的发展需求。

我对"一带一路"非常感兴趣，也参与了其中部分建设进程，比如中国与阿尔巴尼亚的一些关涉经济援助的谈判，包括重建国家大剧院等项目。在参与谈判的过程中，我深切感受到，"一带一路"实际上同时给了阿尔巴尼亚和中国一个很好的发展契机，阿尔巴尼亚许多潜在的发展项目落地的同时，中国的资本、人员等要素也活跃了起来。

纵览"一带一路"影响的范围可以看到，它贯穿亚欧非大陆，连接活跃的亚太经济圈和发达的欧洲经济圈，中间包含经济发展潜力巨大、自然资源无比丰厚的西亚、中亚，广阔腹地中这些具有不同经济资源优势的国家可以发挥自身优势资源禀赋，促进共建共享。"一带一路"在经济方面的建设主要覆盖基础设施互联互通、资源开发、经贸金融合作等领域，重点合作项目的推进，为中国以及沿线地区的发展创造了更多更宝贵的契机。

"一带一路"贯穿了广阔区域、联结了诸多国家，这些国家之间有非常大的差异，但也有许多共同点，其中最大的一点就是基础设施不完备。"一带一路"众多建设项目给沿线国家带来了繁荣之机，而基础设施互联互通可谓是繁荣的先导。我们能够看到，中国倡导的这一系列重大基础设施工程的投资建设，将构建一个综合性立体互联互通网络，为当今世界最具发展潜力的经济合作带奠定发展基础。基础设施互联互通，沟通了中国与外界、区域内各个国家之间发展的血脉，对中国和区域发展意义重大。

一条条铁路通车，不同地区间的联系更加紧密，这也使各个地区发展的梦想、各个地区人民发展的梦想之间的关系更加密切。连接新疆喀什和巴基斯坦瓜达尔港的中巴经济走廊，对沿线经济的带动效应逐渐显现和扩大，人们沿着修建于走廊的公路，走出了封闭的丘陵，开辟出了新的事业。我们还看到，2016年2月安格连—帕普隧道顺利贯通，这条由中铁隧道集团承建的"中亚第一长隧道"的建成，将乌兹别克斯坦两部分国土连接在一起，便利了乌境内的交通运输，赢得了乌民众的交口称赞。

对于阿尔巴尼亚来说，"一带一路"在旅游和贸易方面的促进作用尤为重要。中国和阿尔巴尼亚一直以来就有很密切的伙伴关系，这种伙伴关系未来需要更多文化方面的交流，"一带一路"恰恰为中阿文化交流带来了更多契机。中国人一旦有机会观赏阿尔巴尼亚的电影，就会希望更真实地了解这部电影的拍摄背景，会对阿尔巴尼亚的现状感到好奇。人们的好奇心和关注能有效地促进旅游业的发展，而旅游的发展离不开政府的推动，特别是基础设施建设，由此又能够反向刺激基础设施的完善，进而带动国家GDP的增长，同时旅游业本身又能够进一步推动中阿文化交流和联系。从一个领域的互联互通，辐射到更广阔领域的互利共赢，这就是"一带一路"带给国家和区域之间密切联系的意义所在。

如果我们将目光从遍布着丘陵高山的陆地转向海洋，海上丝绸之路互联互通的版图愈加彰显。在非洲，由中国公司承建的亚吉铁路已经通车；在印度尼西亚，连接首都雅加达和山城万隆的雅万高铁正式开工；在老挝，作为泛亚铁路中线重要组成部分的中老铁路全线开工，可以预见2021年其贯通之时，多山区缺路的老挝将怎样从封闭走向联通。中国将交通工程的种子撒向全球，激活了许多因交通不畅而落后封闭的地区的发展潜力。从亚洲到欧洲，从陆地到海洋，飞速发展的互联互通基础设施网络，不仅给中国发展带来了契机，更是区域发展互惠互利承诺的实现；不仅是为了区域经济发展而推行的举措，也是中国为打造人类命运共同体的实践与贡献，对推动全球共同治理的意愿和担当。

在贸易和投资领域，贸易规模扩大势头也十分强劲。中国与相关国家贸易规模增长显著，反映出中国产业结构的升级趋势；中国与周边国家共建经贸合作园区，有力促进着中国企业走向世界。贸易的繁荣带来了什么？它带来的不仅仅是国家文件上数字的变化，更是相关地区人们消费选择的多样化与生活的改善。2016年，中国的对外投资有了大幅上升，在20多个相关国家建立了56个经贸合作区，已经为当地国家创造了11亿美元的税收，并提供了大量就业岗位。通过相对自由的贸易与投资，"一带一路"可以充分发挥市场机制的优势，缓解区域发展不平衡的状况，一方面将中国优质产能转移到其他地区，另一方面又为周边地区带来相对先进的管理模式和技术。

除在投资贸易、工程建设等方面给沿线区域带来发展之外，"一带一路"同时也给沿线区域带来和谐与和平。世界经济增长从来都是不均衡的，不同区域之间、同一区域的不同国家之间，都必然存在经济发展的差距，也存在不同经济发展领域之间相对优势的不均衡。发展鸿沟，以及由发展鸿沟带来的文化、文明之间的对立倾向，是造成区域不稳定的因素之一。"决定一个地区能否实现向现代经济转型的关键并不在于其地理位置，而在于其基础服务与对外交换成本。如果这一成本能够有效降低，任何地区都有可能实现经济的转型与跨越，在综合成本最低的地区，就可以形成规模集聚效应，形成新的增长极。"① 我们可以看到，在中国"一带一路"倡议下，通过基础设施建设互联互通、资金贸易融通，不同国家经济互补、资源互通，发达地区的先进要素向欠发达地区扩展，区域整体发展得以实现。这种整体性的发展恰恰是减小地区发展鸿沟的有效手段，也是推动地区和平与稳定的重要力量，能为全球合作治理方案的制定、全球命运共同体的打造提供有益借鉴。这就是"一带一路"带来的福音——一方面带动经济发展，另一方面给人民生活带来切实的益处，同时也让区域关系更加和谐。

阿尔巴尼亚发达程度并不很高，但是具有很大的发展潜力。我非常关注在国际交往中，发达国家和发展中国家应该如何展现各自角色的作用，发挥各自独特的力量。在中国"一带一路"倡议下，中国与阿尔巴尼亚等其他发展中国家建立起的新型发展关系，是一个非常引人瞩目的成就。我们可以看到，发展中国家在世界上的地位日益重要，这和青年的角色很类似——日益成为决策者，表达能力与话语权逐渐增强。"一带一路"所带来的发展利好并不限于单独某个国家，而是跨地区甚至世界性的。以往一些国际合作关系中，某些发达国家扮演的更像是父亲的角色——提供资金支持，掌握极大的话语权和控制力量，带动和主导某一区域发展，而非一个平等的合作伙伴。这虽然能够给区域带来发展势头，但其实并非健康可持续的合作模式。然而，在中国提出的"一带一路"倡议框架下，中国的所作所为如同一个来自海外的兄弟，中国在互惠互利的关系下帮助其他国家一起发展，而不是试图主导一切。

除了"一带一路"倡议所包括的众多宏大的工程建设本身，它们落实过

---

① 中国社会科学院数量经济与技术经济研究所《"一带一路"战略：互联互通　共同发展——能源基础设施建设与亚太区域能源市场一体化》，《国际石油经济》2015年第8期。

程中的模式创新也给社会带来新的活力。我们都知道，"一带一路"建设进程中离不开能源、交通、信息等领域的发展，沿线大多数国家的基础设施建设需求、投资融资需求十分强烈。长期以来，由于"一带一路"沿线发展中国家较多，倡议实施所需的资金缺口很大，政府公共资本必不可少，但除此之外，我们也能看到PPP模式（公私合营模式）在"一带一路"基础设施建设融资中的运用。PPP产业基金的灵活性符合"一带一路"项目多样化的投资需求，为基础设施提供稳定、长期、低成本的资金。此外，PPP模式采取专业化管理和市场化运作，能够满足不同参与主体的利益诉求，同时发挥对特定行业和领域的宏观导向作用，能够极大提高基础设施建设融资效率，强化基础设施建设的债务融资能力，避免融资问题造成的风险，这种模式显然很好地适应了"一带一路"倡议的需求。就这样，社会力量被调动起来，这不仅能解决"一带一路"倡议实施过程中出现的困难，而且可以在社会层面上激发起民众广泛的关注和支持。我们可以看到，中国采取PPP模式，一方面在一定程度上解决了基础设施建设融资的问题，另一方面还为中国和其他国家社会资本的活跃提供了空间，这也是社会各界能够广泛、积极参与"一带一路"的原因。

"一带一路"不仅仅是沿线区域的发展规划，不仅仅是各国政府的通力合作，也为社会带来了活力和契机，与人民的生活紧密相连。"民心相通"是"一带一路"构想中的一个核心理念，青年在"民心相通"中发挥着非常重要的作用。

"一带一路"倡议的实施，给青年发展创造了更广阔的舞台和更好的历史契机，同时也是对青年担当和历史责任感的考验。"一带一路"倡议一经提出就吸引了全世界的目光，许多人对"一带一路"产生了兴趣，但更深入的了解还需要更强的动力来推动。在国际交往中，人与人的交往对相互之间的影响更为直接、深刻，而青年人恰好可以成为更好的对外倡议者和宣传者。青年应当有勇气以自身代表国家，用青年人所独具的视角与声音来促进国家合作与区域发展。

"一带一路"青年命运共同体

　　欧洲存在着许多青年组织，常常组织各种主题的会议，吸引着欧洲乃至全球的年轻学者、大使。这些会议一般持续数天，过程中对特定的主题进行讨论，制订切实的行动计划。会议是青年人交流观点、激荡思想非常有利的平台。我曾代表阿尔巴尼亚青年议会参与活动，将巴尔干半岛不同国家的代表聚集在一起，进行结构性论辩、模拟实验等，这类活动是让青年了解世界重要议题的有效方式。我也曾参与创立帮助儿童的基金会，还加入过青年研究所，对于青年的成长发展非常关注，也很关心如何培养他们关注世界重大问题、承担改变社会的责任的能力。一个国家或区域如果想要发展，就需要更多制度化的短期和长期会议、智库，尤其要让青年在其中发挥自己的主动性和创造性，进行领导与组织工作，不受外在强制因素的干扰，政府在其中只需要提供资金支持即可。我看到过燕京学堂举办类似青年论坛的一系列活动，邀请年轻学者交换意见、探讨研究，从而得出关于某一命题确切的行动计划，这就是充分给青年发挥思考力和行动力的平台的很好例证。

　　青年人还应当成为独特意义上的"外交官"。其实在很多欧洲国家，人们对"一带一路"的概念，以及它能够给自己国家、区域发展以及人民生活带来的可能性了解得还不是很清楚。面对这种情况，青年人，特别是作为高知人群的重要组成部分——高校学生，有潜力成为"一带一路"更优秀的宣传者和代言人。人年纪越大，越不容易接受新鲜事物，特别是在相对保守的国家，这个时候青年人更加深入地了解"一带一路"相关知识，将"一带一路"的理念传播出去，就可以发挥不可替代的作用。青年是冒险者，也是游客，讲述世界的故事，没有谁能比青年更合适。

　　据我所知，北京大学的学生也对这一点进行过关注和研究。一位来自北京大学国际关系学院的同学做过关于"一带一路"青年交流的相关研究，其中提到，北京大学实施过"一带一路"友好使者项目，通过与越南相关方面的合作，促成了14名越南学生来华进行暑期学习和交流，通过学术课程帮助越南学生体验了中国文化，了解了涵盖中国经济、社会、环境等诸多学科领域的知识。该研究显示，此次项目成功举办之后，这些越南学生对华好感倍增，并且对来华进行学术深造很感兴趣，中越两国也期望继续扩大高水平教育合作。

我相信，在当代，随着全球市民社会的崛起，外交家不再是国与国之间交往的唯一代言人，政府也不再是从事外交活动的唯一主体，青年人具有活力和创造力，可塑性强，个性鲜明，无疑是各国对外交往中最活跃的元素。未来"一带一路"倡议中国际交流的深化，一方面，需要深刻分析对象国青年的需求，另一方面，中国青年人自身要在全球平台上更自信地展现自己、建立话语权，在对外交流中掌握文化引导的主动权。

青年人意味着无限的可能，所有正在发生的一切以及未来的无限可能性都掌握在青年人手中，青年能够凭借他们的洞察力和创造力，成为"一带一路"倡议从构想到现实这一过程中的新鲜血液。而"一带一路"可以成为青年施展才华的历史性契机。同时，"一带一路"倡议更好地实施，亦离不开青年人的关注与推动。只有当正确的工具被交给那些可以正确使用它们的人时，更好的变化才会产生。如果青年人被赋予了正确的工具，他们就可以实现许多只有他们才能实现的事情。青年人才是真正的力量，青年人具有做出改变的能力，终将促进国家的美好梦想成为现实。

"一带一路"涉及非常广泛的领域，当代青年人具备广阔的视野和丰富的知识，在这片广阔的天地中大有可为。区域物流、能源产业、资金投资、创业、环保、科研……每一个领域都蕴含着无限可能。我们已经能够看到青年人的身影活跃在这些充满前景和机遇的领域，也看到了青年人为"一带一路"繁荣做出的巨大贡献。中国的未来，"一带一路"的未来，全球共同发展的未来，正掌握在青年们的手中。

第一节 青年合作创业与跨国创业

改革开放的春风让中国与世界接轨,"一带一路"的倡议让古老的丝绸之路迸发出新的活力,开放与合作已成为推动当今世界发展的大浪潮。走在时代最前沿的北大青年们始终践行蔡元培校长的教诲,用"兼容并包"的胸怀去拥抱世界,用"团结合作"的精神让世界变得更加美好。各国青年学子超越国籍、超越种族,因为互相赏识而共同携手,发挥各自的比较优势,合作创业,展现了当代青年之间"创业无国界"的理想图景。

如今青年跨国合作创业蓬勃发展,方兴未艾,初创团队的蓬勃发展离不开各类资源的支持。北京大学陈东敏教授曾在留学生创新创业沙龙系列活动中,将初创团队的资源归类为核心资源和辅助资源。他指出,技术、知识产权、团队等都是十分重要的核心资源,没有这些资源很难进行创业。如果具备诸如政府优惠政策、导师、顾问等辅助资源,则创业成功的概率会更大。下面将从核心环节与辅助环节两方面来谈谈时代浪潮下的青年跨国创业的优势与不足,以及对构建青年命运共同体的未来展望。

一、青年跨国创业核心环节分析

(一)团队

"团队"可从国家背景多元化、学科背景多元化、北大精神三个方面进行说明:

1.国家背景多元化

从国家背景角度看,多元化国籍可以带来不同视角和思维方式的碰撞。以北京大学为例,除了中国本土学生,北京大学每年都招收相当数量的国际学生,且这一国际化趋势正逐年增强。2017年秋季学期,北京大学迎来了1400多名外国留学生新生,其中包括800多名学位生,约500名进修生与80余名预科生,不仅数量庞大,国籍也颇为多元。在北京大学"兼容并包"

的环境下，各国青年或是成为同一院系低头不见抬头见的同学，或是在全校公选课堂相遇，或是在社团活动之中相识，无论哪种途径，他们都有可能成为相知的朋友和伙伴，一起交换思想，共同合作创新。

来自不同国家的青年们从小生活的社会环境不同，人生经验和阅历不同，思维方式和思维习惯不同，看问题的角度以及解决问题的方法也有所不同，在沟通过程中不免会产生一些碰撞与摩擦，在配合过程中需要长时间的磨合。但这种碰撞和摩擦并不一定是负面的，在一定情况下反而会迸发出灵感的火花。这种火花在北京大学的学习生活中并不少见，小至某个课程的一次讨论，大至全国性、国际性的学术论坛，我们总能见到不同肤色、不同国籍的青年学生在讨论问题、发表看法，从交流中看到世界，也在交流中让世界看到自己。

当这些志同道合的世界青年们决定共同创业，为这个世界的进步贡献出自己的力量时，这种多元的国家背景和文化背景擦出的火花，在跨国创业过程中就会被放大、升华，绽放出绚烂的烟花。在跨国创业的过程中，如果团队中发生冲突，不同成员可以以不同文化的思维方式来综合考虑问题，通过讨论了解观察问题的不同视角，从而进行再一次思考，并在更进一步的辩论中，得到更加优化的解决方案，尽量避免思维定式的制约，使决策更加全面。

北京大学以色列留学生高佑思和北京大学中国学生方晔顿等人，在2014年共同创办了"唯喔FanTV"（一个体育原创短视频和在线直播平台，鼓励全球球迷通过原创短视频或者直播来分享内容、获取收益）。他们制作的内容导向短视频《玩坏欧洲杯》，在网络上迅速传播，点击量过亿。可以发现，他们的创业模式十分新颖，公司战略除了有明显的中国本土思维外，还带有以色列人的视角和思维。方晔顿说："中国本土的公司倾向于做聚合的东西，而以色列人的思路完全相反，他们擅长跳出本国市场放眼全球，可以在任何地方轻易扎根，然后服务于全世界。所以我们不做聚合，利用现成的成熟平台建立内容基站，为内容生产者服务是我们的理念。"截至2017年年底，"唯喔FanTV"旗下已拥有超过20个不同球队的球迷频道和超过50个优质海内外体育视频提供方，用户数量以惊人速度攀升，这是不同思维产生碰撞的优势所在。

国内还有许多高校的学子，有许多刚走入社会的青年人，他们满怀理想，善于沟通，用自己的实际经验诠释着创业的精神，也诠释着国际交流的深刻内涵。

总体来看，国家背景多元化对青年跨国创业带来的推动大于可能会有的摩擦，而随着世界青年日益成为一个更加紧密的共同体，他们在保持自己国家文化敏感和思维敏感的同时，将能更便捷地沟通与理解彼此之间的不同，求同存异，发挥国家背景多元化的最大效力。

2. 学科背景多元化

北京大学学科设置广泛，本科生有横跨文科、理科、工科、社会科学等多个学部的百余种课程可供选择。2003年通识教育改革以来，北京大学力图培养学生丰富多样的学科背景，每位学生在毕业前都将修习横跨自然科学、社会科学、心理学、历史学、艺术与德育、自然与可持续发展等广泛领域的通识课程，打下跨学科的知识基础。2016年以来，跨院系选课系统的开放，更是让每一位学生都有自由修习其他专业核心课程的机会。

"奋斗记"APP（一款帮助青年人规划生活的软件）的诞生，充分体现了知识背景多元化对北大青年创业的帮助。它的创始人泰国姑娘曾增金毕业于北京大学经济学院，对于融资、投资、运营管理比较熟悉，她的合伙人则有心理学背景。考虑到这款软件的目标对象是年轻人，目的是帮助他们规划生活、明确生活目标、提高学习和工作效率，所以心理学的专业知识十分必要。因为要做成软件，需要技术支持，所以团队还有一位具备计算机编程开发等技术基础的信息科学类背景的合作者。

不仅是软件设计，每一个创业团队都需要不同专业背景的人。如今，"互联网＋"大潮启示了计算机网络的交叉应用，不同创业项目又向各异的细分领域挖掘深耕，不同学科错综联结，在实业界编织出多元图景。

如果在别处，一个青年想要团结如此多学科背景的专业人才，恐怕并不是一件易事，也许需要几经周折，才能找到志同道合并且专业背景匹配的合适人选。但在北京大学，一群高素质、多学科背景、志气昂扬的青年人聚集在此，不同学科的专业人才在这里没有隔阂。若是志趣相投，振臂一呼就可以共同开始一项事业，这里实在是年轻创业者的梦工厂。

3. 北大精神

从文化传承上来看，在当代北大青年学生身上体现着"北大精神"。每一个成功背后都蕴含着不为人知的艰辛，但北大青年具有坚韧不拔的意志，他们不畏挫折和挑战。"奋斗记"创始人曾增金在做这一项目之前，在北大开设的创业课程当中还有过另一次创业的尝试，也是她第一次接触创业。当时她所在的团队决定做智能硬件，主攻空气净化器的人工智能领域。虽然团队非常强大，有相关背景的硕士研究生、博士研究生众多，但是由于实业经验的缺乏和客观条件的限制，项目进行到中途时，市场上已有其他公司先一步抢占了空气净化器人工智能市场。经过一番研究讨论，虽然心有不甘，曾增金的团队还是只能忍痛放弃。不过曾增金并没有放弃创业的抱负，经过反思总结，归来的她多了一份沉稳、底气和力量。她做好了更充分的准备，再次出征，终于推出了"奋斗记"，并受到大家的广泛欢迎。

曾增金特别欣赏在北大遇到的同学们，他们是如此优秀，且在优秀的同时并没有骄傲自大，反而更意识到自己的平凡，从而脚踏实地地做好每一件手头的事情。曾增金回忆道，"许多厉害的同学都谦虚地把自己称为未名湖里的一滴水"，北大学生的谦逊和低调可见一斑。

（二）技术

青年团队凭借多元化的学科背景与年轻敏锐的头脑，相对而言有更大的可能去开发出创业所需的关键技术，并不断进行更新和发展，这是使得一家公司（尤其是在人脉等方面比较薄弱的青年创业公司）不可被模仿、难以被超越的核心要素之一。

另外，在跨国创业的项目中，不同国家的创业者对其本国的科技发展情况相对熟悉，也有更方便的渠道去接触、获取这些技术，因而能够将外国最先进的科学技术在第一时间引入中国市场，抢占先机，这在瞬息万变的商界至关重要。

比如，"唯喔FanTV"利用以色列先进的信号传输解决方案，开发出一款便携的录像工具LiveU，方便球迷在信号拥挤的情况下把视频数据压缩到适合传输的大小；并配套开发出一款可以让视频制作者嵌套不同场景的视频工具Showbox，让室外直播的主播们可以制造出如同身处演播室的效果。这两款产品密切贴合了体育视频直播者的需求，也是"唯喔FanTV"区别于其他视频流量软件的重点所在，这一切都得益于其引入了以色列的先进技术。

但是，技术的开发或引进往往需要大量的资金和（或）时间投入，这对于年轻的创业团队来说是一大障碍。年轻的创业团队可能因为缺乏资金支持而无法深入科研开发，从而减少了该项技术未来可能带来的现金流，使得公司的运营陷入窘境；他们也往往没有充裕的时间，但厮杀激烈的市场不会为之停下脚步。因此技术既可以成为创业团队的核心优势，也有可能成为一大掣肘。

总而言之，跨国创业团队应该借助政策或自身的国际化优势，来消弭其在技术开发上的缺陷，下文对跨国创业辅助环节优劣势的分析或将对此问题有所启示。

二、青年跨国创业辅助环节分析

（一）政策

2014年，李克强总理首次提出"大众创业、万众创新"[①]的倡议，随后便在中国掀起了"双创"大潮，这股大潮在2015年达到高峰。过去几年内，政府对创业的政策支持力度不断加大，尤其鼓励青年大学生创业。响应此号

---

① 《"大众创业万众创新"战略扎实推进》，中央政府门户网站，2015年9月21日。http://www.gov.cn/xinwen/2015-09/21/content_2935982.htm。

召，教育部在 2014 年年底，提出"要求高校建立弹性学制，允许在校生休学创业"[①] 的呼吁。

随着"引进来、走出去"与"一带一路"倡议被推上高潮，中国政府在外籍青年赴中国创业方面也给出了大力的政策支持，这主要体现在教育的对外开放方面。教育对外开放是我国改革开放事业的重要组成部分，它并不局限于"得天下英才而教育之"，不仅仅是教其知识、教其理论，更是为其提供实践的机会和平台，"惠天下英才而成就之"，其中一项重要的举措就是帮助来华留学人才在华就业兴业。而创新创业，尤其是跨国合作创业，自然成为来华留学人才在华就业兴业的重要途径。

以北京为例，2016 年 3 月，北京出台了《北京创新发展 20 项出入境新政策》，并在中关村自主创新示范区率先试行，其中一项重要政策就是对在中国创业的外籍青年人才发放创业签证，这就为在中国工作或创业的外籍人才提供了更好的出入境环境。曾增金在毕业之际，也是留学签证即将到期之时，着手申请了这项创业签证，申请的具体过程虽然有一些复杂，但最终结果还是顺遂人意——曾增金最终拿到了准许证，成为第一张中关村创业签证的成功申请者。

北京大学也积极响应着国家的"双创"号召。林建华校长于 2016 年 10 月 18 日在《光明日报》上撰文指出，"创业教育没有围墙"，"我们正处在一个全球创新创业的时代，而中国更是创新创业的热土"。为此，北京大学后续推出了"领赢中国"创新创业教育项目，定期举办针对性的创新创业沙龙，提供各种关于创业的信息与机会，为来自全球各地的北大青年提供了很好的平台。很多交流学生受到这些项目的鼓舞，开始了解跨国创业的相关信息。2016 年秋季，新加坡国立大学一批学生来到北京大学进行一学期的

---

① 《教育部关于做好 2015 年全国普通高等学校毕业生就业创业工作的通知》，中华人民共和国教育部，2014 年 12 月 2 日。http://old.moe.gov.cn/publicfiles/business/htmlfiles/moe/s3265/201412/xxgk_180810.html。

交流学习，北京大学的创业课程使得这些来自新加坡的同学们初步了解了创业的过程。为了将理论与实践更好地结合起来，他们之中很多人参加了"领赢中国"创新创业教育项目，短短六个月的时间里在北京获得了体验创业的难得机会。参加项目的新加坡女孩巧涵表示，通过这个项目，她加深了对中国文化和创业环境的了解，并对中国未来的产业发展有了自己的判断和认识，同时也积累了自己的实战工作经验。

这些政策的扶持虽然都是辅助资源，但是对于跨国创业的青年团队来说如虎添翼，为他们追寻梦想的道路扫清了障碍，让他们能够更加专注于创业的核心内容，真正为社会、为人类做出贡献。

但是，现有的政策扶持仍有一定的局限性：第一，申请审批等手续仍然过于复杂。虽然这是审慎管理的原则所要求的，但是仍会在一定程度上消磨青年创业者的精力。创业是一件争分夺秒之事，在行政审批上花费大量时间，会给青年创业者带来极大的时间成本。第二，青年创业者的一大劣势就是社会经验的不足，往往会把社会与市场想象得过于简单，创业过程中往往会比经验丰富的社会创业者走更多弯路。

因此政府在制定政策时，如何能够在现有的鼓励之外，体现出对青年创业者更多的引导、帮助和一定程度的保护，这将是政策制定上进一步改进的方向。我们应该充分发挥中国特色社会主义经济的优越性，考虑在支持青年创业时，除了市场的作用以外，如何更好地发挥政府的作用。

（二）国际化资源

辅助资源包括对各国市场的敏感性。来自不同国家背景的合伙人意味着整个团队的触角可以伸到更广泛的世界范围，能获得更加国际化的辅助资源。

首先，在研究过程中，具有不同国家背景的人可以搜集自己国家的相关信息，工作效率将大大提高。如北京大学的新加坡交换生巧涵，她对于自己在创业公司实习的经历如是说，"因为我在一家国际公司，所以当公司开拓在新加坡的业务的时候，会咨询新加坡相关的税收法律等方面的信息，而我就会负责协助做这方面的研究"。

其次，要精准把握市场需求，需要对本国的文化和社会情况有深刻的了解，这一点，若非经过多年的浸润和体验是很难达到的。跨国合作创业则具有这方面的天生优势，这使得公司产品可以更顺畅地向更多的受众铺开，少走许多错路、弯路。

值得注意的是，"国际后援团"毕竟只是一种辅助优势，不可长久倚赖，创业团队更应该注重团队核心竞争力的培养，"打铁还需自身硬"，辅助资源只是锦上添花，通过精进管理、研发技术来不断提升核心竞争力，才是一家创业公司生存、发展的长久之计。

本节从两大方面具体分析了青年合作创业的优劣势所在与未来展望。在合作创业和跨国创业的过程中，青年在利用好政策、国际化资源等辅助资源之外，最应重视的是以内部管理、技术研发为主的核心竞争力的培养，这样才能真正长久地立于创业公司之林。如今青年学子创业潮流态势迅猛，发展状况良好，但尚未到达顶峰。全世界青年作为一个共同体，群策群力，共同创业，其间所蕴藏的巨大潜力仍是我们现在难以想象的。

第二节　国际工程项目建设

一、"一带一路"倡议的推进与挑战

"一带一路"倡议是中国在新的国际国内形势下，主动把握重要战略机遇，推动对外开放的重大举措。随着中国崛起，"一带一路"倡议逐渐铺开并产生广泛影响，这一系统性工程的建设，需要各行各业的青年人才主动承担历史使命，以积极姿态推动中国和沿线国家合作发展。在颇受关注的国际工程领域更是如此，许多青年都发挥了中流砥柱的作用。

无论供给侧还是需求侧，"一带一路"倡议都能为国内工程建设企业创造更多发展机会。在供给侧层面，中国在数十年的发展中，逐渐出现产能过剩的状况，而借"一带一路"契机所进行的"基建输出"可以有效缓解产能过剩压力，为企业减轻发展负担；在需求侧层面，"一带一路"沿线各国基础设施建设水平普遍较低，投资需求缺口较大，这就为国际工程领域内企业的投资和建设提供了巨大的发展空间。

据商务部统计，2016 年中国对"一带一路"沿线 53 个国家直接投资145.3 亿美元，占同期总额的 8.5%。中国企业在相关 61 国新签承包工程合同额为 1260.3 亿美元，占中国同期对外承包工程新签合同额的 51.6%，完成营业额 759.7 亿美元，占同期总额的 47.7%。[①] 上述项目不仅将在改善沿线国家基础设施条件上发挥积极作用，也将促进中国与沿线国家在全球产业链上的进一步融合。

然而，随着经济一体化的推进，各国间工程市场整合速度加快，对外工程企业还需要认清境外境内环境，迎接挑战，实现自身转型升级。当下，国内的基建企业面临的问题主要有以下几点：

---

① 《商务部：去年我国对"一带一路"沿线国家直接投资 145.3 亿美元》，人民网，2017
　　年 2 月 9 日。http://finance.people.com.cn/n1/2017/0209/c1004-29070249.html。

第一，来自多元项目模式和专业领域的挑战。中国急需"走出去"的不仅有传统的房建项目，还有能源、化工等专业领域项目，这就意味着它们不仅要面临项目种类多元化的挑战，更须应对专业领域提出的严格标准。为适应多样化的国际市场需求，中国对外企业需要主动调整业务构成，优化业务结构。

第二，对境外基础设施建设筹资能力的要求提高。"一带一路"沿线各国项目建设对资金有极高的需求，筹资能力作为项目成败的关键因素，在各国间工程项目的竞相开展中起到重要作用，而这些沿线国家开展项目的主要瓶颈就在于资金配套滞后。传统的承包模式已难以满足需要，要求企业积极探索商业模式创新，提高自身融资能力。

第三，青年人才供给面临一定缺口。项目"走出去"不仅需要企业提高项目质量、优化业务结构、整合优势资源，更需要青年人才充当智慧与创新的"生命力"，为项目发展提供支撑作用。这要求青年以国家发展为使命，主动担当，贡献自身才智。目前，此类跨学科的战略型青年人才的缺口较大，仍需要社会各界的培养与支持。

针对上述问题，北京大学以为"一带一路"倡议培育国际工程人才为导向，利用自身学术与实践资源，努力弥补人才缺口。目前，北大青年学者不仅通过参与"一带一路"国际合作高峰论坛等会议碰撞思想火花，也根据国内外形势从学术层面钻研"一带一路"倡议，身体力行践行"北大青年在路上"的号召，参与沿线国家实践团，踏上"下南洋"的旅程，努力在国际舞台上展现北大青年的风采。

二、理论成果、法律机制与青年人才培育的协同跟进

"一带一路"倡议在国际工程领域的推进，不仅需要学术理论成果、法制体系建设的协同演进，也需要青年人才供给的与时俱进。

国际工程项目的推进需要相关理论成果的指导。在"一带一路"倡议提出具体的目标与指导方向的基础上，各界青年学者审时度势，立足于国内外

形势，积极展开研究，北大青年学者在这一过程中充分发挥了领导作用。

北京大学历史系副教授昝涛在"'一带一路'的历史观、世界观与价值观"为主题的青年学者对谈中提出，"一带一路"倡议突破了偏重"中原中心主义"的叙事契机，使得中国重新认识内陆欧亚和海上丝路的价值，并力图用"一带一路"倡议促进崛起的中国加入全球秩序。这次青年学者对谈也指出，基础设施建设、能源、产能转移等经济问题作为高频词被屡次提及，需要学者乃至公众认识到这些社会经济实践，构成了当代中国参与新时期全球秩序形成动态的现实，需要中国学者提出具有普遍意义的理论创建。①

2017年10月21日至22日，"一带一路"与国际工程法实践高峰论坛在北京大学法学院召开。中外学者及业界专家互相分享国际工程法实践经验和心得体会，探讨国际工程领域的前沿问题。论坛指出，"一带一路"作为大的国际工程，需要加强法制建设，在国际工程领域需要根据具体情形充分利用国际标准合同文本，完善纠纷解决机制，并明确设计责任与风险分担。②中国青年学者需要审时度势，放宽眼界与格局，根据中国及世界社会经济实践创造出更多具有普适性的先进理论成果，并推动相关法律机制的完善，从而指导国际工程建设在沿线的发展。

此外，国际工程项目青年人才的培养是一项长期工程，需要多方力量的共同参与。根据目前"一带一路"倡议的推进现状，为应对新的挑战，需要在把握需求导向、坚持"本土化"与"国际化"两个原则的基础上，尽快创设"三库"，加快培养"五个模式"，从而推进国际工程人才培育的系统性工程。

第一，构建国际工程青年人才开发机制时，必须以"一带一路"倡议为导向，并坚持两个原则：其一是本土化原则，即立足于中国国际工程建设的

---

① 《青年学者对谈："一带一路"的历史观、世界观与价值观》，《文汇报》2015年7月17日。
② 《法学院成功举办"一带一路"与国际工程法实践高峰论坛》，北京大学法学院，2017年10月31日。http://www.law.pku.edu.cn/xwzx/xwdt/49512.htm。

发展现状，根据自身定位与特色，结合中国产业转型升级的迫切要求，针对各行业的用人需要及时更新培养方案和重点；其二是国际化原则，需要对全球工程项目建设的趋向变化进行分析，以超越国界和文化的视角分析和解决问题。

第二，尽快创设"三库"，即"中高级青年人才数据库""青年科技人才智库"及"青年国际宗教人才库"。同时，加快构建中高级青年人才信息服务平台，以便进一步为"一带一路"国际工程项目建设服务，通过人才市场调节人才资源，优化人才配置。

第三，构建"五个模式"。"一带一路"是一项长期工程，需要在各级政府、市场、社会等各方主体的全面支撑下有序推进。在国际工程建设青年人才培养方面，要坚持"分层分类"，既要培养明晰国际工程建设领域细则、能够承担国家使命的高端人才，同时也要培育适合"一带一路"建设的高素质技能型青年人才。鉴于这一需要，加快建设校企联合模式、校校联合模式、出国办学模式、多方联合模式、人才吸引模式五种人力资源培养模式，将有效促进"一带一路"项目建设。

综上，北京大学在切实推进"一带一路"倡议的进程中发挥了重要作用。从理论思想的提出，到推动法律机制完善，再到着力培养工程建设人才并向企业输出，这全方位、多层次的措施正一步步推动"一带一路"倡议在国际工程项目建设中发挥愈发重要的作用。

三、国际工程建设的青年力量

随着中国产业结构调整和"一带一路"倡议的落地，越来越多的企业加快了"走出去"的速度。国际工程领域内也有越来越多的企业关注到"一带一路"沿线各国巨大的基建需求，纷纷开始拓展境外市场。

以中国土木工程集团有限公司为例，在"走出去"的初期阶段，中国土木工程集团有限公司基于国内外经济形势与"三去一降一补"的调控方案，积极探索转型升级路径，优化集团业务结构，它借助以承包工程为主业，以股权投资、铁路运营管理等领域为补充的"1+N"多元化经营战略来应对日益激烈的国际工程承包市场，并取得一定效果。[①] 中国土木工程集团有限公司等大型企业在结构转型中不断加强企业"复合型知识""复合型人才"的培训并优化管理，以提高企业的核心竞争力。

在青年人才培养方面，国际工程项目企业与北京大学为首的众多高校都认识到推进落实"一带一路"倡议对人才培育提出的新要求，着力扩展国际工程建设领域青年人才的四方面素质，分别为外向型素质、复合型素质、开拓型素质及创新型素质。具体来看：

第一，具有一定外语水平、熟知国际惯例与经济法的外向型素质。为培养国际工程青年人才的外向型素质，北京大学开设"一带一路"系列课程项目，包括系列语言课程、讲座与文化课程、文化节活动和"大使眼中的'一带一路'"四个方面，帮助学生从不同角度了解"一带一路"。在此基础上，北京大学加强与"一带一路"沿线各国各院校的沟通互助，为学生提供各类跨校交流机会，为学生提升国际语言交流能力、学习异国工程建设经验提供宝贵机会。

第二，具有技术理论基础及实践经验的复合型素质。为拓展青年人才的复合型素质，北京大学在各行业顶尖企业内建立实践基地，加强实习交流合作，本校学生在获得"通识教育"方案培育的基础上，奔赴各社会实践基地进行实际操作与业务学习，增长实践经验与应用知识。

第三，具有决策能力、沟通应对能力、国际市场谈判公关能力的开拓型素质。为强化青年人才的开拓型素质，北京大学积极创造条件，鼓励学生参与国际论坛与国际会议，鼓励学生组织各类交流协作论坛，在与国内外各学科青年人才的思想碰撞中拓展思维、提升能力。此外，北大积极呼吁本校青年学子参与"一带一路"国际合作高峰论坛的志愿服务工作，以青春形象、

---

① 《专访中国铁建董事长孟凤朝：亚吉模式是国际产能合作新样板》，全景网，2017 年 5 月 13 日。http://www.p5w.net/stock/news/gsxw/201705/t20170513_1793392.htm。

饱满热情和真诚态度展现中国当代青年的风采，用奉献刻画大国青年群像。

第四，具有工程项目初创设计能力、问题导向的细致观察能力与问题解决能力的创新型素质。为培养国际工程建设领域青年人才的创新型素质，北京大学在丰富各学科课程的基础上，开设各类素质拓展及创新思维科目，着力培育学生觉察问题以及处理问题的能力，并举办"挑战杯"等各类学术竞赛鼓励学生开展创新性思考及学术写作。

四、国际工程建设发展方向

国际工程建设项目的"走出去"在"一带一路"倡议的落地实施中发挥着越来越重要的作用，但在倡议推进过程中也遇到了诸多挑战。鉴于此，以及青年人才缺口，结合"一带一路"倡议推进中的北大青年历史使命与责任担当，提出如下三点政策建议：

（一）"建营一体化"，全产业链"走出去"

在"一带一路"倡议实施的过程中，工程建设领域的跨国合作不可避免，而中国企业在"走出去"的过程中，必然面临"本地化"挑战。鉴于此，推动"建营一体化"是企业培育对外投资合作竞争新优势，打开市场新局面，实现属地化经营策略的必然选择。

在近年来的国际工程项目中，中非"三网一化"的标志性工程——亚吉铁路的建设就充分说明这一策略的必要性。亚吉铁路在 2016 年 10 月正式通车运营，是中国企业在海外实施完成的第一个集设计、采购、施工、融资、监理、运营管理为一体的全产业链铁路项目，[①]它通过股权投资介入后续服务环节，与当地分享国内运营经验，从而培养了一批了解并认同中国标准的属地化工程建设青年人才，为非洲铁路网建设提供了新典范。

基于这一成功案例的实践经验，政府需要对企业开展项目运营和长期技

---

① 房秋晨《把握"一带一路"机遇，实现对外承包工程业务转型升级》，《海外投资与出口信贷》2017 年第 2 期。

术沟通提供充分引导和保障，实现项目"建营一体化"，发挥合作项目应有优势，积极获取经济和社会效益。

（二）投资并购"新布局"，资源整合"新方向"

开展并购及战略投资是国际大型承包商"走出去"的有效途径。目前，随着"一带一路"倡议的推进，中国对外承包工程企业的海外收购兼并及投资业务显著增多。例如中国建筑股份有限公司收购美国著名承包商PLAZA建筑公司，使其在美国的经营规模翻倍，提升了该企业的在美经营资质，从而进一步提高属地化水平，实现跨越式发展。事实证明，以战略性投资并购为手段，优化全球市场布局，利于国际工程企业顺利"走出去"并扩大国际影响力。

资源整合在"一带一路"倡议的实施中，也应成为工程领域内企业的战略选择。随着国际工程项目竞争愈发激烈，基于越来越多中国的优势产业和产能"走出去"参与国际竞争的现状，为积极应对竞争，企业需要将产业链整体一同"走出去"，以实现优势互补、互利共赢，推动资源整合新方向，实现跨越式突破。此外，在中国企业与国际大型承包商竞争的过程中，需要不断寻求新的交流合作，企业可以凭借"中国元素"与国际一流合作伙伴形成战略联盟，在彼此市场及第三国市场展开合作，互通有无，共同进步。

综上所述，中国工程建设企业在以战略性投资并购的方式"走出去"的同时，需要在全球范围内通过对资金、技术、设备和人才的整合配置，优化业务结构，进行资源整合，提升管理水平，进而巩固和提升中国工程项目建设的国际竞争力。

（三）强化人才建设，构建青年命运共同体

"一带一路"倡议与国家命运紧密相连，更与新一代中国青年的个人发展息息相关，北大青年作为国内青年先进力量，更是需要将个人发展与国家命运联结在一起。强化"一带一路"人才建设，需要北大青年放眼世界、极目五洲，融入世界全球化潮流，意识到自身使命及重任，将个人发展与国家"一带一路"倡议相融合，推动打造青年命运共同体，为国家发展添砖加瓦。

在"一带一路"青年命运共同体的构建中，北京大学作为国内顶尖大学，切实实施了多项举措助力倡议实施与发展进程。

一方面，以区域与国别研究夯实"一带一路"领域学科基础。北京大学成立区域与国别研究委员会，负责学校区域与国别研究发展规划、学科设置、机构设置、项目设置等，统筹协调学校各方资源，服务于国家战略。并依托46个区域国别研究中心、50种外语及跨境语言资源，形成支持"一带一路"相关领域的优质学科群，为"一带一路"研究提供语言工具、一手材料等支撑，这一措施为培养青年人才与整合国际工程领域的知识资源起到重要推动作用。

另一方面，以多层次教育教学项目支撑"一带一路"领域人才培养。北京大学成立语言中心开设外国语言与文化系列公共课程，为各学科提供高质量、菜单式的语言教学服务，基本涵盖"一带一路"沿线各国的全部语种，积极克服国际工程项目在"走出去"过程中的语言文化障碍。同时，北大与对象国大学进行多种形式的合作，包括学生联合培养项目、国际专门人才的引进、资助师生赴对象国开展中长期实地研究等，为国际工程青年人才提供丰富的交流实践机会。[1]

总的来说，北京大学应稳健地推进"一带一路"人才培育进程，为青年学子发挥才智提供良好平台；北大青年应充分利用北大丰富的教学、实践资源，在实现个人能力提升的同时，心系国家发展，在"一带一路"的国际工程项目中充分发挥项目设计才能、语言交流优势、国际谈判能力，将个人才智与热情贡献于"一带一路"倡议的推进。

"一带一路"倡议下国际工程项目"走出去"的步伐需要坚实的国力储备和强大的发展后劲，在国家投入大量物力、财力的基础上，进一步培育、支持青年人才的成长，将是未来项目可持续发展的必然举措。

---

[1]　《北京大学多措并举助力"一带一路"》，中华人民共和国教育部，2017 年 6 月 5 日。http://www.moe.edu.cn/jyb_xwfb/s6192/s133/s134/201706/t20170607_306594.html。

第三节　青年人的环保担当

2005年8月，时任浙江省委书记习近平在浙江湖州安吉考察时，提出了"绿水青山就是金山银山"的科学论断。2017年，十九大报告中进一步指出，坚持人与自然和谐共生，必须树立和践行"绿水青山就是金山银山"的理念，坚持节约资源和保护环境的基本国策。① 面对环境保护的各方面问题，中国青年积极探索与传统方式不同的更为高效的污染治理、生态保护策略，北大青年更是其中的先锋军，从实践与理论两方面踏实践行着自身的环保理想。

一、环境保护现状

环境保护是指在个人、组织或政府层面，为大自然和人类福祉而保护自然环境的行为。当前自然环境的现状不容乐观，不断出现的环境问题严重威胁人类的健康。自然生态环境的严重破坏，使得人类自身的生存空间岌岌可危。据最新数据显示，全世界约1260万人的死亡是由环境退化导致的，这占全世界总死亡人数的四分之一。②

环保问题，最为严重的是环境污染问题。环境污染是全球性的难题，地球村里的每个人都面临着环境污染的危险。经联合国卫生标准检核，目前只有20%的城市能达到联合国要求的环境卫生标准，大部分人仍生活在受污染的城市中。

环境污染中最容易被忽视的是水污染问题，目前海洋、淡水湖泊、洁净饮用水、冰川等都遭受到不同程度的威胁。在海洋中，由于污染严重导致氧气太少，生物无法生存，形成了500多个死亡区域。全世界产生的污水，有

---

① 刘旭友《"绿水青山就是金山银山"的理论与实践价值》，《光明日报》2017年11月7日。

② 《全球每年四分之一人因环境问题死亡》，新华网，2016年5月24日。http://www.xinhuanet.com/world/2016-05/24/c_129012166.htm。

80% 未经处理就源源不断地流入大海。现在的情况是，已经存在的问题尚未得到充分解决，新的污染还在不断产生。

工业发展导致的环境污染与生态损坏，引发了各工业化国家对环境保护的重视，国家通常利用法律法规来规制与处理污染问题，并通过宣传使全社会重视污染对环境的深远影响。环保是一项永不过时的议题。正如联合国环境规划署执行主任埃里克·索尔海姆所说："没有人能逃过污染的影响，我们所有人都必须投身这场战斗。"在联合国框架下，人们正通过《巴黎协定》、"SDG 可持续发展目标"等方式重塑全球环境保护与治理体系。而青年一向是环保组织与志愿活动中的中坚力量，环保问题的解决，离不开有知识、有理想、有责任心的青年人积极投身其中。

二、青年引领环保事业中的阶段性成果

（一）环境保护的中流砥柱——环保组织

环境组织或环保组织是指寻求保护、分析或监测环境以防止其遭虐待或恶化的组织。随着中国政府职能的转型，推动供给侧改革，建设服务型政府，催生了一系列专业的服务机构：社会工作组织、公益组织、社会企业、社会团体、基金会等，目前在册的 NGO 组织共计 44 万个左右。2017 年以来，民政部逐步放开民办非企业单位的注册要求，全国各地建立了大量 NGO 孵化中心、社会组织协同治理中心等，更多的资源涌入公益行业，越来越多的社会组织成立并注册。以北京大学为例，2016 年，北京大学国际组织就业信息网上线，并且依托北京大学学生就业指导服务中心办公室定期邀请国际组织大拿到校进行分享、研讨。2017 年年末，北京大学成立创新创业学院，鼓励北大青年投身公益创业的热潮中。截至 2017 年年底，北大的学生社团共有 8 大类 200 余个，其中公益类社团有 22 个。在未来，会有更多北大的专业公益人，从校园走出，为世界做出贡献。

环保组织领域也活跃着北大青年的身影，其中最为典型的是一家在民政部注册的公益基金会——阿拉善 SEE。该基金会成立于 2004 年，SEE 代表

着社会（Society）、企业家（Entrepreneur）、保护地球生态（Ecology），是中国的企业家们自己的环保宣言。2017 年 12 月 4 日，第三届联合国环境大会在内罗毕召开。① 此次会议专门设立了"科学—政策—商业"论坛，邀请阿拉善 SEE 作为指导委员会成员参与。阿拉善 SEE 生态协会秘书长、阿拉善 SEE 基金会副秘书长是北京大学首届社会公益管理硕士张媛，她在联合国环境大会上提出了阿拉善 SEE 环保案例与绿色供应链项目，得到与会专家的广泛认可，体现了北大青年人在世界舞台上为环保所做的努力。在北大青年带领下成长起来的阿拉善 SEE，在环保领域成绩显著，逐渐成长为中国乃至世界范围内有影响力的专业 NGO。②

（二）空气与水污染、生态环境的综合治理

以环境要素分类，环境污染主要包括大气污染、水体污染、土壤污染、噪声污染等，其中以大气污染与水体污染最具有全局性。环境问题的另一方面——生态破坏，则一般伴随着某种自然资源的暂时甚至永久性消失。环境保护不仅仅是治理污染，保护生态也同样重要。

空气质量与生命息息相关，空气污染是每个地球上的居民都无法避开的重大问题。但近些年随着经济的不断发展，人们的物质需求得到越来越多的满足，大气污染却显著加剧。关注大气污染，北大青年在路上。青年学子王秋霞，在亚洲清洁空气中心这一联合国认可的合作伙伴机构从事清洁空气保护工作，该机构在中国开展清洁空气和绿色交通方向的政策研究、公众倡导和伙伴行动。③ 大气污染涉及多个行业、多个部门、不同人群，要把一系列法律法规扎扎实实落实好，需要政府、企业、研究部门、媒体、环保组织和

---

① 《第三届联合国环境大会在内罗毕开幕》，人民网，2017 年 12 月 4 日。http://world. people.com.cn/n1/2017/1204/c1002-29685380.html。

② 《阿拉善 SEE 基金会 2017 年第二季度工作简报》，阿拉善 SEE 基金会官网，2017 年 12 月 21 日。http://www.see.org.cn/Foundation/Article/Detail/1488。

③ 《〈大气中国 2016〉报告发布会》，搜狐，2016 年 8 月 22 日。http://www.sohu.com/ a/111562683_444969。

公众的共同参与，而王秋霞工作的重要目的就是撬动更多力量参与进来。她所参与设计的"未来驶者绿色卡车训练营"项目，意在鼓励全国 3000 万卡车司机加入到货运行业的污染物减排中来。王秋霞以自己的亲身经历，展现了一个北大青年在公益项目上应该有的追求和行动。

水资源对于一个地区生产生活活动的重要性同样不言而喻。改革开放以来，中国的经济飞速发展，但也付出了巨大的环境成本，海洋环境正在急速恶化。有二分之一的滨海湿地已经被人类活动污染，逐渐萎缩消失。原先中国近海有丰富的渔业资源，是渔民生活的根本，但近年来陆源污染输入及海洋工程对近海环境的破坏，使得 85% 的海域都处于亚健康或不健康状态，中国已由水产品的出口国变成了进口国。

在水资源保护上，北大青年从来不是冷眼旁观的。作为软件与微电子学院和光华管理学院的毕业生，陈兴慧将计算机技术与公益进行了有机结合，在大数据蓝色海洋的创新型公益项目 iFISH 中发挥了不可忽略的作用。iFISH 是中国第一个可持续水产品资源的数据库，为科研机构和政府相关部门提供决策的数据支持，增强水产行业的区域化管理水平，优化资源配置，合理开发利用，减少对生态环境和社区发展的不利影响。陈兴慧将自己的信息技术专业与公益实际进行结合，投身于海洋保护、水资源治理、水资源可持续评估等领域中。参与公益的方式有很多种，而以陈兴慧为代表的北大青年，灵活选择了自己参与的角度和方式，在环保领域做出了卓有成效的尝试。

污染问题通常只涉及有限数量的环境要素，而生态包括一定的水文、生物、地形地貌等综合条件，生态破坏是一定范围内所有生物都受到影响的全局性问题。保护生态环境，最有效的手段之一即建立自然保护区，而在人口密集、经济社会活动频繁地区则是建立自然保护小区。自然保护小区通常面积不大，但通过精心管理和对人为活动的合理控制，能够维持极为丰富的生物多样性。

北京大学校园本身坐落于海淀区重要的湿地系统之中，燕园里有着乔木—灌木—草本植被群落结构完整的次生林，而未名湖区域几乎微缩了东亚平原湿地景观的所有类型，保存了中国东部平原地区原生的生物多样性体系，这里也保有了出乎一般人意料的丰富物种。据相关研究统计，燕园中有至少 300 种动物和超过 470 种高等植物。为了更好地保护生物，部分师生提议在校园内建立"燕园自然保护小区"，其涵盖面积约 42.5 公顷，包括北京大学未名湖区、勺海、西门鱼池、鸣鹤园、红湖、镜春园、朗润园和燕南园所辖的水域和次生林。[①]

自然保护小区的提案，是北大学子在多年对环保问题的关注中积累经验而诞生的想法。而除了这样的提案外，青年学子在常态化的组织建设方面也敢为人先。已有 15 年历史的社团，北京大学绿色生命协会，是热衷生态环境保护学子的聚集地，目前有近 500 名成员，来自不同专业背景的学生共同组成检测小组，利用自己学习的知识保护生态环境。绿色生命协会 15 年来不断监测着校内的生态数据，并将其整理成册，目前已经整理完毕的监测成果有《北京大学燕园鸟类组成 2014》《北京大学鸟类名录 2015》等。除了监测数据，他们还在协助北京大学自然保护与社会发展研究中心、山水自然保护中心等机构，为设立北京大学自然保护小区不断努力。

（三）环保事业中的现代化力量

从 1972 年中国参加第一届联合国人类环境会议算起，我国环保事业至今已有 46 年的发展历史。进入新时代后，环保事业更需要新兴力量的注入。在经济迅速发展的今天，金融就是这样一种威力巨大，又可为环保所用的力量。

绿色金融是一个很新颖，也很受关注的概念。它指的是金融部门在资金的运作过程中，要把环保作为重要的政策，投资和决策时都要考虑到资金的流向是否会对自然环境产生影响。绿色金融把环保和潜在的收益、风险、投入都整合在金融机构的常规业务中。我国政府也明确提出，金融经营需要考虑到环境保护和治理，促进可持续发展。

[①] 《北大师生监测校园物种长达 15 年　记录超 300 种动物》，央广网，2017 年 10 月 18 日。http://news.cnr.cn/native/gd/20171018/t20171018_523990829.shtml。

金融领域存在着许多基于环保考量的概念，"赤道原则"就是其中一个。它是一套非强制的自愿性准则，适用于决定、衡量以及管理社会及环境风险，以进行专案融资或信用紧缩管理。[①] 遵守该原则的金融机构，可以被称为赤道银行。目前共有 90 家金融机构采纳"赤道原则"，其中两家在中国。北大学子周嵘目前就在国际金融公司（IFC）处理"赤道原则"相关业务。周嵘有着丰富的职业经历，能够从不同的角度分析环境问题。她目前正积极推动中国的赤道银行进程，帮助中国的金融机构判断、评估和管理项目融资中的环境与社会风险，以达到可持续发展的目标。中国的赤道银行数量正在不断增多，已逐步受到国际金融机构的认可。国际金融机构也在根据中国的发展情况，协助赤道银行加快推进产品创新。

环保问题是全球性难题，在处理国家间环保责任的矛盾时，金融也可以发挥独一无二的作用。例如，很多发达国家提出了"碳银行"，通过碳交易工具，转移污染治理的责任。很多中国企业在转型过程中，需要资金支持和技术更新，碳金融是目前切实可行的方法之一。在探究碳交易可行性的学术研究中，北大青年的探索成果同样是同领域的标杆。北京大学中国经济研究中心的《气候变化与碳交易》（北京大学出版社，2012 年）一书，对气候变化、低碳经济和碳排放权交易机制进行了论述，对气候变化问题产生的背景、全球利益格局、各国应对策略以及我国各个行业如何开展二氧化碳减排与交易进行了全面的介绍。

三、面向未来——青年投身环保

环境保护是一个宏大的综合性命题，正因为环保问题与每个人息息相关，因此各方面的力量在环保工作中都是不可或缺的。北大学子响应国家号召与现实需要，投身环境保护事业的主人翁意识是显而易见的，未来随着公众环

---

① 陶玲、刘卫江《赤道原则：金融机构践行企业社会责任的国际标准》，《银行家》2008年第 1 期。

保意识的进一步提高，绿色经济发展方式的进一步完善，北大青年将在环保事业的各行各业更好地发挥自己的光与热。

北京大学作为世界一流大学，除了其学子能够进入各行各业，在实践上为环保事业贡献力量外，校内青年学者对环保进行理论探索的重要性也同样不容小觑。北京大学学者对环保的学术探究涵盖方方面面，主要可分为环境科学、经济金融、政治法制、化工医学等多个研究领域，可谓包罗万象，研究成果汗牛充栋。

北京大学国家发展研究院青年学者王敏，持续关注中国的环境污染与经济增长的关系，利用我国 100 多座城市在 2003—2010 年间的大气污染浓度数据，考察我国经济增长和环境污染之间的关系。其研究基于传统的环境库兹涅茨曲线模型进行，在将每个城市特定的时间趋势变量纳入考虑范围后，发现高增长与高污染并没有必然的关系。对大气浓度数据与同一污染物的排放数据进行对比分析后，发现两者的回归结果截然相反。[1]

北京大学光华管理学院博士后孙宁发现重度污染企业的集聚现象是经济规律运行的必然结果，由此也就必然会带来污染的集聚，集聚地区的环境生态面临沉重负担。孙宁测算了中国重度污染行业 2000 年、2003 年、2006 年、2007 年四年的集聚程度及其演化，总结了污染企业集聚在微观上的表现与机制，发现污染企业集中的地区会倾向于吸引更多的污染企业进入该地区，从而形成污染的集聚。这种效应在同行业间最大，同时对于分属不同行业的污染企业也依然存在。[2] 从整体来看，中国重度污染行业在考察期内有着集聚加剧的现象，而地理布局的集中进一步恶化了中国的环境状况。[3]

这些学者的研究各有侧重，既有从环保领域出发对各个学科具体现象的探索，也有环境科学以外的其他专业的青年学者，从自身专业出发，从各个

---

[1] 王敏、黄滢《中国的环境污染与经济增长》，《经济学（季刊）》2015 年第 2 期。

[2] 孙宁《污染集聚：理论评述与中国证据——新企业进入视角》，《现代管理科学》2017 年第 9 期。

[3] 孙宁《中国污染集聚的模式特征及其历史演化》，《现代管理科学》2017 年第 10 期。

不同角度、领域对环保问题的关注。这是由环保问题本身的复杂程度决定的。如果说投身实践是对当下的热爱，那么献身学术就是对过去的总结与对未来的展望。在我国环保事业的建设中，这两类人都不能少。在实现"一带一路"伟大倡议、推进绿色"一带一路"建设的过程中，北京大学有幸能同时从实践与理论两方面为环保事业增砖添瓦，促进我国经济的绿色健康发展。

第四节　完善跨区域物联网建设

党的十九大报告指出，要深化供给侧结构性改革，建设现代化经济体系，支持传统产业优化升级，加快推进现代服务业建设，加强铁路、公路、水运、电网、信息、物流等基础设施建设。同时，要加强创新型国家建设，瞄准世界科技前沿，加强应用基础研究，突出关键共性技术、前沿引领技术、现代工程技术、颠覆性技术创新，为建设科技强国、质量强国、航天强国、网络强国、交通强国、数字中国、智慧社会提供有力支撑。[①] 近年来，以物联网为重要载体的物流产业在中国迅速崛起，逐渐成为跨区域贸易的重要推动者。在"一带一路"的倡议下，青年力量将和物联网一起，开创地区经济一体化的新篇章。

一、物联网时代

随着经济全球化水平的提高，国际贸易壁垒逐渐减少，物流已成为现代世界贸易的关键环节。近年来，以云计算、大数据、移动互联网、物联网、量子通信为代表的新一代信息通信技术发展迅猛，再加之智能、绿色等概念的提出，新一代信息通信技术越来越多地被应用于智慧城市、跨区域贸易之中，相互交织，引起了产业界的革新浪潮。

随着智慧城市和人工智能技术的逐渐成熟，原本以劳动密集为主要特征的现代物流业开始向信息化和智能化转变，一个全新的以知识和资本为主要标识的物流业正冉冉兴起。作为承载物流信息的重要载体，物联网的建设也受到越来越多的关注。

物联网就是物物相连的互联网，它最早被应用于物流和供应环节，使用

---

① 《创新驱动，让中国智造领跑世界》，人民网，2017 年 10 月 21 日。http://cpc.people. com.cn/19th/n1/2017/1021/c414305-29599846.html。

RFID 技术，对仓储、物流配送、运输等核心环节进行实时监控，在降低成本的同时提高了效率。物联网有两个特点：其一，它的本质还是互联网，是在互联网的基础上所做的进一步的发展和延伸；其二，物联网使得物与物的信息交换与连接得以实现，赋予无生命的物体以感知能力和反馈能力。物联网的本质是应用，关键在于服务品质的提升，将用户反馈作为产品导向。它通过其自身的感知、传输、计算系统，与互联网的应用紧密融合，被誉为第四次科技革命。因此，抓住物联网的发展机遇，是中国抢占科技前沿，对内深化供给侧改革，建设现代化经济体系，加快建设创新型国家的关键所在。[①]青年人在这次机遇中，更应当勇立潮头，把握时代脉搏，抢占先机，使我国物联网发展立于世界格局中的不败之地。

二、物联网成长环境

近年以来，物联网的成长环境可谓"得天独厚"。在国家多项重大支持下，物联网逐渐成为中国智能产业的支柱性力量。2009 年 11 月 3 日，时任国务院总理温家宝发表了题为"让科技引领中国可持续发展"的重要讲话，首次提到要将物联网列入中国五大战略性新兴产业之一，这也是中国政府官方首次明确提出此概念。2010 年，全国信息技术标准化技术委员会在北京设立了中国物联网标准联合工作组，致力于推动行业规范的确立。随后，工信部、国务院也都分别发文，对物联网发展做出一系列重要批示。从 2009 年至今，中央部门每年都有重要文件提及物联网的发展，足见有关部门对于物联网发展的重视。2016 年，中共中央十八届五中全会通过了"十三五"规划，规划中特别提到要"助力物联网行业的发展"，并要求各大 ICT 技术助力支撑整个大生态环境物联网化变革。至此，物联网发展开始了一个新阶段。

下表为 2009 年以来中国物联网建设的相关政策梳理。

---

① 姚建铨《我国发展物联网的重要战略意义》，《人民论坛·学术前沿》2016 年第 17 期。

表 1　中国物联网建设的相关政策梳理 ①

时间	相关政策
2009 年 11 月 3 日	时任国务院总理温家宝发表《让科技引领中国可持续发展》，物联网被列为国家五大战略性新兴产业之一。
2010 年 6 月 8 日	中国物联网标准联合工作组成立，要重点推进中国的物联网体系和规范建设。
2010 年 10 月 10 日	《国务院关于加快培育和发展战略性新兴产业的决定》出台，物联网成为国家首批加快培育的七个战略性新兴产业之一。
2011 年 5 月 20 日	工信部发布《中国物联网白皮书（2011）》，对物联网的内涵和外延进行了明晰，并描述了中国物联网的现状、机遇和挑战。
2011 年 7 月 1 日	工信部印发《产业关键共性技术发展指南（2011 年）》，为物联网发展和应用指明方向。
2011 年 11 月 28 日	工信部发布《物联网"十二五"发展规划》，要求到 2015 年，中国要在物联网核心技术研发与产业化、产业链条建立与完善、重大应用示范与推广等方面取得显著成效，初步形成创新驱动、应用牵引、协同发展、安全可控的物联网发展格局。
2012 年 8 月 20 日	工信部发布《无锡国家传感网创新示范区发展规划纲要（2012—2020 年）》，加大对示范区内物联网产业的财政支持力度，加强税收政策扶持。
2013 年 2 月 5 日	国务院办公厅发布《国务院关于推进物联网有序健康发展的指导意见》，指出到 2015 年要实现物联网在经济社会重要领域的规模示范应用，突破一批核心技术，培育一批创新型中小企业，初步形成满足物联网规模应用和产业化需求的标准体系。
2013 年 2 月 23 日	国务院办公厅发布《国家重大科技基础设施建设中长期规划（2012—2030 年）》，要求建设原创性网络设备系统、资源监控管理系统、物联网应用以及量子通信网络等开放式网络试验系统，覆盖规模超过 10 个城市。
2013 年 5 月 15 日	工信部电信研究院发布《物联网标识白皮书》，总结提出了物联网标识体系，对物联网标识发展面临的难题进行分析，提出了思考与建议。
2013 年 9 月 5 日	国家发展改革委发布《关于印发 10 个物联网发展专项行动计划的通知》，要求国家发展改革委、工信部、科技部、教育部、国家标准委联合物联网发展部际联席会议相关成员单位制定 10 个物联网发展专项行动计划。

---

① 《物联网头条：国内物联网政策汇总（2009—2017）》，搜狐，2017 年 6 月 22 日。http://www.sohu.com/a/151178956_468632。

续表

时间	相关政策
2014 年 6 月	民政部组织实施国家智能养老物联网应用示范工程。
2014 年 5 月 21 日	工信部发布《工业和信息化部 2014 年物联网工作要点》，2014 年物联网工作重点为加强顶层设计和统筹协调、突破核心关键技术、开展重点领域应用示范、促进产业协调发展。
2015 年 1 月 6 日	国务院发布《国务院关于促进云计算创新发展培育信息产业新业态的意见》，要求提高云计算服务能力，支持云计算与物联网、互联网金融、电子商务等技术和服务的融合发展与创新应用，积极培育新业态、新模式。
2015 年 3 月 13 日	工信部印发《工业和信息化部关于开展 2015 年智能制造试点示范专项行动的通知》，通知提到，要正确认识智能制造，发展以个性化定制、网络协同开发、电子商务为代表的智能制造新业态新模式试点示范。
2015 年 10 月 29 日	中共中央十八届五中全会通过《中共中央关于制定国民经济和社会发展第十三个五年规划的建议》，明确指出拓展网络经济空间，推进产业组织、商业模式、供应链、物流链创新，支持基于互联网的各类创新。
2016 年 12 月 15 日	国务院发布《"十三五"国家信息化规划》，要求实现核心技术突破，统筹基础设施配置，加快农业农村信息化工程，推进物联网应用试点；培育发展新兴业态，加快 5G 技术研究，推进物联网感知设施规划布局，发展物联网开环应用；实施物联网重大应用示范工程，推进物联网应用区域试点，建立城市级物联网接入管理与数据汇聚平台，深化物联网在城市基础设施、生产经营等环节中的应用，并将物联网引入区域环境治理。
2017 年 1 月 17 日	工信部发布《信息通信行业发展规划物联网分册（2016—2020 年）》，明确物联网产业以强化产业生态布局、完善技术创新体系、构建完善标准体系、推动物联网规模应用、完善公共服务体系、提升安全保障能力等为"十三五"期间目标。
2017 年 6 月 16 日	工信部发布《工业和信息化部办公厅关于全面推进移动物联网（NB-IoT）建设发展的通知》，要求加强 NB-IoT 标准与技术研究，打造完整产业体系。

从以上政策梳理中可以看出，中国物联网政策的发展经历了一个从宏观统筹到具体安排的过程。在近十年的发展历程中，物联网产业从起步阶段逐步向成熟阶段过渡，越来越多地与如社会福利、互联网金融、电子商务、智能制造等其他产业结合，在技术形态上也有了一系列的革新突破。跨区域物联网在这个过程中变得更加健全、高效，更多地与青年、与时代相融合。

三、智慧物流与物联网

根据商务部公布的数据，2017 年前三季度，中国与"一带一路"沿线国家贸易额达 7859 亿美元，同比增长 15%；中国企业对沿线国家直接投资 96 亿美元，在沿线国家新签承包工程合同额 967.2 亿美元，同比增长 29.7%。到 2017 年 11 月为止，中国企业已在"一带一路"沿线 24 个国家设立了 75 个境外经贸合作区，区内企业数达到 3412 家。[①]

此外，我国近几年尽管对外贸易增长态势趋缓，跨境电商领域却呈现快速增长的态势，成为贸易繁荣新的增长点。据艾媒咨询统计，2016 年中国跨境电商总体成交额（包含进出口）达到了 6.3 万亿，与 2015 年相比上涨了 23.5%。预计到 2018 年，这个数值将突破 8.8 万亿。[②]

因此，在"一带一路"的政策蓝图下，如何依托突破了时间和空间限制的电子商务平台，整合资源，最大限度地利用物联网，推进区域性跨境贸易和战略合作，已成为学界和产业界关注的焦点。

基于此契机，北京大学众多师生就物联网与物流一体化在"一带一路"提议下的应用策略展开了深入研究。例如，北京大学经济学博士后谢泗薪在其参与撰写的《"一带一路"背景下物流一体化发展战略研究》[③]一文中指出，"一带一路"给物流业的发展带来许多新的机遇和要求，必须清楚认识到，物流是"一带一路"倡议的流通血液，区域合作将直接拉动物流繁荣，并倒逼物流行业的变革。该文还分析判断了周边环境，认为物流的产业结构比较落后，一体化建设程度较差，多式联运尚未形成，当前还不足以形成合力。在此基础上，该文提出了区域、系统、要素三位一体的物流发展战略，认为

---

① 赵静《商务部：前三季与"一带一路"沿线国贸易额同比增 15%》，中国证券网，2017年 11 月 2 日。http://news.cnstock.com/news,bwkx-201711-4147469.htm。

② 《2016 年中国进出口跨境电商整体交易规模达到 6.3 万亿》，搜狐，2017 年 1 月 23 日。http://www.sohu.com/a/124964466_468675。

③ 戴雅兰、谢泗薪《"一带一路"背景下物流一体化发展战略研究》，《铁路采购与物流》2015 年第 12 期。

应当贯彻落实中央提出的"互联网＋"发展战略，促进以物联网等为核心的物流产业升级换代，以此提高经济效益，拉动区域发展。

显而易见的是，青年命运共同体在跨境物流中所扮演角色的重要性日益凸显。青年不仅参与到物联网的实践中，而且走在了引领物联网潮流的最前沿，从多方面推动跨区域物流的发展。青年命运共同体，还将继续扛起中国未来物联网行业发展的大旗。

四、青年探索物联网未来

物联网是当今信息化时代发展的趋势之一，北大青年在发展物联网与跨境物流方面也做出了一些具有重大意义的探索实践。

基于时间自动机的物联网服务是否可行，一直是学界关心的问题。北京大学高可信软件技术教育部重点实验室的金芝在其参与撰写的《基于时间自动机的物联网服务建模和验证》[1]一文中重点探讨了"基于时间自动机的物联网服务"。实验将物联网的服务行为与其所处的环境进行交互模拟，根据环境所带入事物的属性和行为，判断物联网根据环境实体变化的能力。并以时间自动机为建模工具，将不同的环境按照类别进行建模，以充分表现它们的独特性。通过利用相互贯通的时间机信息，可以连接成刻画物流全过程的通信网络，实现物流信息的实时更新，进一步提升物流效率。

在软件设计方面，北大青年做出了有益的探索。北京大学软件与微电子学院的陈琦、韩冰等也对物联网发展的框架设计进行了探索，并提出基于Zigbee 和 GPRS 的物联网网关系统建设。他们将物联网的应用体系拆解成应用层、传输层、感知层三个级别，并对物联网网关系统的需求进行分析，将之定位为数据转发、协议转换、管理控制三个步骤。此外，该文还对物联网网关及软件进行了设计，通过测试验证了猜想，以实现不同协议之

---

[1] 李力行、金芝、李戈《基于时间自动机的物联网服务建模和验证》，《计算机学报》2011 年第 8 期。

间的转化。[1]

北京大学信息科学与技术学院和高可信软件技术教育部重点实验室的孔俊俊、郭耀、陈向群、邵维忠，提出了基于智能物体的物联网系统及开发方法，对学界亦有重大贡献。《一种基于智能物体的物联网系统及应用开发方法》一文致力于将传统物联网的四大功能——传感、效应、通信、计算能力加入日常物体中，使之成为智能物体，实现系统自动协调完成资源的监控和分配任务。为了应对这些挑战，该文将这一想法进行编程抽象，具体化为易于应用的物联网程序，有效促进了智能物流建设。文章还提出了以广告、发现、通信、写作四阶段为主题的交互模式，建立智能物体通信网关，利用 STCP 通信模型，设计基于智能物体的程序服务。[2]

总体而言，随着全球经济一体化的不断推进和信息技术的飞速突破，物联网发展迎来了新时代，也带来了区域性跨境贸易和战略合作的新机遇。2009 年以来，政府各部门推出的各项相关方案，更是从不同领域、不同细节明晰了行业发展的方向和要求，为物联网的发展充分"保驾护航"。新事物的发展和成熟必然需要一定的时间，如何利用电商平台，整合资源，最大限度地发挥物联网的效用，促进跨境物流，是当前各界关注的一大焦点。

---

[1]　陈琦、韩冰、秦伟俊、皇甫伟《基于 Zigbee/GPRS 物联网网关系统的设计与实现》，《计算机研究与发展》2011 年第 S2 期。

[2]　孔俊俊、郭耀、陈向群、邵维忠《一种基于智能物体的物联网系统及应用开发方法》，《计算机研究与发展》2013 年第 6 期。

第五节　多元化融资体系服务"一带一路"建设

在过去的四年里，"一带一路"倡议从理念转化为行动，从愿景转变为现实，成果丰硕。在"一带一路"倡议的落地过程中，融资是关键，而具备灵活头脑、远见卓识的青年人在融资的过程中，发挥了不可忽视的作用。

一、金融机构的作用

"一带一路"建设由于覆盖了基础设施建设、能源、交通、矿产、农业等多个领域，项目建设与完成需要大量资金。据国务院发展研究中心估算，2016 年至 2020 年"一带一路"沿线国家基础设施投资需求至少 10.6 万亿美元以上。[1] 据此，"一带一路"项目建设资金整体需求之庞大、融资之困难可见一斑。那么最终项目得以落实，资金究竟来自哪里？青年在此过程中又发挥了何种作用？下文将从银行、私募、基金等多个主体展开分析。

（一）商业银行

目前，在"一带一路"的资金供给中，银行仍是主要来源。根据银监会数据，截至 2016 年年末，已有 9 家中资银行在 26 个"一带一路"沿线国家设立 62 家一级机构。其中，中国建设银行已在"一带一路"沿线国家累计储备 268 个重大项目，遍布 50 个国家和地区，投资金额共计 4660 亿美元；中信银行也在加大优质信贷项目储备力度，已获表内授信批复的储备项目有 145 个，批复金额 952 亿元。[2] 这些数据背后暗含着银行系统对于"一带一路"倡议

---

[1] 《据国务院发展研究中心估算，2016 年至 2020 年"一带一路"沿线国家基础设施合意》，新浪，2017 年 12 月 1 日。http://finance.sina.com.cn/7x24/2017-12-01/doc-ifyphtze3021768.shtml。

[2] 《中信银行：竞跑"一带一路"建设　注入千亿信贷》，中国证券网，2017 年 5 月 15 日。http://news.mysteel.com/17/0515/18/39EEA91CC5FE7B49.html。

的信心。

对各大银行融资行为展开分析可以发现，上千亿的信贷融资仅仅只是一方面。在"一带一路"带来的巨额资金需求面前，银行使出了多种方式来提供融资服务，譬如中资银行目前提出的"增加'一带一路'沿线国家机构设点、完善相关金融服务"设想，对于全面提升融资能力，扩大项目建设融资规模，都具有非常深远的意义。

在商业银行的现状、发展等方面，北大学者都曾做过相关的研究。例如，北京大学互联网金融研究中心高级研究员谢绚丽代表该中心相关课题组发布的课题报告《商业银行互联网战略转型研究》，就从认知、组织、业务三个层面总结了当前我国商业银行应对互联网金融的战略反应。[1] 北京大学金融与证券研究中心也举行了中国商业银行改革与创新高级论坛，就"深化银行治理机制改革，确保国有控股商业银行改革成功""我国银行业改革将进入分类推进阶段""冷与热、市场约束与持续创新""中国商业银行改革成效及未来展望"和"金融全面开放条件下的商业银行改革与创新"等主题进行讨论研究。[2]

（二）投资银行与基金

投资银行和私募一直是金融业的中坚力量，在"一带一路"建设融资中，这两者的作用同样不容忽视。在各大投行中，与"一带一路"关系最为紧密的要属亚洲基础设施投资银行。截至2018年1月16日，亚投行已运营两周年。两年来，其成员数由成立之初的57个增至84个，参与投资的基础设施建设项目数达到24个，涉及12个国家，贷款总额超过42亿美元。[3] 适应时代发

---

[1] 《北大报告建议商业银行积极抓住互联网转型机遇》，中证网，2016年11月13日。http://www.cs.com.cn/sylm/jsbd/201611/t20161113_5093494.html。

[2] 《中国商业银行改革和创新高级论坛在北大举行》，搜狐，2006年10月24日。http://learning.sohu.com/20061024/n245973432.shtml。

[3] 《亚投行运营两周年 参与投资基建项目数达24个》，新浪，2018年1月17日。http://news.sina.com.cn/c/2018-01-17-doc-ifyqqciz8278346.shtml。

展需要，亚投行已承担起为亚洲基础设施提供融资的重要功能，"成为构建人类命运共同体的新平台"。在基金中发挥较大作用的是丝路基金，它为"一带一路"建设中的基础设施、资源开发、产业合作、金融合作等提供了大量资金支持。

值得注意的是青年在"一带一路"融资中发挥的重要作用，即促进社会资金的流动。北大专家学者针对亚投行在"一带一路"建设中的作用，组织相关院系教师、学生举行了"一带一路、亚投行与中国经济'新常态'"专题形势报告会，北京大学国际关系学院教授王勇进行了专题讲授，[①] 分析了国家出台"一带一路"、亚洲基础设施投资银行等倡议的国内外政治经济大背景，梳理了"一带一路"倡议的框架、内容、合作方向及可能存在的风险，阐释了中国经济"新常态"发生的动力、表现与影响。此外，2017 年是东盟成立 50 周年、中国—东盟旅游合作年，"一带一路"国际合作高峰论坛召开，北京大学研究生会以青年的力量为源，举办"牵手中菲——北京大学青年代表赴菲律宾交流团"，为中菲两国青年交流交往搭建平台，加强双方文化交流，学习双方企业管理精神，推动经贸合作项目开展。[②]

（三）普惠金融

普惠金融是指以可负担的成本为有金融服务需求的社会各阶层和群体提供适当、有效的金融服务，小微企业、农民、城镇低收入人群等弱势群体是其重点服务对象。它在我国已生根发展了近 30 年，打下了较为良好的融资基础，其发展与"一带一路"倡议在理念上是一脉相承的，更有助于"一带一路"倡议的实现。

---

① 《学生工作部举办"一带一路、亚投行与中国经济'新常态'"形势报告会》，北京大学新闻中心，2015 年 6 月 15 日。http://pkunews.pku.edu.cn/xwzh/2015-06/15/content_289310.htm。

② 《【重磅招募】北京大学青年代表赴菲律宾交流团》，搜狐，2017 年 5 月 27 日。http://m.sohu.com/a/144069731_653706。

1993 年，中国首家小额信贷机构——扶贫经济合作社的诞生，开启了我国公益性小额信贷的发展。2000 年，正规金融机构开始全面介入农村小额信贷业务，形成了较有规模的微型金融体系。2005 年，中央"一号文件"关于小额信贷组织的有关规定催生了一大批深入基层的金融组织，为后来普惠金融在我国的网点覆盖奠定了基础。2010 年后，随着"互联网＋"金融的崛起，普惠金融也从以小额信贷为主向提供更综合的金融服务发展。

北京大学法学院吴志攀教授带领的团队研究了北大部分青年校友创业的案例，发现这些案例具有"与互联网平台紧密结合并广泛使用互联网技术"的特点。①信贷行业、文化、餐饮和实业等领域纷纷开始采用 O2O 营销模式，即"网上商城通过打折、提供信息、服务等方式，把线下商店的消息推送给线上用户，用户在获取相关信息之后可以在线完成下单、支付等流程，之后再凭借订单凭证等去线下商家提取商品或享受服务"②。这一种新兴模式正是建立在普惠金融的基础之上。这些都对普惠金融在中国的扩大发展开拓了道路，对于"一带一路"倡议今后的开展创造了坚实的融资基础。

二、"一带一路"建设中金融机构所面临的挑战

首先，"一带一路"融资本身的难度大，对金融机构的吸引力不足。"一带一路"中大多数投资项目具有回收周期长、资金需求量大、投资回报率低的特点。回收周期长表明项目承担的风险大，需要大量的长期融资；资金需求量大说明融资时需要大资金的参与，小资金难以承担重任；回收周期长导致的风险大结合回报率低，会导致"一带一路"项目对市场资金的吸引力低。

---

① 吴志攀《"大众创业 万众创新"的局面何以形成？——对北京大学部分青年校友创业情况的观察与初步分析》，《北京大学学报（哲学社会科学版）》2015 年第 3 期。
② 卢益清、李忱《O2O 商业模式及发展前景研究》，《企业经济》2013 年第 11 期。

同时，国家之间差异的存在，也给"一带一路"项目融资中的跨国联动，造成了许多障碍和困难。

其次，沿线国家本身金融机构不健全，资金动员能力差。一方面，"一带一路"沿线国家过半属于发展中国家，国内资金总量较低，难以负担项目开展的资金需求。另一方面，沿线国家的资本市场目前还不完善，金融产品较少，金融业发展较慢，股票、基金、债券、保险等金融市场发展滞后，融资主要由银行贷款来提供，所以很难依靠国际资金参与项目建设。沿线国家这种萎缩的金融体制必将制约"一带一路"建设中的融资维度。

最后，国家安全对金融机构的融资选择有一定的限制，融资风险大。在"一带一路"沿线国家中，有相当一部分国家国内政治形势不稳定，根据2014 年美国 PRS 集团的《国家风险国际指南》，"一带一路"沿线 41 个国家中，排名靠后的 34 个国家平均得分为 59.5，低于全球 140 个国家的均值（64），"高风险国"与"最高风险国"合计有 17 个，占样本数量 50%。根据中国出口信用保险公司提供的国家风险评估，"一带一路"沿线 64 国中，风险在 5—9 级的（1 最低，9 最高）共有 48 个国家，比重高达 76%。这些数据表明"一带一路"沿线国家存在着较高的国家动荡风险。[①] 这种潜在的国家动荡风险难以借助市场手段规避。受此影响，"一带一路"项目融资也面临着巨大的经营风险。

三、青年面对融资难的应对之策

首先，在应对融资本身的困难时，一方面，青年可以为政府的引领作用提供协助，在金融、建设规划方面为政府出谋划策；另一方面，金融从业青年可以开发更多的创新型金融业务，比如开发资产证券化相关产品，引导商

---

① 《"一带一路"：全球发展的中国构想》，搜狐，2017 年 6 月 5 日。http://www.sohu.com/a/146183078_425345。

业性资金进入基础设施行业等。此外，青年还可通过自身实地考察，凭借自身对于资金流动的了解，撰写"一带一路"基础设施前景研究报告，为项目吸引投行和基金的投资。

其次，针对资金缺口大、沿线国家资金动员能力弱这一困境，年轻人创业或可一定程度上将之缓解。目前国内有大量年轻人视"一带一路"建设为机遇，纷纷前往周边国家进行创业。在创业的过程中，年轻人敢于创新，往往会与当地资金产生交互，甚至做到了从当地直接融资。这种创业促进了沿线国家的资金流动，同时带动了当地人对于"一带一路"项目投资的积极性，增加了项目融资渠道，一定程度上缓解了资金缺口大的问题。

最后，对于国家风险大这一难题，需要我国企业深入学习海外投资模式，掌握海外投资方式。年轻人本身吸收知识快，适应新事物能力强，因此在这一海外投资的新浪潮中，青年可以更快地把握海外投资模式，并从融资实践中了解风险模式，掌握风险控制方法。此外，应对国家风险还可从如下几点入手：为海外投资企业建设良好融资环境；与沿线国家政府加强交流沟通；建立和完善相应的法律以及税收制度；支持通过公正、合法、合理的方式妥善解决债务和投资争端，切实保护债权人和投资人合法权益。这些也都是年轻人可以发挥作用的机会和平台。

四、青年在融资中可发挥的作用

（一）能动作用

青年在帮助解决"一带一路"融资中遇到的难题时，可以发挥自己的能动性使"一带一路"融资过程更顺利地开展，主要可以在以下两个方面进行实践：

首先，勇敢"走出去"。正如中国青少年研究会副会长廉思所说，"青年如果能积极参与到'一带一路'的共建中来，将会为未来各国间的可持续合作与发展注入强大动力"。①青年"走出去"有以下两个具体途径：一是去当地区域工作，参与到具体的项目建设中；二是以个人的名义承包项目，着手融资。在"走出去"的过程中，青年人要牢记构建青年命运共同体的使命，携手互助。

其次，积极"引进来"。在"一带一路"建设过程中产生的种种问题，很多是由于文化差异导致的。因此青年人不仅要关注经济的发展，还要关注文化的交流和建设。各国青年在"一带一路"项目建设过程中，应保持求同存异的态度，树立青年命运共同体意识，保持谦逊的态度，悉心学习各国文化，将优秀部分引入自己国家。在"一带一路"建设中，要尽量避免由于各国文化差异而导致的冲突，追求文化融合。

在这一点上，作为世界一流大学的北京大学，已经走在前列。北京大学一方面不断加强同"一带一路"沿线国家院校院系的交流合作，为学生提供了大量的跨校交流机会，成立了区域与国别研究委员会，为消除"一带一路"建设中文化差异做贡献；另一方面也积极创造条件，联合其他机构举办了北京论坛首届海外分论坛、"一带一路"沿线区域与国别研究交叉学科论坛等，鼓励学生参与各类国际论坛与国际会议，在与国内外各学科青年人才的思想碰撞中拓展思维、提升能力。②

（二）纽带作用

当前是提出并践行"一带一路"倡议的大时代，当代青年的成长过程以及时代使命与"一带一路"倡议紧紧相连，当代青年的"中国梦"也与"一带一路"建设难舍难分。结合"一带一路"建设的融资过程，以下对青年如何与国家协同发展提出两点建议：

---

① 《"一带一路"为青年打开机遇大门》，中青在线，2017 年 5 月 15 日。http://news.cyol.com/content/2017-05/15/content_16067758.htm。

② 《北京大学多措并举助力"一带一路"》，中华人民共和国教育部，2017 年 6 月 5 日。http://www.moe.edu.cn/jyb_xwfb/s6192/s133/s134/201706/t20170607_306594.html。

1. 加强政府与青年之间的互动

在"一带一路"建设中，青年应主动与政府联系，了解"一带一路"建设在融资方面的需求，协助相关部门开展前瞻性、针对性、储备性的政策研究；政府也应建立信息公开制度，把"一带一路"融资中遇到的问题汇集起来，及时发布预报，跟踪"一带一路"建设的最新进展，这样青年团体就可以了解政府的需求，最大化地提高青年团体与政府之间的互动效果，共同推动形成优势互补、各有所长、相得益彰的发展局面。

一旦政府向青年团体提出需求，青年团体便可以根据咨询需求，竭己所能地做一些相关实地调查工作，让政府决策能够更好地贴合"一带一路"建设中融资的实际需求，为各地区"一带一路"建设与经济发展提供更多有价值的政策建议。

2. 加强与"一带一路"沿线国家的交流

"一带一路"倡议顺应和平、发展、合作、共赢的时代潮流，是推动开放合作、促进和平发展的中国方案，也是纵贯古今、统筹陆海、面向全球的世纪蓝图，得到了国际社会的广泛关注和许多国家的积极响应。在此背景下，"一带一路"融资也会变得容易许多，但与此同时，也对各国的经济合作提出了更高的要求。下面可以从政府与青年两方面提出如何加强国际交流沟通。

政府方面，可以根据"一带一路"建设的需要，派出访问团体前往各个沿线国家进行访问，并在各方面协助访问团，以最大限度地扩大调研成果。同时，还可以通过到沿线国家举办"丝路国际论坛"等方式，带动中国与沿线国家的人文交流。另外，政府也可以主动与沿线国家积极探讨合作研究项目，寻找利益切合点，真正将共商、共建、共享原则落到实处。

各国民众交流方面，由于不同国家的青年在许多方面都有共通性，所以各国青年之间的交流更为容易。在实际开展时，可以大力鼓舞青年前往各国进行实地考察，为其他国家的"一带一路"建设提供协助，并加强与沿线民众之间的联系，从青年的沟通入手，带动两国民众之间的交流沟通。

总体而言，"一带一路"倡议是促进全球发展合作的中国方案，是加快区域经济一体化、经济全球化的重要推动力，而促进多元化融资体系服务"一带一路"建设将更进一步为"一带一路"倡议的开展提供充足的资金储备与支持，从而真正实现"一带一路"建设对我国及沿线国家经济建设的带动作用与普惠作用。在这个过程中，我们面临着巨大的挑战和机遇。青年人身为国家的栋梁，面对"一带一路"建设中的困难更要充分发挥出青年命运共同体的活力与作用。

附

留学生访谈实录

1. 请问你来中国多长时间了？你觉得中国的经济发展情况怎么样，有什么直观感受？

土耳其 Sark Ubeydullah 董翰林　我来中国已经七年了，中国毋庸置疑是大国。中国以前在国际上比较出名的一点是善于模仿，现在的中国更加开放，更加注重创新，经济发展得很好，这对于实现习近平主席提出的"中国梦"至关重要，而这本身也证明了"中国梦"不是一个空梦。

法国 Quentin Couvreur 顾坤廷　来到中国后，我对中国的经济发展状况很是吃惊。来之前就知道中国是世界上第二大经济体，但还是吃惊于中国现在的发展。中国的高铁很方便，基础设施非常发达，贫困人口减少了，人民的生活水平也有所提高。

吉尔吉斯斯坦 Asel Abdurasulova 阿谢　我在中国待了差不多六年，这些年来我一直在观察中国的经济发展状况。自 1978 年以来，中国的经济发展飞速。最近令我惊讶的事情就是小黄车（ofo），它们不仅点缀了北京，而且给人们带来了一种快乐的感觉。小黄车节省了人们的时间，也很便宜，极大地推动了绿色经济的发展。

赞比亚 Chilengi Racheal Rutendo 陈瑞琪　来中国三个多月了，感觉中国发展很快。十九大展示了中国经济取得的一系列成就，"一带一路"倡议也体现出中国的经济实力，中国已经成为最大的消耗品和非消耗品出口国之一。

柬埔寨 Hay Chamnan 林忠义　中国是世界上第二大经济体，市场广阔，基础设施完善，健康医疗领域发展得很好，教育系统也很完善。

肯尼亚 Michelle Nanjekho Holi 洪敏楠　我 2017 年 8 月来到中国，在中国待了三个半月了。北京的经济发展让人震撼，尤其体现在交通领域。北京地铁、公交、机场等都修建得很好，设施完善。现在很多国家还没有地铁。地铁能给人带来便利，提高出行效率。北京火车站多，火车线路也多，即使火车系统复杂，但是设计精妙，给乘客准确指引，我们很容易知道该往哪个方向走。

波兰 Grzegorz Stec 葛瑞　我在中国待了两年半了，曾在北京外国语大学进行了为期一年的语言项目学习，现在在燕京学堂学中国学。中国经济发展和变化速度非常令人震撼，其中最震撼的是数字经济与物联网的发展。我四年前来到中国时，那时微信、共享经济例如 ofo、摩拜都还没怎么发展。如今共享经济发展势头迅猛，就我所知，电子经济为中国贡献了 30% 的GDP，可以看出科技进步促进了中国的经济增长。

保加利亚 Ivoslav Ganchev 伊夫　我第一次来中国是在 2013 年的夏天，从那个时候到现在在中国一共待了一年半，我在扬州、南京、海口和北京都住过。现在很多来北京的外国人会说中国经济快速发展是得益于技术革新，包括手机支付、无桩共享单车等。其实，我第一次来中国时这些还不存在，但那时中国发展的速度已经跟现在差不多了。我觉得最重要的原因不是技术革新，而是中国人"不断地自我超越"的想法。我在工作、生活和旅游中也见过各行各业的人，他们持之以恒，努力做最好的自己，所以我觉得创意只是一个结果，而不是经济发展根本的原因。

2. 中国与你的国家关系如何？你们国家青年如何看待中国的发展？

泰国 Tanik Ruangpanyaphot 林贵成　中国和泰国关系一直很好，而且越来越好。中国的经济发展迅速，经济实力很强，但中国从不干涉他国内政，因此两国关系一直很好。

柬埔寨 Hay Chamnan 林忠义　中国和柬埔寨两国关系一直很好，西哈努克国王和毛泽东主席关系很好，现在的国王和习近平主席关系也很好。柬埔寨人都觉得中国很强大，可以和美国相媲美，两国关系很好，而且距离很近，有利于经济合作。

法国 Quentin Couvreur 顾坤廷　中国和法国的关系很好，中法建交标志着中国加强同西欧国家关系的一个重大突破。中国和法国的历史都很悠久，17 至 18 世纪时，法国就派遣外交使节到中国，法国是中国的好伙伴。

吉尔吉斯斯坦 Asel Abdurasulova 阿谢　中国和吉尔吉斯斯坦有密切的合作关系，同时是友好的邻居。中国和吉尔吉斯斯坦都是上海合作组织成员。大多数吉尔吉斯斯坦的年轻人选择到中国留学，他们都认为中国的经济发展引人瞩目，想到中国学习专业知识，学习发展的经验，希望把中国的发展和吉尔吉斯斯坦的发展连接起来，推动两国实现共同的目标。

肯尼亚 Michelle Nanjekho Holi 洪敏楠　肯尼亚和中国在经济和文化

交往方面都很密切。肯中贸易互动紧密，肯尼亚市场上的商品大多都是"中国制造"，中国人也常喝肯尼亚咖啡和肯尼亚茶。两国在"一带一路"上的项目合作也很多。在文化层面，肯尼亚青年对中国功夫、中国餐馆以及孔子学院比较了解，借助这些来了解中国。另外，越来越多的中国游客到肯尼亚旅游，体验其宗教特色、农村文化以及民族传统。

尼泊尔 Raunab Singh Khatri 孔仁星 中国与尼泊尔历史交往悠久，有上百年的历史。尼泊尔与中国 1955 年建交，至今两国和平共处，经济合作良好发展，中国是尼泊尔最大的投资伙伴国。经济合作领域多，其中最重要的是铁路建设。在服务行业，因为尼泊尔旅游业发达，许多中国人到尼泊尔开餐厅、做买卖，带动了服务业发展。

3. 你是何时以何种方式了解到了"一带一路"的？你对"一带一路"有什么认识？

土耳其 Sark Ubeydullah 董翰林 从本科时就看关于"一带一路"的文章，并进行了相关研究。"一带一路"对全世界来说都是机会，对第三世界的国家来说至关重要。此外，它也提供了很多经济机会，促进了沿线国家基础设施的建设，中国在其中投入很大，对其他国家帮助很大，很多国家都想加入其中。

柬埔寨 Hay Chamnan 林忠义 我从新闻中了解到习近平主席提出的"一带一路"倡议，这对我们国家很重要，也很有利，尤其是在经济发展、基础设施建设、交通运输方面。这一倡议不仅对我们国家有利，对整个亚洲都很有利。

吉尔吉斯斯坦 Asel Abdurasulova 阿谢 我三年前在新欧亚集团实习，这个公司是一个国际性的公司，所以每天在公司都会听到领导们谈"一带一路"框架内各种各样的投资项目。当时我就在网上开始关注"一带一路"的信息，后来"一带一路"爆发性地传播，许多工作和学习单位开始组织各种各样的活动，向大众以及外国人介绍这一倡议的内容。

赞比亚 Chilengi Racheal Rutendo 陈瑞琪 我在非盟工作过，所以"一带一路"对我来说并不陌生。来到中国后，对这一倡议有了更深更全面的了解，也观察到中国与沿线国家正在进行很多项目。这是一个非常好的倡议，对各方都有利，在贸易和制造领域有着长期的经济效益。

肯尼亚 Michelle Nanjekho Holi 洪敏楠 第一次听说是在 2014 年，那年中国路桥工程有限责任公司开始在肯尼亚首都内罗毕修建铁路，铁路从东边的港口修到西边的国界。我对此很好奇，所以知道了"一带一路"。随后我加入肯尼亚外交部，负责项目规划的协议起草工作，因此更加了解了"一带一路"。我认为"一带一路"倡议能够帮助发展中国家发挥出更大潜能，尤其能激励非洲发展迈向新台阶。

波兰 Grzegorz Stec 葛瑞 我在波兰克拉科夫读本科时就听说了"一带一路"，后来在牛津大学读硕士时又有了更深入的了解。现在"一带一路"倡议发起已经有一段时间了，中国力图通过该倡议来改善被霸权支配的国际态势，包括经济和政治、文化等多个层面。

罗马尼亚 Valentina Crivat 李清芬 我一直对中国很感兴趣，2014 年来中国学习时选择了国际法律硕士专业，毕业论文写的就是《欧盟对"一带一路"倡议的响应之法律分析——以罗马尼亚为视角》。"一带一路"倡议会在全球范围内产生影响，将 G20 曾经忽视的国家也纳入了合作领域，看到了发展中国家的潜能，为世界更多国家提供发展繁荣之道。

4. 你们国家公众对"一带一路"了解多吗？

土耳其 Sark Ubeydullah 董翰林 土耳其人对"一带一路"倡议了解得越来越多。土耳其总理说"一带一路"给土耳其提供了机会，这对土耳其来说是很重要的一个倡议。中国对土耳其很重视，大众的了解也日益加深。

法国 Quentin Couvreur 顾坤廷 从法国报纸上了解到这一倡议。因为它十分重要，中国正在崛起，"一带一路"倡议，是中国越来越强大、影响力越来越大的很好证明。

俄罗斯 Vladislava Chugueva 陈桂华 不是那么为人熟知，但是大家都知道上合组织和欧亚经济联盟。俄罗斯总统普京亲自出席"一带一路"国际合作高峰论坛，提高了"一带一路"在俄罗斯的知名度。俄罗斯媒体以及政府谈论"一带一路"比较多。

巴基斯坦 Maira Zamir Syed 希达 由于中巴经济走廊的建设，巴基斯坦人知道"一带一路"倡议。但是中巴经济合作项目的具体信息都集中在政府高层手中，普通民众对于信息掌握不太多，只能依赖二手信息。

罗马尼亚 Valentina Crivat 李清芬 现在有越来越多与"一带一路"相关的论坛和会议召开，"一带一路"日益为人所知。今年，在罗马尼亚外交部年会上，罗马尼亚将与中国的合作视为其外交政策的工作重点。

5. 中国与你们国家经济合作现状如何？有哪些经济合作项目（如设施、贸易、港口、铁路、公路、能源等）？合作程度如何？项目是如何推动的？其中遇到了哪些困难？

吉尔吉斯斯坦 Asel Abdurasulova 阿谢 在吉尔吉斯斯坦有中亚最大的转口贸易市场，叫多尔多伊巴扎，这个贸易市场里40%以上都是中国的产品。许多吉尔吉斯斯坦商人主要去新疆、北京、广州、义乌等地购买服装、箱包、机械、办公用品等。除了贸易，中国在"一带一路"框架内拟建设"中国—吉尔吉斯斯坦—乌兹别克斯坦"铁路等，也是中吉重要合作项目之一。

土耳其 Sark Ubeydullah 董翰林 中国工商银行在土耳其开设分行，华为等中国企业通过多种方式推广中国5G通信技术，积极布局土耳其5G通信市场，很多中国企业赞助土耳其足球队，阿里巴巴也进入土耳其，但是土耳其的物流行业不是很发达，如果有中国物流企业进入土耳其，购物就更方便了。

俄罗斯 Vladislava Chugueva 陈桂华 首先，中俄在基础设施建设方面有合作。例如符拉迪沃斯托克港口的开发。其次，欧亚经济联盟在中亚地区建立自由贸易区，以此对抗贸易保护主义，破除关税壁垒，提高贸易效率。当然在合作时，也遇到了困难，例如在自贸区建设中，每个国家有不同的关税规则，产品标准也不尽相同，因此协商起来比较困难。此外，俄罗斯与欧亚经济联盟的合作依赖于中亚地区的政治稳定，如果政局动荡则会使经济合作受损。

肯尼亚 Michelle Nanjekho Holi 洪敏楠 每个国家都不是孤岛，区域间合作越来越重要。中国与肯尼亚在贸易、基础设施建设方面有合作项目。肯尼亚向中国出口咖啡、皮制品等，中国在肯尼亚建设的铁路使肯尼亚人出行更加方便，能够选择比飞机经济实惠的火车作为出行方式。

巴基斯坦 Maira Zamir Syed 希达　中巴合作领域广泛，包括核电、能源、基建、贸易和投资等领域。中国给巴基斯坦提供价格低廉的电力资源，解决了部分巴基斯坦城乡的用电问题，给当地民众带来切实好处。但是巴基斯坦存在一些内部矛盾，如不同省份的资源分配问题、经济发展两极分化等，这对开展"一带一路"合作造成了一定的负面影响。

罗马尼亚 Valentina Crivat 李清芬　中国与罗马尼亚有一些长期合作项目将要开展，包括切尔纳沃德核电站、罗维纳里燃煤发电站等。但是，罗马尼亚政府目前对外的谨慎态度、不断变化的法律、官僚主义横行、不稳定的财政政策都导致罗马尼亚"对外国投资者不友好"，以及缺乏将项目推动落实的动力，使得中国对其他"执行力更强"的国家投资兴趣更大。

6. 这些国际工程合作项目给你们国家及你们国家的青年带来了什么影响？

泰国 Weerawaran Leelakulawut 李栩源　高铁建设推动了泰国交通设施的发展，促进中泰之间的人员往来和贸易合作。对青年的影响就是，青年人要努力提升自己的竞争力，比如学汉语等。

吉尔吉斯斯坦 Asel Abdurasulova 阿谢　这些工程项目有利于改善吉尔吉斯斯坦交通基础设施，加强经贸合作关系，提高物流水平，促进旅游业的发展，加强各国的文化交流。落实这些项目需要大量的专业人才，好多吉尔吉斯斯坦年轻人在中国读书。

蒙古国 Tuvshinbayar 图布信　S18 塔克什肯至恰库尔图高速公路的建设促进中国和蒙古国的人员往来和贸易合作，工程建成后，将大大改善区域人员、货物运输能力与服务水平，有效提升两国贸易水平。

俄罗斯 Vladislava Chugueva 陈桂华 俄罗斯是个大国，所以基础设施很重要。俄罗斯很多城市都可以通过"一带一路"得到高效发展，这种发展不仅是国内层面的，更是国际的。"一带一路"国际合作也能推动俄罗斯斯科尔科沃创新中心的进一步建设。另外，俄罗斯急需工业、高科技发展，现在经济太依赖石油、天然气资源，而当油价降低时，整个俄罗斯经济都会受影响。所以"一带一路"合作从长远来看能促进俄罗斯经济的可持续发展。

肯尼亚 Michelle Nanjekho Holi 洪敏楠 蒙内标轨铁路项目路线从海岸延伸到首都再到其他城镇，降低了民众出行成本，提升了运输效率，降低了物流成本，创造了 46 000 个工作岗位。肯尼亚年轻人接受着中国的职业培训。"一带一路"促进了肯尼亚基础设施建设，也为青年带来更多发展机会。

7. 你知道 PPP 模式吗？经济合作项目是否采用了 PPP 模式？该模式在你们国家运用程度如何？

吉尔吉斯斯坦 Asel Abdurasulova 阿谢 我觉得现代 PPP 模式对于国家的发展必不可少。现在好多项目是在政府与私人部门的合作背景下落实的。吉尔吉斯斯坦的水电站、高速公路都是在中国企业与我国政府之间合作情况下落实的。

尼泊尔 Raunab Singh Khatri 孔仁星 政府与社会资本合作是政府项目，允许私人资本参与，进行市场化运作。尼泊尔蓝毗尼机场建设就运用了 PPP 模式。因为尼泊尔只有一个国际机场，航线非常拥挤，所以加快建设蓝毗尼机场有其必要性，PPP 模式能够更加高效地筹措资金，促进项目落实。

8. 你们国家青年怎么看待这些经济合作项目？项目知名度和名誉如何？青年该如何参与"一带一路"国家经贸合作，深化其发展？

泰国 Weerawaran Leelakulawut 李栩源　任何合作都是建立在相互信任之上的，要深入了解对方的政治、文化，建立起互信，才能进一步发展合作。

土耳其 Sark Ubeydullah 董翰林　青年的作用主要是在文化上，把更多人的注意集中在有意义的事情上。比如，中土两国合作组织两国人民跑马拉松，这样大家为同一个目标努力，就会增进两国人民之间的友谊。

泰国 Tanik Ruangpanyaphot 林贵成　对于年轻人来说，现在最重要的就是好好读书。年轻人是未来的领导，要了解其他国家的想法和文化，文化交流是最重要的。如果年轻人不了解对方的想法和文化，未来两国的合作很难进行。

尼泊尔 Raunab Singh Khatri 孔仁星　经济合作项目为尼泊尔青年提供了更多职业选择。尼泊尔青年对经济合作项目认识不多，主要是因为媒体对中国报道的多是外交事件，其他方面不多，所以尼泊尔人对中国有很多误解。我和我的同事在尼泊尔建立了智库，专门研究中尼边界问题及"一带一路"相关话题，并发布杂志，关注中尼两国关系，希望借此贡献自己的力量。

9. 你内心中的理想世界是怎样的？为实现这一理想世界，青年人可以做什么？

泰国 Weerawaran Leelakulawut 李栩源　理想世界没有战争，各个国家互信、互助，共同繁荣发展。青年人要有国际化的视野，有一颗开放的心，深入了解世界各国，促进自己国家和各国的发展。

吉尔吉斯斯坦 Asel Abdurasulova 阿谢　在我心目中，理想的世界就是和平、和谐的世界。要了解互相的文化，理解互相的诉求，努力达成共识，坚持以和平的方式满足双方的需求。

蒙古国 Tuvshinbayar 图布信　在我看来，理想的世界没有贫穷，没有饥饿。青年人要努力学习专业知识，提高解决问题的能力。

赞比亚 Chilengi Racheal Rutendo 陈瑞琪　理想的世界中，种族和宗教不是冲突的起因，而是多样性的表现，是创新和发展的桥梁，全球贸易平等、公平。

泰国 Tanik Ruangpanyaphot 林贵成　理想的世界里，国家之间没有矛盾，共同和平发展。大家为了世界上共同利益而努力，而不是只关注自己国家的利益，要互相帮助，共同发展。青年要从自己做起，互相了解、沟通。

柬埔寨 Hay Chamnan 林忠义　我们生活在同一个世界，国家之间关系友好，和平和谐。国家间共享发展成果、科技，共享一切，大国帮助小国，小国支持大国。互相帮助，互相支持。

俄罗斯 Vladislava Chugueva 陈桂华　纵观历史，人类总是有矛盾，而小矛盾会激化为战争或是冷战。当今世界核武器的发展也不能保障和平，如若管理不善就会导致毁灭。我理想中的世界是充满了相互理解和尊敬的，人类"相亲相爱"可能比较困难，但是理解和尊敬是可以做到的，希望来自不同文化的人能够共同合作，促进经济发展。

罗马尼亚 Valentina Crivat 李清芬　没有孩子挨饿，女性能够自我做决定，女性价值被认可，而不是被视为比男性价值低，高质量教育成为常态，繁荣不再是乌托邦式的梦想。

10. 习近平主席提出"人类命运共同体"，对于青年来说，则是"青年命运共同体"，你对"青年命运共同体"有什么样的认识？

吉尔吉斯斯坦 Asel Abdurasulova 阿谢　"命运共同体"的意思就是你中有我，我中有你。我们年轻人是未来世界的领导，同时也是创新的主体。要努力学习，创造创新，以和平、平等的方式促进全世界的共同发展。我觉得习近平主席提出的"命运共同体"这一概念很有智慧。习近平主席让我们年轻人团结起来一起帮助弱者，向强者学习，这样我们未来可以在平衡的、平等的、和平的状态下相处，共同发展进步。

赞比亚 Chilengi Racheal Rutendo 陈瑞琪　未来世界的发展取决于今天的年轻人。我十分赞同青年命运共同体是确保每个国家和整个世界繁荣与发展的关键。

法国 Quentin Couvreur 顾坤廷　人类命运共同体是一个很好的想法，很多重要问题，如环境、女权、气候问题等，单个国家无法解决，需要各个国家一起努力。世界需要中国，一起建立和平、和谐的世界。

土耳其 Sark Ubeydullah 董翰林　在全世界我们可以发现全球化趋向，比如跨国公司，忽略国家和民族概念的关系形式和结构，这个结构需要社会背景和社会基础。习近平主席提出的"命运共同体"有助于全球化的发展，或者说它是实现全球化道路上一个重要的转折点。

俄罗斯 Vladislava Chugueva 陈桂华　当今世界面临的问题，诸如气候变化、恐怖主义、水及食物缺乏以及疫情，这些问题没有一个国家能够独自解决，目前全球合作已经取得了很大发展，但现在又朝着以自我为中心的思潮发展，所以青年命运共同体的构建就显得尤为重要。

保加利亚 Ivoslav Ganchev 伊夫　在中国国内，这种说法也许能有效促进社会参与，但是在国际的平台上不一定，对很多欧洲人来说，"共同体"这个词的内涵不一定都是积极的。我觉得中国和欧洲在语言、文化层面存在很大区别，所以对我来说这个综合概念不容易理解透彻。

波兰 Grzegorz Stec 葛瑞　这个概念需要更加清晰的定义，进一步交流需要对概念的共同理解，但建立共同体的确很重要。在共同体内，我们用共同语言对话，我不是指汉语或者英语，而是一种大家互相能理解的话语内涵，这样能包容不同声音，理解其他人的想法。我们需要更加开放、包容的态度，共同理解、相互信任，进行跨文化、跨国界的交流。

尼泊尔 Raunab Singh Khatri 孔仁星　青年命运共同体着眼的不只是年轻人，还有子孙后代。这个理念强调我们要严肃对待地球环境，使下一代免受气候变化的影响，让环境更加美好，人类不用寻找另一个星球。

巴基斯坦 Maira Zamir Syed 希达　青年命运共同体这个目标听起来特别美好，强调了青年共同的责任，人类的担当以及与生态文明的和谐共处。

罗马尼亚 Valentina Crivat 李清芬　如果年轻人能够塑造未来，并生活在由他们所定义的世界里，那么他们是最大的受益者，因为世界由他们代表，这是自由的地方，年轻人的声音能够被听到。年轻人一直在追寻幸福和繁荣，如果能携手同行，定能让梦想变为现实。

11. 青年可以对青年命运共同体的构建发挥什么样的作用？

泰国 Weerawaran Leelakulawut 李栩源　世界未来的和平发展在于青年

之间的对话，青年拥有理想，可以通过相互借鉴、相互理解建立起共同的发展目标，对未来世界的发展做出贡献。

吉尔吉斯斯坦 Asel Abdurasulova 阿谢　我们年轻人现在只能好好学习，了解彼此的文化，多参加文化交流活动，关注两国的发展进程。中国从今年起给"一带一路"沿线国家优秀留学生颁发奖学金，这减轻了父母和自己的经济负担，我可以把所有时间花在学习上。我一定要回吉尔吉斯斯坦，回去后我一定要投身教育，帮助年轻人扩大对世界的认识，为把吉尔吉斯斯坦建设成稳定的、强大的、有素质的、创新的、有进步意识形态的社会而培养人才，也给中国以及其他国家培养可靠的合作伙伴。

蒙古国 Tuvshinbayar 图布信　很多人问我是不是住在蒙古包里，大家对彼此的认识还停留在过去，所以首先要增进对彼此的了解，青年人要多交流，相互了解，共同进步。

法国 Quentin Couvreur 顾坤廷　年轻人应该更加开放大脑，多旅游，多发现，在这个过程中，可以开放大脑、开阔视野、增长见识、消除偏见。年轻人比老年人更有活力、更有创造力，应该承担起责任，去改变世界，把世界建设成我们想要的理想世界。

土耳其 Sark Ubeydullah 董翰林　要消除对彼此的偏见，增进互相了解，这样就不会有人问我土耳其是否还在用阿拉伯字母了。青年人也要有社会责任感，对于一些全球性问题，比如移民问题，青年人要关注并做些事情去改变。

柬埔寨 Hay Chamnan 林忠义　青年人是未来的领导者，要增进对彼此的了解和认识，从青年做起，建立友谊。比如两个青年人，一个来自中国，一个来自柬埔寨，未来他们很有可能会在各自国家担当重任，他们的关系在很大程度上会影响各自国家的政策，这对未来国家间的关系十分重要。

俄罗斯 Vladislava Chugueva **陈桂华**　年轻人在全球化环境下成长，听外国歌曲、看外国电影、读外国书籍，对国际文化持开放包容态度，与世界各地的人做朋友。拥有国际视野的年轻人能帮助人们互相理解。即使面临矛盾，年轻人也能看到相同之处，找到共通点。

巴基斯坦 Maira Zamir Syed **希达**　年轻人热情洋溢、素质较高、接受了良好教育，有的热衷科研，能用科技改变生活。年轻人也能投身媒体，为观众带来全新的视角，让人们变得更加开放包容。

罗马尼亚 Valentina Crivat **李清芬**　世界正高速运转，年轻人可以把握变化发展中的世界，保持开放的心态，抛除偏见，保持好奇心，抓住最好的机遇。积极参与大型项目，相信那些能前瞻世界变革之人的远见卓识。新的世界秩序正在形成，青年要有能力预见未来，携手构建新世界。

实践与实例展示

在繁荣之路的建设中，发展是解决一切问题的总钥匙。对经济发展而言，产业是根本。身处这样一个大环境之中，北大青年通过自己的身体力行，承担起大国青年应有的担当，向中国、向世界展示了大国青年该有的风貌。

三次产业是以社会生产活动历史发展的顺序对产业结构进行划分的。农业是产业之根本，农业的充分发展、人民温饱问题的解决是其他产业发展的前提和基础。我国以及"一带一路"沿线国家的广大农民在面对产业结构的调整中遇到的大问题就是信息、技术的缺乏。北大青年李飞和他的团队立足于自身成熟的技术，致力于推动第一产业的发展。北斗卫星导航系统是我国自行研制的全球卫星导航系统，李飞和他的团队将北斗卫星导航系统、遥感技术与农业结合起来，创新性地实现了"地上收成天上管"的目标。

李飞是北京大学地球与空间科学学院摄影测量与遥感专业 2015 级博士研究生，从事卫星导航、航空航天遥感技术的基础研究和应用开发方面的工作。在读博的这几年里，他在实验室里日复一日、兢兢业业地和老师、同学一起测量各类数据、处理相关信息。同时，由于专业的特殊性，他们也经常到野外调研，因此有机会充分接触到农村，了解农民的真正需求。他发现在技术发展突飞猛进的今天，中国的农村特别是农业生产却鲜有技术涉足。李飞认为，想要在农业生产上有所作为，就必须促进农村转型。农业作为行业，不会扩张，但须跨界、交叉和融合；农民作为职业，不会消失，但会出现蓝领消失，创客、智士领军的局面。

适逢国家支持大学生创业的契机，在导师、同学的支持下，李飞和他的团队创立了"京元绿谷"，致力于打造创新型智慧农业综合服务平台，将实验室中的创新成果转换到实践中，促进农业升级和农村转型。现在"京元绿谷"已成为一流的智慧农业科技与第六产业解决方案提供商。

"一带一路"倡议为我国农业发展带来了机遇，为我国农业产业水平提升和农业产业结构优化提供了良好的外部环境。因此，我国必须坚持以农业科技化为手段，发展智慧农业，将最新的科技成果应用到农业生产中去。鼓励像"京元绿谷"这样的交叉融合、创新实用类企业走出国门，与"一带一路"沿线国家形成农业发展综合体，积极参与国际合作及规则制定，建立农业的"中国标准"。

如果说第一产业——农业的发展是产业发展的基础，那么第二产业——工业就是产业发展的核心。近现代以来推动人类社会进步的产业革命是工业领域的革命，而在如今的后工业时代，工业依然是经济发展的重要引擎。动力是第二产业发展的必要条件，然而因为动力而产生的对环境的污染、破坏又迫在眉睫。为了解决这个问题，王磊和他的团队充分运用他们在太阳能发电方面的专业知识，旨在帮助解决第二产业的动力问题，同时运用清洁能源的高新技术，减少对环境造成的不良影响。

王磊是北京大学工学院工程管理硕士专业 2015 级学生，曾经在中东和北非地区参与多个能源勘探开发项目，对当地的伊斯兰文化、风土人情、气候地貌、地理环境等十分熟悉。王磊决心利用北京大学清洁能源专业的技术和平台，向曾经到达过的"一带一路"沿线国家和地区推广普及清洁太阳能资源，以改善当地电力不足、偏远地区用电不方便的情况。

2015 年，王磊在北京大学创立了"Solar＋"新能源创业团队，团队成员全部为北京大学在校青年，他们依托北京大学工学院强大的资源与技术平台，紧随世界能源结构调整的步伐，与国内多家新能源科技公司建立合作，致力于世界范围的新能源推广和普及。"Solar＋"新能源创业团队自创建以来，就从北京开始不遗余力地推进新能源技术和产品的普及。团队成员除积极参与各种新能源相关的活动、论坛和讲座之外，还利用业余时间在周边乡镇积极宣传光伏发电系统的优点，让老百姓了解并接受新能源。

未来，智能设备的户外充电问题一旦得到解决，市场前景将十分广阔。而"Solar+"的产品形态，即太阳能电池技术与智能硬件的结合，将会彻底解决智能设备的用电问题。王磊发现"一带一路"所及之处，几乎都是光能充足区域，辐照强度高，光照时间长，适合光伏发电系统的运作。这是千载难逢的历史机遇。千里之行，始于足下。作为一支新生力量，在新的历史机遇下，他们将紧跟政策，不忘初心，找准未来前进的方向，联合"一带一路"国家的有志青年，将太阳能清洁能源推广到全球最需要的国家和地区，为全球气候的改善贡献自己的力量。

世界的未来属于年青一代，全球青年有理想、有担当，人类就有希望，推进人类和平与发展的崇高事业就有源源不断的强大力量。全球青年联系起来，互相学习，互相帮助，组成青年命运共同体，能够迸发出更大的潜能。北京大学的学生创业团队，应当在青年命运共同体思想的指引下，与亚洲、"一带一路"沿线青年紧密合作，充分发挥资源互通、互惠互利优势，努力成为地区的友好合作使者，为当地的经济发展贡献自己的力量。

产业发展的第三个层次是第三产业，即服务业。第三产业包括的范围甚广，是除了第一产业、第二产业以外的其他行业。第三产业在增加地方财政收入、扩大就业、促进可持续发展、降低单位 GDP 能耗、减轻环境污染等方面都起着重要的推动作用。众多的北大青年活跃在金融、商业领域，他们参与、研究"一带一路"相关的金融、商业项目，奔走中外，为这些领域的发展充分贡献了作为青年的一份力量，龚哲浩就是其中一员。

龚哲浩是北京大学外国语学院 2014 级阿拉伯语系本科生，同时修读了国家发展研究院的经济学双学位，也是 2016—2017 年度 "中阿跨文化交流之路"（CAMEL）的主席。大一时，他作为代表加入了北京大学、香港理工大学、西安交通大学合办的丝绸之路青年领袖计划，再加上参加 CAMEL 活动以及他自己自发去过的地方，他到过的地方基本上覆盖了"一带一路"所包括的全部区域。"一带一路"对他来说，并不是遥远的地理概念，而是对他国经济发展的深入研究，产业升级的学术探讨，还有真切的人文交流。

"一带一路"给龚哲浩提供了将阿拉伯语、经济学知识与实践相结合的机会。他所做的北京市创新课题，就是有关石油输出国组织在能源转型下的挑战和角色。之后参与的几个课题研究和实习进一步加深了他对海湾国家经济发展的认识，其中包括对沙特阿拉伯和中国经济贸易合作的研究以及中东开发性金融机构如何使用金融工具促进经济转型和发展的调查研究。龚哲浩连续两年参加了中国—伊斯兰合作组织论坛，以及有关伊斯兰债券在"一带一路"建设中应用前景的系列分论坛。

另一条贯穿的主线是对民族多样性的认知。龚哲浩从丝绸之路的起点西安出发，途经银川和以色列等地，沿线地区大多是多民族共存的文化局面。期间，他了解了当地文化的起源和发展，养成了跨民族、跨文化的适应力和包容心。龚哲浩在以色列期间，参加了在海法大学举行的国际青年论坛，同很多犹太、阿拉伯以及德鲁兹学生都有过交流和探讨。龚哲浩意识到，"一带一路"倡议的背后是跨区域的协同发展，也是跨民族的共同繁荣。

CAMEL 所希望的，是重新定义国际青年交流的模式。在"一带一路"的框架下，他们鼓励青年积极参与国际事务，培养国际视野。比如他们为了举办难民儿童画展，专门开展了去约旦难民营的调研，以及搭建高质量、可持续的中国—阿拉伯校友网络等。龚哲浩相信，这个项目以后会有更多落脚点，也会有更丰富的活动形式，能够吸引更多与他们志同道合的青年才俊，就如同他在多哈报告册中所写的那样：

This is a mission beyond language and culture.

This is our joint dream and future.

在龚哲浩的眼中，"人类命运共同体"是中国所倡导的新型国际关系和世界秩序的体现，是对多边主义、全球化的支持，反对一些国家对整个国际事务的控制权，并且强调超越狭隘的意识形态，谋求共同发展。"青年命运共同体"的构建，则要求新时代青年拓宽自身的思维和视野，提升行动能力，积极参与到全球治理中。人类社会面临着如气候变暖、信息安全等共同的问题，而只有树立起精诚合作的意识，我们才有更美好的未来。

龚哲浩通过北京大学学生国际交流协会（SICA）的平台走出国门，用双脚丈量中东地域的广阔，考察中东经济、文化的深度。同样是阿拉伯语系出身的曾敬诚，通过自己的身体力行，不仅考察了"一带一路"沿线国家的经济、文化，还特别提出了语言翻译服务在整个"一带一路"倡议中的重要作用。

曾敬诚是北京大学光华管理学院金融专业2017级硕士研究生，本科在北京大学阿拉伯语系学习。阿拉伯语被公认为是世界上最难学的语言之一，然而曾敬诚能够说一口流利的阿拉伯语，并走访游历了近20个国家。在本科期间，他就注重外语和商科的跨学科复合学习，矢志投身"一带一路"建设，推动中阿交流，在国际交流中树立起大国青年的形象。

改革开放之后来华的阿拉伯商人越来越多，保守估计，在浙江义乌的阿拉伯商人已经达到了三到四万人。为了解在华阿拉伯商人的情况，2015年暑假，曾敬诚带队赴广州、义乌实地考察当地阿拉伯商人的具体情况。曾敬诚表示，"可能是学阿语的原因，我总会自然关注这方面的问题。做完整个项目之后，我更确定这个话题的研究价值"。

曾敬诚发现，大部分阿拉伯商人不会说中文，而大部分中国员工也并不会阿拉伯语，阿拉伯商人基本上都是用英语与中国员工交流的。还有一小部分公司会专门聘请中国的穆斯林来做翻译，其中有一些阿拉伯商人表达了对中阿翻译的需求。广州有许多的阿拉伯语的标语，然而这些标语中的表达常常是错误的，这给阿拉伯商人造成了一定的困惑与不便。外语人才在中国对外开放中的作用愈来愈明显，需求也愈来愈大。

出于这样的知识和经历，曾敬诚对于"人类命运共同体"的理解是从文化交流的角度出发的。他认为，不同文化之间并无优劣之分，应当互相包容，平等交流。作为"青年命运共同体"中的一员，曾敬诚认为，首先，应当有充足的专业知识储备，掌握好专业技能，打下扎实的专业基础；其次，作为北大青年，须志存高远，不故步自封，善于突破创新，将理想和能力结合；最后，面对眼前这个浩浩荡荡的历史潮流，应当投身于其中，争做历史的弄潮儿。

我国的"一带一路"不仅仅局限于沿线的国家，而是一个宏观的全球性倡议，注重与世界上的各个地区交流与合作。作为经济高速发展的区域，欧洲是我国必须予以重视的合作伙伴。北大学子段星仪通过北大 SICA 平台的项目，在参访欧洲国家瑞士之后，对瑞士的经济、商业发展做出了观察并提出了自己独到的想法。

段星仪是北京大学经济学院 2016 级本科生，也是北京大学—瑞士圣加仑大学项目的参与者。瑞士圣加仑大学与北京大学一样成立于 1898 年，是具有百年底蕴的古老名校。北京大学—瑞士圣加仑大学项目是 SICA 的特色活动之一，由 SICA 以及圣加仑大学商学院"亚洲学生交流协会"主办，双方均会组织安排参观两国新型和大型企业，展开一系列模拟论坛和活动项目，把实践与理论相结合，从而让两国的精英人才提高对于现实的把握和对各方面理论的运用能力。

段星仪在项目中的商业参访环节去了著名的奶酪工坊与巧克力工坊，并与瑞士圣加仑大学的同学们在火车上进行了一些有关食品行业的讨论。让她印象深刻的应该是对博力谋（Belimo）——全球最大的 Actuator 阀门和技术供暖、通风、空调公司的参访，这次参访使他们发现大部分属于重复劳动的内容已经被机器手臂及流水线代替。作为高科技产业，博力谋也向同学们展示了其最核心的技术配流盘，向他们展现了瑞士工业的匠心精神。段星仪认为，中国与瑞士之间的贸易合作也可以从这个角度切入，瑞士可以作为创新伙伴、战略伙伴，给中国制造业的发展提供一些借鉴。

段星仪认为，青年命运共同体所要强调的是，青年在构建人类命运共同体的过程中所起到的先锋和表率作用。青年，从规模来看，小到他们一起去圣加仑大学参访的一行几人，大到北京大学的优秀学子以及数量更多的全国乃至全世界的青年人。他们总是有更多的机会去接触国际事务、开展文化交流等，如北京大学的 SICA，就是一个非常好的与国际交流的平台。在这个过程中，青年应当抓住时代机遇，在文化和思维的碰撞中学习、体悟。既要找到国家间的不同，如制造业发展水平、经济和政治等，彼此借鉴和学习；同时也要找到各国的共同点，如人们对于文化交流的热爱以及对于世界和平与发展的渴望。只有这样，像北京大学—瑞士圣加仑大学项目及许许多多的文化交流活动，才能真正发挥纽带作用。

第三章

青年与开放

引　言

　　"万物并育而不相害，道并行而不相悖。"（《礼记·中庸》）文明的繁盛、经济的繁荣、社会的进步离不开求同存异、开放包容的心态。回顾 40 年的改革开放历程，我国对外开放的大门越来越宽，与世界各国之间的经济文化联系也愈发紧密。对外开放，一方面是指"走出去"，国家采取积极主动的姿态，扩大对外经济、文化交往；另一方面是指"引进来"，国内放开或者取消各种经济限制，发展开放型经济。同时，坚持高度文化自信，消除文化壁垒，与不同文明互学互鉴。

　　习近平主席在不同场合曾多次指出："中国开放的大门永远不会关上。"这是中国崛起的重要原因之一，也是全球化不可阻挡的大势。"十三五"规划明确表示，"开放是国家繁荣发展的必由之路。必须顺应我国经济深度融入世界经济的趋势，奉行互利共赢的开放战略"。同时，历史也呼唤着人类文明同放异彩，我国坚持"世界是丰富多彩的、文明是多样的"这一理念，共同打破阻碍人类交往的精神隔阂，努力建设远离封闭、开放包容的文化世界。

　　中国青年作为推动社会发展的新兴力量，理所应当要为"一带一路"倡议建言献策，为中国的对外开放贡献一份力量，在理念和行动方面有所作为。侯逸凡作为北大青年的杰出代表，认为开放对青年而言不仅意味着勇于走出舒适区进行多元尝试，也意味着接受自己的成功与失败。同时，她以棋论道，将"一带一路"倡议比作国际象棋中的定式，认为牢记并运用定式将有助于青年实现自我。当青年走上各类岗位，他们对开放也有了更为实际的感受。陈岗在平潭综合实验区挂职期间，将其学习到的经济理论运用到了自贸区建设的开放实践中，知行合一，切实地规划推动着平潭的开放开发。

自 1978 年以来，中国始终坚持对外开放这一基本理念，积极融入世界经济中。随着中国国际地位与影响力不断提升，一条独特的"中国道路"向人们展现了它巨大的生命力与发展潜力。如今"一带一路"倡议的提出，正是在国际范围内践行推广中国道路中的有益经验——对外开放。目前，中国的开放政策在多领域都有所体现，其中在经济领域，中国的跨境电商正迅猛发展，成为经济开放的一个新落脚点；在文化领域，中国通过设立孔子学院、民间教育交流等方式着力消除不同文明间的隔阂，促进中华文化与其他文明的交流共生。青年对于建设开放之路极为重要，一个直接的体现就在于中国青年民间外交作为官方外交的重要补充，为促进国际合作、推进全球治理起到了重要作用。信息化与智能化作为推动对外开放的重要手段，也得到了国家与社会的重视。

北京大学作为中国最高学府，始终致力于推动"一带一路"倡议的建设，培养"一带一路"倡议所需的开放型青年人才。一方面，北大设置了一系列"一带一路"相关课程，帮助北大青年了解各国历史文化及国情，为其进行多元文化交流做好知识储备；另一方面，北大众多学生组织为国际青年的交流提供了机会，将知识储备转为开放对话的产出。当北大人走入社会，他们也在各自的岗位上担起应负的责任，为开放之路的建设做出自己的贡献。

青年的开放之路

侯逸凡

北京大学国际关系学院本科生，
国际象棋特级大师，罗德奖学金获得者

  在各国追求合作共赢、共同发展的时代背景下，"各美其美，美人之美，美美与共，天下大同"已成为我国坚持开放理念的驱动力。坚持"开放、包容、普惠、平衡、共赢"的发展理念，不仅是为了响应习近平主席所提出构建"人类命运共同体"的理念，更是为了实现"远离贫困、共同繁荣"世界的建设。北大青年也在此集思广益，勇于承担起"一带一路"倡议下促进建构中国乃至全人类命运共同体的责任，一如既往地为推动世界文明的交流互鉴奉献着自己的力量。

  以我作为一名国际象棋棋手的角度看来，"青年"就像是一名棋手，也就是对弈者。为什么呢？因为青年创造未来的一切，未来的舞台是他们的。从青年出发，以开放的角度突破阻碍世界各国间的交往隔阂，促进人类的和谐与发展是可行的。青年的思想可以类比为一个人在下棋时会选择什么样的计划，因此他的思想和方法应该是包罗万象、千变万化的。就像在和这个人下棋时，我们很期待他能够拥有的富有创造力的直觉一样，我们期待可以从青年身上得到更多惊喜和可能性。而北大青年对世界的关注以及对责任的担当，正是基于他们所持的开放角度与创造性思维。北大青年常用自身的思想和行动，影响和鼓励广大中国青年及"一带一路"沿线各国青年，对"一带一路"与"青年命运共同体"产生更深刻的理解和认识，从而使各国青年敞开胸怀、共同努力。

习近平主席提出要将"一带一路"建成开放之路，因为开放带来进步，而封闭导致落后。"开放"可以被形容成国际象棋中的"中局"。中局是一个承上启下的阶段，也是最具决定性的关头。在下国际象棋时，虽然有时在开局阶段会出师不利，但中局能给双方棋手一个重新思索、调整计划的机会，可以通过迂回战术、战略调整以及变换方向等方式来扭转先前的不利局面。这和习近平主席曾提到的"对一个国家而言，开放如同破茧成蝶，虽会经历一时阵痛，但将换来新生"[①]的观点十分相似。

在经济领域，为了解决经济增长和平衡发展问题，我们应以开放为导向，打造开放型合作平台。首先，要利用互联网工具积极参与国际贸易规则的制定，开展跨国贸易和跨境电商并辅以物流网络建设，以经济合作消除隔阂，促进各国在更多领域的开放合作。其次，要大力推动搜索引擎和各类开源软件的技术开发及分享，通过成果共享实现人类文化的共同繁荣。最后，要坚持改革开放政策与中国特色社会主义道路的建设，将中国改革开放经验向世界分享，也要总结他国值得借鉴的部分，与世界各国形成交流互鉴。

值得一提的是，改革开放是经济领域的关键举措。一方面，改革开放探索出了一条新型的现代化道路，这不但为实现中华民族的伟大复兴找到了康庄大道，也拓展了其他发展中国家走向现代化的路径，中国的理论自信与道路自信得到证明。另一方面，改革开放完善和发展了中国特色社会主义制度，使得我国经济实力和综合国力得到空前提升，一跃成为世界第一制造大国、第一货物贸易大国、第一外汇储备大国，彰显了我国的制度自信。

随着中国对世界经济增长的贡献日益增加，我国需要承担的国际责任也愈发艰巨。同样对于青年来说，中国的强大不止意味着祖国自豪感的提升与自身机遇的增加，也意味着更多的责任和担当。青年背负的不只是民族的未

---

① 《习主席主旨演讲：将"一带一路"建成开放之路》，新浪，2017年5月14日。http://news.sina.com.cn/c/2017-05-14/doc-ifyfekhi7635603.shtml。

来，更肩负着人类发展的未来，但个人的能量是微小的，要想推进人类和平与发展的崇高事业，促进不同文明的并存发展，打破阻碍人类相互开放交流的隔阂，青年们需要集合起来，凝聚青年共识，集聚青年力量。

与此同时，中华民族具有丰富的历史文化底蕴、优秀的革命文化与先进的社会主义文化，由此我们也具有深厚的文化自信。在参加中宣部主办的"讲好中国故事"主题座谈会时，我和其他来自不同领域的专家学者一起被特聘为首批文化交流使者。我认为需要从两个方面出发来推动中国文化发展：第一个方面是中国人要更多地走出国门，在不同领域通过多种方式更好地弘扬中华传统文化。以高等教育为例，我们可以通过在境外，尤其是在"一带一路"沿线国家有选择地设立一些高等院校和教育机构，以此提升我国文化的国际性，更好地让不同国家与地区，尤其是发展中国家了解中国文化。第二个方面是向外国人敞开大门，欢迎更多国家和地区的政府部门、组织机构和个人来到中国进行参访、学习和工作。在北京大学求学期间，我曾前往陕西参加首届丝绸之路国际象棋国际争霸赛。这次比赛邀请了很多"一带一路"沿线国家的棋手，比赛之余我们会一起参观一些当地的人文特色景观。通过这些活动和交流，我发现尽管大家来自不同的国家，有着不同文化背景，但在他们亲自接触到中华文化的那一刻都会被中国文明所吸引和震撼。因此，我们可以得出这样一个结论：人们会在某一领域相遇，但因为不同的领域交流方式有所不同，参与其中的人又拥有不同国籍与文化背景，因此会产生人与人之间交流的隔阂，但文化能够跨越这些不同，将所有人都联系在一起。

在文化传播方面，我们在开放的同时不能带有任何侵略性，要同别国保持友好关系，多倾听他国需求，通过循序渐进的方式相互了解与沟通。在求同存异、开放包容的思想指导下，既不"输入"外国模式，也不"输出"中国模式，不要求别国"复制"中国的做法。其实，传播中华文化最理想的方式是让我们自己变得足够优秀，足够有吸引力，让其他国家感受到中国文化及实践经验对其而言是有益且值得借鉴的，从而让他们能够自发地对我们感兴趣，能够自愿接纳中华文化并主动了解中国的其他信息。从这个角度来看，

"开放"一词指的不仅是"走出去"，还意味着"引进来"。这就意味着中国不仅要坚持对外开放，也要促使别的国家对我们开放，从而达到和谐共赢。

促进文化间的开放交流也需要一些具体行动，例如联合国及一些国际组织常会选择不同领域中具有号召力的青年代表来吸引人们的关注，传播正能量。由于青年人在社会中起到一定桥梁作用，利用他们的号召力能在最大限度上调动和激发社会群体力量，这也是为什么青年命运共同体能产生比单一的青年个体强大许多倍的力量的根本原因。如果青年们能够自发联合起来，通过深化对自身实践的理解，开拓对人类社会发展规律的探索和追寻，将成果与世界各国开放共享，就能促进人类文化的共同繁荣。

开放对一国而言极为重要，对个人来说也是一样。虽然我已经在国际象棋领域取得了一定成绩，但还是选择了走出舒适区，在新的领域不断学习、挑战自我，从中也收获了更多的经验和乐趣。因此，我建议青年人不要将自己禁锢在自己所认为的最理想的状态之内，如果不以开放的心态和包容的思想向世界展现真实的自我，就可能陷入故步自封的境地。怀着开放的态度去接纳世界，能使青年人抛弃先入为主的观念，真正听进去不同的声音，从而以客观的角度认识世界、获得世界、引领世界。

当然青年人因为缺乏经验，可能会遇到一些挫折，但是以我多年参加竞技比赛的经验来解读，失败并不意味着结束。只要你能很好地"利用"它，从中吸取经验，那么在某处的失败或许就能成为你通向成功之路的垫脚石。并且对一些事情来说，我们很难单纯地定义成功或失败。而从长远角度回顾人的一生，成功和失败在每个人心中的定位也都是不一样的，例如有些人会觉得事业上的成功就是成功，有些人会觉得做出有影响力的事才是成功，还有些人觉得能够健康快乐平安地度过一生就是成功。

因此开放在某个层面上也指能够开放地接受自己的选择，接受自己的成功和失败，接受自己所经历的一切。因为每个人都是不一样的，青年人的未来应有无限的可能性。只要青年人敢于走出自己的舒适区，走出自己最擅长的领域，开放地去接触更广阔的世界，就能让自己的生活丰富多彩。

世界是一个大舞台，它就像是整个棋盘，在这个大棋盘上什么都可能发生。但要注意的是，如同国际象棋中有走子规则需要遵守，这个世界上也有法律法规和行为准则需要遵守。而"一带一路"就像是在国际象棋中已经存在了的一套理论体系。打个比方，在国际象棋的开局和残局阶段会有一些定式，有大量的理论局面需要我们牢记在脑、掌握于心并灵活运用。"一带一路"类似于这样的一个体系，它的大方针及其所包含的核心内容是每一个中国人都需要领悟的。如果青年人能够在实现个人目标的过程中时刻牢记并且运用"一带一路"倡议，就能在发展道路上更加顺利。"一带一路"倡议是人们可遵照的准则，它既是一项系统工程，也包括一些具体项目，例如中巴经济走廊、欧亚大陆经济整合等等。同时，我认为"一带一路"倡议是一种跨国的合作共享理念，是以经济贸易合作发展为主，秉承着利益共同体、命运共同体和责任共同体的原则，为各国间实现互利共赢提供了一种思路。

北京大学可以比喻为国际象棋中我最喜欢的棋子——小兵。它能够升变，也就是当它到达对方底线的时候，能变成威力四射的皇后或者极具灵活性的马。这意味着我们只要坚定目标，勇往直前，最后就有机会变成自己想成为的人。我认为北大不只是代表北京大学这个学校本身，更代表着北大人。一代代青年学子组成了北大，不论我们来自哪里，现在身处何地以及未来将走向何方，北大指的就是我们北大青年。我们每个青年在这个园子里都如同一个"小兵"，有着自己坚守的理想，用开放的态度接受和珍惜北大这个多彩平台提供给我们的机会，向着自己想要去的终点，一路前行。青年们不一定非得蜕变成最厉害的"皇后"，他们也可能梦想着做一匹"马"，灵活自如地行走在这个世界上。以此来看，虽然每个人对成功的定义不同，但北大能提供给每个青年自身需要的机会，帮助他们走向最适合自己的未来。

通过我的成长过程与在北大的学习生活，我发现青年与开放两个词是相辅相成的。在北大这个开放的大环境下，每个青年都有选择空间，能够体验不同经历。我对北大组织的一些座谈会和国际交流项目的印象最为深刻。虽然平时以学业和比赛为主，但在北大的四年里我还参加了不同的社团，跟随校方去过中国台湾、卡塔尔多哈等地进行交流学习，还参加过许多论坛活动，这些活动都给了我不一样的体验和收获。此外，北大的开放还体现在为不同年龄、不同领域的中外青年提供了交流机会，例如我在学生会工作时曾接待过来自法国的一个高中生团体，向他们展示了北大校园文化，与他们进行了棋类交流等。总之，北大可以给青年人提供开放式平台，不管你想做什么，只要是你感兴趣、想得到的，只要你是心中有梦的青年，北大都会为你提供机遇。

北大是开放的，是兼容并包的，在这里每一个青年人都可以选择走自己想走的道路。在"一带一路"倡议的大背景下，如果青年们在个人发展的同时能够坚持"你好我好大家好"的思维方式，众志成城，主动形成青年命运共同体，自觉形成青年力量，承担时代责任，从开放的角度突破阻碍世界各国之间的交往隔阂，就一定能守正创新，将人类引领向更加辉煌与和谐的未来。

开放之路中的前行者

陈岗

北京大学国家发展研究院博士后，

挂职担任福建省平潭综合实验区党工委、管委会办公室副主任

一、机缘巧合，结缘福建平潭自贸区

我和福建平潭自贸区业务的缘分有一分巧合，也有一分命中注定。一开始是个无关的由头，在院里一位老师的推荐下，我竞选北大兼职团委副书记。事后来看虽然当时希望不大，但这次竞选给我带来了另一份机缘。竞选失利后老师十分照顾我，问我有没有出去挂职的意愿，我仔细琢磨了一下，觉得这是个"知成一体"的好机会，便答应下来。由于北大和福建有对口关系，党组织决定把我派往福建。一番波折后，省委组织部安排我在平潭挂职办公室副主任，恰巧当时的新政策要求副主任对口区领导履行副秘书长职责，而我先后对口的两位领导都分管自贸办，自此我跟自贸区业务结了缘。

自贸区工作对在学校里的人来说，概念实操性特别强，但对实际操作的人来说，自贸区的概念却又比较抽象。对我来说，自贸区的概念在这之前其实是相当陌生的。我长期在广州生活，对自贸区的印象仅限于保税仓储、保税加工、保税物流之类，可以说是"一知半解"，但是我身上还是有些广州人的气质。广州是改革开放先行先试的城市之一，敢为人先、先行先试的理念深入民心，而我也通过阅读和采访交流，与广东部分早期的改革开放干将有一些接触，从他们身上我真能感受到"忧国忧民"和"升官发财请往他处，贪生畏死勿入斯门"的理念及其深刻内涵，从他们身上学到的一些做法，对

我现在的工作也有很强的指导意义。平潭现在的政策，与深圳蛇口30多年前的政策既有相似之处，也有不同之处；福建所面临的形势与当年广东相比，也是既有相似也有不同。例如现在平潭想要发展经济，需要的也是一些与原有规定、政策不符合、甚至相冲突的理念，虽然这些规定和政策不可能马上放开，但中央给予了平潭先行先试的机会。改革的先行者需要因应规定、政策和理念矛盾的冲突，做出许多灵活的变通。广东当初能够在改革开放中"杀出一条血路"，做出成绩，与广东的先行者们敢想、敢拼、敢干、敢闯的特质密不可分。这些宝贵的经验和教训，都对我在平潭的工作有一些启示和帮助。

自贸试验区实际上是我国深化体制机制改革的一类先行试验区。根据十九大报告和汪洋副总理对自贸试验区的解读，其核心作用是改变政府职能和争夺全球贸易地位。自贸区的工作既要放眼于大局，又要立足具体实践细节，因而具有较大难度。而平潭则更为特殊，它还承担了对台"两岸共同家园"先行先试的战略定位。在当今这个历史节点上，近距离接触这样一个对我国大局战略有重要意义的地方并承担如此重要的工作，我个人深感荣幸，也自忖积累浅薄，心里十分忐忑。

二、知成一体，在实践中磨炼和体认理论

初到平潭，我最直接的感受就是城市基础设施建设已现峥嵘，但经济、社会发展都尚在起步阶段。平潭是福建沿海的一个海岛，发展条件相对薄弱，2011年之前甚至没有陆路通车，只能靠轮渡。交通问题不解决，建筑生产材料、商品、人才等都没办法成规模运送，"开放"二字就无从谈起。在陆路通车后，大规模的基础建设才得以开展，但平潭相对于上海、广东及福建等其他片区来说，也还是一片较小的区域，面临很多困难。

但平潭也非常幸运，获得了"千年一遇"的发展机遇。习近平总书记在福建工作时，关注平潭较多，先后曾20次到平潭调研视察，但直到2014年第21次视察，总书记才得以坐车一路从平潭海峡大桥驶进岛来。在这次视察中，总书记要求平潭建设国际旅游岛。平潭借助综合实验区、自贸试验区、

国际旅游岛"三区合一"的定位，迎来了一个历史性的发展机遇。

平潭自身也取得了辉煌成就。2009 年平潭设区至 2014 年，是平潭发展的第一阶段，这一阶段重在基础设施建设，将平潭从一个边远落后的海岛县、渔业县，初步建设成为一个具有现代化雏形的县城，路网框架基本确定，民生设施也得到了完善。自 2014 年起，平潭按照习近平总书记建设国际旅游岛的要求和福建省委、省政府"四个转变"的要求，开始实行基础设施建设和产业发展并重的发展路径，从以渔业为主的农业主导发展，转变为当前以服务业主导发展；平潭也从一个经济落后的渔业县，发展到目前在福建省县域排名中等、产业结构基本实现现代化的经济体。此外，平潭 2011 年开通对台直航的客滚轮航线，2017 年开通对台的集散货快轮，未来平潭还会开通海峡大桥，将成为中国最长的公铁两用跨海大桥，是平潭的历史性工程。大桥开通后，从福州市区到平潭大概只用一个半小时，从长乐国际机场到平潭只需半个小时。到那时，平潭将真正地背靠大陆，面朝台湾，与世界相连，进一步拓宽发展前景。

平潭还有许多本地特色，例如石头厝、壳丘头遗址，还有贝雕等非物质文化遗产，这些与平潭国际旅游岛的建设方向都密切相关。平潭在经济发展中的一个有益做法是没有大规模拆旧建新，保留了许多老文化成片地，最典型的便是石头厝，也就是石头房子。石头厝保留得最好的村子是碑水村，那里一共保留了 700 多座老房子。平潭的石头厝虽然与福州福清地区一脉相承，但因为要因地取材，又要对抗风灾，也发展出了自己的特点，即"硬山无檐""虎皮墙""石压瓦"。"硬山"是说房子是山形屋顶、直屋脊，"无檐"是没有屋檐；"虎皮墙"是因为以前交通不便，岛上居民用当地特产青灰岩建屋，青灰岩质地坚硬不易加工，他们便直接用原石块砌墙，墙面因此斑驳不规整，被称为"虎皮墙"；由于海边风大，用小片瓦铺屋顶，再用石头压着，不让风吹掉瓦片，这就是"石压瓦"。这些关于石头厝的知识都是我一点点琢磨、一点点积累起来的。我的博士专业是外国哲学，在北大国家发展研究院做全职博士后，研究方向和平潭的石头房子没有任何关系，但出于兴趣，我跟在古建筑史专家身后一点点地把它总结了出来。这跟我老师的指导以及我在他身上学到的钻研精神息息相关。

我也是新结构经济学研究中心的博士后，新结构经济学理论创始人林毅夫老师时常向我们传授他的做事心得——以"常无"的态度去看待问题，不要有先入为主的观念，要仔细观察现象，理解实践。我总结新结构经济学的核心观点为"看菜吃饭，量体裁衣"。林毅夫老师认为，一个经济体的持续发展有赖于产业结构的不断转型升级，产业结构则内生于它的要素禀赋结构。经济体在一个特定时点的要素禀赋结构是给定的，给定的要素禀赋结构决定了什么产业结构能获得最高的经济增长；随时间推移，最合适的产业结构能拥有最大的市场，创造最大的剩余，积累最多的资本，以最高速度提升要素禀赋结构的水平，新的要素禀赋结构加上软硬基础设施的更新完善，能够反过来推动产业结构升级，带动经济不断增长。

通俗地说，就是在给定的时刻，一个地区经济体的禀赋是给定的，它限制了这个经济体在这个时候最擅长做什么；只有做最擅长的事，它才最有竞争力，才能最快地进行自身积累，达到最快的经济增长速度。但发展到一定阶段，原有产业结构无法适应新的禀赋结构时就需要进行重新调整——要么转型升级，要么选择新的产业。这时便涉及一系列的硬件、制度和社会调整：硬件基础设施需要更新换代，新形态的产业也需要匹配的制度保障。企业在进入新产业时由于存在正外部性会有一定顾虑，但社会对"试新"的需求大于企业自身的需求，因此需要政府对企业进行鼓励，这时就牵涉到"有效市场、有为政府"：通过有效市场反映真实的生产要素相对稀缺度，通过有为政府促进产业转型升级。产业结构要适应禀赋结构，政府职能要适应产业发展，这就是经济发展理论的"看菜吃饭，量体裁衣"。

总的来说，之前的理论学习和研究与现在的实践是相辅相成的。理论学习和研究既给我提供了明确的方向性指导，也打下了很好的方法论基础。产业能不能成功，很大程度上取决于地区的禀赋条件，禀赋条件与产业的不匹配在大多数情况下会加大产业发展难度。但理论在指导实践时也存在一定盲区。理论上的禀赋结构缺乏许多非数据信息，在实践中需要保持"常无"的心态，放开成见、细心观察，把数据中丢失的信息找回来；同时，实践中要保持工程师的细节钻研精神，不拘泥于理论发现的问题，不受限于理论中既定的目标，找到问题、解决问题，以实现"事功"为最终目标，并以此反哺理论研究。

三、畅想未来，平潭开放开发的方向

平潭自贸区的开放大方向是旅游型自由港，开放过程是循序渐进的，也就是保持大方向不变，但要慢慢探索、慢慢放开。过分地束缚手脚、墨守成规只能让平潭原地踏步，开放才是顺应时代趋势的要求。我们现在的目标是围绕"开放"这个关键词，在几个方向上探索自由港。

第一个方向是航运和货物进出。以前跨国贸易的船只进出需要审批，手续较为烦琐，而现在通过审批改备案简化了流程，船只无须事前审批即可停泊作业，一定程度提升了运作效率。在原有体制下，货物进出口涉及清关、检验检疫和税收等行政业务，一系列作业流程将影响进出口效率。而自贸区的一个功能是"境内关外"，在区内视同关外，可直接进行仓储、修理、生产和转口活动，入区则只采取备案和必要检疫程序，能够节省大量时间和成本。

第二个方向是人员进出。这一方向的自由与建设国际旅游岛联系最为紧密，不仅专业技术人员、商务人士要有出入便利，入境旅客也需要有便利。为此，我们正在争取实现落地签，以吸引入境游客。

第三个方向是金融。这一方向与自由港建设各方面都有联系，其中最主要的是旅游出入境、投资和资本三个方面。举个例子，入境旅客需要在岛上买东西，入境商务活动需要兑换人民币投资，投资回报出境需要换美金，在平潭能否结算便体现了金融方面的开放程度。目前平潭在经常项目下允许一定额度内的意愿结汇，我们也正在以可管可控为前提，争取更多的资金跨境渠道。

第四个方向是投资。我们正在努力实现国外企业能够按照国民待遇，像国内企业一样投资各个行业。目前中国自贸区都有一个负面清单，其中列举了境外企业不能投资的行业，以及国务院另外指定的特定行业，除此之外其余行业都能进行投资。投资开放的大方向是实现各行业基本放开，但目前我

们仍处于探索阶段，正在争取将负面清单慢慢缩短。

第五个方向是区内货物流转。这一点与其他四方面开放能否并列而谈目前存在一些争议。之所以要放开区内货物流转，是因为中国对货物流转过程要征税，而收税需要查账，这便涉及与做账和监管相关一系列成本和难题。平潭正在探索如何在目前的政策框架内，打造低成本、高效率的机制，使其既能适应于国内体制，又可以成为国内经济发展和制度创新的一个探索方向与模板。

此外，平潭要进行国际旅游岛建设也有特殊的开放方向。国际旅游岛主要面向国际游客，但是平潭基本的旅游产品还没有完善，其中"厚度不足"是最大的问题。例如平潭有很好的沙滩资源，但是配套服务不够、档次不高，游客虽然为优美风景所惊叹，但苦于食宿娱乐等配套服务缺乏，不久便会转去其他旅游地。要增加旅游的"厚度"，需要在多个方面做出努力。一是用好用足石头厝等文化资源。二是利用起风能资源。平潭是全世界第三优良的风能资源区，风能产业已经比较完备，业态也相对成熟，目前平潭正在开发一些与风相关的海上运动项目。三是整合原有的旅游产品。目前正在将石牌洋、仙人井、海坛天神等自然奇观做成岛内的闭环旅游线路，海坛古城作为游客休息、补充能量的集中地正在进一步充实发展，管委会也在谋划保护开发诸如环岛航线、海产品、海水、沙滩等海岛旅游要素。

最重要的是，平潭的各项开放开发政策都与"两岸共同家园"先行先试的地位紧密相连。福建是两岸交流的窗口，平潭又是闽台合作的窗口，作为窗口的窗口，平潭地位非常特殊。"两岸共同家园"既是平潭的最终目标，也是突破口。福建原本就具有全国最好的港口禀赋，直面太平洋，是国际贸易、物流中转的一个集散地。两岸关系的发展，两岸经贸互助关系的提升，对福建、对平潭都至关重要。习近平总书记强调，"一带一路"要建成和平之路、繁荣之路、开放之路、创新之路、文明之路。平潭也在响应中央号召，首先让平潭与台湾之间的联系日益紧密，让台湾通过平潭，也让平潭通过台湾走向全世界，将"一带一路"的沿线经济体连接成一个命运共同体。

四、开拓进取，青年与祖国共命运

平潭非常重视招才引智。一是引进优秀人才。平潭从前的贫困落后使得许多年轻人外流，但人口作为发展的关键，平潭目前已经实施了许多人才优惠政策，吸引两岸优秀人才来此创业就业。二是外部智库对接。平潭和其他自贸片区相同，保税区建设需要依托海关特殊监管区域，要求物理围网，且在区域内不允许居民居住、不允许存在零售商店，这就直接导致了自贸区选点都较为偏僻。因此自贸区大多需要借助外部智库资源，而北大恰好设有众多智库，两者如若结合，能够发挥较大作用。

现在想想，当初我与平潭自贸区的结缘，也是北大牵的线。近一年的工作虽然很忙很累很辛苦，但回想自己的收获满满、学习研究颇有成果，也觉意义重大。虽然我的能力有限，做得更多的是协助协调工作，也不敢说自己发挥了独特作用，但我能发挥多少就会发挥多少。这对我来说是一段非常宝贵的历练，因此我非常珍惜，告诫自己今后任何时候都不能懈怠。

作为一名有志于读书报国、奉献社会的青年，到一个新环境可能无法立即适应，适应过程中也有很多东西不懂，这时就得仰仗身边很多能力出众的同事和上级领导。我们作为后辈可以向他们学习，向领导学习，有什么不懂的就到处去问，有什么事就"死皮赖脸""打破砂锅问到底"，共事的同事大都愿意给出许多的帮助和建议。我只是挂职不到一年，就感觉整个人脱胎换骨，体验到了在学校体验不到的东西。这里与学校无论是政策方面还是工作方面，关注的方向都不太一样，但共同的是都信奉实践出真知。

包括平潭片区在内的全国 11 个自贸区，将东部沿海和西部内陆连接成了一个共同体，一起为之奋斗的人们彼此之间、与祖国之间也形成了一个共同体。在习近平新时代中国特色社会主义思想指引下，我们深知"青年强则祖国强"。从历史的角度来看，祖国的青年格局有多大，祖国未来的格局就有多大；青年的前景有多好，祖国明天的生活就有多好。青年的力量影响着国家的未来。请所有青年时刻牢记：无论你以后取得了什么成就，无论你身处何方，请不要忘记你是一个胸怀家国天下、有着远大理想抱负的中国人，中华民族伟大复兴的中国梦，一定会在我们这一代人的奋斗中实现。

第一节　坚持中国道路，推进改革开放

20 世纪 90 年代，苏联解体，西方欢呼，似乎以"自由、民主、市场"为代表的西方道路取得了对"社会主义道路"的绝对性胜利，弗朗西斯·福山提出的"历史终结论"甚嚣尘上。然而，中国 40 年的改革开放证明，"历史终结论"只是一些西方学者的一厢情愿！随着中国的发展及西方的衰落，尤其是自 2008 年金融危机以来中国与西方的形势分异，福山也意识到了其当年论述的错误，他在 2017 年接受《新苏黎世报》的专访时，委婉承认其乐观得太早，并意识到美国体制出现了故障。[①] 而英国学者马丁·雅克在其 2009 年出版的《当中国统治世界：中国的崛起和西方世界的衰落》（中信出版社，2010 年）一书中阐述了对中国的看法：其一，21 世纪 20 年代中期中国在经济上将超越美国；其二，中国崛起的影响正快速向全球扩散，世界将会出现越来越多的"中国化"现象；其三，中国的政治制度根植于中国土壤，事实上十分强大；其四，中国现代性与西方现代性不同，中国会在政治、文化、军事、道德观念、思维方式等各个方面展现出影响力。[②] 从福山的"历史的终结"到马丁的"中国统治世界"，可以看出，中国向世界提供了一条不同于西方的发展道路，一条为人类发展提供有益借鉴的发展道路。

一、被证明的"中国道路"

（一）经济成就

自 1978 年以来，基于"一个中心、两个基本点"的党的基本路线，中国在经济领域取得了巨大成就。1978 年，中国 GDP 仅为 3605.6 亿元人民币；

[①] 《弗朗西斯·福山："历史的终结推迟了"》，参考消息网，2017 年 3 月 23 日。http://column.cankaoxiaoxi.com/2017/0323/1800085.shtml。

[②] 《马丁·雅克：我对中国的预测是太乐观，还是太保守？（直播）》，搜狐，2017 年 11 月 26 日。http://www.sohu.com/a/206715066_115479。

2000 年，中国 GDP 首次突破 10 万亿元人民币；2006 年，中国 GDP 突破 20 万亿元人民币，经济规模超过英国，成为世界第四大经济体；2010 年，中国 GDP 达 40 多万亿元人民币，①超越日本成为世界第二大经济体，同年取代德国成为全球最大的商品出口国；2013 年，中国成为世界上最大的贸易国；2014 年，以购买力平价计算，中国超过美国成为世界上最大的经济体。②其中，1979 年至 2013 年间中国经济年均增速保持在 9.8%，比同期世界经济年均增速高出了 7.1 个百分点，这一阶段中国经济的增长均速与高速增长的时长都超过了曾经历经济起飞的日本和亚洲四小龙。③

当日本陷入"失去的二十年"，在负利率与人口老龄化中挣扎之际，当西方在次贷危机、希腊债务危机、英国脱欧等泥潭中无法自拔之时，中国经济正稳步前行，并且正在实现转型升级。目前，中国经济开始向高质、高效迈进。以数字经济为例，2016 年中国数字经济规模总量达 22.58 万亿元人民币，跃居全球第二，占 GDP 比重达 30.3%，共享经济、第三方支付等业务不仅领先于美国硅谷，更是全球公认的数字经济发展样本。④同时，中国经济正处于一个增长速度由高速向中高速转换、发展方式由规模速度型粗放增长向质量效率型集约增长转变、产业结构由中低端向中高端转换、增长动力由要素驱动向创新驱动转换、经济福祉由非均衡型向包容共享型转换的新常态之中。⑤

---

① 《对 2013 年支出法国内生产总值数据及历史数据修订的说明》，中华人民共和国国家统计局，2015 年 6 月 3 日。http://www.stats.gov.cn/tjsj/zxfb/201506/t20150603_1114905.html。

② 林毅夫《发展中国家可以向崛起的中国学到什么》，观察者网，2017 年 12 月 12 日。http://www.guancha.cn/LinYiFu/2017_12_12_438749.shtml。

③ 赵云城《新常态下中国经济转型升级分析》，新华网，2015 年 1 月 22 日。http://www.xinhuanet.com/politics/2015-01/22/c_127411283_2.htm。

④ 杨霄《中国数字经济规模居全球第二河南在国内排名第十二位》，搜狐，2017 年 12 月 5 日。http://www.sohu.com/a/208479219_107286。

⑤ 张占斌《中国经济新常态的六大特征及理念》，央视网，2016 年 1 月 11 日。http://jingji.cntv.cn/2016/01/11/ARTIWqudGwneyMSI2cyaruwY160111.shtml。

（二）脱贫壮举

自 1986 年起，中国以每年超过 2000 万人脱贫的速度，成就了人类历史上最大规模的脱贫。据世界银行统计，中国极端贫困人口的数量从 1987 年的 8.36 亿减至 2010 年的 1.56 亿，截至 2014 年年底，只有 7000 多万人口生活在贫困线以下。[①]1990 年以来，世界极端贫困人口比例从 40% 下降到目前不到 10%，其中，中国做出的贡献占绝大部分。[②] 联合国《2015 年千年发展目标报告》显示，中国对全球减贫的贡献率超过 70%。[③] 可以说，中国是世界上目前脱贫成效最好的国家。自 2015 年起中国进入脱贫攻坚战，提出了"两不愁、三保障"（即贫困人口不愁吃、不愁穿，义务教育、基本医疗和住房安全有保障）的扶贫标准，[④] 主要目标是到 2020 年实现现行标准下的农村贫困人口全部脱贫。

在国家的号召下，高校也纷纷投身于扶贫工作中。其中，北京大学全面贯彻落实国家扶贫办、教育部的部署，定点帮扶贫困县——云南省弥渡县。学校在宏观层面统筹扶贫工作，以"全校动员、统筹资源、院系对口、智力帮扶"为原则，以智力扶贫为主旨，引导北京大学的人才、教育、科技、文化、医疗等各类扶贫资源优化配置，充分发挥科技知识与优秀人才对地方脱贫致富的核心带动作用。同时，建立多个院系与扶贫地多个乡镇定点结对帮扶机制，从微观的院系层面推进落实扶贫工作，并取得阶段性成果。

（三）科技领域"弯道超越"

国际竞争的实质是以经济和科技为基础的综合国力竞争：若无雄厚的经

---

① 黄子轩《评论：中国扶贫工作成就巨大》，中国日报网，2016 年 3 月 15 日。http://cn.chinadaily.com.cn/2016-03/15/content_23881401.htm。

② 刘晓宇《世界银行称赞中国 8 亿人脱贫成就》，深圳新闻网，2017 年 10 月 17 日。http://news.sznews.com/content/2017-10/17/content_17527839.htm。

③ 《人民日报：中国成全球减贫火车头　贡献率超过 70%》，每经网，2017 年 6 月 26 日。http://www.nbd.com.cn/articles/2017-06-26/1120929.html。

④ 刘永富《扶贫办主任人民日报撰文，谈十八大以来中国脱贫攻坚新成就》，澎湃，2017 年 9 月 4 日。http://www.thepaper.cn/newsDetail_forward_1783574。

济实力，就失去了参与竞争的物质基础；若无强大的科技实力，则时刻被人捏住命门。正是看到科技之重要性，中国在大力发展经济的同时不断地加大对教育、科技研发的投入，尤其是利用中国的制度优势，集中开展科学研究项目，其中高铁领域的攻关项目最为典型。通过集中攻关，中国铁路部门很快掌握了高铁的核心技术，并通过消化吸收，打造了具有自主知识产权的全球最先进的高铁系统。目前，中国建成的高铁里程超过2万公里，占全球运营里程60%以上，并实现了商业运营的最高时速——高铁俨然成为新时代中国制造耀眼的名片。

自改革开放以来，中国共取得重大科技成果几十万项，一些领域已经达到或接近世界先进水平：使用国产芯片的"神威·太湖之光"连续夺得超级计算机运算速度第一；全球第一颗量子通信卫星上天；北斗卫星导航系统进入全球组网阶段；C919大飞机成功研制；"蛟龙号"实现最深海底探测等。中国的科技成果正在全面爆发，根据联合国世界知识产权组织（WIPO）在2016年11月发布的《世界知识产权指标》年度报告，2015年中国专利申请数量达到历史性的101万件，超过该年全球全部290万专利申请量的三分之一。北京大学作为中国著名学府，在科技创新上也硕果累累，截至2016年12月，北大共有27项优秀科研成果入选"中国高等学校十大科技进展"，位居全国高校首位。

科技的进步为中国经济的转型发展注入了强大动力。在刚刚结束的第四届世界互联网大会上选出的18项年度互联网科技成果中，华为5G、阿里云ET大脑、北斗卫星导航系统、腾讯AI开放平台等项目强势入选，[1]中国在互联网经济领域已经占据重要地位。与此同时，科技突破更为国防安全提供了有力保障，国产航母、歼20飞机等中国自主制造军事武器的出现，正在为中国道路的竞争力不断地增加砝码。

---

[1]　《这18项互联网科技成果　本年度最强世界互联网大会》，搜狐，2017年12月6日。http://www.sohu.com/a/208874037_721565。

二、中国道路与全球化

中国近 40 年的改革开放成就向世人证明了一个道理：改革指引方向，开放迎接未来。

中国改革开放的头 20 年，重在改革国内各种不适应经济发展的体制机制。中国与世界的真正接轨当属 1999 年加入 WTO，中国自此进入了一个无边无际的世界市场。各国大企业瞄准了中国市场纷纷进驻，为中国带来了大量技术、人才、资金以及先进的公司治理架构等。借此东风，在环渤海地区、长三角地区和珠三角地区形成了举世闻名的制造中心，"中国制造"由此走向世界的各个角落。

回过头来看，中国发展历程中十分重要的一个经验便是：积极融入世界经济中。在加入 WTO 到 2008 年金融危机之前，中国依靠世界市场实现了前所未有的繁荣景象，可以说在"投资、出口、消费"三驾马车中，出口无疑是 21 世纪头 10 年里中国经济增长的最强动力：持续多年的外商巨额投资与拥抱世界市场带来的惊人贸易顺差，将中国外汇储备从 2000 年的 1600 多亿美元一举推高至 2011 年的 3 万亿美元。[①] 而当这些依靠出口积累的新增财富投入到国内市场进行交换与再生产时，不仅刺激着各个经济部门扩大生产供应，也激发了整个社会的消费能力，加上 10 多年的技术吸收积累，中国的社会生产率大幅提升。

在经历了清王朝主动"闭关锁国"、中华人民共和国成立初期被动"关门造车"等惨痛教训后，中国深知开放之重要性。正是在坚持开放、与世界市场的互联互通中，中国获得了现代化所需的资金、技术、市场等，从以低附加值制造业为主的工业制造向高端化、智能化的新时期"中国智造"转型。

金融危机后去全球化思潮涌起，其中特朗普政府强调"美国优先"，高举贸易壁垒大棒，大大阻碍了全球化进程。而中国成为维护全球化的坚定力量，积极推动着各国的交流合作与协同发展，提出了具有重大意义的"一带

---

① 《中国外汇储备 3.44 万亿美元　2000 年以来外储余额统计》，中国经济网，2013 年 4 月 12 日。http://www.ce.cn/macro/more/201304/12/t20130412_24285195.shtml。

一路"倡议。"一带一路"倡议连接亚太经济圈和欧洲经济圈，秉承开放合作、和谐包容、市场运作、互利共赢原则，以政策沟通、设施联通、贸易畅通、资金融通、民心相通为重点进行合作，设立丝路基金、亚洲基础设施投资银行等机构予以支持。

中国道路证明了关于全球化的两条道理：其一，依靠自身市场进行资金、技术积累以实现工业化、现代化的传统道路困难重重；其二，国家只有实行开放，利用自身比较优势融入全球化市场，统筹国内国际资源，才能实现跨越式发展。

三、中国道路的传承与发展

中国在改革开放中，走出了一条独具特色的发展道路。生在新时代的中国青年，必须认识到中国道路的正确性，避免被鼓吹西方道路的说法所误导。

习近平总书记在庆祝中国共产党成立 95 周年大会上明确提出：要坚持"四个自信"，即"中国特色社会主义道路自信、理论自信、制度自信、文化自信"。[①] 其中，"道路自信"是基础，当代青年只有对"中国道路"充满自信，才会相信理论的正确性、制度的恰当性和文化的重要性。我们可以简单地从三个角度来论述中国道路的自信源泉：

其一，中国道路不同于西方的单市场道路，而是由政府与市场双轮驱动。1978 年以来，中国政府将经济体制改革作为重中之重，不断深化市场机制改革，释放市场活力。2013 年，中国政府提出经济体制改革要"使市场在资源配置中起决定性作用"，但同时，中国也清醒地认识到了市场在配置资源方面有其固有缺陷，并不迷信市场，因此在强调市场重要性的同时也强调

---

① 冯鹏志《从"三个自信"到"四个自信"——论习近平总书记对中国特色社会主义的文化建构》，中国共产党新闻网，2016 年 7 月 7 日。http://theory.people.com.cn/n1/2016/0707/c49150-28532466.html。

要"更好发挥政府作用"。① 例如在教育、医疗、环境保护等不以营利为目的的投资项目中，中国政府更加自觉地担负起了责任。事实说明政府和市场的双轮驱动相较单纯依赖市场解决问题的模式更具优越性，能够有效避免市场的盲目性。

其二，承接政府与市场双轮驱动优势，中国道路能够有效地集中资源解决重大问题，协调各方矛盾。以基础设施建设为例，正所谓"要想富，先修路"，基础设施的建设完善对经济发展有强大的带动作用。西方的现实经验表明，在兴建诸如高速铁路等重大基础设施时，利益冲突往往使得进程缓慢。而中国仅花费数年时间便修建了2万多公里高铁。

其三，基于对整体利益的考虑规划，中国道路下的政策在与时俱进的同时，也保持了很强的延续性。例如中国1980年提出"以经济建设为中心"的论断后，在30多年的时间里，经济建设一直是政府的中心工作。政策的延续性使得各方能够获得明确的预期，避免政策改变、前后冲突造成的内耗，为经济发展提供平稳环境。

中国的经济成就离不开优秀的青年人才，中国道路的传承发展也离不开千千万万的中国青年，而北京大学在为国家输送人才资源方面做出了卓越贡献。北京大学自成立以来，就始终勇担育人重任，为实现民族复兴之梦不断输送优秀青年。在国民革命时期，在抗战时期，在社会主义制度的建立和发展时期，在崭新的新时代，总能见到北大青年为国家和人民的美好生活而奋斗的身影。近年来，北大各个院系都在兴办各类"中国青年论坛"，为中国的青年政治人、青年经济人等搭建一个良好的学术交流平台，也为有志青年们提供展示自己的辉煌舞台。北大青年锐意进取，意气风发，不忘初心，砥砺前行，将个人发展与社会发展相结合，展现了为国家发展贡献力量的理想和追求。

---

① 王天义《发挥市场在资源配置中的决定性作用》，求是理论网，2013年11月18日。http://www.qstheory.cn/tbzt/tbzt_2013/sbjsz/fxjd/201311/t20131119_292860.htm。

　　作为当代青年，必须树立对中国道路的信心。单单从西方周期性发生经济危机便能够看出，中国道路相对于西方道路具有极强的竞争力。[①] 而中国的发展之路，也为世界各国，尤其是广大发展中国家提供了另一条从穷国到强国的可借鉴道路。目前中国正在推行的"一带一路"倡议，也体现了中国进一步扩大开放、加强全球互联互通、帮助发展中国家脱贫致富的发展理念。作为时代青年，尤其是作为在全国最高学府北京大学深造的青年们，必须有开放的胸怀、国际的眼光，意识到"开放"对于中国、对于人类命运共同体之重要性。正如习近平总书记在十九大报告中指出："中华民族伟大复兴的中国梦终将在一代代青年的接力奋斗中变为现实。"

---

① 西方在现代化过程中，每隔一个周期便会陷入经济危机，按照马克思的观点，这是生产资料私有制无法解决的周期性问题。2008 年的金融危机，更是给美国等西方国家带来巨大的冲击，与之形成鲜明对比的是，中国是过去 40 年来唯一没有遭遇本土金融危机的新兴经济体。参见《林毅夫在〈纽约时报〉撰文：从穷国到强国，中国可为其他发展中国家提供宝贵经验》，搜狐，2017 年 12 月 7 日。http://www.sohu.com/a/208947046_162522。

第二节　全球化视域下的中国文化输出

中国文化有着五千年的历史，经历了不断的融合与发展，形成了独特的文化特质，展现出了极强的生命力，自古至今始终起着维系社会的重要作用。中国作为最大的发展中国家，也作为一个文化资源大国，在国家经济、军事等硬实力不断增强的同时，进一步提升中国文化软实力、对外弘扬中国本土文化具有深远意义，这不仅是当前国家发展的重要环节，以增强我国在全球治理中的话语权，更是多元世界文化构建中中国所需承担的国际责任。"一带一路"倡议的提出，正是为文化输出打开了新通道。这一长长的纽带将沿线国家的悠久历史与璀璨文明串联起来，唤起了世界对这些独特文化的关注。

一、中国文化对外传播现状

改革开放以来，中国更多地处在"文化输入"的地位。十八大以来，习近平总书记多次重点强调践行文化自信，要提高国家文化软实力，对外展示中华文化的独特魅力，将继承传统优秀文化又弘扬时代精神、立足本国又面向世界的当代中国文化创新成果传播出去。中国开始更加强调"文化输出"，迈入了让中华文化走向世界的新时代。

（一）以政府为主导的文化交流

中国一直倡导要推动文明之间的对话和跨国界流动，政府既是文化外交政策的制定者，也是文化外交项目的具体施行者。商谈和签订文化协定、组建和参加国际文化组织、召开和参加国际文化会议等都离不开政府的直接参与。而在各种以政府为主导的文化交流中，官方出访无疑是最引人注目的方式。

习近平主席自任职以来，积极出访多国，在各国发表的讲话中频繁地引用出访国家民众耳熟能详的神话故事、文学作品。例如在欧洲之行中，习近平主席引用了希腊神话故事中的普罗米修斯、近现代哲学家大仲马等，通过这种方式将中华的人文精神和文化内涵向西方民众阐发。

在随同习近平主席出访期间，其夫人彭丽媛也参加了一系列文化交流活动。她多次访问各国幼儿园、学校，参加当地慈善活动等，长期倡议和推动公益事业的发展，这些积极友善的行为极大地增强了中国的外交亲和力。彭丽媛因此在国际上获得了"第一夫人新标杆"的美誉，以其温婉端庄的形象掀起了一股"中国风"，在文化输出上起到了四两拨千斤的效果。

（二）孔子学院的创立

语言是不同民族、不同国家进行沟通的重要工具，孔子学院在推动汉语走向世界的过程中起着极其关键的作用。自 2004 年韩国首尔第一所孔子学院建立以来，截至 2017 年 12 月 31 日，已在 146 个国家和地区建立了 525 所孔子学院和 1113 个孔子课堂。[1] 作为非营利性的社会公益机构，孔子学院将中国的语言和文化带到了世界的各个角落，为世界各地的汉语学习者提供了优良的学习条件，增进了各国人民对中国语言及文化的理解，从而发展中国与世界各国的友好关系。在"汉语热"的背景下，孔子学院的高速发展既是扩大中国文化对外传播的需要，也是全球化时代国家之间进行交流理解的需要。尤其在"一带一路"沿线国家，更是设立了多所孔子学院，并举办了大量与汉语相关的活动。以马来西亚孔子学院为例，除了汉语教学与考试、汉语教师培训等活动外，还积极举办了中马建交 40 周年美术交流展、马来西亚大学首届中国电影节、棋艺大赛、书法活动、春节联欢大会等活动，受到了马来西亚各界民众的喜爱和欢迎。[2]

北京大学在建设孔子学院过程中成绩极为亮眼。北大在海外共承建了10 所孔子学院、46 个孔子课堂，构建了海外汉语传播的重要平台，其中柏

---

[1]　孔子学院总部 / 国家汉办网站：http://www.hanban.edu.cn/。

[2]　《访马来西亚马来亚大学孔子学院中方院长》，中央政府门户网站，2014 年 10 月 17 日。http://www.gov.cn/xinwen/2014-10/17/content_2766517.htm。

林自由大学孔子学院、立命馆孔子学院、朱拉隆功大学孔子学院、格拉纳达大学孔子学院被国家汉办评选为"先进孔子学院"。[①]北大于 2006 年成立了北京大学汉语国际推广工作领导小组，2013 年调整设立北京大学汉语国际推广工作办公室，并同北京大学国际合作部共同负责孔子学院相关工作。这种对外交流、汉语推广、留学生工作三位一体的发展模式使得北京大学在国际范围内有效推动了孔子学院的建设与发展。

（三）文体活动与文化产品输出

举办大型体育赛事、文艺演出等文体活动，是国家对外展示本国文化的重要途径之一。2008 年北京承办奥运会便是一个典型例子，通过奥运会这一世界上受众最广泛的体育赛事，中国吸引了来自世界各地的大量游客与记者。奥运会开幕式上从古代中国的四大发明、笔墨纸砚、传统戏曲，到改革开放以来的星光灿烂、航空探索等，充分在国际舞台上展现了中国文化的魅力。

全国各地也不乏各类形式多样、内容丰富的文化活动，其中北京大学每年都举办的国际文化节是针对北京高校青年的重要活动之一。2017 年 10 月，北京大学举办了第十四届以"四海一家"为主题的国际文化节，来自近 70 个国家和地区的数千名外国青年留学生在百周年纪念讲堂广场上向青年学子展示着世界文化的璀璨与魅力。[②]通过图片展示、特色歌舞表演、民族食品品尝等丰富活动，不同国家的优秀青年们彼此更加了解，中国的汉服、诗词歌赋等也给各国青年留下了深刻印象。通过一系列的文化交流项目的举办及成功运作，各国人民越来越多地关注到中国这个东方文明古国的非凡魅力。

---

① 《"扎根中国，面向世界"——北京大学五年来国际交流成就回顾》，北京大学国际合作部，2017 年 10 月 30 日。http://www.oir.pku.edu.cn/index.php?g=portal&m=article&a=index&id=2455。

② 《北京大学举办第十四届国际文化节》，北京大学新闻中心，2017 年 10 月 29 日。http://pkunews.pku.edu.cn/xwzh/2017-10/29/content_299783.htm。

另一方面，图书、电影、电视剧、综艺节目等文化产品的输出，也极大带动了中国文化的对外传播。据报道，在 2009 年至 2013 年的五年里，越南翻译出版中国图书共 841 种，其中翻译自中国网络文学的品种为 617 种；[①]《甄嬛传》经由美国团队操刀后缩短为 6 集，登录了美国 HBO 电视网并获得了较高收视率；《我是歌手》《爸爸去哪儿》等综艺节目收获了马来西亚、印度、泰国等地的粉丝，而马来西亚歌手茜拉、韩国歌手郑淳元等多位外国歌手加入《我是歌手》，更是体现了中国文艺节目在国际上的强大影响力。

除了这些直接以文化为核心的产品外，文化产品还包括附着了本土文化观念、价值观念的贸易商品。例如北京大学毕业生戴威创立的 ofo 共享单车走出了国门，在哈萨克斯坦、泰国、荷兰、法国等国落地，通过将"共享共用"这一中国特色理念融入商业业态，在贸易中传播了中国的先进文化。这些文化产品不仅是文化本土传承的载体，也是中国文化走向世界的重要载体。对中国文化产品的消费将在潜移默化中对各国群众的思想起到不容忽视的影响，实现全方位、多层次的文化对外推广。

（四）民间教育交流

教育交流是文化传播的重要途径，青年作为社会中最活跃的元素，密切的学术交流活动有利于我国的文化输出。晚清时期，我国就向西方派出了大量留学生，改革开放以来，走出国门的青年学生更是数不胜数。留学生们在国外学习的过程中，也向外传递着中国的思想和文化。同时，国内高校也积极面向海外招生，让各国青年"走进来"领略中国文化的魅力。

大学是引领创新、培养人才的摇篮，也是推进中外交流的重要力量。北京大学作为世界一流高校，在文化输出方面担当起了应负的责任。2017 年12 月 22 日，世界顶级学术期刊《科学》刊发了北京大学党委书记、校务委

---

① 《中国文学在越南受欢迎》，新华网，2015 年 3 月 16 日。http://news.xinhuanet.com/culture/2015-03/16/c_127584078.htm。

员会主任郝平的文章《北京大学：扎根中国大地　为人类文明贡献新智慧》。他在文中指出，北京大学要为构建人类命运共同体、推动世界共同发展发挥桥梁纽带作用，强化与世界一流大学、大学国际组织、教育研究机构等的合作。[①]2017 年 9 月，北京大学校长林建华率团访问美国纽约，并先后出席了首轮中美社会和人文对话系列活动"中美青年创客峰会"和"中美大学校长和智库论坛"，[②]在出访过程中，学者们充分展现了中国的文化底蕴，并开展了深入的文化交流互动。

二、中国文化对外传播存在的问题

（一）文化输出缺乏坚守，迎合西方审美

中国文化目前在国际上的影响力和贡献力，与中华五千年历史积淀的文明底蕴不相匹配，也与中国经济腾飞后的大国地位不相适应。自晚清国门被坚船利炮打开以来，西方文化在中国社会具有绝对的影响力。受这种固定思维模式的影响，部分人认为西方文化是高级的、先进的，缺乏文化自觉和自信。有些人为了输出文化，而迎合西方审美，以期满足西方民众对中华文明的狭隘认知。这导致当前文化输出内容中能真正代表中华优秀文化的精品不足，而一味迎合西方的文化姿态将严重损害中国文化形象。

不论是中国传统文化，还是新时代中国特色社会主义文化，都有其独特的内涵，值得每一位中国人坚守，尤其是当代青年更应当具有文化自信。正如北京大学党委书记、校务委员会主任郝平所说，北京大学应当植根于中华文明和东方文化的深厚土壤，融通中西方文明，为中国及世界培养有独立思考与创新精神、实践能力与全球视野的卓越人才。[③]

---

① 《北大"国际范儿"书记 Science 发文，让世界更加了解北大》，360 个人图书馆，2017年 12 月 23 日。http://www.360doc.com/content/17/1223/23/40597025_715741091.shtml。

② 《林建华率团访问美国　推进中美人文交流》，北京大学新闻中心，2017 年 10 月 9 日。http://pkunews.pku.edu.cn/xwzh/2017-10/09/content_299407.htm。

③ 《北大"国际范儿"书记 Science 发文，让世界更加了解北大》，360 个人图书馆，2017年 12 月 23 日。http://www.360doc.com/content/17/1223/23/40597025_715741091.shtml。

（二）缺乏品牌文化支撑

我国在文化输出领域所表现出的相对乏力，一方面是由于美国等竞争对手的综合软实力具有明显优势，其文化产品在世界市场的占有率偏高；另一方面在于中国对自身的丰富文化开发不足，实施文化"走出去"战略的手段、形式、路径等也有待完善。后一点具体表现为我国文化产品在国际上的推广力度不足，中国虽然有悠久的文化传统和丰富的文化资源，但缺乏被世界广为认可的文化品牌，导致我国文化产品难以在全球范围内被广泛接纳和学习，因而文化输出效益低下，存在较大文化逆差。

（三）国际形势带来的传播阻力

各个国家的经济发展、政治制度、社会文化等都有所不同，导致文化输出过程中的高摩擦成本。以"一带一路"沿线国家为例，自 2013 年提出"一带一路"倡议至今，"一带一路"倡议已得到多个国家和地区响应，但部分国家文化基础设施薄弱，在文化产业、通信系统方面都较为落后；部分国家当地文化本身较为悠久，对外来文化较为抗拒；部分国家因地缘政治原因，国家间关系敏感复杂，国家间互信度不高；等等。诸如此类的问题都会形成对文化交流的阻碍。我国在文化传播上缺乏针对相关情况的战略规划，以至于出现了文化传播受阻或文化传播不兼容的问题。

三、青年弘扬中华文化

（一）增强文化自觉，提高文化自信

"文化自觉"是费孝通先生于 1997 年在北京大学人类学研讨会上提出的重要理念。实现文化自觉，明白中国文化的来历及其独特内涵和发展趋势，是进行文化输出的必要前提。我们要清晰认识到自身文化的优劣，怀抱着对优秀文化的自信，在保持文化特色的前提下使中国文化成为世界文明建构的重要组成部分。

2014 年 5 月 4 日，习近平主席在与北大学子的座谈中多次提到青年要坚守文化自信。[①]2017 年 4 月 5 日北京大学首届研究生学术文化节开幕式上，师生围绕"树立本土学术与文化自信"进行了专题对话，提出中国文化要屹立于世界文化之林，必须挖掘本土特色，保有自己的文化根基，因此在学术研究中坚持尊重文化的多元性，保持中国文化的主体性，这是北京大学的历史使命。[②]2017 年 7 月 16 日，北京大学还举办了"首届文化自信北大论坛：草原文化与中华文明——起源、发展、创新"高端学术论坛，青年学者们对中华文化的优秀内涵进行了深入探讨。[③]

（二）继承创新中华文化，大力发展文化产业

文化产业是文化输出的重要载体，我国需要进一步完善目前文化产业的形式、发展路径等。首先要注重文化资源的开发和利用，继承和创新中华民族优秀的文化；其次要加大对文化事业与文化产业的投入，在资金与科技方面进行积极扶持；最后要积极培育和开拓文化市场，主动对外经营，尤其要借助"一带一路"倡议的影响力，将我国的文化产业打入国际市场，实现中国文化的对外传播。[④]

2017 年 12 月，峰火文创大会主题论坛"文化产业新态势"在北京大学举行，北京大学文化产业研究院副院长陈少峰教授提出，文化产业重在创新，而中华传统文化是文化产业的重要资源，因此在文化输出上要立足传统、勇于创新。[⑤]在文化产业创新实践上，北大青年学子也做出了诸多尝试，例如北京大学校友创办的"阅邻"图书共享平台等。

[①]　《习近平与北大学子座谈交流　多次提到文化自信》，中国网，2014 年 5 月 4 日。http://news.china.com.cn/2014-05-04/content_32279294.htm。

[②]　夏昕鸣《北京大学首届研究生学术文化节开幕　四名师畅谈文化自信》，《北京大学校报》2017 年 4 月 5 日。

[③]　《"首届文化自信北大论坛"综述》，中国社会科学网，2017 年 8 月 10 日。http://sky.cssn.cn/skyskl/skyskl_yw/201708/t20170810_3606689.shtml。

[④]　邹命贵《论文化输出面临的机遇与挑战》，《山西财经大学学报》2012 年第 S1 期。

[⑤]　《北大教授陈少峰：文化产业这十个领域最有前途》，和讯新闻，2017 年 12 月 20 日。http://news.hexun.com/2017-12-20/192039620.html。

（三）多管齐下，加强人才培养

人才是进行文化输出的关键要素，不论是从事文化事业与文化产业，还是研究文化输出战略，都需要人才的支撑。首先，人才培养应上升到国家战略的高度，政府应从文化输出的组织、培训到运作等各个环节制定明确的总体规划；其次，要拓宽人才培养的途径和渠道，通过学校培养与社会培养相结合、国内培养与出国进修相结合的方式完善人才培养路径；最后，加强相关领域师资力量建设，重视教学，使人才结构科学化、应用化、专业化。

2017年9月北京大学校长林建华拜会了联合国副秘书长刘振民及联合国开发计划署助理署长徐浩良，期间就北大学生进入国际组织实习、就业计划进行了交流，林建华校长提到为配合国家战略、更有针对性地培养具有全球视野与了解各国文化的全球治理人才，北京大学将创造条件鼓励在校学生到国际组织实习，与相关国际组织建立人才交流和实习实践的常规化、机制化的合作关系。①

---

① 《林建华率团访问美国 推进中美人文交流》，北京大学新闻中心，2017年10月9日。http://pkunews.pku.edu.cn/xwzh/2017-10/09/content_299407.htm。

第三节 民间外交促进中外合作

随着冷战的结束和全球化的演进,民间外交在国际社会范围内蓬勃发展,并日益受到世界重视。各国都意识到,在促进国际社会合作、推动全球治理的道路上,各国政府之间的官方互动并不总是最有效的方式,而民间层次的交往能够很大程度促进各国在经济、教育、文化等领域相互合作、消除误解。在"一带一路"倡议背景下,中国始终致力于推进民间外交、促进各国民心相通、构建人类命运共同体。在此过程中,高校和青年发挥着独特作用,使得中国青年民间外交成为国际社会上一道亮丽的风景线。

一、中国民间外交的历史和发展现状

民间外交指各国非官方的个人或组织进行的,以服务于本国国家利益和本国外交目标为动机的,以促进国际合作和人类共同利益为目的而开展的对外交往活动。传统外交活动是专属于国家政府的行为,而随着全球化和民间社会的发展,国际关系也同样倚重非官方层面的互动,因此当前的民间外交工作有着重要意义。

中国始终非常重视民间外交的工作。中华人民共和国成立初期,中国遭受西方国家的封锁围堵,因此非常重视民间层面的对外交往,周恩来总理认为要将官方、半官方和民间的外交结合起来,提出了"以民促官"的口号;20 世纪六七十年代,中国民间团体和人士通过与外国团体、人士的交往有力促进了中国官方外交的发展,中美"乒乓外交"即是从民间层面推动官方外交的典型案例;20 世纪八九十年代,中国一度遭遇外交僵局,也是通过一系列的经贸、文化、旅游等民间团体交流来争取国际社会对中国的理解、抵消国际反华势力对我国的影响。①

---

① 李桃《中国民间外交的历史和现状分析》,《理论观察》2011 年第 1 期。

进入 21 世纪，中国更加重视民间外交的发展。2014 年 5 月 15 日，习近平主席在中国国际友好大会暨中国人民对外友好协会成立 60 周年纪念活动上发表讲话，鼓励全国友协发挥民间外交的引领作用，承担"为国交友"的使命；① 国务院发布的"十三五"旅游业发展规划当中特地强调了"旅游民间外交"的战略意义，突出了民间外交工作的重要地位；在"一带一路"倡议的背景下，中国致力于构建丝绸之路沿线民间组织合作网络，通过民间组织的国际往来扎实推进各国之间的民心相通。② 在国家的重视和"一带一路"倡议的促进之下，民间外交在各个领域稳步推进。

二、青年民间外交实践情况

在中国民间外交的战线上，青年和青年团体发挥了突出作用。青年作为承前启后的社会力量，对促进国家之间的开放合作、交流互鉴具有不可替代的优势。当代青年有着其他群体无法比拟的充沛精力、对新事物的敏锐把握、对外交流的巨大热忱，他们比前辈们更加精通外语、更加熟悉社交媒体和网络的使用方法、具有更广阔的国际视野，在对外传播中国声音、解释中国政策的过程中善于采用更加鲜活生动的交流方式、体现出更强的交流精力。③ 青年人群发起的民间对外交往活动表现出的官方背景和意识形态色彩较弱，更容易让人产生亲近感。在交流过程中，来自非官方背景、并非由官方组织起来的青年更容易产生彼此之间的认同感，因此就比政治性的官方外交活动更容易触及更为广泛的问题，进行更深入的经济、文化、教育等层面的探讨交流。

---

① 《对外友协：发挥民间外交引领作用　拉近中外人民距离》，中国新闻网，2014 年 8 月 1 日。http://www.chinanews.com/gn/2014/08-01/6450872.shtml。

② 《国际政要谈"一带一路"民间组织合作网络》，中新社，2017 年 11 月 23 日。http://www.chinanews.com/gn/2017/11-23/8383716.shtml。

③ 朱峰、柯银斌《试论青年之于公共外交的战略意义》，《青少年研究（山东省团校学报）》2013 年第 3 期。

中国青年民间外交通常着力于增进中国和各国青年之间的友谊，培养知华亲华的外国青年，进而促使国外社会各界出现更多知华亲华人士。中国提出"一带一路"倡议之后，更加重视各国之间的文明对话互鉴，着力于加强"一带一路"沿线各国对中国政治、经济、文明、文化的理解，而青年人群是实现这一目标的重要对象。青年人对各种事物往往不具有太深的成见，更容易接受新的想法。因此，面向外国青年开展民间外交更容易加深认同。北京大学作为全国最高学府，在促进中外青年之间相互理解和友好往来、促进外国青年对中国的理解认同等方面具有引领示范作用。

北京大学学生国际交流协会（SICA）创办于1997年，是中国高校中首个专门从事国际交流活动的学生社团，[①] 它将自身定位为一个服务于中国民间外交、传播中国声音的学生社团，致力于促进中国和各国青年之间的交流与相互理解、增进友谊。北大SICA目前运行着与美国、英国、法国、瑞士、柬埔寨、越南、日本、韩国、卡塔尔、埃及、阿联酋等十余个国家之间的青年交流项目，通过互访、研讨会、讲座、案例比赛、社交活动等形式给外国学生一个深入了解中国、了解当代中国青年的机会，让他们在与中国优秀青年交流、结下友谊的过程中，了解中国青年对世界时势的观点，理解中国的国情与政策，培养知华亲华的国际友人。

以北大SICA的中日交流项目"京论坛"为例，该项目旨在通过两国青年精英及未来领袖间的沟通和研讨增进彼此的了解，建立两国青年间的互信关系和特殊友谊。"京论坛"每年的年会都会邀请中日两国知名人士与青年学生代表共同探讨当下的中日关系热点议题，促使日本学生更加理解中国人民的立场、关切与情感。[②] 北京大学通过诸如此类的国际青年民间交流活动，

---

① 《北大学生国际交流协会20周年记：立足北大，放眼世界》，北京大学新闻中心，2017年9月29日。http://pkunews.pku.edu.cn/xwzh/2017-09/29/content_299373.htm。

② 《中日交流铺设和平之路，北大青年始终在路上》，北京大学国际合作部，2017年10月3日。http://www.oir.pku.edu.cn/index.php?g=portal&m=article&a=index&id=2405。

塑造着各国青年对青年命运共同体的认同、对中国的认同，这些对中国有深入了解的各国青年日后走向社会各界后，将为中国和他们所在国家之间的友好交往、共赢合作奠定坚实的基础。

在中国与其他国家间出现外交冲突时，中国青年在反制性民间外交[①]当中经常发挥重要作用，有力维护中国官方外交的目标。青年学子具有擅长使用现代媒体工具、对国际时事较为关注了解的优势，在反制性民间外交，尤其是通过网络开展的反制性民间外交中承担了重要职责。2012年9月，日本右翼势力提出所谓"钓鱼岛国有化"的论调，钓鱼岛问题局势白热化。北京大学在9月11日随即发表了《爱国师生致日本政府抗议书》，严正说明了日本行径的非法性；北大的青年学子也在网络和社交媒体上与日本右翼势力展开针锋相对的辩论，有力地传播了中国声音；北大SICA的"京论坛"项目组在2012年10月来到东京大学，向日本青年介绍了中国政府的立场和中国对钓鱼岛主权的法理及历史依据，并在论坛闭幕式上向日本各界人士发表中国学生的观点。北大青年学子的这些反制性民间外交行为有力地揭露了日本右翼势力的阴谋，让日本社会和国际社会就这个问题了解到中国民间的呼声，为中国维护国家主权和领土完整做出贡献。

通过青年民间外交活动，中国青年可以更好地了解外国国情、思维方式和社会文化特点，将自己培养成未来的对外合作人才。以北京大学的"中阿跨文化交流之路"（CAMEL）项目为例，该项目是中阿高校青年之间的首个交流项目。CAMEL成员自2016年开始与卡塔尔大学开展互访交流，并连续两年受到中国驻卡塔尔大使李琛接见，李琛大使对这一项目的意义做出了高度评价。[②]2018年，CAMEL将赴埃及和阿联酋以"区域国别研究"为

①　反制性民间外交指的是，当他国出现损害中国利益、损伤中国声誉和国际形象的现象时，中国的民间团体、个人通过对外沟通做出的回应和抵制。参见李萍《海外中国青年开展的反制性民间外交活动》，中国青年政治学院硕士学位论文，2010年。

②　《驻卡塔尔大使李琛会见北京大学学生代表团》，中华人民共和国外交部，2016年2月18日。http://www.fmprc.gov.cn/web/zwbd_673032/nbhd_673044/t1341424.shtml。

主线进行相应的课题研究，研究的落脚点是分析中国如何与阿拉伯国家进行合作及相应的风险、回报。"区域国别研究"是"一带一路"背景下的一个热点，而且在当前具有一定紧迫性。以中东地区为例，中国与中东的政治经贸联系事实上已经非常紧密，但是面对许多具体的问题，比如阿拉伯国家的政权更迭、经济自由化改革等，学界往往借助西方的视角来叙述和分析，基于中国立场的独立分析和判断还远远不够。[①] 在这一方面，北大召集了一批优秀的青年进行相关课题研究，切实促进中国青年对阿拉伯国家的认识，培养了一批了解阿拉伯的青年人才，为日后深入推进与阿拉伯国家的"一带一路"合作做出贡献。

三、青年民间外交未来发展

从目前的时代趋势以及中国青年的实践活动情况来看，中国青年民间外交对中国总体外交、"一带一路"倡议布局的意义愈发重大。随着中国与世界各国建立起日益密切的交流合作，中国的"朋友圈"在不断扩大，越来越多的"外国朋友"开始对中国实行免签和落地签。截至 2018 年 1 月 16 日，中国已经同 11 个国家实现全面互免签证，与波黑签署了免签协定，生效批准手续正在履行中；40 个国家和地区单方面给予持普通护照的中国公民落地签待遇；16 个国家和地区单方面允许持普通护照的中国公民免签入境。中国还与 41 个国家达成了 70 份简化签证手续协定或安排。[②] 针对青年群体而言，中国与英国、德国、意大利等国陆续推进留学生学习工作签证办理的便利化。以加拿大为例，中国于 2016 年与加拿大达成了最长有效期为 10 年的签证协议，这是继 2015 年中美间学生签证有效期延至 5 年、商业旅游签

---

① 《CAMEL：扁舟一叶总关情》，北京大学国际合作部，2017 年 12 月 12 日。http://www.oir.pku.edu.cn/index.php?g=&m=article&a=index&id=2496。

② 《免签地再添一个！中国与阿联酋今天起全面互免签证》，央视网，2018 年 1 月 16 日。http://news.cctv.com/2018/01/16/ARTIyHUU0VE9F3d3PjQv0oIG180116.shtml。

证延至 10 年后，中国签证便利化实现的又一重大突破。[①] 签证便利化与中国护照含金量的提升，大大促进了青年国际流动，为青年民间外交的开展提供了良好基础。

为了更好地发展青年民间外交，中国需要应对以下几个问题：

第一，我国的青年民间外交发展体现出地域和高校之间的不平衡。在北京大学等高校以及北上广等主要城市，青年自发的民间外交实践质量较高；然而其他地方和高校的青年实践成果较少，没有很好地利用全国青年的民间基础，没有体现出中国青年实践的整体优势和规模效应。中国应该重视青年民间外交的全地域建设，在北京、上海等大城市之外的更多地方推动青年民间外交实践的开展。

第二，中国青年民间外交的官方性质较强，削弱了民间性。中国的很多青年民间外交活动都是通过共青团中央、中国人民对外友好协会等半官方组织开展的，这在一定程度上导致其民间性被削弱，在对外交流的过程中难免因自身的官方背景造成交流对象的某种不信任感。中国应当加大对官方性质较弱的学生团体、社群的支持力度，对资质完善、运行专业的民间外交青年团体提供资源支持，同时避免对这些团体进行过多官方的干涉。

第三，中国青年民间外交的议题领域在目前还较为受限和空泛。在诸多中国青年民间外交活动中，涉及国际关系、大国政治领域的讨论较多，而其他细分领域（例如贸易、环境、宗教、科技等）的交流较少。中国亟待促进中国青年与各国青年间在各个领域的深入、具体交流。由于中国高校具有各种专业背景的、学业精湛的、国际交流热情高涨的青年群体，因此中国在这一方面具备良好的青年民间基础。

鉴于此，中国需要在上述几个方面加强完善青年民间外交体系的建设，为更多地域、更多数量、更多身份的青年提供更多议题领域、更高质量的民

---

① 《加拿大留学签证申请更为便利化》，搜狐，2016 年 8 月 27 日。http://www.sohu.com/a/112353839_242903。

间外交机会。这种体系建设固然需要国家的支持，但不能完全依赖官方性的支持，中国青年必须发挥自身的主观能动性来推进青年民间外交的实践与体系建设。

在当今时代，国际合作和全球治理的发展已经不仅仅依赖于主权国家间关系的"硬性"支持，更是日益需要民间力量的"软性"协助。各国逐渐形成利益交汇、相互依赖的命运共同体，"世界是平的"这一断言正日益成为现实，各国之间的文明、地域、语言隔阂正在消退，国家利益的概念正在不断拓展，要实现和维护国家利益已不能完全依赖单一的政府主体，民间外交在中国的总体外交当中有了空前的用武之地。中国通过大力开展民间外交，促进了各国人民之间的相互理解、相互支持，把"一带一路"的理念深植于世界人民心中。

"一带一路"倡议为世界勾画了美好的蓝图，也为中国的青年学子提供了发挥自身价值的机遇。中国青年通过投身于民间外交的实践，将中国的价值理念和优秀文明成果传播到世界各地，让世界更加认同中国与"一带一路"理念。

第四节　跨境电商与青年力量

一、跨境电商新经济形势

在世界经济全球化和跨国贸易额快速增长的同时，电子信息技术和互联网技术的发展速度也令人瞩目，世界大步迈入移动互联网时代。以互联网为依托，基于电子信息平台进行沟通、交易、支付和结算的跨境电子商务，作为一种新型的国际贸易业态在经济全球化的进程中异军突起。中国的跨境电商发展表现得尤为亮眼，成为我国跨国贸易新的增长点。商务部数据显示，2011年、2013年和2015年，中国跨境电子商务交易规模分别为1.6万亿元人民币、3.1万亿元人民币和5.5万亿元人民币，其同比增长速度分别达到33.5%、50.0%和31.1%；而同期中国对外贸易同比增速则仅分别为22.5%、7.6%和−8.5%。[1]

跨境电商的发展大力推动了"一带一路"建设，跨境电商是加强与"一带一路"沟通的崭新舞台，是跨境资金融通的重要途径。同时，"一带一路"倡议也为我国跨境电商的发展带来了重大机遇。"一带一路"沿线65个国家，经济总量约21万亿美元，占全球的29%；总人口约44亿，占世界总人口的63%。[2]但2016年，中国对"一带一路"沿线国家进出口总额仅为6.25万亿元人民币，仅占中国当年进出口总额24.33万亿元人民币的25.69%。[3]这意味着中国的跨境电商在"一带一路"沿线国家有极大的发展空间和可能性。据LiMedia的最新研究预测，得益于"一带一路"倡议，截至2017年

---

[1] 陶涛、郭宇宸《跨境电商平台作为新型贸易中间商的理论基础与现实发展》，《新视野》2016年第2期。

[2] 《"一带一路"经济总量约21万亿美元　约占全球29%》，中文国际，2014年10月21日。http://www.chinadaily.com.cn/hqgj/jryw/2014-10-21/content_12562405.html。

[3] 《跨境电商借力"一带一路"进入高速发展期》，新华网，2017年4月11日。http://news.xinhuanet.com/money/2017-04/11/c_1120785294.htm。

年底，中国的跨境电商用户或将达到 5800 万，交易额或将超过 7.5 万亿元人民币。[①] 这一金额已经明显超出了中国 2017 年第一季度的进出口总金额 6.2 万亿元人民币。[②]

随着世界合作的日益深入，跨境电商领域将大有可为，不仅能成为中国经济发展的新抓手，更是推进"一带一路"倡议建设的新途径。在跨境电商蓬勃发展的过程中，中国青年基于对新事物接受应用速度快的优势，积极发挥着自身的优势和担当，成为这一领域的中流砥柱。中国电子商务研究中心 2016 年的调查报告显示，在中国现有的电商企业中，90 后员工比例超过 80% 的企业在整个行业中的占比高达 49%，90 后员工比例在 50% 以上的公司更是占了 86%，而 90 后员工比例低于 30% 的企业仅为 2%。[③]

二、跨境电商发展挑战

现今阶段，制约我国跨境电商发展的因素，主要表现在物流、监管两个方面。

在物流方面，得益于大量的基础设施建设和充足的劳动力，我国国内的物流网络已经基本成熟，能够在很大程度上满足国内电子商务的交易需要。但就跨境电商而言，我国相较于欧美国家起步较晚，跨境电商物流在现阶段仍旧是一个新兴发展领域，存在诸多亟待解决的问题。

一者，跨境电商物流行业竞争小、费用高，主要依靠国际物流公司提供服务，并且在目前的跨境电子商务交易中，物流成本高达总成本的 20%—30%。二者，即使在如此高的费用之下，能为跨境电商消费者提供标准化和

---

① 《【数据】中国跨境电子商务报告——即将达到 7 万亿元！》，搜狐，2017 年 8 月 8 日。http://www.sohu.com/a/163050337_156845。

② 《2017 年一季度我国外贸进出口情况》，中华人民共和国海关总署，2017 年 4 月 13 日。http://www.customs.gov.cn/publish/portal0/tab65602/info845676.htm。

③ 《2016 年度中国电子商务人才状况调查报告》，中国电子商务研究中心，2017 年 6 月 14 日。http://www.100ec.cn/zt/16rcbg/。

定制化物流服务的国内第三方服务商仍然稀缺，难以满足市场需求。北京大学青年学者范乔艺指出，跨境电商物流行业之所以无法形成一种通用的低成本、高效率、应用范围广泛的跨境电商物流模式，主要是因为涉及不同国家的不同进出口政策，并且受到不同国家市场环境差异的影响。[①] 在这一系列因素的影响下，国内跨境电商物流行业发展缓慢，极大地限制着我国跨境贸易的发展。

在监管方面，主要有两种呼声。一边是各个跨境电商企业希望国家能够从谨慎的立场出发，制定相关法律和政策对电商行业进行管制，不要让电商行业的发展被严苛的管制束缚。一边是消费者希望能够对电商行业加强管制，维护消费者的权益，治理电商行业的各种乱象。

我国目前对跨境电商行业的监管仍在过渡期内，监管还处于起步和探索的阶段，监管内容也仅局限于税收。过渡期结束之后，对跨境电商将依照《跨境电子商务零售进口商品清单》和《关于跨境电子商务零售进口税收政策的通知》的规定进行监管，对清单以外的跨境电商零售进口商品，将不再按邮递物品征收行邮税，而是与普通跨国贸易一样，按货物征收关税和进口环节的增值税、消费税。但是由于监管制度不够成熟，监管过渡期一再延长，目前已延长至 2018 年年底。此外，针对跨境电商产品质量、服务标准、消费者权益保护的相关规定还较为空白，仅有一些碎片化的电子商务管制政策可以参考。

监管的空白使跨境电商的消费者权益难以得到保障，我国跨境电商的品牌和口碑也难以树立，阻碍了我国跨境电商的发展。

三、跨境电商未来发展与青年责任
（一）突破跨境电商现有瓶颈
面对跨境电商发展中遇到的瓶颈，国内各界都在寻找突破之法。

[①]　范乔艺《我国跨境电子商务的物流模式与发展状况》，《商业经济研究》2017 年第 22 期。

在物流方面，我国政府在国内以及"一带一路"沿线国家进行了大量的基础设施建设投资，为跨国电商物流提供便利。此外，范乔艺在对我国跨境电子商务的物流模式和现状进行清晰分析的基础上，提出了我国跨境电商物流行业突破瓶颈的四个路径。[1] 首先，国家需要进一步完善跨境电商物流的相关配套政策，使得市场配置资源的作用能够更加充分发挥，同时通过政策来引导和扶持这一产业的发展。其次，加强国内基础设施建设和国外基础设施投资，缩短运输时间和成本，提高跨境电商物流的信息化、智能化水平。再次，整合国内超过 1 万余家物流企业，使之成为集约化的体系，实现物流的全球覆盖，提升物流的综合实力。最后，国家或行业内需要制定相关的跨境电商退换货管理制度，提升逆向物流的便捷性，降低消费者的退货成本。未来我国跨境电商物流逐渐成熟并与国际接轨，将具有更大的成本优势与发展空间。

在监管方面，目前中国海关正在牵头制定《跨境电商标准框架》，这将成为世界海关跨境电商监管与服务的首个指导性文件。同时，2018 年 2 月 9 日至 10 日期间，中国海关与世界海关组织在北京联合举办首届世界海关跨境电商大会，探讨普惠共享、创新实践、技术引领、未来发展展望、"一带一路"倡议所带来的电商发展新机遇等议题，为跨境电商可持续发展贡献"中国智慧"。[2] 为方便跨境贸易电子商务零售进出口企业通关，海关总署还于 2014 年 2 月增列了海关监管方式代码"9610"，专为跨境电商服务。

在我国政府不断探索监管模式的同时，北大师生也积极地投身其中。早在 2013 年，北京大学法学院和北京大学法治与发展研究院就联合成立了国内首个政产学研一体化的电子商务发展研究联盟——北京大学电子商务法律发展研究基地，旨在为我国电子商务的健康发展提供实务支撑和理论支

---

① 范乔艺《我国跨境电子商务的物流模式与发展状况》，《商业经济研究》2017 年第 22 期。
② 《我国将推动制定世界海关跨境电商国际规则》，新华社，2018 年 1 月 10 日。http://www.ec.com.cn/article/dssz/zhjg/201801/24491_1.html。

持，推动电子商务法律建设和电子商务产业发展。[①]北京大学经济学院副教授李权还提出，跨境电商的监管既要顺应市场规律，又要充分保证贸易安全，同时推动对外开放的机制创新。对跨国电商物流的监管模式和条例的制定，可以参考公共利益理论、监管俘获理论和规制经济理论，在监管实践上还需要综合社会规制和经济规制。[②]

（二）青年的新机遇与新责任

除了青年学者在跨境电商物流与监管领域做出的学术贡献外，青年在跨境电商发展过程中也具有不可或缺的作用。

当前的中国青年，属于"数字土著"（Digital Natives）的一代。他们一出生就浸润在数字化的生活环境中，伴随着信息技术的发展不断成长，数字化和信息化对他们的影响远比对上一代人深刻。在参与跨国贸易的过程中，中国青年能够充分利用自身对信息技术的了解和丰富的使用经验，在各个环节充分运用信息技术，简化跨国贸易的流程。基于互联网的电子商务本就需要从业者较高的信息技术素养，而网络信息技术作为一门必修课已经覆盖了所有大学，大部分中小学也将其作为必备技能之一予以培养，这大大降低了青年从业电商的技术门槛，尤其是信息技术专业的学生将成为跨境电商的技术支柱。

同时青年也具备较强的学习能力和适应能力，能快速学习他国的先进经验，动态适应技术的更新换代，用最前沿的方法和技术在国际领域进一步扩张中国跨境电商的产业规模。

此外，日益丰富的对外交流也增加了世界各国文化和意识交流碰撞的机会，推动着文化的全球化。当代中国青年在世界观和文化观的形成过程中，

---

① 《国内首个电子商务政产学研联盟法律研究基地成立——电子商务法律发展研讨会暨北京大学电子商务法律发展研究基地成立大会举行》，北京大学法治与发展研究院，2013年9月24日。http://www.pkulda.cn/LShow/InfoShow.aspx?newsid=20130924144921183566。

② 《跨境电商监管要因势利导》，第一财经，2017年3月26日。http://www.yicai.com/news/5254369.html。

其思想既受到中国传统文化根深蒂固的影响，也受到欧美国家强势的意识形态和文化的"入侵"，还会受到日韩等他国流行文化的渗透。在多元文化及观念的熏陶和碰撞中，中国青年形成了开放包容的心态，也具备较强的全球意识。一方面，中国青年能够借助其对各国文化与国情的了解，引导国内厂家根据各国文化和需求差异对出口产品做出有针对性的调整，制订更符合受众偏好的宣传和推销策略，增强出口产品的竞争力。另一方面，中国青年也将跨境电商作为间接进行文化交流的机会，在贸易过程与产品销售中传播中国文化，打破不同文化与意识形态间的隔阂。

中国青年的这些特点使得他们成为推动中国跨境电商发展的主力军。

从需求层面来看，跨境电商对青年从业者有较大的需求。超过61%的电商企业管理者表示，[①]当代青年可塑性高、有激情，相较于其他年龄段的员工更有优势，因此他们更加倾向于聘用青年人群。同时，由于跨境电商交易规模不断扩大，近一半的电商企业都表示在未来有大规模的招聘计划。因此可以预测，未来跨境电商对青年从业者的需求还会进一步增加。

从供给层面来看，广大青年也都在努力提升自己的相关技能，积极地在跨境电商领域发光发热。为满足青年的学习需求，不少高校都开设了电子商务、网络营销、物流管理等专业，或是与跨国贸易相关的技能培训班，职业院校也如雨后春笋般涌现。例如北京大学国家发展研究院成立了市场与网络经济研究中心，在知名学者的带领下，对网络经济进行理论与实际研究；对北京大学民营经济研究院成立的互联网行业研究与应用课题组而言，电子商务的发展研究是一个重要的研究议题；北京大学光华管理学院也曾邀请京东集团董事局主席刘强东做主题讲座，为北大青年们介绍电子商务行业的相关情况。

随着中国跨境电商领域的瓶颈被一一突破，未来跨境电商将成为中国经

---

① 《2016年度中国电子商务人才状况调查报告》，中国电子商务研究中心，2017年6月14日。http://www.100ec.cn/zt/16rcbg/。

济发展与"一带一路"倡议推进的新机遇。而青年作为未来电商行业的中流砥柱，应当充分发挥自身优势、贡献自身力量以促进中国跨境电商在"一带一路"沿线国家的发展和扩张，将"一带一路"沿线国家巨大的经济体量与人口总量转化为实际的经济成果。每个青年的力量和贡献都将对跨境电商的发展起到至关重要的作用。北大青年身处时代的前列，更应充分利用学校提供的各类资源，积极参与电子商务尤其是关于开展跨境电商的课题研究和实践训练，为中国跨境电商的发展贡献力量。

第五节 "一带一路"建设中的信息化与智能化

数字丝绸之路是"一带一路"倡议的重要组成部分，而建设好数字丝绸之路的必要条件是积极推进信息科技领域的交流与合作，包括开拓创新、节能环保、人工智能等方面，也要加强智能化产品的研发与应用。

一、信息化、智能化成为全球各国共识

在如今这个高速发展的信息时代，人工智能、大数据等科技手段逐渐兴起，共享经济、互联网＋、智能化产业等新型产业模式日益普遍，信息化正不断促进各国在经济、科技、工业等领域的合作。全球很多国家，包括"一带一路"沿线国家，都在积极加强基础设施的投资，加速数字化与科技化转型，力图通过开放的平台与各国间的合作来发展贸易与经济。目前在基础设施、互联互通和可持续发展等领域，双边和多边、区域和全球合作都呈增长趋势，信息化合作逐渐成为贯彻落实"一带一路"倡议的新方向。不同于全球化所侧重的跨越地理空间的交流与合作，数字丝绸之路重点关注的是通过网络等科技手段实现各国信息化的共同进步，因而建设数字丝绸之路的重要性不言而喻。

二、信息化、智能化领域开放合作成果

中国提出"一带一路"倡议的重要目标之一，就是和世界各国一起分享机遇、迎接挑战，从而带动"一带一路"沿线国家以及世界各国的进步与发展，实现互利共赢。目前，世界上有越来越多的国家及国际组织认同"一带一路"倡议，积极加入到共同合作与交流中，并已取得了一定的成绩。据统计，在 2016 年前三季度，我国对"一带一路"沿线国家进出口超过 4.52 万亿元人民币，约占同期我国外贸总值的四分之一，高于同期

总体水平。[①]

（一）信息化领域

中国与沿线国家在工业和信息化等领域的合作建设及成果表现优异，实现了互利共赢，举例来说：

1. 中老通信卫星老挝一号完成在轨交付

2016 年 3 月 9 日，由中国亚太移动通信卫星有限责任公司和老挝政府合作研发的老挝一号通信卫星，在老挝首都万象举行了在轨交付仪式。该卫星提供的服务内容包括电视直播与转播、卫星通信、无线网络等，将惠及老挝及老挝周边的国家；该卫星也将用于对偏远地区及贫困地区学生的远程授课，其地面观测站将成为航天科普园，激发当地青年人对航天事业的热爱。此次通信卫星的成功交付，标志着中国航天技术的成熟与发展，是中国航天业出口的一个重大进展。这次与老挝的成功合作是一个起点，中国航天业将继续在大湄公河次区域及老挝的其他区域拓展通信业务，推进与东盟国家在航天领域以及其他领域的开放与交流，继续加强"一带一路"的信息化建设。

2. 中巴跨境光缆开工铺设

2016 年 5 月 19 日，在华为巴基斯坦分公司的监督与筹办下，中巴跨境光缆项目在巴基斯坦的吉尔吉特投入建设。不同于以往的海上线缆，此次沿喀喇昆仑公路搭建的线路为光纤网络，能够在满足需求的同时降低成本并优化路径。项目位于巴基斯坦经济最落后的北部区域吉尔吉特，将实现巴基斯坦、中亚和中东等地电路及互联网线路的顺利转接，促进巴基斯坦当地通信业的进一步发展。此外，该项目也是中巴经济走廊的一个重要组成部分，有助于两国互联互通、互利共赢，不仅经济意义重大，而且也进一步加深了两国间的友谊，加强两国青年在学术等方面的交流，取长补短、共同进步。

[①]　《我国与"一带一路"沿线国家进出口贸易增势良好》，新华网，2017 年 10 月 14 日。http://news.xinhuanet.com/politics/2016-10/14/c_129321954.htm。

3. 阿里云数据中心在迪拜正式落成启动

2016 年 11 月 21 日，阿里云数据中心在迪拜正式开张。阿里巴巴的子公司阿里云公司将与迪拜的米拉斯控股公司一起承担该中心的运营与管理工作。从国际范围来看，中东网络市场正处于蓬勃发展之中，而阿里云是首家在该地区建立数据中心的国际服务商。该数据中心在迪拜的成功启动，一方面为迪拜及中东打造了高性能、低成本的云数据平台，促进数据产品与信息技术在该地区的应用；另一方面将中国企业拓展海外业务所需时间从之前的几个月缩短至几分钟，方便企业在国内办理中东及其他地区的业务，极大地提高了工作效率。除该数据中心外，阿里云公司与迪拜的米拉斯控股公司也签署了一系列青年人才培训计划，进一步推进迪拜的"智慧城市"建设。

4. 中阿网上丝绸之路经济合作试验区获国家批复

2016 年 11 月 25 日，在国家发展改革委、中央网信办的联合批复下，中国与阿拉伯国家合作建立的网上丝绸之路经济合作试验区在宁夏正式成立。该试验区将成为中国与阿拉伯国家进行经济贸易合作以及文化交流的网上平台。该平台建设侧重于促进在宽带信息等基础建设、卫星数据、云计算、电子商务等方面的进一步合作，加强信息流、资金流、物流的运输传递，形成中国与阿拉伯互帮互助的信息领域新格局。

（二）智能化领域

随着中国"一带一路"倡议的开展，很多以制造业和服务业为核心的中国企业积极开拓海外市场，中国在全球范围内的影响力稳步提高。在一些高新技术领域，如智能手机、污水净化、安全检查等，中国企业都在由"跟跑者"逐渐向"领跑者"转变，为"一带一路"不断注入新动力。

1. 中国智能手机热销"一带一路"市场

小米公司的产品以高质量、价格亲民闻名，目前已销售至 20 多个国家，越来越多的外国人成为小米产品的粉丝，他们都亲切地称自己为"米粉"。在这些外国粉丝看来，小米产品的价格适中且质量过硬，性价比很高。2017 年 4 月 5 日，小米公司特地在印度尼西亚雅加达举行了"米粉节"，吸引了几百名外国粉丝到场参加活动。

大约六年前，叶夫根尼在身边朋友的介绍下首次尝试了小米交互系统MIUI，自此被其深深吸引，逐渐成为小米产品的铁杆粉丝，并建立了俄罗斯的官方 MIUI 粉丝站。截至 2017 年 5 月，该论坛已经拥有超过 11 万用户，每天使用或浏览该论坛的人数也超过了 7 万人。叶夫根尼说，中国制造的智能手机往往性价比超高，受到了俄罗斯人乃至世界各地用户的好评。[1]

来自印度尼西亚的关利花是小米公司的一名员工，她在小米公司已经工作两年了，每天的主要任务就是与印度尼西亚各地的小米用户在线交流。她感叹道，现在科技创新的前沿活动不再局限于欧美，在中国就能参与全球最新的科技创新。[2] 在印度尼西亚，前几年的手机市场主要被三星、黑莓等品牌占据，少有中国的手机品牌，而现在中国的手机品牌已经步入了印度尼西亚手机销售的前三名，有大量稳定的用户群体。

截至 2017 年 5 月，中国研发制造的智能手机产品已出口到 30 余个"一带一路"沿线及其他国家。尤其是青年作为手机普及率最高的群体，对中国智能手机的喜爱尤甚，大量国外青年群体成为推广中国智能手机的坚实力量。

2. 中国安检"神器"火遍全球

中国同方威视技术股份有限公司生产的安检设备已在波兰的泰雷斯波尔海关正式投入运行。该安检设备可以同时跨越三条轨道进行扫描，其发射 X 射线的加速器到最远的轨道之间的距离长达 22 米。[3] 它使用两种不同能量的 X 射线识别图像，能够智能识别客货列车，对车头自动避让，只对货车

---

① 《"一带一路"国际合作高峰论坛召开在即，盘点小米国际化征程》，搜狐，2017 年 5 月 13 日。http://www.sohu.com/a/140345298_688246。

② 《【身边的"一带一路"】世界点赞"中国智造"》，福州新闻网，2017 年 5 月 8 日。http://news.fznews.com.cn/dsxw/20170508/59101eda1e8dd.shtml。

③ 《【身边的"一带一路"】世界点赞"中国智造"》，福州新闻网，2017 年 5 月 8 日。http://news.fznews.com.cn/dsxw/20170508/59101eda1e8dd.shtml。

车身进行扫描查验，被检查的货车无须停车或减速即可完成检验。目前只有中国公司拥有这种技术，而这套设备是全球的第一套也是唯一的一套。

目前，2万多套中国制造的安检设备正在150多个国家和地区运行，比如英法海底隧道，德国汉堡等的港口，亚美尼亚、泰国等国家的海关等。

3. 中国企业开启非洲"数字电视时代"

中国四达时代集团在坦桑尼亚开启了"数字电视时代"。自该集团2010年在坦桑尼亚正式运营以来，便以其数字电视信号业务服务的高性价比而迅速发展。集团员工卢利克说："许多坦桑尼亚家庭就是从2010年起看上了数字电视，享受四达时代的服务，在那个时候，四达时代营业厅门前常常排着长队，等着领取机顶盒。"① 目前，该集团已在坦桑尼亚发展了超过150万的用户，成为该东非国家最大的数字电视运营商，他们不仅让当地人用上了数字电视，也向外传播了中国的影视文化。

4. 中国净水设备滤出清洁"活水"

由于当今饮用水安全及水资源短缺是全球各国的共同忧虑之一，于是一批来自中关村的环保企业在"一带一路"倡议下，积极将中国的技术和经验带到了世界上需要的地方。

例如斯里兰卡当地许多人因饮用水不干净而饱受慢性肾病困扰。在中国政府和中国科学院的支持下，北京泰宁科创雨水利用技术股份有限公司等中国企业来到斯里兰卡，在斯里兰卡的四个地方试点安装雨水处理系统，将当地常年充沛的雨水转化为安全、洁净的饮用水。② 斯里兰卡供水局的总工程师塔兰加·塞内维拉特纳称赞道，这个雨水处理系统技术先进、高效地改善了当地饮用水的质量，解决了当地的一大难题。该公司也正准备把泰宁雨水处理系统带到伊朗等其他沿线国家，进一步实现"走出去"。与之类似的是，

---

① 《【身边的"一带一路"】世界点赞"中国智造"》，福州新闻网，2017年5月8日。http://news.fznews.com.cn/dsxw/20170508/59101eda1e8dd.shtml。

② 《通讯：问渠哪得清如许　"一带一路"活水来》，新华网，2017年5月2日。http://news.xinhuanet.com/silkroad/2017-05/02/c_1120903843.htm。

作为全球最大、产业链最全的"膜法"净水技术企业之一，北京碧水源科技股份有限公司在 2016 年 7 月与巴基斯坦旁遮普省政府签署协议，以其自主研发的膜技术提升该地水处理技术及供水质量，帮助当地村镇解决饮水问题。

三、信息化、智能化对青年的影响

（一）连接数字丝绸之路，带动各国青年创业

中国青少年研究会副会长廉思指出，"一带一路"倡议的参与者要覆盖到全体公民，特别是青年群体，而不仅仅是各个领域的少数精英。[1] 青年将会为未来各国间的可持续合作与发展注入强大动力，尤其是 90 后、80 后的年轻人，他们是真正的互联网原住民。而且随着现代科技的发展，不同国家的年轻人逐渐呈现出一些共同特征，例如环境适应能力强、善于利用信息技术、热爱尝试新鲜事物等，这些都促进了各国青年的文化交流。

印度尼西亚创业公司 Mainspring Technology 的 CEO 刘伟瀚认为，"一带一路"的确可以给青年提供更多的交流和创新机会，他本人的工作和创业就受到了中国的很大影响。他成长于马来西亚的一个华人家庭，曾在澳大利亚和美国留学，之后分别在硅谷和北京工作过一段时间，现在正在印度尼西亚自主创业。之前在中国工作期间，刘伟瀚参加过对 UCWEB、赶集网等国内互联网企业的早期投资。在借鉴了相关创业经验并结合印度尼西亚的具体情况后，他自己成立了一家号称"印尼版今日头条"的移动互联网公司——Mainspring Technology。在他看来，东南亚国家有很多投资者和创业者都期待与中国相关企业开展进一步的合作，尤其是在 2016 年 4 月阿里巴巴以 10 亿美元收购东南亚电子商务平台 Lazada 控股权之后。刘伟瀚说，如今大多数印度尼西亚人崇拜的创业先锋是马云而非扎克伯格，他们通过马云的事迹

---

[1] 《"一带一路"为青年打开机遇大门》，中青在线，2017 年 5 月 15 日。http://zqb.cyol.com/html/2017-05/15/nw.D110000zgqnb_20170515_5-04.htm。

逐渐认识到，亚洲人做互联网产业也可以毫不逊色，与其开展合作是互利互惠的。[①]"一带一路"倡议通过加强青年的国际交流合作，将促进青年们迸发出更多创新创业的火花。

（二）北京大学教学、科研的信息化

在"一带一路"倡议下，国内各高校也积极响应号召，积极推进信息化进程，实现信息技术与教育教学、科学研究的深度融合，促进国内外学生与青年学者间的交流。

北京大学教学网旨在推进北京大学教学信息化建设，促进教学改革、提高教学质量以及加强学生课上课下知识的跟进。教学网自推出以来，在不断的探索与完善过程中形成了简便的操作系统，受到了学生和教师们的一致认可，成为独具北大风格的信息化品牌。对学生用户来说，北大教学网上清晰展示了本学期所选的各门课程，课程下还可以看到教师即时更新的课程内容、阅读材料及作业测试等，也可以参加在线讨论、在线上提交作业等。对教师来说，他们可以每周即时更新学习材料并检验学生的学习情况。这种线上线下相结合的学习模式不仅受到了北大同学的欢迎，也得到了在北大就读的国外留学生的好评，促进了基于平台进行的学术交流。

北京大学信息化教学的另一个重要举措是开展线上公开课。北京大学公开课网站上涵盖了数学科学学院、生命科学学院、外国语学院等 12 个学院的视频公开课，面向所有学生及社会免费开放，旨在推动高等教育的开放及优质资源的共享。此外，北京大学在慕课公开课网站上也开设了 14 门免费公开课。为配合线上公开课的开展，北大尤其重视青年教师的信息化教学。2017 年 3 月，北大积极开展了一系列教师培训，演示了二维码、视频、外部链接等多种信息技术的使用，鼓励青年教师在慕课、混合式教学以及面对

---

① 《复制中国模式：东南亚创业地图"这里有更多人想成为马云，而想成为扎克伯格的很少"》，21 世纪经济报道，2016 年 4 月 4 日。http://epaper.21jingji.com/html/2016-04/04/content_36746.htm。

面授课中综合使用上述技术。青年教师们纷纷积极创新、融合使用多种信息化手段进行教学，学生们对信息化教学也普遍反响热烈。

除了推进信息化教学外，北大积极研发了北京大学高性能计算校级公共平台。该平台的主要功能是面向全校提供高性能科学与工程计算服务，以满足各学科领域对于大规模数据处理和大规模科学计算的需求，实现校级平台和院系二级平台的资源整合和高效使用，整体提升学校的服务能力以降低科研成本。该平台的主要应用领域包括深度学习、新能源新材料、天文地球物理、生物医药健康等，涉及物理学、化学、航天航空科学等多学科。该平台自 2017 年 9 月 26 日向全校师生试运行起，已在 18 个院系建立了用户账号325 个，支撑科研项目 93 项，支持发表重要论文成果 2 项。这一计算平台的建立为掌握核心技术的青年学者及研究人员与国外前端学术界的积极交流提供了强大的技术支撑。

在"一带一路"倡议的指导下，如今越来越多的中国高科技企业正走向世界，这些走向世界的企业规模不一，但都认定了创新带动发展的路线，都有着谋福利、做实事的目标。他们不断改进自己的核心技术，积极推动"一带一路"倡议的落实，力图改变"中国制造"的旧面貌，不断向世界展示着"中国智造""中国创新"的新标签。这些企业对创新与活力的要求是青年参与数字丝绸之路建设的一大契机，而信息化与智能化所需的技术能力对青年而言也是一大挑战。与此同时，国内各高校纷纷响应对青年的信息化培养需求，在推动学术科研与信息技术上做出了自己的贡献：一方面将智能化、信息化融入对学生的教学培养中，提升其应用技术的能力；另一方面利用信息技术作为支持，帮助青年更好地专注于学术科研，在先进技术领域同国内外专家学者展开交流。

附

留学生访谈实录

1. 你们曾经看过英文版（其他语言版）的中国小说吗？你的国家播放中国电视剧吗？如果有的话，中国小说、电视剧在你们国家的受欢迎程度怎么样？如果没有的话，你希望有什么样的中国小说、电视剧可以传播到你的国家？

韩国 Soyeon Kim 金昭延 由于我的专业是中文，因此看过很多中文小说，例如英文版本的《西游记》《水浒传》等，其中最喜欢的是鲁迅先生的《阿Q正传》。我们国家播放的中国电视剧很少，可能在一些付费网站上才能看，但中国电影相对要多一些，成龙、范冰冰等一些电影明星在韩国是很有名气的。我比较希望《西游记》《水浒传》这样一些经典电视剧能被引入韩国，因为这些电视剧中体现出了非常浓厚的中国文化。

越南 Van Cao 梅云 我看过英文版本的中国小说，也很喜欢中国的小说。在越南会播放一些中国老电视剧和老电影，像《西游记》和《水浒传》，它们真的很流行，但现在的一些电视剧或电影能否播放就得看情况了。我比较希望有越南语版本的中国小说可以传播到越南。

乌克兰 Lidiia Demchenko 戴丽天 我刚来中国不久，此前并没有读过中国小说。平时，我对中国的武侠文化很感兴趣，觉得可以通过它了解到中国传统文化的内涵和精髓。我也看过不少中国的武侠电影，比如《十面埋伏》

《卧虎藏龙》。来到中国之后，我开始了解中国的社会和法律，读了不少书。另外，我喜欢练武，加入了北大的社团，今天刚刚获得了北京大学 2017 秋季演武大会暨"路德杯"第二届大学生格斗联赛综合格斗项目女子组别的第一名。在我的印象中，乌克兰似乎没有播出过中国电视剧，但是播放过中国电影。我觉得这可能是因为乌克兰距离中国太远，对中国的了解太少。相比而言，欧美地区的电视剧在乌克兰可能更受欢迎。

哥斯达黎加 Karina Herrera 荷娜 之前在哥斯达黎加大学上学时，商业谈判课的老师给我们推荐了一些中国书籍，例如著名的《孙子兵法》，这本书给予了我很大的启发，2015 年孙立忠老师的重译版也非常有影响力，让我们了解到了中国的传统思想与文化。

意大利 Giulia Interesse 西莉亚 我们意大利的中学其实很少学习中国历史，但我比较特殊。由于我对亚洲文化非常感兴趣，因此在威尼斯大学选择了中国语言与文化作为我的专业，在那里进行了系统详细的学习。大三时，我来到首都师范大学交换了一年，在这段时间内中文水平突飞猛进。之后，我又来到了北大政府管理学院的 MPP 项目继续深造。我看了很多中国的书，比如《红楼梦》《西游记》《唐诗三百首》，喜欢读的作家有鲁迅、巴金、莫言等，最喜欢的诗人是杜甫，当然李白我也很喜欢。此外我还喜欢读中国哲学家的书，比如孟子、老子的著作，我还将《孟子》翻译成了意大利文。在意大利，外国电视剧中拉美电视剧很受欢迎，可能是因为更有相似性。我想推广中国文化的一个可行办法是引进中国的一些节目，例如《中国好声音》，因为意大利人很爱看本国的好声音节目，这样也许能产生共鸣。还有，当地书店里日本小说很多，而中国板块的书架很少。这主要是因为意大利出版社没有给中文译者足够的报酬，所以很多人不从事中译意的翻译。但是，现在随着中国在各个领域的成功，相信中文著作的编译会越来越受重视的。

新加坡 Yang Wandong 杨婉冬　如果是中国小说的话我会尽量读原文，因为翻译再好有些东西也会在翻译的过程中丢失。中国的小说非常精彩，小时候读的金庸、古龙、卫斯理等作家作品，到近几年的《鬼吹灯》《盗墓笔记》《悟空传》，以及文学类的作品我都非常喜欢。在新加坡播出的港台电视剧会比较多，但是近几年内地作品如《甄嬛传》等也会在当地电视台播出，并且很受欢迎。

土耳其 Michael 米卡尔　在土耳其每个人都认识成龙和李连杰，大家都喜欢看武术电影。中国电视剧也很受欢迎，我记得我小时候土耳其中央电视台天天会放中国古代的电视剧。其实电视剧都是传播文化的工具，我的国家也需要营销自己的这些工具。小说方面，现在有著名作家莫言的作品《红树林》，但我还没有机会读这部小说。

泰国 Tanik Ruangpanyaphot 林贵成　我看过《水浒传》等泰语版本的中国小说。在我小的时候，电视台会播放一些中国电视剧，比如《水浒传》和《西游记》，现在播放的中国电视剧好像很少。我希望一些比较传统、比较经典的电视剧可以传到泰国去，比如《红楼梦》《三国演义》等。

2. 在构建"一带一路"的过程中，不同国家间的文化差异是不可忽视的。结合你的个人经历，你认为如何能够促进中国与你们国家双边文化的对话、交流与融合？其中两国的青年又可以扮演什么样的角色？

韩国 Soyeon Kim 金昭延　我认为不同文明碰撞过程中存在壁垒，这不仅是中国和其他国家的问题，而是整个亚洲国家的问题。我在中国已经生活了将近十年的时间，在来中国以前，我也对中国存在着一些误解和偏见，但来到中国之后，我对中国的认识有了很大的改观。

越南 Van Cao 梅云 如果两国政府加强青年学者和文化界的学术交流，文化对话就会大大增加，例如在中国的大学里有不少年轻人有机会参加一学期或一年的交流项目。但目前只有中国顶尖大学与国外大学建立了广泛的合作关系。我认为来自两国的青年还可以合作举办类似于 AIESEC 的会议或交流计划。

乌克兰 Lidiia Demchenko 戴丽天 我希望未来能够留在中国工作。据我了解，现在很多乌克兰人都会选择到中国来教书或参加表演，因为中国有更多的机会。我想这也是文化交流的一种形式，通过个体在实际生活中的交流来促进国家间的交流。

哥斯达黎加 Karina Herrera 荷娜 我是这个校园里唯一的哥斯达黎加人，大家对我们国家似乎不大了解，因此我会尽我所能地在北大宣传我们国家的文化。有一次我代表哥斯达黎加参加学校举办的国际文化节，一些同学来到我们的展位会问我们国家在哪里、是不是一个岛等等，其实哥斯达黎加位于中美洲地峡南部。

意大利 Giulia Interesse 西莉亚 我认为主要从两方面促进文化交流。一方面是政府间合作，可以放宽两国间的签证手续，方便人们亲身了解两国文化；另一方面则是媒体宣传，大多数意大利人对中国的印象来自于媒体，而现在意大利的主流媒体很少传播中国文化，更多是经济、政治方面的新闻。中国在多方面都在扩大自身影响力，也有越来越多的中国人到意大利投资贸易，如果意大利人不了解中国文化，那么很容易产生消极想法，甚至会认为存在恶性竞争。因此，我认为文化交流要迎头赶上，甚至应当说文化交流要先于经济交流。只有两种文化之间互相了解，经济交流才能更加良性地发展。

新加坡 Yang Wandong 杨婉冬 作为在美国留学然后又来中国留学的学生，我切身感受到了不同国家和地区的文化差异，以及对另外一种不属于自己文化的距离感和陌生感。我觉得在"一带一路"倡议中，需要熟知两国文化的人们来构建一个便于大众沟通的平台，结合他们自身的经验，让两国文化通过官方的、渐进的方式进行交流，消除人们对陌生文化的刻板印象。

土耳其 Michael 米卡尔　文化传播是决定一国外交关系的方向、特点、对象的因素之一。刚才提到了电视剧、电影、小说等都是传播文化的工具，并且对象主要是青年人，但值得一提的是在我国电视台播出的中国电视剧和电影大多都是（20世纪）90年代制作的，而现今中国的变化非常大，人们从影视中了解的中国并非如今的中国。即使是当前制作的影视作品，电视台也会出于市场考虑选择播出与众不同的电视剧，因此不能体现出真正的中国文化。我认为国家应该特定安排好几部电视剧或者电影卖到别国，从而传播真正的国家文化。

3. 能否结合你的生活说说最熟悉的、最能够代表中国的"标签"？比如，在你们国家使用中国品牌的手机或者家电的人多吗？使用这些中国产品对他们的生活有什么改变和影响？

韩国 Soyeon Kim 金昭延　最能代表中国的标签可能是小米充电宝吧，很多韩国朋友都希望我回家的时候代购一些。在韩国最有名的中国手机品牌应该是华为，但普及度相比于三星和苹果还是有些差距，不过大家已经越来越意识到华为手机的好处：使用方便，价格也相对便宜。

越南 Van Cao 梅云　中国产品长期以来一直被认为是廉价和低质量，但最近我看到一些中国产品虽然价格便宜但质量很好，尤其是像华为、OPPO这样的手机。我国有很多人使用中国产品，因为两国在地理上相邻，而且它们往往很便宜。

哥斯达黎加　Karina Herrera　荷娜　现在很多地方都在讨论"一带一路"这个话题，这也是中国最新的发展动向。日常生活中印象很深的是"无现金"，出门除了拿手机外可以一分钱都不带，非常方便。

意大利　Giulia Interesse　西莉亚　首先我想到的是熊猫，我觉得熊猫是中国最萌的动物。而且中国民族十分多样，有五十六个民族，也有很多地区差异，每个地方都有自己的标签。此外还有中国美食、书法等，太多了。

新加坡　Yang Wandong　杨婉冬　我印象最深刻的是高中要来中国交流时，一位同学让我帮他带飞跃牌的小白鞋，那是我第一次接触到这个牌子，高中时由于它性价比很高所以较为出名。"Made in China"这个标签已经不是以前的意思了，现在更多代表着创新。很多留学生来中国后都会因为运营商等问题换手机，但他们在用了小米或者华为以后都赞不绝口。近几年，淘宝在新加坡也是越来越普及。

土耳其　Michael　米卡尔　大多数国家市场中的所有小产品似乎都是中国制造，而那些小产品的质量不一定好，所以土耳其对中国的印象是"质量不好的小产品"，但近几年电子产品尤其是手机及相关配件正在改良这一印象。依我看，中国有代表性的产品很多，筷子、陶瓷、新的手机品牌等都算是标签。我两年前回土耳其带回去几双筷子送给亲戚朋友，几周前我的表妹们发了一张照片，她们把筷子用作发夹将自己打扮成中国人的样子，可以看出她们很重视那些筷子，这也让她们对中国文化有了好奇心。

泰国　Tanik Ruangpanyaphot　林贵成　中国的电子产品在泰国的普及度不是特别高，大家普遍使用日本产品，这和泰国近几年的政策及传统相关。但我本人很喜欢中国的电子产品，你看，我现在使用的手机就是小米的，我觉得它经济又方便。我认为如果中国的电子产品能够传入泰国会很好，既让人们有了更多选择，也可以引起良性竞争。

4. 习近平主席提出要"打造开放型合作平台，维护和发展开放型世界经济"。作为一名外国留学生，你对推动与设计"一带一路"有何看法？你认为开放型世界经济对各国发展的好处有什么？

韩国 Soyeon Kim 金昭延 我觉得通过"一带一路"，不同国家可以进行文化上的沟通交流，虽然这实现起来有难度，但我持乐观态度。对于开放型世界经济，我很支持也很希望它成功，独乐乐不如众乐乐，国家之间也应该学会分享，我觉得这对于世界上一些发展不那么快的国家有着很大帮助。

哥斯达黎加 Karina Herrera 荷娜 我们国家因为国土面积较小，资源有限，因此一直实行开放政策。我们国家以生产咖啡、香蕉、甘蔗、牛肉这些产品为主，再通过进口提供一些我们需要的产品。我认为中国和哥斯达黎加之间通过海上丝绸之路的建设可以促进开放型经济的发展。

意大利 Giulia Interesse 西莉亚 "一带一路"能够更加便利国家之间的贸易往来。例如中意铁路运输专线 2017 年开通了，这趟货运专列每周都会发车，全程仅需 10 多天时间。2018 年还将增设两条连接意大利和上海、北京的运输专列。这意味着中国和意大利在"一带一路"这条线上的联系更加密切了，两国人民都可以享受到更多来自对方的产品。所以我认为开放型经济是双赢的。

5. 你尝试过"双十一"购物吗？

乌克兰 Lidiia Demchenko 戴丽天 我买了很多东西，比如我现在穿的上衣和鞋子，都是在淘宝买的。我通常在买之前，都会看看顾客的评价和宝贝详情，比如质量和尺寸，实在不行可以退货。

意大利　Giulia Interesse　西莉亚　当然。我买了很多，比如毛衣、蜡烛和笔记本。我认为一分价钱一分货，在意大利也是一样，所以我认为买的商品对得起它的价格就好。

新加坡　Yang Wandong　杨婉冬　我"双十一"剁手了！虽然各种红包和奖励金很复杂，但我乐在其中。"双十一"是一个非常盛大的线上购物日，它相当于美国的感恩节和黑色星期五，并且在消费规模上更甚于它们。它真的展现了中国人民的消费能力。

泰国　Tanik Ruangpanyaphot　林贵成　我平时会在淘宝上买东西，不过次数不是很多，因为有时候取快递不是特别方便。但在淘宝上购物本身是很方便的，商品很多。

6. 你对中国电子产品的印象和评价如何？在你们国家使用中国品牌的手机或者家电的人多吗？使用这些中国产品对他们的生活有什么改变和影响？

越南　Van Cao　梅云　我觉得，中国的电子产品总体上不及日本和韩国，但是可以看到它们的技术和产品质量正在提高。我会考虑购买华为这样的中国手机。

乌克兰　Lidiia Demchenko　戴丽天　我买了1000元的华为手机，对它各方面的功能都很满意，但是拍照质量还可以更好一点儿。最近两年，华为、小米手机开始在乌克兰流行。

哥斯达黎加　Karina Herrera　荷娜　中国的手机近几年开始逐渐占领哥

斯达黎加的市场，与苹果、三星等品牌抢占市场份额。尤其是华为的 P9 和 P10 两个型号，在我们国家受到了热烈追捧。电脑方面，我们喜欢买中国的联想、宏碁这两个牌子的笔记本。还有，TCL 电视在我们国家很受欢迎。

意大利 Giulia Interesse 西莉亚 我觉得中国的手机质量很好。我之前用过小米手机，现在用 OPPO 手机，都感到非常满意。我家人也很喜欢中国手机。我爸爸是 IT 经理，他用过华为、小米、苹果等各个牌子的手机，他认为中国的一加手机是世界上最好用的手机。在意大利，华为和小米手机很受欢迎，一些手机运营商也会推出和华为手机绑定的套餐。

泰国 Tanik Ruangpanyaphot 林贵成 我对中国电子产品印象很好，我现在使用的手机就是小米的，方便又实惠。不过在泰国，使用中国品牌手机的人不是很多，一些老一辈的人对中国产品的印象还比较保守刻板，但年轻一辈，尤其是见识过中国产品的人，就对中国产品的印象有很大改观。

7. 你们国家的人会使用中国的跨境电商平台购物吗？你认为这给你们的生活带来了怎样的影响？

韩国 Soyeon Kim 金昭延 现在已经有越来越多的韩国年轻人用淘宝购物，真的很方便。我觉得中国市场的一个很大的优势就是价格便宜，而这也是淘宝的优势之一。但由于韩国不可以使用支付宝，只能用银行卡支付，因此淘宝使用还是有一定不便。

乌克兰 Lidiia Demchenko 戴丽天 我 13 岁的时候，我的父亲就在乌克兰用中国网站海淘了。相比一些欧美国家的购物网站，中国的跨境电商价格更为优惠，所以我们家的人都非常喜欢在上面买东西。如今，华为和小米这些品牌在乌克兰的流行正在改变过去人们对中国制造质量差的印象，取而代之的是极高的性价比。

新加坡　Yang Wandong　杨婉冬　淘宝这几年在新加坡越来越火，很多人不辞辛苦要转运也要在淘宝上买东西。在新加坡，电商的规模没有这么大，因为新加坡的快递行业的人力费高，达不到像中国这样的快递网络覆盖率和物流速度。各个品牌有自己的网站，但没有像淘宝一样的大规模综合性电商。

8. 在你的国家平常买东西要交税吗？有没有自贸区（免税区）？你觉得中国建立自贸区是不是也可以运用到你们国家？或是签订自贸区协定？

韩国　Soyeon Kim　金昭延　是需要交税的，好像只有机场有免税区。韩国能否像中国一样建立自贸区，我觉得要进行平衡，因为国家需要保护民族产业，但同时也需要外来企业的刺激。如果从我自己的角度来看，我肯定希望签订自贸区协定，毕竟很多想买的国外商品会便宜很多。

乌克兰　Lidiia Demchenko　戴丽天　乌克兰现在还没有和中国签订自贸区协定，但我觉得乌克兰以后可以加入，因为我们现在买进口产品要付很高的税。2016 年欧盟—乌克兰自贸区启动，拉动了乌克兰的就业。乌克兰主管对华事务的副总理根纳季·祖布科表示，乌克兰应该成为"一带一路"上的"坚固环节"。我们也要抓住这个发展机遇，早日和中国签订自贸区协定。

哥斯达黎加　Karina Herrera　荷娜　哥斯达黎加是中美洲地区第一个和中国建立正式外交关系的国家，中国是哥斯达黎加第二大贸易伙伴。2011 年生效的《中国—哥斯达黎加自由贸易协定》，更是我们两国友好关系的见证。双方将对各自 90% 以上的产品分阶段实施零关税，共同迈进"零关税时代"。

意大利 Giulia Interesse 西莉亚　我们要付税。中国目前还没有和意大利签订自贸区协定，未来中国有可能和欧盟签订协议，而意大利作为欧盟的一部分，肯定是乐于推动、参与中国的自贸区的。意大利外交部公使、国家体系推广司司长德卢卡说过，意大利是"一带一路"的重要组成部分，是中国通过"一带一路"进入欧洲的入口，意大利愿意在贸易等领域扮演重要角色。我认为这是必要的，因为减免关税对意大利进口中国大量的纺织品、技术产品很有益处。

9. 你有没有了解过中国的改革开放政策？在你的国家有没有和中国改革开放政策类似的情形出现？你觉得这一套模式能不能运用到你的国家呢？

韩国 Soyeon Kim 金昭延　听说过，但韩国好像没出现过这样的情况。至于能否运用到韩国，我觉得这和文化有关。就拿社会主义来说，来到中国以前，我无法理解社会主义国家是怎么运行下去的。不过来到中国以后，我渐渐能理解了，同时我也觉得一个这么大的国家能够运行得井井有条真的和社会主义密不可分，而且中国的文化和社会主义融合得很好。但如果让韩国也实行社会主义，就不见得能行得通，改革开放也一样，这和一个国家的文化积淀有关。

乌克兰 Lidiia Demchenko 戴丽天　我来到北大之后学到了这个政策。我们国家1991年刚刚独立，是个新生的国家。我认为，我们不能成为一个封闭的国家，在这方面需要借鉴中国改革开放的很多经验，同时也要结合具体国情。

10. 你对习近平主席提出的"人类命运共同体"怎么看？对于"青年命运共同体"这个新概念怎么看？

越南 Van Cao 梅云　人类有着一些类似的问题，比如贫穷、环境问题等，这些问题不能由一个国家来解决，而是由国际社会来解决。因此，各国应该合作应对这些挑战。年轻人也一样，不管身份如何，都要相互配合，理解和容忍文化差异。

新加坡 Yang Wandong 杨婉冬　我非常认同这个观点。尤其是作为一个研究环境政策方向的研究生，环保这类事情并非单一国家的责任，而是全球人类的责任，因为地球只有一个。除去我们不同国籍、不同种族的标签，我们都有一个共同的身份，就是人类。习近平主席强调的人类命运共同体是非常适时的，而且中国在国际背景下对各种减排和环境政策所做出的努力都是有目共睹的，我觉得这很好地带动了其他国家的积极性。关于青年命运共同体，出于发达的通信和交通，走在科技前端的青年们可以最大限度地跨国度交流知识和想法，所以青年们是不同国家文化输出和碰撞的聚焦点。在这样的背景下，无论身处什么文化、属于什么国籍的青年们能够一起解决面临的各种问题，如解决难民问题或是探索干净水源。这个过程中青年们既是独立又是一体的，因为他们有着共同的目标。

实践与实例展示

2015 年 10 月 26 日，中国国家主席习近平在联合国教科文组织第九届青年论坛开幕式上发表贺词，希望各国青年用欣赏、互鉴、共享的观点看待世界，推动不同文明交流互鉴、和谐共生，积极为构建人类命运共同体添砖献瓦。

长期以来，北京大学一直致力于为"一带一路"倡议的推动实施建言献策，贡献自己的力量。为响应国家建设"丝绸之路经济带"和"21 世纪海上丝绸之路"的构想，北京大学开展了多个相关的科研和教学项目，培养了一批精通"一带一路"沿线国家语言、历史、文化、经济、政治等的复合型人才。北大人更是不遗余力地发挥自己的作用，为建设"一带一路"添砖加瓦。

为帮助青年学生打破国际交流间的语言障碍，北京大学外国语学院专门推出了"一带一路"外国语言与文化系列公共课程项目，来自韩国的闵瑛美老师承担了教授公共韩国语课程（以下简称"公韩"）的工作。

2017 年是闵瑛美老师执教公韩的第三年，课程还是一如既往地火爆。课容量仅为 40 人的课堂，每一次到场的都在 80 人以上，旁听生占了相当大一部分，其中很多听课者还是从清华大学等其他高校慕名而来的，而选修课程的学生也来自世界各地。

闵瑛美老师认为开设"一带一路"沿线国家公共语言课程的目的不仅是学习一门语言，更是要让各国青年能够进行思想碰撞、文化交流。为了促进中韩两国青年的深层次交流，让中国学生掌握韩国语言与文化，她对教学环节进行了精心设计，例如在上课前半小时播放韩国的热门综艺、影视作品等，根据同学们展示的韩国文化介绍一些热点词汇，寓教于乐；同时，还举办了"公韩之友"语伴活动，为中韩学生提供了进行个人交流的契机。除教授课程外，闵瑛美老师还组织过两届韩国文化节，为此她特地找到延边的店家购买韩国的传统玩具，准备了韩服，还亲自教学生们跳韩国传统舞蹈——扇子舞。来自各国的同学们也积极参与其中，在准备美食、参与表演的过程中加深了彼此的友谊。公共韩国语课程的成果是斐然的，大多数学生的韩语水平都得到了显著提高。

闵瑛美老师基于自身的法学背景，还开设了"比较法法律专题（一）（韩国法理论与实际）"课程，主要讲授韩国法理论与实际并对韩国判例进行分析。2017年朴槿惠弹劾案引起了学生的广泛关注，为此闵瑛美老师特地安排了课程对这一事件进行解读分析，不仅让韩国留学生翻译了最新通过的弹劾法案文本，还让日本、韩裔美籍、已服兵役与未服兵役的韩国留学生从各自角度分析不同群体对弹劾案的看法，让学生切身体会到法条与实际生活的区别。同时，闵瑛美老师每年都会联系在京韩企与学生进行交流，例如2017年选择了北京现代汽车公司总部与大韩贸易投资振兴公社（Kotra），同学们都表示从这一社会实践中对法律有了更深层次的理解。

像闵瑛美老师这样致力于推动同学们在课程内外交流的青年教师在北大还有很多，此外也有许多学生自组织的国际交流活动为各国青年提供了沟通平台。

STeLA（Science and Technology Leadership Association）是成立于2007年的国际性非营利学生组织（NPO），以探索、分享、传递在全球的高速科技发展中所真正需要的领导力为使命。11年前，一群来自麻省理工学院斯隆商学院的精英满怀热忱和使命感创建了STeLA，经过多年历练成长，STeLA所崇尚的领导力理念已经在全世界吸引了无数的科技精英投身其中。目前STeLA已构建起强大的跨国精英网络，其核心成员来自美国、日本、中国、欧洲四个分支的各大顶尖名校。

STeLA成立以来，不仅积累了理论知识，更是自行设计出了一系列以领导力为核心的活动。STeLA 每年会举办"STeLA 科技领导力论坛"（STeLA Global Leadership Forum），论坛的承办地点每年在中国、欧洲、日本三地之间轮转，例如 2017 年 STeLA 科技领导力论坛便以"技术，责任，社会"为主题在荷兰莱顿市召开。在会期，参会者们会接受基于麻省理工学院斯隆商学院理论的专业化领导力培训，在跨文化氛围中学习真正的团队合作；在非会期，每位成员都能参与 STeLA 中国组织的专题讨论会，从理论探讨、活动实践中真正了解专业化领导力的精髓。

STeLA 成员彭晓韵认为 STeLA 的特别之处在于：来自日本、中国、欧洲三个分支的伙伴每年都会举办论坛，而论坛丰富内容的背后是长达一整年的准备以及不曾停止的跨文化交流沟通。虽然跨文化、跨背景、跨距离的交流总会出现分歧，但"All For STeLA"的共同目标仍然紧紧凝聚着每位成员。彭晓韵对于青年命运共同体的理解，也是从那一刻开始清晰的。所谓的命运共同体，不是让处于共同体下的个体如何放弃自我来达到整体的妥协，而是作为个体在意识到自我对共同体的认同后，主动发挥自己的比较优势为这个共同体的共同目标做贡献。"发现自我，发现伙伴"，这不仅是 STeLA 的，也是青年命运共同体的意义所在。

除 STeLA 这类联结各国青年、关注国际性议题的组织外，还有"中国—东盟青年峰会"此类关注加强中国与东盟等特定国家和地区间青年联系的会议活动。

中国—东盟青年峰会是由东南亚留学生与一些志同道合的中国同学在 2016 年自主发起的活动。活动目标是通过举办峰会，联络对东南亚区域的政治、社会、文化、民族等议题感兴趣的高校青年。这一活动不仅能联谊东南亚在华留学生与中国青年，也能通过各国青年间的辩论与交流为当今东南亚的区域性问题提供一些可能的解决方案。

2017 年 11 月 24 日上午，大约 200 名来自中国及东盟各国的青年齐聚在北京大学英杰交流中心阳光厅，一同拉开了第二届中国—东盟青年峰会的序幕。此次峰会不仅得到了中国—东盟中心、北京大学国际关系学院团委及北京大学国际合作部留学生办公室的肯定与支持，也邀请到了 2017 年东盟轮值主席国菲律宾驻华大使罗马纳先生、中国青年联合会副秘书长伍伟先生、中国—东盟中心教育文化旅游部副主任孙建华先生等嘉宾参与开幕式。

东南亚对许多人而言一直是一个陌生区域，多数中国青年可能对东南亚存在一些"固有印象"，例如东南亚是一个"整体"，而事实上东南亚由多个国家组成，世界上可能没有其他区域像东南亚一样形势复杂，而东盟境内面临的问题及处理问题的方式因其内部的多样性变得复杂。2017 年是东盟成立 50 周年，中国也召开了"一带一路"国际合作高峰论坛，在这个中国与东盟都备受瞩目的时刻，中国—东盟青年峰会将"迎接变革，携手前进"作为第二届峰会的主题，希望对青年人在促进中国与东盟关系中的角色、青年人如何深化"命运共同体"意识、如何合作应对地区与双边关系中的挑战等问题进行讨论。

第二届中国—东盟青年峰会以一系列丰富的活动为各国青年呈现了东盟的特点：学习东盟式辩论协商的"模拟东盟峰会"，围绕中国—东盟议题开展的"专题学术论坛"，能在北京亲身体验与感受的"东南亚文化晚会"，与驻华大使及参赞对话交流的"使馆参访"，发挥代表创造和想象力的"创新创业大赛"等。

其中模拟东盟峰会是主打项目，各国青年代表能在模拟峰会中切身感受到谈判的困难，还能抛开官方包袱、突破现有框架，大胆提出一些建设性意见以助于解决现实中的外交问题，整个谈判过程也展现了东盟求同存异、寻求共识、协商一致的精神。同时在模拟峰会的国家代表分配上，组委会采取了"不代表自己国家"的分配原则，使各国青年通过对换角色，更好地了解不同国家的政策与立场。另外，首届中国—东盟青年创新创业大赛也格外引人注目。这是首个将关注点放在中国—东盟地区内的创新创业大赛，鼓励青年们积极地以自身创造性的思想与行动参与到中国—东盟地区的创新创业行动中。

通过诸多课程和青年组织举办的活动，北大青年们有着丰富多样的机会同国际社会进行沟通交流，在学生时代就为构建青年命运共同体出力奋斗。而当北大人走出社会，更是在各领域发光发热，引领全社会的青年共同为推进"一带一路"倡议的建设而奋斗。

习近平总书记在十九大报告中提到："香港、澳门发展同内地发展紧密相连。要支持香港、澳门融入国家发展大局。"促进海峡两岸暨香港、澳门的交流不仅对中国的稳定与发展十分重要，而且有助于推进"一带一路"倡议的顺利开展。北京大学在这一领域中始终贡献着自己的力量，来自香港的王柏荣就是其中的一个典型代表。

王柏荣2014年本科毕业于香港大学，获得了教育学士（通识教育）学位，2016年获得台湾、港澳及华侨学生奖学金，进入北京大学新闻与传播学院学习。王柏荣积极参加社会工作，2014年以来，担任香港专业人士（北京）协会的青年事务委员会主委一职，主要负责统筹政府对主要在京港人社团的长期支持，目前组织举办了超过40次大型活动，服务人数超过5000人次。目前，青年事务委员会港生会员人数大约为400人，核心干事超过60人，分别来自北京大学、清华大学等10多所高校，组织了丰富多彩的活动，包括孤儿院及幼儿园探访、新兴地区考察、创业比赛、实习计划、优秀青年奖学金、与全国政协委员及全国人大代表交流会等。

香港回归后，北上求学或求职发展，乃香港青年人顺理成章的一项选择。在香港北上青年数量不断增多的同时，协会一方面协助在京香港青年求学或就业，利用协会成员在内地长期工作的经验及资源举办各种活动与提供服务；另一方面，协会也致力于鼓励香港青少年学习普通话，例如自2013年起，协会便多次支持及赞助全港小学普通话朗诵比赛等。

除了协会工作外，王柏荣也将个人作为内地与香港之间沟通往来的桥梁。他在北京生活的这几年，充分感受到内地人民对香港同胞的友善、包容。他惊叹于国家迅速的发展，尤其是科技创新的快速进步。每每香港的朋友来北京拜访他时，他都会向他们展示用手机点菜、结账，这令朋友们感到非常不可思议。王柏荣认为这是香港需要多向内地学习的地方。谈及自己的责任，王柏荣说道："作为中国香港的青年一代，感受到这几年国家的富强与进步，让我对国家民族的复兴与'中国梦'的实现充满期待。作为青年应当好好充实自身的学识与才干，努力实践所学，贡献社会。"

北大青年身上肩负的不仅是中国发展的使命，更是世界前进的重任；北大青年的任务不仅是中国的繁荣富强，更是世界的和平与昌盛。孙洁便是践行这一理念的杰出代表之一。

"'一带一路'倡议是中国政府提出的一个伟大举措，近年来世界形势复杂多变，世界经济缓慢复苏、发展分化，各国面临的发展问题依然严峻"，在谈到对"一带一路"倡议的看法时，携程2016年上任的首席执行官孙洁这么说道，"面对如此严峻的世界局势，中国勇于承担起国际责任，振兴海上与陆上丝绸之路，与各国开展国际性全方位合作，为构建人类命运共同体而努力。携程作为中国最大、全球第二大旅游公司，也要义不容辞地承担起企业责任"。

孙洁出生于上海，曾就读于北大法学系，在美国佛罗里达大学商学院完成学业后在美国硅谷工作多年，2005年回国后历任携程CFO、COO，2016年年底升任携程CEO，并在福布斯中国"2017中国最杰出商界女性排行榜"上排名第十五位。在她接任携程首席执行官后，携程在国内外扩张的步伐更加稳健。在中国政府大力推行"一带一路"倡议的大背景下，携程瞄准国际旅游市场，推进海外投资，致力于推动中国旅游业的发展。

在以孙洁为代表的携程高层领导下，公司在各方面有了长足发展，2016年公司市值达到250亿美元，超过了名气更大的美国竞争对手亿客行（Expedia，市值170亿美元）。但携程并不满足于目前取得的成就，仍然在积极寻求新机遇，秉承着开放的心态，继续以多样化方式扩大对外投资范围与力度，为成为最有创造力的全球性旅游公司而继续前行。而携程开展的海外投资发展计划中内在的"全球性"，与员工构成及内部机制中蕴含的"创造性"，是支撑携程朝着目标前进最重要的动力。

孙洁认为，对旅游业而言世界经济和国际政治的稳定至关重要，和平也是所有事业的发展基石。人类的命运从来没有像今天一样如此紧密地联系在一起，各国之间相互依存、休戚与共。在构建人类命运共同体的伟大事业中，青年人有着前所未有的广阔舞台，他们可以尽情发挥汗水和聪明才智。孙洁在实现自身价值的同时，也领导着携程努力为青年创造更好的工作机会。

第四章

青年与创新

引　言

　　放眼当今世界，创新日益成为推动发展、解决问题的重要手段，习近平主席在致世界机器人大会的信中提到科技正以前所未有的力量驱动着经济社会发展。当今世界面临着诸多问题，例如环境污染、地区安全、城市建设、发展滞缓等。要想解决这些难题，应当采用创新视角、运用创新手段。"一带一路"所倡导的"丝路精神"不仅仅是对历史的回顾，更是兼具历史厚度与思维创新，从而全方位、多途径地实现政策沟通、设施联通、贸易畅通、资金融通、民心相通。"一带一路"是回顾历史、立足当下、放眼未来之路，在尊重历史事实、维护历史友谊、吸取历史经验的前提下，推动科技创新，依靠科技力量解决当下问题，并以创新视角，展望并投入到革命性技术的创新之中。

　　"一年之计，莫如树谷；十年之计，莫如树木；百年之计，莫如树人。"人才资源开发一直处于科技创新最优先的位置。中国青年正以前所未有的热情和能力投身于科技创新的浪潮之中。面对城市拥堵问题，戴威在北京大学硕士学习期间抓住数字经济的机遇，提出共享单车概念，在优化人们出行选择的同时，也为解决环境问题提供了全新视角。创新驱动实质上是人才驱动，而创新型人才则来自于创新型教育。随着诸如北京大学极客实验室这样的新兴教育平台和教育方案的不断提出，北大培养出了越来越多的善于接受新事物、知识储备扎实、国际视野开阔的青年人，他们不断投身于"双创"事业之中。在解决当下问题的同时，青年人更应该放眼于未来，积极在量子计算机、纳米技术、人工智能等领域进行探索，掌握通往未来的钥匙。

在"一带一路"倡议的背景下，创新视角不能受限于国内，而应该通过"一带一路"倡议"走出去"。互联网及其衍生产品，日益成为带动经济发展和科技创新的重要引擎。近年来，中国涌现出了众多优秀的互联网公司，他们也成为中国科技走出去的重要桥梁。ofo作为共享经济的倡导者，在进入到"一带一路"沿线国家后，完善优化了合作国家的交通出行体系，推动了绿色城市建设，提高了政府的社会管理效率，实现了管理模式的创新。百度作为全球最大的中文搜索引擎，积极向沿线国家提供大数据技术，帮助其建立完善的互联网体系。不仅是企业，高校也致力于创新技术的"走出去"。张晓升、韩梦迪等一大批北大优秀青年致力于纳米技术的探索，不断将技术转化为成果并投入智慧城市建设之中，为沿线国家提供解决"城市病"最尖端的技术和方案。

随着"一带一路"倡议的逐步落实，将会创造出越来越多的创新机遇，也会促进创新深入到我们日常的生活中。创新教育的推广将会产生更多的创新型人才，雨后春笋般的创新型企业将会提升我们的生活质量，像纳米技术、大数据、云计算、量子计算机等前沿科技的发展将会帮助我们窥探未来的生活景象。新时代，科技创新不仅会推动经济发展，也会在"一带一路"沿线的互联互通中发挥巨大作用。

一带一路，万众一心

〔巴拿马〕Any Lam Chong Leon 林锦珍
北京大学国家发展研究院 BiMBA 商学院硕士研究生，
巴拿马共和国驻华大使馆临时代办、参赞

2017 年 6 月，巴拿马共和国正式与中华人民共和国建交。这一外交关系的推进也促成了接下来一系列的变化，诸如巴拿马—中国贸易发展办事处更改为巴拿马共和国驻华大使馆，还有中华人民共和国驻巴拿马大使馆的成立。于我个人而言，我作为巴拿马共和国驻华大使馆第一位外交事务负责人，主要负责两国建交关系的平稳过渡，包括双方在不同领域的谈判。现在，我又被任命为经济商务参赞，兼临时代办，负责使馆领事部门的政务。胡安·卡洛斯·巴雷拉总统强调，这一新的外交关系，将促使巴拿马与中国在海事、贸易、投资、金融、基础设施建设等领域取得合作性成果，将积极促进两国之间的交流与合作，尤其在教育与旅游方面。

我来自巴拿马，但与中国有着不解之缘。我的父母祖籍是中国广东，他们在 35 年前移居到了巴拿马共和国。移居海外的华人不得不面临适应新环境的挑战，这种挑战来自于，他们虽然身处他们称之为"新家"的国家，但身上仍然保留了中国文化。我的父母在年轻时选择了巴拿马作为他们的"新家"，而我则不同，我从小接受的是巴拿马的教育体系。然而在家中，我的父母一直竭尽全力地教导我们中国传统，并且不断提醒我们中国根源对于我们家族的重要性。对于我的父母来说，如果我能够知晓中国文化、历史，体会汉语的魅力，充分感受中国的发展变化，以及了解他们曾经面临的种种困难，会让他们感到非常欣慰，因为中国是他们的故土。现在，我回到中国，在巴拿马共和国驻华大使馆工作，这让我的父母感到非常欣喜与骄傲。随着"一带一路"倡议的提出，我越来越感受到我的工作的价值所在，接下来我也从自身的角度谈一谈我所理解的"一带一路"及其带给中国和巴拿马的变化。

一、近些年中国的发展变化

我14岁的时候，全家第一次回到中国，到了那个对我们家族最为重要的地方——广东省中山市。我的祖母仍然健在并生活在这片故土，这让我感到幸福。然而在14年前，我并没有感受到如今中国这样的互联互通。我还记得我们第一次乘飞机到中国的时候，要经过很多次中转航班，到了香港机场之后还要搭乘轮渡去中山港。我记得当时从中山港到我祖父母所在的村子，道路非常狭窄，也没有铁路。当时，那里大部分的土地用于种植蔬菜、农作物或养殖鸡鸭。就在我祖父母的房子对面，有一个可以采摘草莓的地方，那是我在中山至今为止最接近大自然、最难忘的一段经历。

每到中国的农历新年的时候，我都会回中国南方和我的祖母一起庆祝春节，这一传统已持续五年以上。可以说，我见证了这个村庄的快速发展。我切身感受到一个小村庄在基础设施、道路桥梁、医疗卫生系统、供水系统等方面的巨大变化。习近平主席曾提出到2020年要消除贫困的倡议，确保所有贫困地区和贫困人口一道迈入全面小康社会。的确，中国政府的这一减贫计划已经在全国各省/直辖市/自治区自上至下有序地进行。可见，习近平主席非常重视改善民生的问题，不仅仅是减少贫困人口数量，而是要彻底终结极度贫困的情况，带领人们彻底脱离贫困的境地。

我已经在北京工作三年有余。在这三年，我看到了北京是如何一步步变成一个更加绿色、更加关注气候变化、拥有更多创新实践和更好基础设施的城市。

自"一带一路"倡议提出以来，我也看到了越来越多不同国家人与人之间的交往。我看到有更多的外国人在中国旅行，甚至有更多的外籍人士决定定居在这里。这种往来促进了很多国际餐厅和国外商品在中国市场的繁荣，这有助于减少某些消费品的稀缺，使得物质资源更加丰富，人们的生活质量可以更进一步提高。

二、"一荣俱荣"的"一带一路"倡议

中国在全球范围内发挥着越来越大的作用，在全球事务中显示出更加积极的主动性，去承担更多的责任。"一带一路"倡议，从地区合作走向全球合作，这必将载入史册。习近平主席指出，"一带一路"倡议是一个开放、包容、互利的合作平台，既加强了欧亚的互联互通，又同时向非洲、拉美等地区开放机会。"一带一路"必须走和平、繁荣、开放、创新和文明的道路，把不同国家联系起来，我们要以创新为动力，在数字经济、人工智能、纳米技术、量子计算等最先进的领域加强合作，促进大数据、云计算和智慧城市的发展，它们是 21 世纪数字丝绸之路重要元素。正如习近平主席在 2018 年的新年贺词中所表达的那样，中国将"积极推动共建'一带一路'，始终做世界和平的建设者、全球发展的贡献者、国际秩序的维护者。中国人民愿同各国人民一道，共同开辟人类更加繁荣、更加安宁的美好未来"。

我认为"一带一路"可以称为"一荣俱荣"的倡议。个人而言，我看到了在不同方面的发展和合作机会。比如，对于巴拿马的青年来说，这可以是一个追求更高教育水平的契机，青年人可以抓住此次机会成为在不同领域具备专业知识的人才，因为"一带一路"将推动创造数千个不同领域的职业。正如习近平主席在"一带一路"国际合作高峰论坛开幕式上所提及的那样，"中国企业已经在 20 多个国家建设 56 个经贸合作区，为有关国家创造近 11 亿美元税收和 18 万个就业岗位"①。所以，"一带一路"倡议不仅可以促进国家的基础设施建设，也可以增加就业机会，提高国家的经济潜力和人民

---

① Full text of President Xi's speech at opening of Belt and Road forum，新华网，2017 年 5 月 14 日。http:// www.xinhuanet.com/english/2017-05/14/c_136282982.htm。

的生活质量。

中国是"一带一路"倡议的提出者，也是主要推动者，"一带一路"倡议是一种"我为人人、人人为我"的美好愿景。仔细审视"一带一路"倡议的内容，可以发现，它体现了对每个国家的包容，但国家之间的联系终将回归到与中国的联系。已经开发或将要开发的项目主要依靠中国企业发起，这其中，来自中国的银行的参与是项目的重点，甚至所需要的人力资本都是靠中国企业在海外招聘的。有意向的投资方可以获得各种形式的中国资金，例如主权贷款、中国国有银行的贷款等。

三、"一带一路"倡议对巴拿马共和国的意义

2017年9月，中国外交部部长首次正式访问巴拿马共和国。在王毅先生访问期间，他强调拉美是"21世纪海上丝绸之路"重要的"自然延伸"，"一带一路"倡议已成为中拉合作的又一个新的推动力量。[①]巴拿马共和国可以很好地利用王毅部长提到的这种地缘优势，因为巴拿马是拉美地理标志——巴拿马运河的关键。

在巴拿马政府的管辖之下，巴拿马运河已经提供了超过100年的海运服务。它是一条仅为77公里的通道，却极大地缩短了从大西洋到太平洋的航程，已经成为国际海上贸易的主要通道。当今世界对于科技和创新的探索是持续不断的，巴拿马也需要保持创新的思维，使这一通道能恒久保持这种竞争力。所以，随着船舶建造规模的扩大，巴拿马国民议会一致通过了扩大水道的提议。此外，巴拿马国民议会创立并且通过了可以强制执行全民公决的法律，巴拿马人可以通过投票来表决是否同意扩建巴拿马运河。2006年10月，巴拿马人通过公民投票决定批准建造第三条通道，这条通道可使运载力超过

---

① Wang Yi : "Belt and Road" Initiative, A New Propeller in China-Latin America Cooperation，中国—拉共体论坛官网，2017年9月21日。http://www.chinacelacforum.org/eng/zyxw_1/t1495249.htm。

14 000 TEU 的大型船舶通行，由此，巴拿马运河可保持在运载方面的竞争力。经过 10 年的精心规划和努力建设，新通道最终于 2016 年 6 月竣工，隶属于中国远洋海运集团有限公司的"中远海运巴拿马"成为第一艘在扩建的巴拿马运河过境的船舶。

从巴拿马运河管理局的官方网站上可以看出，这个扩建工程是自 1914 年运河开通以来最大的基础设施项目。通过对超过 100 个案例进行了 10 年的分析，研究结果表明扩建后的运河为全球的航运商、零售商、制造商和消费者提供了更多的航运选择、更好的海运服务和更高的在物流和供应链上的稳定性。扩建计划的创新之处为在大西洋和太平洋设立了一套新的船闸，这使得第三条通道得以通行，并提高了自身的载运货物能力。为了寻求创新和新技术，同时减少用水，巴拿马还建造了可以节约用水的盆地，可以回收再利用每次运输的 60% 的用水。

中国已经是巴拿马运河的第二大用户。通过"21 世纪海上丝绸之路"，中国与其他国家连接。由此，以巴拿马为起点，中国将真正与世界各地的重要港口建立全球范围内的联系。中国将拉美视为"一带一路"倡议中不可缺少的重要参与者，巴拿马共和国必将成为"21 世纪海上丝绸之路"拉丁美洲自然延伸的重要纽带。巴拿马运河的扩建在这当中起到了至关重要的作用，可以说它重塑了整个海运市场。2017 年 11 月，巴雷拉总统和习近平主席共同签署了 19 项协议，其中包括《关于共同推进丝绸之路经济带和 21 世纪海上丝绸之路建设的谅解备忘录》，这表明了巴拿马共和国对"一带一路"的积极支持。正如巴雷拉总统访华期间提到的，"我们愿意利用自己独特的地理枢纽优势，积极参与海上丝绸之路建设，加强与中国在港口、海运、航运、铁路和物流等领域的合作，共同推动'一带一路'和拉美的合作，推进世界互联互通"。

这份备忘录的签订不仅将促进中巴双方在经济贸易领域的合作，还将推动中巴在铁路交通系统领域的合作，并将进一步影响到与邻国的合作。铁路交通系统项目将从双方派出技术人员和专家着手研究为起点，为研究巴拿马铁路系统建设的最佳路线和基础设施提供支持。这是知识、人员、技术的交流和创新思路落到实处的一次非常宝贵的机遇。目前,中国企业正在积极参与此项研究,并对进一步建设巴拿马的交通系统表现出了浓厚的兴趣。

四、"一带一路"倡议对拉丁美洲和加勒比地区的重要意义

拉丁美洲和加勒比地区(LAC)仍然属于经济不发达地区。中国在新能源、制造业、农业生产和采矿等领域的技术和创新能够帮助拉美地区更好地利用其巨大的自然资源储备。中国的包容性和战略联系等概念的提出,是符合世界共同利益的,并且双方的合作有着广阔的前景。中国和拉丁美洲和加勒比地区正处于经济发展的同一阶段,具有共同的发展利益,双方的合作有很高的互补性。"一带一路"不仅可以提供贸易往来和人与人之间的交流联系,而且还会提高在技术、语言和文化等方面的交流机会,促进相互联系以获得信息等要素,这会成为一条通往更高的生活质量和更好的知识共享的渠道。"一带一路"以强调基础设施的改善为基础,可以加快建设更好的教育体系,使其更广泛也更具包容性,因为教育是能够改变人民现状的首要也是最重要的途径。这是生活质量和国家间商业关系深化的实质性收益。这一举措将帮助拉丁美洲和加勒比地区实现正在寻求的经济增长和均衡发展的目标。

如果对全球的互联互通做一下展望,我想,"一带一路"倡议也应该是跨越各国国界的一种深度联系。中国正在积极推动与拉美地区跨洲铁路线项目的建设,在加强技术转移的同时,在设备、创新等方面与南美开展合作,推动南美互联互通,例如巴西与秘鲁之间的跨南美洲铁路。然而,应当注意的是,拉丁美洲和加勒比地区国家非常推崇个人主义,如果以整个地区的利益为目标则很难达成合作。拉丁美洲和加勒比地区还很不发达,每个国家都有不同的经济地位和社会地位,各国还在为能在政治变化和通货膨胀中存活而挣扎。所以,此种现实情况也会成为国家间合作的阻碍。"一带一路"倡

议和其他一系列论坛，如中国—拉共体论坛，必将向前推动各国的合作而不是个人主义。"一带一路"倡议将有利于整个地区，并将团结起整个拉丁美洲和加勒比地区。

五、"一带一路"对青年的影响

一位联合国高级官员曾指出，"一带一路"沿线所有国家应在教育和卫生领域投入更多的资金，鼓励年轻人致力于为本国谋发展，并沿着"一带一路"开展相关活动。中国教育部也曾表示教育对于国家实力、国家的繁荣和人民的幸福至关重要，"一带一路"在促进教育发展方面有巨大潜力。例如，在不同国家新建设的学校、体育中心、学习中心、研究机构、实验室、孔子学院等是教育体系改善的关键。我认为，一个国家的成功很大程度上来源于对国民教育的投入。

新华社曾报道，中国青年对"一带一路"倡议抱有很高的期望，相信这将有助于创造更多的就业机会，并对他们未来的选择产生重要影响。在教育方面，巴拿马的青年人也可以获得更多的帮助，他们可以寻求在中国拓宽知识和提高自身的机会。例如，中国政府提供给巴拿马青年在高等教育方面的奖学金，目的是提供给他们更多的接受教育的选择，巴拿马需要有能力和有才华的人。巴拿马只有不断培养出才华横溢的后备军，才能持续发展。这一举措为许多年青一代敞开了大门，为他们铺就了一个光明的未来。同时，此举也使得"一带一路"沿线国家和地区在思想上进行了更深度的交流，因为文化的多样性是相当复杂的，而此举促进了打破语言障碍的相互理解和文化交流，也为共同开展语言交流合作探索一种新的机制。习近平主席在"一带一路"国际合作高峰论坛开幕式上指出："我们要为互联网时代的各国青年打造创业空间、创业工场，成就未来一代的青春梦想。"

"一带一路"国际合作高峰论坛圆桌峰会联合公报中指出，坚持和平合作、开放包容、互学互鉴、互利共赢、平等透明、相互尊重的精神的重要性，强调了在广泛协商和法治的基础上进行合作，每一位参与者要共同努力，共享惠益，拥有平等机会。这也是我理解的称之为"一荣俱荣"的"一带一路"倡议。虽然"一带一路"倡议还处于起步阶段，但我衷心希望习近平主席提出的愿景能成为连接世界各国的纽带，衷心希望这将促进所有国家和全球经济的增长。

（赵彤　译）

"一带一路"中的青年创新教育

邱道隆

北京大学国际关系学院博士研究生

"教育要面向现代化，面向世界，面向未来。"这是1983年10月邓小平为北京景山学校题词所写下的话。30多年过去了，这句关于教育方向的论断并没有过时，相反，它在新的时代里应当被赋予新的意义。"一带一路"为教育带来了新的契机，提出了新的要求，也为教育培养的方向注入了新的内涵。

一、"一带一路"为教育方向注入新内涵

首先，"现代化"的含义发生了变化。30年前，"现代化"指的还是追赶发达国家的工业现代化，实现技术上的发展和人民的脱贫；30年后，现代化指的是更高程度的现代化，是中国应当引领全球先进技术，创造新的现代化发展模式。其次，"世界"的内涵发生了变化。30年前，中国面向世界指的是中国要对外开放，引进技术和资金，派遣海外留学生学习外国的先进技术；30年后，面向世界指的是中国在继续学习世界上一切文明的长处和优势的同时，要积极为世界的发展和人类的进步做出自己的贡献，实现政策沟通、设施联通、贸易畅通、资金融通、民心相通，打造人类命运共同体。最后，"未来"的定义也发生了变化。30年前，未来的参照系是发达的欧美国家、日本；30年后的今天，未来成了看不见、摸不着的"远方的彼岸"，是摸着石头过河的自我探索，人们并不知道未来会是什么样，也不知道未来

向何处去。每个人都被卷入了新的时代洪流之中，隐隐地依靠感受洪流的走向来为未来把脉。

"一带一路"为教育方向的内涵注入的新变化，意味着教育的内容和性质也开始产生了变化。

30年前，教育是"补课"。经历了"文革"对教育事业的中断和破坏之后，教育的任务是要快速地重新打牢基础，从知识的汲取、人才的培养、师资队伍的建设方面，一切从零开始，构筑教育的基础建筑。因此，教育的内容以已经现存的知识为主，采取的教育方式是讲授、灌输，采用的载体是教材课本，采用的学习方法是记忆和重复。中国扎实牢固的基础教育尽管为人诟病，但确实是符合中国在基础教育奠基阶段的基本国情的。通过30年扎实的基础教育，中国开始在各行各业涌现出大批量的人才，为中国的现代化建设做出了不可磨灭的贡献。

30年后，教育是"探索"。通过30年扎实基础教育培养起来的中国人，已经汲取了世界科技发展之所长，并在许多领域赶超甚至引领了世界的前沿。教育的任务已经由过去打造基础建筑，向建设高楼大厦乃至为楼层进行文化设计挺进。为此，教育的内容由"授人以鱼"转变为"授人以渔"，教育需要传输的是理念、是方法、是工具，采用的载体是教材与现实活生生的案例，采用的方法是质疑、思考、讨论、研究和探索，培养的是具有创新开拓精神、摸索未知世界、充满好奇心态的知识拓荒者和未来世界的引领者。

教育创新的出现，给就业观念带来了全方位变化。30年前，"铁饭碗"、国企、公务员等体制内的工作是香饽饽和大热门；30年后，一个个如雨后春笋般崛起的明星创业企业在社会上独领风骚，并在国民经济中扮演越来越重要的角色，以"大众创业、万众创新"为口号的"双创"成为风靡整个社会的行动指南。在2014年的夏季达沃斯论坛上，李克强总理首次指出，中国要借改革创新的"东风"，推动我国经济科学发展，在全国掀起"大众创业、万众创新"的新浪潮。2015年的"两会"，"大众创业、万众创新"被正式写入政府工作报告中。李克强总理指出，要把"大众创业、万众创新"

打造成推动中国经济继续前行的"双引擎"之一。可以说,既被国家战略所重视,又为社会舆论所推崇的"双创",正在成为"面向现代化,面向世界,面向未来"的教育方向。

二、创新型青年人才对"一带一路"建设的积极意义

教育的主要对象是青年人,创新教育的对象则毫无疑问也是青年人。在世界各国,青年正在成为"双创"的主力军,中国也不例外。青年人投身"双创"具有极大的优势,并且会产生积极的社会意义。青年人的"双创"精神可以让"一带一路"的具体措施得以落地,从构想变为现实。

第一,当代青年知识储备扎实,国际视野开阔,头脑灵活,思维活跃,试错成本低,善于接受新事物。当代青年人处于信息爆炸的时代,社交网络、新媒体等工具为青年提供了获取信息的多种渠道及观察问题的多维视角。相较于中老年,青年更倾向于兼容并包,更加理性和客观。当代青年是"站在巨人的肩膀上"继续开拓创新的一代,在知识上,前30年的知识引进、技术追赶、基础设施建设投入、资本能力等,已经为"双创"提供了极好的基础条件。青年对于创新和冒险具有与生俱来的本能和热爱,他们敢于挑战权威,质疑传统,有精力、有能力去开启一种全新的生活方式和工作方式。任何一个社会的青年都是"双创"的宝贵财富,也是创新教育应当培养的对象。反之,任何一个扼杀青年创造的社会,必然是一个裹足不前、陷入发展泥潭的社会。

第二,青年投身"双创",有助于将青年旺盛的精力和一往无前的劲头引导到正轨上来。美国学者塞缪尔·亨廷顿认为,一个青年比例高的国家,将面临就业的巨大压力,也将面临青年旺盛精力和冲动导致的社会动荡。他的精辟论断在2011年中东发生的"阿拉伯之春"事件中被一一验证。近年来,在世界各地发生的政治和社会动荡当中,青年人都充当了运动的主力。甚至在"伊斯兰国"的恐怖主义袭击中,青年也扮演了重要的角色。政治暴力是青年荷尔蒙冲动的一个出口,而投身建设社会、发展实业的过程也是一个出

口。青年的"双创"活动一方面将有助于大大减少社会暴力的产生，而另一方面，能够反过来增进社会的就业，为更多的青年提供工作岗位，减轻他们的社会经济压力，让他们承担起属于自己的社会和家庭角色。

第三，当今世界民粹主义的盛行，说到底就是经济发展不均衡和财富分配不合理造成的政治现象，投身"双创"，是利用技术的普及努力实现新的经济平等的尝试。正如100多年前清朝状元张謇下海经商，创办实业，以实际行动振兴中华一样，今天"双创"青年亦以实际行动投入到建设国家的洪流中去。所不同的是，当代青年更加关注环保、卫生、信息自由、金融等问题，他们积极参与社区建设、环境保护、农业发展、扶贫等事业。通过"双创"的方式来解决社会问题，不失为一种行之有效的方式。因为通过盘活技术、社会和市场资源，能够实现青年自身和帮助对象之间的共赢及良性循环。

三、"一带一路"背景下创新教育中的不足与障碍

要积极地开展"双创"，并借助"双创"的力量有效建设"一带一路"，就要大力开展创新教育。创新教育是"双创"的精神动力，也是"双创"的经验总结和回归。然而，当前在从传统教育走向创新教育的转型过程中，还存在着许多断层和问题。这些问题正在妨碍创新教育的实现和发展，也阻碍了创新教育成为"一带一路"的重要精神推动力。当前，传统教育本身的惯性还在持续，原有的教育体系没有得到改变，要扭转这一惯性，改变教育的体系，将教育导入一个新的方向和轨道，并非一蹴而就的事情。

第一，教师的教育认知严重滞后。如今从小学到高校，许多老师已经习惯了前几十年的传统教育方式，他们的教育模式形成了强大的惯性，主要体现在：首先，以老师为主的授课模式，老师既不愿意让学生成为课堂的主角，也不放手让学生探索学习的领域；其次，在授课上依然采用教材和PPT，很少结合真实世界的案例，理论脱离实际，或者不能解释现实；最后，在考试上依然以死记硬背的模式为主，以方便阅卷和评分。究其原因，一是许多教师自身放松了进步和学习，他们对于新事物不了解，也不愿意或者没有能力

去了解；二是教师和学生的配备比例失调，为了完成工作量，只能以传统模式的教学来减轻老师和学生的负担。因此，不仅仅是老师在授课上没有完成教育的转型，我们整个教育模式都没有根据新的教育需求来进行根本性的变革。例如，北京大学极客实验室先前在教师的推荐下，在电脑中安装了 3D 建模软件 Solidity，然而学生事实上并不喜欢，认为 Solidity 不仅难用而且过时，他们使用得更多的是 Fusion 360 或 Blender，后二者的价格要比前者低很多。从这个例子就可以看出，青年已经成为创新的前沿和主力。

第二，学生的学习认知严重滞后。在传统的教育模式下成长起来的大部分学生，将好好学习等同于好好考试、取得高分、获得好的绩点。他们缺乏对自身兴趣点的挖掘，不知道如何将自己的特长转化为创意的实践，对其他事物缺乏好奇心和探索精神，课外涉猎的图书寥寥无几，缺乏积极进取的主动性，总是被动接受老师或院系（学校）给予的任务，对于课本之外的真实世界一无所知，缺乏对社会发展脉搏的把握，不了解社会发展的趋势和走向。最为严重的是，他们缺乏自学能力，在脱离了课堂、脱离了老师的情况下，不知道如何快速地重新学习一门新知识、掌握一个新领域，没有建构新知识体系的一套工具和方法。

第三，将"双创"简单等同于科技创新，对文创教育的重视和投入不足。一个普遍的错误认知是，"双创"是理工科学生的事情，似乎没有文科生什么事情。"双创"只需要懂技术就可以，最多再懂一点儿商业，了解营销、融资的基本常识即可。事实上，不仅文化创意产业正在当代社会凸显其越发重要的意义，具有知识内涵的产品在市场上成为竞争的佼佼者；即便是科技创新的产品，也需要具有强大的人文关怀和文化内涵，才能够在竞争中脱颖而出。科技创新是冰冷和机械的，文化创意是温暖和有机的。以笔者领衔的团队负责设计的北京大学创新创业网站（以下简称"'双创'网站"）为例，2016 年暑假，技术方面的团队先行上线了一个试运行的"双创"网站。从技术角度来说，上线一个网站并不困难，困难的是从非技术角度理解的设计、排版、审美和体验。因此，当时初步上线的"双创"网站存在着许多问题，包括内容分类无序、板块设计不合理、没有任何图片和动态效果等。换句话说，单纯从技术设计的角度出发制作的产品——网站，用户体验糟糕，不符合当代人对于网站浏览的基本要求和基本审美，对于目标用户所需要的信息获取助益不大。同样，当前在互联网上的火爆产品，无一不需要以强大的文创内容作为支撑，同时也是青年人的天下。某款火遍互联网的手游，其创作团队，平均年龄不到30岁，除了游戏的技术成分外，美工、设计、文学、历史、营销在游戏火爆的过程中，功不可没，甚至可以认为，这些文创元素，才是导致游戏火爆的重要原因，技术只是最终呈现这些元素的手段而已。在"一带一路"领域，文创可能会起到比科创更加重要的作用。阻碍"一带一路"青年交流和沟通的并非是技术，而是不同的文化和历史。技术是全球通用的语言，可以畅行无阻。但是要让别人能够接受另一种异域文化，如果没有贴近青年的接地气的文化创意方式来进行铺路，就会导致事倍功半。近些年来，在互联网上火爆而风靡的《江南Style》、《Seve》舞步、神曲《PPAP》等，无不是通过富有创意的脑洞打造的文创作品，并迅速被改编成各个不同的版本在各国流传。同样，文创可以最大限度地以艺术的方式提取各国文化中的精华，更易于他者接受、认同和模仿。

第四，存在着将"双创"视为普遍的，认为任何一个地方的"双创"都是可以模仿、复制的错误观点。确实，创新和创意作为一种精神，本身是无国界的。然而，在不同的文化背景、不同的民族习俗、不同的历史语境、不同的社会发展阶段下，"双创"的内涵是会发生变化的。归根结底，技术创新是通行的国际语言，但是商业创新却是不折不扣的民族产物。"双创"的基本落脚点，是与解决本国社会面临的发展问题相结合的，也是首先与本国民众的生活息息相关的。换句话说，创新要解决社会问题，而"一带一路"沿线国家社会发展差异大，经济发展水平参差不齐，文化习俗天差地别，不同的国家对社会问题的认知不同，同样，经济社会发展阶段不同，社会问题也就不同。因此"双创"不仅仅具有普遍性，也有特殊性。有的国家需要解决基础设施建设的问题，有的国家需要解决贫困人口的脱贫问题，有的国家需要解决就业问题，有的国家需要解决气候变化造成的自然灾害问题，等等。"双创"在每个国家体现的迫切性和领域的分化性由此也不同。这就要求不同国家的创新教育，必须与本国发展的实际相结合，同时不断借鉴其他国家的创新成果和创新模式。

如今，在"双创"领域，已经有"得青年者得天下"的说法。然而在面临以上四大问题和阻碍之时，我们会发现，当前的教育并没有为"一带一路"时代中的"双创"和青年发展做好基础的准备，没有为当代青年量身打造属于他们的创新教育。"万事俱备，只欠东风"，即便国家政策和社会舆论都在鼓励青年人投身"双创"，但是在青年人与"双创"之间，还缺乏"创新教育"这一将二者连接起来的桥梁。在教育惯性依然存在，教育转型方兴未艾之际，我们要如何在"双创"的教育上先行一步呢？

四、"一带一路"背景下推动创新教育的建议

在改革传统教育，开展创新教育上，北京大学极客实验室的建立为教育改革和创新提供了一个新的方案，那就是在第一课堂之外，打造一个第二课堂，通过一个全新的教育平台来塑造一个全新的教育机制。在总结和提炼北京大学极客实验室在创新教育的实验后，我们认为，通过打造一个全新的平台和机制，在这个平台和机制上开展新形式的创新教育模式，可以实现对传统教育的补充和变革。这一经验也可以拓展到与"一带一路"相关的其他创新教育领域中去。因为"一带一路"涉及各个不同学科的协调和整合，"一带一路"中的青年创新教育，也需要对各个学科原有的教育方式进行调整，但是，各个学科自身并不只是为了"一带一路"而服务，它们还有自行的发展逻辑和服务领域。

第一，它是对传统教育的补充。它的出现不是为了替代传统教育。事实上，用创新教育完全替代传统教育，既不必要，也不可能。传统教育在知识传授方面已经拥有几十年来的奠基成果和系统方案，完全取代它，将会带来极高的成本。创新教育是要在原有的僵化的传统教育的基础上，为传统教育

里的同学和老师提供一个拓展思维、动手实践、创新发展的新平台，它与传统教育的关系是相辅相成、互相补充的。

第二，它是一种倒逼传统教育改革的机制。任何一次较为成功的改革，都不是直接去啃难啃的硬骨头，因为已有的旧体制惯性极大，触动利益极为困难。相比之下，培育一个新事物的成本要小得多。这不仅仅是因为新事物可以摆脱原有的机制体制的束缚，从零开始，从头设计；更重要的是，新事物顺应了时代发展的潮流，得到了更多人的拥护。在新事物逐渐成长的过程中，与旧事物之间的竞争就会逐步展开，这会反过来倒逼原本僵化的旧事物开始改革。因此，创新教育的活跃，将会把教育创新的理念和改革的路径反过来传导回传统教育，让传统教育的教育方式逐步变化，慢慢导向创新教育的路径。

第三，它是一个传播创新教育精神的平台。新平台要成为创新教育的吹鼓手，要成为创新教育的宣言书、宣传队和播种机。通过新平台的创新教育的实践，提炼出创新教育的理念、精神和思想，一方面通过理论的方式传播和扩散，另一方面通过容纳更多不同的学生群体，通过口碑营销，将创新教育的理念口耳相传，让学生在其中耳濡目染，潜移默化，达到润物细无声的效果。

第四，它是一个为学生提供服务的平台，尊重和发扬学生的首创精神，提供给学生发挥创意的极大自由，不做束缚手脚、禁锢思维、越俎代庖、指手画脚的事情，实现"大自律之下的大自在"。所谓高手在民间，只有集思广益，从广大学生中征求新的创意，才能够真正了解学生的需求，为学生提供他们真正需要的服务。要彻底改变过去由老师向学生单向传递信息的传统，由学生做主，由学生自由地表达他们的想法和规划。

在具体措施上，我们将具体的措施总结为"3P—3C"措施，通过三个以 P 字母开头的单词和三个以 C 字母开头的单词，来将这些措施进行总结和归纳。

第一，平台（Platform）。要为具有创新意识和创新冲动的同学提供创新的平台。在校园里，不乏许多有奇思妙想、灵感迸发的同学，他们愿意尝试新鲜事物，探索未知的领域。新平台和新机制应当主动为这些具有主动创新创造思维和意愿的同学提供场所、器材和资金，并为他们寻觅和配备指导老师，让他们的理念能够在这里落地。他们的方案一旦在校园平台做得较为成熟了，就可以直接转化为商业用途，实现从"创新"走向"创业"。

第二，实践（Practice）。提高学生在课堂之外的动手实践能力。学生在课堂上学到了大量的理论，但是对于将所学与实践结合起来的能力还有所欠缺。除了必要的课堂实验以外，学生在学校里很难找到一些场所可以进行动手实践，这往往导致学生"心灵手不巧"。此外，即便是进入实验室进行动手操作，大多数学生也无法体验最新和最前沿的实践活动，例如3D打印、VR体验等。通过设立动手实践的工作坊、开设由学生讲授的课程，以更加灵活的方式带大家体验这些动手实践活动。

第三，积极性（Positiveness）。培养学生的主动性和积极性，为他们的兴趣寻找舞台。许多同学有着非常多的课外才艺，有着广泛的兴趣爱好。过去，这些才艺和兴趣只能在两种场合得到启用：学校的兴趣类社团和学校的大型文艺活动。但是这两种都有其欠缺和不足。兴趣类社团以兴趣凝聚社员，但是基本上无力将兴趣转变为商业模式，而且许多社团还承担着学校交办的任务，兴趣变成了一种定期展示的压力；学校的大型文艺活动一年举办次数有限，大多数同学平时很难找到展示自己才艺、发挥自己兴趣的场合。通过为同学的兴趣和才艺设立特定的工作坊，让同学们积极主动地将自己的才艺与社会需求结合起来，将才艺转变成文创类的产品，让才艺变得更加贴近实际，产生影响。在这个过程中，我们鼓励来自各方面的创意和创新，发挥大家每一个人的特长，并为每个人的特长量身打造他们适合的工作分工，让他们在参与的过程中舒心快乐，同时极具满足感。

第四，结合（Combination）。要把科技创新和文化创意相结合，要把不同领域的内容跨界相结合。要求所有的项目背后都要体现出博采众长、兼容并包，以及深厚的文化底蕴。任何一个科技产品的背后，需要同时考虑人文、艺术、思想的因素，这也符合当代青年在对待产品时，不仅仅看中其"工具属性"，也看中其审美和文化属性的特点。一款好的科创和文创相结合的产品，是与青年的自身定位和身份认同相匹配的，是青年在社交场合寻找志同道合、品味相近的人的催化剂和象征物。要培养具备跨界能力的人才。当代的创新是以互联网为基础的创新。在科创领域，技术的创新建立在移动互联技术和大数据的基础之上；在文创领域，其发展受互联网思维的影响。互联网技术的本质是分散化、平民化和规模化，同时它带来的全新挑战是跨界竞争。

第五，沟通（Communication）。以青年版的语言进行宣传。要探索和研究如何在宣传中与青年的用语风格贴近。讲求使用接地气、青年听得懂的语言来与青年沟通和对话，适当采用青年喜闻乐见的"流行语"或用语方式，风格轻松，语言幽默，改掉过去刻板单一、官僚气息严重的语言风格和行文规矩。在新媒体推送中，要采用青年人热爱的歌曲作为背景音乐，图片和背景符合青年人的审美风格，版式上更加贴近青年人的阅读习惯。

第六，综合（Comprehensive）。首先，要培养具备本质洞察力的人才。一个优秀的"双创"者必须具备敏锐的跨界意识和强大的跨界学习能力。跨界的本质是需要洞察社会问题的根本原因所在。现在的竞争者往往不来自于同类产品，但是一定来自于洞察了产品成功原因的跨界竞争者。例如，外卖APP 的诞生打击了方便面的销量。一种方便面的竞争者不来自于其他方便面产品（Instant Noodle），而在于洞悉了即时性（Instant）获取餐饮需求的外卖平台。可以这么说，在 Instant Noodle 的问题上，打败它的不是做得更好的名词 Noodle，而是洞悉了其本质前缀的 Instant。其次，要培养具有开放视野的人才。开放是创新的必然要求，关起门来搞教育，绝对搞不出创新教育。可以考虑采用如下具体的方式和手段：首先，世界课堂项目。让世界上不同国家的重点高校参与其中，它将利用互联网技术，使得世界各国的课堂同步在互联网上使用英语授课和教学，由每个国家的高校的教授承担共同的教学任务，实现"异地同窗，教学互长"，真正贯彻全球化教育和与世界同步的理念。任一国家的学生都可以与其他国家的同学们进行直接互动和相互启迪。其次，建立国际和国内横跨知识界、政策界与实业界之间的网络关系，实现信息和交流的联通，在各个界别内，要有意识地综合不同领域的人才，形成人才的合作网络；邀请国内外的青年参与创客大赛、编程开发竞赛、人工智能竞赛等；增进各国青年之间的创意交换，实现跨国组队和共同参与；对人类社会目前所面临的共同困境，以"双创"大赛的方式进行模拟商业解决等。最后，与世界上其他的国家级重点实验室和跨国科技企业的实验室建立联系，及时了解和跟踪全球科技发展的前沿和动态，建立信息分享机制。

"未来已经来临，只是尚未流行。"这是美国著名科幻作家、"赛博朋克"的代表威廉·吉布森（William Gibson）的一句名言，每当人类社会迈进一次新的技术进步和社会变革之际，这句话就会被反复提及。那些已经逐渐弥漫在空气中的未来因素，只有嗅觉灵敏的人能够感觉到它们的存在。如今，创新的种子已经播下，萌芽已经破土而出，能不能抓住尚显雏形的未来，是对创新教育的严峻考验。正如阿里巴巴董事局主席马云的惊人一语："让孩子玩，不然 30 年后他们将找不到工作！"在马云看来，如果仍然是死记硬背的课本知识，不让孩子去体验具有创造性、挑战性的知识，不让他们去学会琴棋书画、去玩儿，那么不会创新的人，就将丢掉未来世界的竞争优势。从这个意义上说，创新教育和过去的教育的指向是完全一致的，它也需要"面向现代化，面向世界，面向未来"。当代青年正处在历史发展的十字路口，只有主动拥抱创造，拥抱创新教育，才能算得上是拥抱了未来。这也就是创新教育之于当代青年的未来的意义。

第一节　信息技术铺就创新之路

量子计算机打破摩尔定律获得超乎寻常的计算能力，对数字经济和文化交流的发展与创新具有重要的意义。中国青年应抓住科技变革机遇，为"一带一路"发展贡献青年力量，共同谱写丝绸之路的新篇章，为构建青年命运共同体贡献才智与热情。

一、量子计算机——信息时代"新工具"

步入信息时代，人类对计算机的依赖性与日俱增，可是传统的计算机受制于摩尔定律，当遇到一些特殊问题时，它可能会出现无法解决问题或者无法高效解决问题的情况。在此背景下，量子计算机应运而生，它是一种新型的运算工具，在并行处理数据方面的实力强大，可以解决传统计算机难以运算的数学问题。

近年来，我国在量子计算机领域取得突破性成果。2017年5月，潘建伟、陆朝阳研究组宣布成功构建针对"玻色采样"任务的光量子计算机。若利用这个装置对三个光子进行玻色采样，采集一个样本只需要0.2毫秒。同样的任务，若让世界上第一台传统计算机ENIAC通过计算完成，则至少需要44毫秒。这说明，在这个特定任务上，量子计算机获得了胜利。与国际上其他同行类似的实验相比，其速度也快了24 000倍。[①]这台光量子计算机标志着我国科技界的崛起，同时也预示了量子计算机时代的到来。

北京大学在量子计算机研制相关领域早有比较全面的布局，并且已经取得了不错的成绩。在北京大学，研究量子计算机相关领域的学者主要集中在信息科学技术学院的量子电子学研究所，物理学院的理论物理研究所、现代

[①] 《5分钟看懂中国最新的量子计算机》，搜狐，2017年5月28日。http://www.sohu.com/a/144402319_300763。

光学研究所和国际量子材料科学中心。四家单位合计发表的被 SCI 收录的量子计算机相关领域论文多达数百篇，它们从 20 世纪末开始就从光学、电子学、量子力学、材料学等方面为量子计算机事业不断添砖加瓦。此外，最值得注意的是信息科学技术学院下属的微纳电子学研究院，其拥有国内最顶尖的微纳电子工程科研人员与技术人员，在未来通用量子计算机的大规模制备中，将拥有其他科研机构难以比拟的优势。

1979 年出生的王健于 2010 年受聘为北京大学物理学院国际量子材料科学中心博士生导师、研究员，从事新型量子材料的探索工作，其在量子材料领域的相关工作得到了国际学术界的广泛关注。2015 年，王健教授因在低温物理学研究领域的二维超导和拓扑超导方面取得突破性进展而荣获第二届马丁·伍德爵士中国物理科学奖，他在《物理学报》发表的有关低维超导的论文对低维材料的超导电性进行了详细研究，探讨了低维超导实现量子计算的可行性，[1] 为量子计算机的研发提供理论支持。此外在 2017 年，王健教授在 SCI 期刊 *Journal of Physics & Chemistry of Solids* 中发表的有关超导材料 $IrTe_2$ 的研究论文进一步将拓扑材料与超导体两个方向的研究结合，探讨实现拓扑超导的可能性，从而研究超越于现在量子计算机——拓扑量子计算机的技术可行性。[2] 作为一名青年科学家，王健教授对于科研有自己的认识与看法。他认为，作为北大青年，要承担比普通人更为重大的责任，要超越个人层面，从全人类的利益出发做出伟大的工作。

另一名在量子材料领域做出了卓越贡献的北大青年学者是韩伟。2014 年，韩伟研究员凭借"青年千人"的身份被引进回国，随即在北京大学建立了"自旋和新兴材料实验室"。他的主要研究方向集中在自旋电子学、低维量子材料、新兴材料和界面态等方向。2014 年韩伟研究员特邀在国际一流期

---

[1] 张玺、刘超飞、王健《低维超导的实验进展》，《物理学报》2015 年第 21 期。

[2] Zhang, X., Wang, J., Liu, Y., et al. Superconductivity in large spin-orbit coupled material $IrTe_2$. *Journal of Physics & Chemistry of Solids,* 2017:1.

刊 *Nature Nanotechnology* 撰写文章《石墨烯中的自旋电子学》[1]，详细介绍了石墨烯自旋电子研究现状和未来展望，其中关于石墨烯的一些自旋特性和低耗散性的研究有助于量子计算机中的量子材料的选择。2016 年 10 月，为表彰韩伟研究员在石墨烯的自旋注入、自旋输运、自旋弛豫以及反铁磁异质结的自旋输运当中所做出的一系列原创性杰出贡献，中国物理学会磁学专业委员会特颁发其国际纯粹与应用物理学联合会青年科学家奖。

无论是韩伟、王健，还是陆朝阳，他们都是中国最优秀的青年科学家代表，他们不断地以青年人的视角审视着这个世界，把目光投向了与他们一样年轻的量子计算机事业，并且以常人难以想象的努力与付出，最终获得了显著成绩。

二、数字经济——经济改革"推动力"

进入 21 世纪以来，中国步入了不同于过去的全新时代。一方面，中国传统经济在经历改革开放 30 余年的高速发展后进入"新常态"，从 2011 年到 2017 年连续七年 GDP 增速低于两位数；另一方面，随着信息技术的飞速发展，中国网络经济呈现蓬勃之势，阿里巴巴、腾讯、百度等多家互联网企业成功跻身世界前列。在此背景下，互联网成为中国经济改革的重点关注内容，而以互联网为载体的数字经济也在中国经济社会发展中扮演着愈发重要的角色。

数字经济概念早在 20 世纪 90 年代就被提出，之后随着一系列研究成果的丰富，其内涵得到不断延伸，目前最具代表性的定义来自 G20 峰会的《二十国集团数字经济发展与合作倡议》。根据倡议，数字经济是指以使用数字化的知识和信息作为关键生产要素，以现代信息网络作为重要载体，以信息通信技术的有效使用作为效率提升和经济结构优化的重要推动力的一系列经

---

[1] Han, W., Kawakami, R. K., Gmitra, M., et al. Graphene spintronics. *Nature Nanotechnology*, 2014, 9(10):794.

济活动。

数字经济之所以能推动我国经济的改革，与其独特性质密切相关。首先，数字经济凭借互联网能够解决信息传输的时间和空间问题的优势，能够拉动各地区消费需求，从而缩小各地区发展差距；其次，数字经济以数字化形态存在，与实体经济结合后，能够降低交易成本以提升服务质量；最后，数字经济以技术创新为驱动，能够激发人类智力，提高认知水平，催生出新的商业模式，例如共享经济等新型业态，从而推动大众创业、万众创新的浪潮。

近年来，我国数字经济在国家政策推动下持续增长，数字经济在国内的实践中已取得初步成果。截至 2016 年，我国数字经济规模达到 22.4 万亿元人民币，占 GDP 比重超过 30%。[1] 企业作为中国经济的关键组成部分，也在数字经济红利中持续受益，国内涌现出一批杰出的互联网公司，其中百度、阿里巴巴、腾讯、小米、滴滴出行、京东、蚂蚁金服等七家公司进入国际一流互联网企业行列。此外，从细分领域来看，我国数字经济正在往金融、旅游、医疗、教育、交通等领域全面渗透，还正与农业、物流等传统产业进行深度融合。目前，工业机器人、无人机等新技术、新产品的出现也在大幅度提升企业组织的生产、运营和组织效率。

展望未来，网络信息领域技术人才的培养将成为数字经济继续发展的关键因素。高校作为人才培养的重要基地，承担着艰巨的任务。北京大学作为世界一流大学，正通过多项举措培养相关领域人才，为国内其他高校树立榜样。在本科招生方面，信息科学技术学院新增"数据科学与大数据技术"专业，注重培养数字经济自主创新能力；在研究生教学方面，光华管理学院和软件与微电子学院新设"互联网金融"课程，采取"案例＋理论"的形式探讨数字变革背景下的新型商业模式；此外，信息科学技术学院和软件与微电子学院增设一系列以云计算、大数据、人工智能等为主要内容的金融科技

---

[1]　夏旭田《数字经济首入政府工作报告，占 GDP 比重超过 3 成》，每经网，2017 年 3 月 5 日。http://www.nbd.com.cn/articles/2017-03-05/1081579.html。

课程，并规划建立研究生阶段的交叉学科，培育数字经济人力资本；在继续教育方面，北京大学黄嵩副教授在华文慕课开设"中国互联网金融实践"在线课程，[1]以典型案例为载体，详细介绍数字经济背景下的企业发展与监管，同时举办数字经济相关的培训项目，在深圳开设"互联网金融与技术高级人才研修班"，系统推进数字经济领域专业人才培养计划的实施。

在这些举措下，北京大学等高校为互联网企业源源不断地输送信息技术人才，大量刚毕业的青年学子选择加入百度、阿里巴巴和腾讯等世界一流互联网企业，保持其在数字经济领域的领先地位。还有不少青年选择自主创新创业，成为数字经济领域的开拓者。以新创互联网企业 ofo 为例，其创始人戴威在北大攻读硕士期间抓住数字经济的机遇，提出共享单车概念，促进了数字经济在共享经济领域的发展。他曾说，"我相信终有一天，ofo 会和 Google 一样，影响世界"。正是他对创新的不懈努力和对梦想的不懈追求，使其成为推动数字经济发展的标杆。

三、信息技术推动文化交流

信息技术和互联网的发展不仅推动了经济的发展，而且有力促进了"一带一路"沿线国家之间的文化交流。"一带一路"涉及国家众多，文化面貌、生活环境、历史背景、宗教习俗等截然不同。[2]比如东欧国家大多信奉基督教，中亚和东南亚大部分国家信奉伊斯兰教，南亚则多信奉佛教和印度教。与之相反，我国有宗教信仰的人群占比非常低，宗教背景并不复杂，约 1.8% 的人信奉伊斯兰教，约 5.1% 的人信奉基督教，52.2% 的人没有明确的宗教信仰。[3]这种文化差异使得我国与其他"一带一路"参与国在政治环境、行为方式、

---

[1] 《北京大学：中国互联网金融实践 | 课程推荐》，搜狐，2017 年 6 月 7 日。http://www.sohu.com/a/146807277_654869。

[2] 赵立庆《"一带一路"战略下文化交流的实现路径研究》，《学术论坛》2016 年第 5 期。

[3] 《主动应对文化差异 助推"一带一路"区域合作》，中华人民共和国商务部，2017 年 4 月 20 日。http://cafiec.mofcom.gov.cn/article/tongjipeixun/201704/20170402561200.shtml。

价值体系等方面有所不同，在初步接触时容易有隔阂感，各方要想达成共识甚至进一步形成认同感需要一个过程。如今，网络信息技术的创新为不同文化的交流搭建起了新的桥梁。在互联网的支撑下，产品的创新和应用周期被大大缩短，旧有的生产方式被改变，个性化、定制化的消费成为可能。互联网结构更趋于扁平化，信息获取相对平等，社交成本较低，因此社会文化呈现出更加开放和包容的特征。开放和包容的心态，正是"一带一路"倡议中各国广泛交流沟通的前提。

　　我国互联网发展速度空前，这为中国向"一带一路"沿线国家进行互联网技术输出提供了客观条件。百度、阿里巴巴、腾讯、京东、ofo等公司均属于全球互联网领域的领导者，这些互联网企业的产品和公众的生活密切相连，成为当代社会文化中重要的影响变量。以北大校友李彦宏创办的百度为例，它是全球最大的中文搜索引擎，它的创办，使得我国成为全球拥有搜索引擎核心技术的四个国家之一。[①]百度深深植根于大众的日常生活，是人们在互联网上获取信息必不可少的工具，具备大众媒介的性质，同时可以实现商业性和文化性的融合。百度已经不仅仅限于搜索引擎的角色，它还是包括百科字典、实况地图等在内的整个生态链，从而实现了信息整合，成为用户大脑的延伸，进而影响用户的思想认识、价值观念，甚至整个社会的意识形态和生活状态，对社会文化起到了一定塑造作用。基于我国在互联网产业的巨大优势，我们应鼓励互联网企业积极参与"一带一路"，在谋求海外发展的同时服务于"一带一路"倡议，促进各国间文化交流。ofo在进入"一带一路"沿线国家后，用开放的心态与相关国家合作，完善优化了当地的交通出行体系，推动了绿色城市建设，实现了管理模式的创新。ofo不仅具备巨大的商业潜力，也有深刻的社会价值。它的产品渗透于用户生活、工作的各个场景，共享单车的概念，已经成为城市文化的一部分，不仅宣扬了骑行精神，而且赋予了城市文化以开放、包容、共享的内涵。

---

① 《李彦宏：百度创始人、董事长兼首席执行官》，《商场现代化》2013年第30期。

四、青年铺就技术创新之路

为顺应经济全球化、文化多样化、社会信息化潮流，巩固与周边各国的合作关系，习近平主席于 2013 年提出共建"丝绸之路经济带"和"21 世纪海上丝绸之路"的构想。"一带一路"倡议是文化互联互通之路，经济发展之路，更是驱动创新之路。

要想建成"创新之路"，最不可或缺的就是信息技术。信息已经成为当今世界最为重要的战略资源，计算机技术是现代信息技术的核心，信息处理能力则是信息时代的基本生产力，是现代国家的核心竞争力，是体现国家综合实力的重要标志。量子计算科技革命有望使中国改变在经典信息技术时代的追随者角色，成为信息技术未来发展进步的开创者，引领量子信息时代的发展。同时，量子计算机等技术的研发与应用，将依托于互联网进一步促进数字经济的发展，从而推动数字"一带一路"建设。信息技术的创新与数字经济的发展密切了各国之间的沟通交流，这种交流是全方位、多层次的，最终反映在各国文化之间的互鉴交融，有助于实现打造互利共赢的"利益共同体"和共同发展繁荣的"命运共同体"目标。

"国之交在于民相亲"，而"民相亲"要从青年做起。如今，青年人是中国社会最活跃、最核心的群体，相比于上一辈更容易融入"一带一路"倡议下的国际交流与合作，更易于接受信息时代的新技术、新知识，更具有成为科技创新人才的潜质以及对待多元文化时开放包容的心态。在"一带一路"机遇降临之际，青年人将在量子计算科技创新、促进数字经济发展、推动文化交流的过程中扮演重要角色。

北大青年将在创新之路建设中奋勇当先，借助学校和政府的支持，将会涌现出越来越多像韩伟、王健、陆朝阳一样的优秀青年科学家，为科技创新注入新的力量。具体而言，短期来看，北大青年应当努力推动云计算、大数据、区块链、物联网、金融技术等方向的研究，以获得应用级产品或新型商业模式的突破；长期来看，北大青年应当在数字经济核心技术，如 CPU 芯片、量子计算机等技术性产品上实现自主研发，从而推动创新之路的关键技术建设。

目前，"一带一路"沿线国家数字经济发展不平衡，北大青年应将所学与各国家和地区的特点相结合，将其转化为服务创新之路的巨大动力。具体来说，应当以减少各国之间的数字鸿沟为己任：一方面向数字化水平高的"一带一路"沿线国家汲取宝贵经验；另一方面向不发达国家、地区分享自身的数字化成果，力推互联网的普及，推动各国数字经济向更加高效、智能和人性化的方向转型。现阶段，"一带一路"沿线国家语言差异较大，在缺乏高效的沟通途径的背景下，交流困难被进一步放大，文化差异更加难以被理解。因此，未来需要培养出更多具备专业语言能力的先进人才。北京大学于 2015 年开设了"一带一路"外国语言与文化系列公共课程，面向全校学生开放，包括 32 门语言类课程和 8 门文化类课程，北大学子将依托学校平台优势，学习掌握多种语言，在更好地理解其他民族、国家文化的同时，推动中华文化的传播，消除不同文化间的误解。同时，青年应该致力于科技产品的创新，推动更多像百度、ofo 的科技企业"走出去"，将科技创新作为基础，通过科技输出打造青年人共同的文化环境，实现青年人的相互理解，达到文化共鸣。

第二节 人工智能构筑数字丝绸之路

人工智能技术的发展不仅为中国经济的发展提供了新的驱动力，而且为推进"一带一路"倡议提供了重要的技术基础。

一、人工智能催化激活"一带一路"

习近平主席在"一带一路"国际合作高峰论坛开幕式的主旨演讲中特别提到"坚持创新驱动发展，加强在人工智能等前沿领域合作"[①]，进一步强调了在"一带一路"倡议中要充分利用人工智能，提升人工智能技术水平，深挖人工智能价值，这对于建设"21世纪数字丝绸之路"具有里程碑式的意义。

人工智能是计算机科学的一个细分方向，它通过把握智能的本质，生产出能够以与人类智能相仿的方式做出反应的智能机器，该领域的研究包括机器人、语言识别、图像识别、自然语言处理和专家系统等。推动人工智能在"一带一路"背景下的创新合作，是我国应对国内外形势变化，从而将创新驱动发展战略落到实处的迫切需求。

2017年11月，新一代人工智能发展规划暨重大科技项目启动会由科技部召开，这是新一代人工智能发展的里程碑。此次大会公布了国家级人工智能四大平台：百度自动驾驶、阿里云城市大脑、腾讯公司医疗影像以及科大讯飞智能语音。阿里云ET城市大脑是目前全球规模最大的人工智能公共系统，可以对整个城市进行全局实时分析；腾讯发布的腾讯觅影是首款AI食管癌筛查系统，准确率超过90%；科大讯飞语音识别的准确率已经从60.5%提升到95.0%，语音合成技术在国际语音合成比赛Blizzard Challenge上取得

[①] 《新华社："一带一路"将坚持创新驱动发展　加强人工智能等前沿领域合作》，财联社，2017年5月15日。https://www.cailianpress.com/single/159460.html。

12连冠的成绩；百度免费发布自己的无人驾驶软件 Apollo，并向所有合作伙伴免费开放无人驾驶系统，其无人驾驶技术正走向世界最前沿。[①]

2017年7月，国务院在《新一代人工智能发展规划》中强调，要统筹国际国内创新资源，依托"一带一路"倡议，"推动建设人工智能国际科技合作基地、联合研究中心等，加快人工智能技术在'一带一路'沿线国家推广应用"[②]，充分体现出国家对人工智能服务于"一带一路"寄予厚望。"一带一路"沿线国家应当有序推动人工智能领域合作，制定实施有针对性的科技创新合作政策。在此过程中，中国不仅要注重自身革新，同时应当肩负起向区域内传播有益发展经验的使命。

二、青年力量推动技术与应用场景齐头并进

智慧城市是人工智能的典型应用场景。随着城镇化的快速发展，一些城市出现了"城市病"。为解决环境污染、交通问题、住房紧张、就业困难等城市问题，实现城市可持续发展，智慧城市建设已成为不可逆转的现实诉求和历史趋势。人工智能技术可以拓展智慧城市的发展边界，突破发展过程中遇到的障碍。从2010年开始，中央以及许多地方城市在"十二五"发展规划中，纷纷把建设智慧城市作为发展重点。智慧城市将应用新的技术，探索"一带一路"各城市的发展路径和模式，以解决城市发展带来的社会问题。

人工智能支撑的无人驾驶能够解决城市的交通拥堵问题，北京大学张超课题组的韩凯和元玉慧利用深度卷积神经网络进行物体识别，实现了车辆精准检索，使得无人驾驶的发展又向前迈进了一步，该课题组已有许多高水平

---

① 《人工智能：脱虚向实 产业化加速推进》，网易，2017年12月27日。http://money.163.com/17/1227/22/D6MQ6BK7002580S6.html。

② 《新一代人工智能发展规划》，中国安防展览网，2017年7月26日。http://www.afzhan.com/news/detail/dy57607_p5.html。

成果成功应用于我国高速铁路安全防护和城市交通智能分析。[①]"一带一路"沿线各国的智慧城市建设，将促进各城市之间资源的快速汇聚，打破信息孤岛，实现整个城市不同部门间甚至城市与城市之间的信息共享与协调合作，促进各个地区之间的经贸往来以及投资活动，增强"一带一路"沿线城镇的产业配套能力建设，为承接产业转移及产业升级起到保障作用。

授人以鱼不如授人以渔，中国与"一带一路"沿线国家共同发展人工智能，技术的共享为产业发展带来了根本性改变。国产无人机在沿线国家进行地形地貌探测，在地理数据采集上具有快、准的优势；北斗卫星导航系统帮助其他国家建立卫星导航定位系统，同时增加北斗卫星导航系统的地面监测站，提高系统精度。在地貌勘察、井场巡视、故障排除等方面，无人机也发挥了重要作用。[②] 例如，巴西圣保罗市政府已正式宣布引进中国大华无人机以及车载、便携式移动监控系统用以保护植被；[③] 北京大学计算机科学技术研究所开发的互联网舆情分析预警系统已经投入国家重要部门及多个省市使用，为研判网络舆情、掌握民意等提供了技术支撑。[④] 马来西亚的企业与机构享受阿里云在线提供的服务，并为当地创业公司提供数字经济人才的培养与储备。同时，eWTP 项目为当地提供了先进的云计算能力。[⑤] 此外，拥有先进人脸识别技术的依图科技为新加坡的金融与安防提供关键前沿技术支持。依

---

① 《实验室研究生获第三届全国研究生智慧城市技术与创意设计大赛特等奖》，北京大学机器感知与智能教育部重点实验室，2016 年 9 月 5 日。http://www.klmp.pku.edu.cn/News/ReadNews.aspx?NewsID=262。

② 《华北油田无人机巡检进入应用阶段》，中国石油新闻中心，2015 年 8 月 31 日。http://news.cnpc.com.cn/system/2015/08/31/001557320.shtml。

③ 《中国高端无人机进军拉美市场　有效缓解当地人力高成本问题》，搜狐，2017 年 5 月 2 日。http://www.sohu.com/a/137689533_115266。

④ 《数字内容计算与知识服务技术研究》，北京大学计算机科学技术研究所。http://www.icst.pku.edu.cn/index.php?s=/Home/Article/detail/id/291.html。

⑤ 《阿里云增设马来西亚数据中心　纳吉布大赞中国技术》，中国新闻网，2017 年 5 月 12 日。http://finance.chinanews.com/it/2017/05-12/8222283.shtml。

图科技不仅利用先进人工智能技术有效提升了新加坡人民的生活水平，还有望依托中国人工智能发展的先发优势和资源积累，帮助新加坡走出人工智能的发展困局。[①]北京大学机器感知与智能教育部重点实验室2016级硕士研究生李松江团队的项目——"以图搜图，2DAR和视频处理"正致力于优化视觉算法，服务于应用图像的场景。[②]

中国人工智能产品不断"走出去"，是我国在该领域创新水平不断提高的表现，相关成果得到了国际认可。在有了技术硬实力的坚实基础后，如何将人工智能落实到国计民生的实处，运用技术改善人民生活水平，是急需解决的问题，这本身也是我们发展人工智能的最终目标。我们可以从以下两个方面着手：

一方面，整合资源，寻找应用场景的技术依托，充分利用各大人工智能开放平台提供的若干服务。中国互联网科技企业正在践行这一措施。百度宣布，将开放百度大脑开放平台和百度深度学习平台供开发者和企业使用。[③]阿里云开放平台宣布推出人工智能服务，主要包括智能语音交互、印刷文字识别、人脸识别、机器学习、机器翻译等。[④]腾讯宣布向全世界企业提供七项包括人脸检测、五官定位等AI服务。[⑤]科大讯飞将讯飞语音云向移动互联网开发厂商和用户同时开放。北京大学人工智能实验室的成果——在线AI对抗网站Botzone能够根据已有的游戏规则进行比赛一决胜负，可以承

[①] 《版图扩张进行时 依图科技：识别全世界的脸》，腾讯网，2017年11月30日。http://new.qq.com/omn/20171130A03ZW5.html。

[②] 《重点实验室代表队在极视角视觉算法决赛中夺冠》，北京大学机器感知与智能教育部重点实验室，2017年6月4日。http://www.klmp.pku.edu.cn/News/ReadNews.aspx?NewsID=276。

[③] 《李彦宏展示"百度大脑" 将开放两大人工智能平台》，人民网，2016年9月2日。http://media.people.com.cn/n1/2016/0902/c40606-28684993.html。

[④] 《人工智能 迎接未来》，网易，2017年6月7日。http://news.163.com/17/0607/03/CMA28TUR000187VF.html。

[⑤] 《腾讯云发布7项人工智能云服务，激发企业AI业务创新高潮》，亿欧，2016年12月26日。http://www.iyiou.com/p/36724。

办满足程序设计课程需求的大规模 AI 对抗赛。[①]

另一方面，思考应用场景，使人工智能在社会生活的真实场景里发挥功效。这是人工智能发展的一个趋势。我国在面对人工智能时应保持冷静，分析人工智能相对于人类智能的优势和劣势，从而推断人工智能的有效应用场景，进而明确下一步的发展方向。虽然人工智能在很多领域得到了应用，但目前主要起辅助作用。例如北京大学王立威教授指导的王东、胡志强、罗天歌、杨泽和李傲雪肺结节诊断项目，使用患者的计算机断层扫描（CT）影像设计算法和训练模型，在独立的测试数据中集中找出 CT 影像中肺部结节的位置，并给出真正肺结节的概率，成为医生的"助手"，实现"AI＋医疗"的探索。[②]

三、人工智能的未来发展

虽然当前人工智能发展火热，但我们仍需冷静看待，既要看到人工智能真正的用武之地，也要看到当前技术能力的界限。我们应当积极发挥科技智库的评估与决策咨询作用，针对"一带一路"科技创新合作重点方向开展跟踪研究，发布具有连续性和长效性的科技创新合作研究报告。只有准确把握当前的技术发展情况，才能开展有效的创新和应用。

如果想要在"一带一路"的建设中实现人工智能的突破式创新，那么就需要青年人的共同参与，而这也是当代青年人的时代使命。青年人尤其是北大青年无疑是推动技术快速发展的主力军，我们需要依托快速更新迭代的知识和丰富的创意，与日新月异的科技发展相适应。北京大学副校长高松对国家启动实施《新一代人工智能发展规划》进行回顾时，对北大学者在其中的

[①] 北京大学信息科学技术学院网络与信息系统研究所北京大学人工智能实验室网站：http://ai.pku.edu.cn/。

[②] 《重点实验室王立威教授课题组在天池医疗人工智能大赛中夺冠》，北京大学机器感知与智能教育部重点实验室，2017 年 11 月 6 日。http://www.klmp.pku.edu.cn/News/ReadNews.aspx?NewsID=282。

贡献表示肯定，指出北京大学将重点发展人工智能基础研究和大数据核心技术，逐步建立国内最强、国际著名的人工智能研究和人才培养基地，形成推进理论前沿、突破核心技术、研制重大系统、培养顶尖人才、加强产业合作"五位一体"的良性发展模式。[①]

在学术方面，早在 2012 年北京大学智能科学系、哲学系等就联合举办了"人工智能的理论限度"辩论研讨会。在研讨会上，北大青年深度探讨了人工智能的理论限度这一人工智能科学领域的基本问题。[②] 在推动技术发展的道路上，北大青年亦敢为人先，信息科学技术学院、前沿交叉学科研究院与软件与微电子学院诸多实验室和团队对人工智能应用的不同侧面进行探索，潜心钻研，贡献光热。要想推动人工智能服务于"一带一路"倡议，其具体实施需从技术革新、应用场景探索、打造人才智库三个维度展开。

第一，在研发方面，依托科研资源，不断钻研革新技术。未来在技术的革新上，要把握三个核心要点，分别是计算能力、算法和数据。首先，强大计算能力依托 GPU（图形处理单元）支撑。以前人工智能发展最大的制约因素是财力支持，因为需要购置大量 GPU 用以搭建 GPU 的计算平台，而今全球的大型 IT 企业纷纷将其计算能力在网上开放，因此中小型企业可以享受到大计算能力的支持。其次，人工智能算法在开源的基础上，随着扩散速度的提高，通用性不断增强。例如，谷歌配合它的 TPU 开源了自己的人工智能开发系统 TensorFlow。[③] 人工智能开发系统的开源可以使更多人得以运用人工智能复杂的处理方法来进行人工智能的开发。北京大学举办以"人工

---

① 《北京大学举办人工智能前沿论坛》，北京大学新闻中心，2017 年 12 月 26 日。http://pkunews.pku.edu.cn/xwzh/2017-12/26/content_300799.htm。

② 《"计算机到底能做什么？——人工智能的理论限度"辩论研讨会在北大召开》，北京大学新闻中心，2012 年 5 月 15 日。http://pkunews.pku.edu.cn/xwzh/2012-05/15/content_241168.htm。

③ 《谷歌发布联机版人工智能系统 TensorFlow》，网易，2016 年 4 月 14 日。http://tech.163.com/16/0414/18/BKKOQNKB000915BD.html。

智能"为主题的第五届北京大学信息学科本科生科研成果展示会，为学生提供了实践平台，展示了人工智能的应用和人工智能软硬件的实现，充分体现出年轻人的智慧与创意。[①] 最后，作为一种资源，数据始终是有门槛的。当算法和计算能力不再是门槛，唯有数据是门槛时，拥有数据的一方就具备了竞争优势。

第二，在应用场景的探索上，应始终秉持"大胆探索，小心求证"的思路。北京大学俞敬松副教授以语言服务相关职业为例，针对语言、信息技术运用、跨领域合作和创造等方面提出了自我培养的四个方面。[②] 此外，应用场景落地后需要标准支撑。北大人秉承实践和思考并重的原则去探索人工智能的应用场景。在实践方面，生物医学跨学科研究中心与北京大学第一医院医学影像科长期合作的"人工智能前列腺癌辅助诊断平台"项目，在2016年首届"青春创客系列活动"中取得优异成绩。[③] 信息科学中心迟惠生教授、何新贵院士入选中国人工智能学会首批会士，信息科学技术学院王立威教授课题组在阿里巴巴、英特尔等公司主办的天池医疗人工智能大赛中夺冠。[④] 在思考方面，北大青年坚持"快速迭代"的思路，将不定期小范围讨论和定期业界人士分享会两种方式相结合，持续获取信息，把握行业最新动向。北大青年相继承办"人工智能——如何在最酷的领域创业"讲座，邀请微软亚洲研究院

① 《信息学院举办第五届北京大学信息学科本科生科研成果展示会》，北京大学新闻中心，2017年11月17日。http://pkunews.pku.edu.cn/xwzh/2017-11/17/content_300196.htm。

② 《"机智过人"还是"技不如人"——北京大学俞敬松揭示人工智能的"真相"》，四川外国语大学翻译学院新闻中心，2017年11月2日。http://cit.sisu.edu.cn/info/1016/2471.htm。

③ 《北大前沿交叉学科研究院在"2016青春创客系列活动暨首届医学工程创客专题活动"中取得优异成绩》，新浪，2016年11月24日。http://news.sina.com.cn/o/2016-11-24/doc-ifxyasmv1728595.shtml。

④ 《重点实验室王立威教授课题组在天池医疗人工智能大赛中夺冠》，北京大学机器感知与智能教育部重点实验室，2017年11月6日。http://www.klmp.pku.edu.cn/News/ReadNews.aspx?NewsID=282。

创新工程总监做"从大数据到人工智能"的精彩报告；[①] 举办第三届北京大学"未名对话"等，普及了人工智能相关概念与知识，激发了同学们对人工智能的兴趣，并就人工智能的技术原理、产业发展、投资机遇以及可能出现的挑战进行了深入探讨，拓展了新的思路。[②]

第三，打造人才智库，培养人工智能人才，实现人工智能人才接力。将人工智能服务于"一带一路"建设并非一日之功，而是长久之计，将优秀的成果和思想汇集、传递才能实现可持续发展。另外，与沿线国家的青年人进行思想碰撞，也能够使各国之间的交流效率倍增。在人才培养上，北大长期坚持跟踪 AI 进展、资助 AI 研究和培养 AI 专家三条主线。在新的时代诉求下，北大已开始行动，人工智能创新中心设立"AI 创新硕士"培养项目，旨在培养 AI 领域顶级的学术产业创新复合型人才。[③]

[①]　《微软亚洲研究院田江森博士做关于从大数据到人工智能主题演讲》，北京大学软件与微电子学院，2016 年 3 月 8 日。http://t.cn/RQdKbPc。

[②]　《北大：未名湖畔，百余博士共话"人工智能"》，搜狐，2017 年 11 月 25 日。http://www.sohu.com/a/206540505_99993379。

[③]　《【学术产业创新复合培养】北大 AI 创新硕士推免启动》，搜狐，2017 年 8 月 1 日。http://www.sohu.com/a/161390092_475955。

第三节　大数据、云计算展示世界前景

随着数字信息技术的兴起和迅猛发展,社会进入数据化高速发展的轨道。大数据和云技术在海量数据背景下应运而生并渗透到人们生活中的各个细节,带来了诸多便利,也在经济发展和提高人民生活质量等方面发挥了重要作用。在"一带一路"倡议的背景下,我国一直致力于研究大数据和云计算相关理论与技术,在这个过程中,青年人同高校发挥着重要的作用。

一、大数据与云计算的发展现状

随着大数据时代的到来,数据计算相关产业飞速发展。我国大数据和云计算产业一直处于国际前列,这得益于党中央、国务院的高度重视。2016年12月国务院印发的《"十三五"国家信息化规划》和工信部发布的《大数据产业发展规划(2016—2020年)》强调了大数据在"数字中国"建设中的重要作用,在"一带一路"倡议和在2020年建成"数字中国"的背景下,大数据和云计算技术将得到更大的发展空间。

2008年起,"大数据"这个概念受到广泛认可。目前大数据技术已经度过了最初的萌芽、探索阶段,进入了广泛的应用阶段。[1] 我国大数据市场也走过了萌芽阶段,随着我国相关技术的突破和应用实践的探索,2015年开始我国大数据产业走上了发展的高速公路,大数据产业市场规模达到34亿元人民币。[2] 2016年,大数据产业进入成熟期,在保持自身高速发展的同时,也带动了相关产业发展。

时至今日,从1999年开始发展的云计算已经到达了较为成熟的阶段。

---

[1]　李翠平、王敏峰《大数据的挑战和机遇》,《科研信息化技术与应用》2013年第1期。

[2]　曾琳《国内云计算市场发展状况分析》,《移动通信》2017年第8期。

截至 2017 年，美国占有全球云计算市场 50% 以上的份额，[①] 处于主导地位。我国云计算起步于 2007 年，经历了接受和消化国外理论技术阶段，已进入独立研发、自主创新时期，目前云计算技术及市场已经相对成熟稳定。

二、大数据与云计算的应用成果

大数据具有数据体量规模化、数据内容结构化、处理方式分布化等特点，可应用在各个领域。通过大数据分析技术可以实现以下功能：将大量数据收集并以一定形式呈现的可视化应用，是大数据技术应用的基础；通过对可视化的数据进行快速处理，使用数据挖掘算法从而为计算系统提供深度的挖掘价值；对数据挖掘的结果进行分析研究从而得到可靠性预测结论等。而云计算因其强大的数据存储能力、超高的运算速度及使用的便利性，已经成为政府、企业在解决相关问题或做出决策时有力的支撑和基础。以下我们将从各个领域来介绍大数据和云计算的实际应用情况。

大数据技术和云计算平台最先被应用在政府和公共服务部门。从国家宏观层面来讲，很多领域需要用到大数据和云计算的技术。"一带一路"倡议提出后，我国与沿线国家贸易往来日趋紧密，沿线经济稳定增长。2017 年 3 月 17 日，以 1.2 亿条数据为基础，采用多种结构化分析方法，多角度多层次分析我国与"一带一路"沿线国家贸易合作情况的《"一带一路"贸易合作大数据报告 2017》发布，[②] 对我国和相关国家的贸易情况做出了多维度的分析。这份基于大数据分析得出的专题报告，就是大数据技术在政府部门和贸易领域应用的范例，既反映出贸易合作的进展状况，又可以对今后贸易策略的部署和实施产生指导和预测作用。

目前大数据和云计算技术在司法系统中也有着重要的应用。公安机关可以通过大数据和云计算技术采集公民信息、保护公民安全、防止违法犯罪。

---

① 曾琳《国内云计算市场发展状况分析》，《移动通信》2017 年第 8 期。
② 王哲《大数据："一带一路"普惠世界》，《中国报道》2017 年第 Z1 期。

大数据还可以应用于法律领域。2017 年，北京大学法学院建立了法律人工智能实验室、北京大学法律人工智能研究中心，召开了第一届北京大学法律与人工智能论坛。该项举措旨在运用大数据技术和云计算技术，搭建人工智能平台，探寻人工智能在立法、执法、司法、守法的各个环节中的作用和反馈。[①] 为全面贯彻落实依法治国政策和推动我国司法的信息化做出了巨大贡献。

在医疗和公共卫生领域，大数据和云计算技术也得到了广泛的应用。在医疗方面，使用大数据技术对患者的特征和疗效数据进行分析，对比不同干预措施的有效性，可以找到最适合患者的治疗方案。许多青年已经将大数据技术成功应用于医疗领域。北京大学医学部是青年学子在医疗大数据领域发光发热的前沿阵地，2017 年 12 月，北京大学召开了临床医学＋X 委员会全体会议。[②] 北京大学临床医学＋X 青年专项计划注重促进青年一代建设健康医疗大数据、智能医学大数据等相关平台。在项目实施的过程中，北大青年积极进行理论研究和相关的实验，发表了多篇论文。2017 年，北大校友孙可欣、詹思延、胡永华在《药物流行病学杂志》上发表了题为"医学大数据在药物基因组学领域中的应用与发展"的论文，该论文从大型药物基因组学数据库的建立着手，通过电子健康档案与基因分型数据库，对药物基因组学成果向临床转化过程进行了研究和分析，为医疗健康大数据未来的发展方向提出了可行性建议。[③]

在金融相关领域，大数据和云计算技术也得到了充分的应用。例如金融

---

① 《北京大学法律人工智能实验室、北京大学法律人工智能研究中心成立仪式暨第一届北京大学法律与人工智能论坛举行》，北京大学新闻中心，2018 年 1 月 4 日。http://pkunews.pku.edu.cn/xwzh/2018-01/04/content_300916.htm。

② 《北京大学召开临床医学 ＋X 委员会全体会议》，北京大学新闻中心，2017 年 12 月 29 日。http://pkunews.pku.edu.cn/xwzh/2017-12/29/content_300873.htm。

③ 孙可欣、詹思延、胡永华《医学大数据在药物基因组学领域中的应用与发展》，《药物流行病学杂志》2017 年第 1 期。

市场中的量化投资技术和大数据预测技术，利用大数据的分析预测市场可能的变化趋势，为投融资行为提供指导。在"互联网＋"的背景下，互联网金融发展迅速，在此方面，北京大学的研究和实践都处于领先地位。2015年1月，北京大学就开展了互联网金融研究中心项目，[①]该项目突出了青年学者和研究员的作用，大量青年研究员和相关专业的在读硕士研究生和博士研究生参与该中心项目，运用丰富的数据调查和处理经验及技术，为互联网金融领域的大数据应用的研究和实践做出突出贡献。

在城市建设和战略研究方面，大数据和云计算技术也有着相当广阔的应用空间。目前，关于城市社会发展、经济产业部署、交通运输统筹、土地资源调配、生态环境问题的研究都可以使用大数据和云计算的相关技术。2015年4月，"北京大学—软通动力：北京大学智慧城市和大数据应用联合研究中心"正式成立，[②]该中心致力于智慧城市建设中大数据技术的应用，为创建和谐智慧型城市贡献力量。2015年8月，北京大数据研究院在北大宣布成立，这是国内首个整合了政府、大学和市场三方的大数据研究机构，加快了信息化进程中人才的培养。为解决城市社会发展问题分专业分系统研究方法带来的缺陷，2016年10月北京大学首都发展研究院建立了北京实验室（大数据平台），致力于京津冀协同发展研究和首都发展战略研究等，通过大数据手段和云计算模拟技术，为科学发展决策提供技术支持。[③]

在大众社会生活方面，大数据和云计算的应用也渗透到了我们生活的各

---

① 《北京大学互联网金融研究中心正式成立》，北京大学新闻中心，2015年6月8日。
http://pkunews.pku.edu.cn/xywh/2015-06/08/content_289200.htm。

② 《2015年4月26日，"北京大学—软通动力：北京大学智慧城市和大数据应用联合研究中心"（简称联合研究中心）揭牌仪式在北京大学陈守仁国际研究中心举行》，北京大学软件工程研究所，2015年4月26日。http://www.sei.pku.edu.cn/news/2015/20155e74467082665e5-201c53174eac59275b6620148f6f901a52a8529b-53174eac59275b66667a616757ce5e02548c592765 70636e5e9475288054540878147a764e2d5fc3201d-7b8079f08054540878147a764e2d5fc3。

③ 《北京实验室（Beijing Lab）》，北京大学首都发展研究院，2016年10月25日。http://www.bjdi.pku.edu.cn/?p=915。

个方面。电子商务领域充分运用自身平台对数据收集的天然优势，使用大数据技术对顾客的消费偏好进行分析并且形成需求预测，提供个性化推荐的营销服务。很多青年创业者基于大数据思维和数据处理技术的创新，创造出许多优秀的创业企业，例如北大青年创业典范戴威所创办的 ofo 共享单车这一现象级移动互联网企业。[①] 在其发展的过程中，大数据分析技术和云计算为其成功打下了重要的基础。在家庭生活方面，北大青年也贡献出了很多力量。北京大学深圳研究生院信息工程学院的学生团队提出了一款基于云计算和大数据处理技术的智能老人看护系统——智能 E 耳目，[②] 可以做到依靠云计算技术联网医疗机构、子女手机、公安机关等，完成老人的起居分析和看护工作。这个项目充分展现出了北大青年对于老人的人文关怀，同时为智能化技术应用于现实生活起到了推动作用。

三、青年与大数据、云计算的未来

从目前的趋势来看，未来的时代是信息化的时代，信息将成为最具有价值的资产，而信息的基石——数据将会愈发凸显其价值。大数据和云计算的逐渐成熟将在未来获得更大的发展空间。根据目前的研究和应用情况来看，大数据和云计算未来的发展将会呈现出以下趋势：

第一，大数据与云计算将进一步结合。现阶段大数据需要依赖云平台去完成存储和处理，而云计算需要大数据提供材料和支撑。在未来的应用中，数据规模将会更加庞大，数据结构化程度与精度更高，数据的应用场景将更加复杂，大数据和云计算必将更加紧密结合，数据学科和计算学科的联系和互动也将更加紧密。在此方面，2016 年 11 月，北京大学深圳研究生院举行

---

① 杨旭民《嗨，自行车！》，《新西部》2016 年第 12 期。

② 《基于云计算的老人智能看护系统——智能 E 耳目》，北京大学深圳研究生院科学研究处。http://ott.pkusz.edu.cn/。

了北京大学大数据技术论坛暨数据科学与智能计算学科启动仪式，[①]该项目由深圳市发展改革委资助，根据北京大学已设立的数据科学交叉学科发展规划，为大数据和云计算紧密的结合提供技术支持和人才输出，为信息化发展增添动力。

第二，云计算可以为大数据分析处理提供平台。可以理解大数据的统计和分析等关键技术不能离开云计算的支持，而云计算也是大数据进行分析处理的重要方式和优势选择。[②]北京大学在相关技术理论和创新上一直在最前线。2017年3月，北京大学牵头成立了大数据分析与应用技术国家工程实验室，协办了第九届中国云计算大会云计算大数据青年科学家专题论坛，[③]为我国大数据和云计算的发展做出了巨大贡献。在2017年年底颁布的2017年中国电子学会科学技术奖中，以北京大学为第一完成单位，信息科学技术学院、高可信软件技术教育部重点实验室梅宏院士、黄罡教授、刘谭哲副教授、郭耀教授、熊英飞研究员等为主要完成人的项目"云—端融合计算的资源反射机制与互操作技术及其平台应用"获技术发明特等奖。[④]同时，北京大学大数据相关研究机构培养了数万名优秀的青年人才，在2018年1月举行的第十四届中国青年女科学家奖的颁奖典礼中，北京大学的张研教授、杨莉教授获奖，黄芊芊博士、林丽利博士入选"未来女科学家"计划，以表彰她们在信息技术领域的贡献，展示了北大青年在大数据与信息科学领域的突

---

① 《北京大学大数据技术论坛暨数据科学与智能计算学科启动仪式成功举行》，北京大学深圳研究生院新闻网，2016年11月11日。http://news.pkusz.edu.cn/article-143-7014.html。

② 蔡锦胜《基于云计算的大数据分析技术及应用》，《电脑编程技巧与维护》2017年第12期。

③ 《2017年6月，云计算大数据青年科学家专题论坛成功举办》，北京大学软件工程研究所，2017年6月16日。http://www.sei.pku.edu.cn/news/4e918ba17b9759276570636e97525e7479d15b665bb64e1398988bba575b6210529f4e3e529e/。

④ 《信息学院获两项2017年中国电子学会科学技术奖》，北京大学新闻中心，2017年12月29日。http://pkunews.pku.edu.cn/xwzh/2017-12/29/content_300859.htm。

出贡献。[①] 在北大还有很多像她们一样的青年学者，正致力于攻破大数据和云计算发展中遇到的理论难题和技术瓶颈，为我国信息化建设和"一带一路"倡议做出贡献。根据《北京大学 2017 年毕业生就业质量年度报告》提供的数据，2017 年北京大学共有 9469 名毕业生，其中有 14.83% 的毕业生选择信息传输、软件和信息技术服务业这一与大数据直接相关的行业，另有超过 30% 的毕业生选择了金融业、科学研究与技术服务业等大数据相关的行业。[②] 在大数据与云计算相关领域，北京大学一直在源源不断地为各个行业输送优秀的青年人才。

第三，数据管理将成为核心竞争力。由于未来数据将成为信息化社会的重要资产，对于企业来说，各种数据将成为企业最具价值的数字化资产。所以对于企业来说如何对这些资产进行管理并加以应用，将会成为企业的核心竞争力。未来会有越来越多的企业使用云平台，所以企业数据管理将成为未来大数据和云计算发展的主要趋势之一。在此趋势下，科研成果和大型企业的结合也至关重要，同时大型企业积累的数据也应和科研机构合作共享，共同为大数据和云计算的发展做出贡献。现如今，许多高校同大型企业开始就此进行合作研究。例如，从 2014 年起，北京大学信息科学技术学院、高可信软件技术教育部重点实验室崔斌研究员课题组与知名互联网企业腾讯公司数据平台部门就已经展开了针对大数据实时推荐功能的研发，[③] 并已取得众多成果：连续两年在美国计算机学会数据管理专业组年会上发表论文——《TencentRec：实时流推荐的系统实践》和《实时视频推荐探索》。

第四，对数据质量的要求将越来越高，数据质量将直接影响到商业智能

---

① 《北大两人获中国青年女科学家奖　两人入选未来女科学家计划》，北京大学新闻中心，2018 年 1 月 12 日。http://pkunews.pku.edu.cn/xwzh/2018-01/12/content_301014.htm。

② 《北京大学 2017 年毕业生就业质量年度报告》，北京大学学生就业指导服务中心，2017 年 12 月 31 日。https://scc.pku.edu.cn/news_ff8080815fec2bed0160ab3ad97c7cb0_1.html。

③ 《信息学院崔斌研究员课题组在大数据实时推荐研究中取得重要进展》，北京大学新闻中心，2016 年 5 月 24 日。http://pkunews.pku.edu.cn/xwzh/2016-05/24/content_293859.htm。

的成功与否。企业是目前和未来大数据技术和云计算平台的最大客户，未来企业倾向于使用自动化智能商业管理工具去完成企业数据的管理和分析，但这里存在的问题是很多数据源产生的数据质量较低，无法对商业分析、预测和决策提供有效的数据支撑。因此，提高数据质量，尽量消除数据质量差距，是未来大数据技术的发展方向，也是目前亟待解决的重要问题。

第五，集成化、复合化是未来社会和经济发展的趋势，"一带一路"倡议背景下，决策支持系统、人工智能的发展为当前"信息丝路"提供了更宽广的发展道路。[①] 大数据并非由单一的计算机网络构成，而是由海量的活动构件与多元化的参与元素互作互构形成的生态系统。未来大数据和云计算的发展，将更加多元化和系统化、智能化。

第六，随着大数据技术应用的普及，数据泄漏问题将日益严重。在目前的发展阶段，企业和个人都已经感受到了数据安全隐患带来的不便和困扰。企业数据泄漏导致交易失败或恶意竞争，个人数据泄漏导致隐私受到侵犯的案件比比皆是，给社会和个人带来了严重损失。如何解决好这个问题，也是未来大数据和云计算发展的主要方向。为做好信息安全相关理论研究和人才培养工作，北京大学于 2002 年，在软件与微电子学院设立了信息安全专业方向，针对国家、产业和领域的需求，培养信息安全高级人才，为大数据和云计算未来安全问题的解决提供了理论和人才的保障。

---

① 左智科《浅谈大数据在"信息丝路"中的应用》，《丝路视野》2017 年第 14 期。

第四节 微观世界精尖领域之纳米技术

习近平主席提出要建设智慧城市，其中纳米技术作为创新型的精尖技术被重点提及。在纳米技术高速发展的新时代，面对经济发展中出现的诸多问题，例如能源短缺及衍生的环境问题、半导体芯片研发困境、新型纳米材料的制备等，中国青年潜心研究，并致力于解决这些问题，勇攀纳米技术发展的新高峰。

一、纳米技术的内涵与研究

纳米技术的研究重点在于探索纳米规模时，物质和设备的设计方法、组成、特性以及应用，它是许多科学领域，诸如生物、物理、化学等在技术上的延伸和深入。在纳米尺度下，原子、分子、高分子等受微观作用力影响，呈现出独特性质。例如随着尺度减小至纳米级别，材料的表面积与体积比急剧增加，该特性可以适用于对表面积需求较大的应用场景，主要包括超级电容器、表面催化等。

自1981年发明扫描隧道显微镜后，人们对于纳米世界的探索从未停歇。通常，人们将纳米技术划分为纳米物理学、纳米化学、纳米生物学、纳米电子学、纳米加工学和纳米计量学六个分支学科。其中，纳米物理学和纳米化学是纳米技术的理论基础，而纳米电子学是纳米技术最重要的内容。20世纪90年代初，纳米技术的极限是人类能够直接控制单个原子、分子，从而制造出具有特定功能的产品。随着技术进步，人类正向微观世界深入，人们认识、改造微观世界的水平也到达前所未有的高度。

纳米因尺寸微小被广泛应用于众多科学研究领域，包括表面学、有机化学、分子生物学、半导体物理、能量存储、微加工、分子工程等。由此衍生出来的其他应用更是多种多样，从传统的器件物理到全新的基于分子自修复功能的新方法，从研发只是在某些维度具有纳米尺度的新材料到直接控制单个原子。此外，对于纳米世界的不断研究与探索也促进了研究设备的更新。例如，扫描隧道显微镜和原子力显微镜等设备的发明与应用，就是结合了如电子束轰击之类的精细加工工艺，能够精密地生成、操作、观察、表征纳米结构并进行相关的应用。纳米材料的制备难度不但在于体积进一步微小化，而且更重要的是探索材料在微小化过程中体现出来的新特性、新功能。随着物体减小到纳米尺寸，电子能量量子化也开始对材质的性质有影响，称为量子尺寸效应。这一效应使得材料本身在纳米尺度下与在宏观时有不同表现。例如，不透明的物质会变得透明，如金薄膜；惰性物质将具有催化性质；稳定的物质变得易燃烧；固体在室温下变成了液体；绝缘体变成了导体。

二、青年助力纳米技术应用与智慧城市建设

随着我国"一带一路"倡议的推进，习近平主席提出要建设智慧城市，智慧城市的建设离不开可持续发展、创新型发展，而纳米技术的发展可以为我国建设可持续发展以及创新型发展的智慧城市添砖加瓦。纳米摩擦发电机、基于纳米结构的超灵敏传感器等利用了纳米技术研发出来的纳电子器件，在解决大至社会问题，如环境能源、医疗药物、芯片制造等，小至人体健康检测、智能生活等问题上都有极大帮助。

（一）可持续发展的智慧城市

能源是全世界的共同资源，也是推动社会发展的重要动力。三次工业革命带来了生产力的巨大进步，但伴随着经济发展而逐渐凸显的能源危机，也成为国际难题，驱动着学术界和产业界对新能源技术的进一步研发。例如，电能自第二次工业革命起便应用于工业社会，并伴随着科技进步而得到更加深入的应用，目前几乎已触及人类社会的每个角落，成为人们工作、生活中的重要组成部分。宏观而言，大规模的发电技术关系到国家经济、环境等诸多方面；微观而言，发电技术（即微纳能源技术）也随着纳米技术的发展受到了越来越多的关注。在中国，能源问题已经成为可持续发展道路上的难题

之一。根据中国能源研究会发布的《中国能源发展报告2016》[1]，2015年我国能源消费总量为43亿吨标准煤，按照国家发展改革委提供的数据，火电厂平均每千瓦时供电煤耗由2000年的392克标准煤降到360克标准煤，2020年将达到320克标准煤。也就是说，1000克标准煤大约可以产生3千瓦时（度）电，那么2015年一年，我们国家就消耗了129千亿度电。毫无疑问，在中国推进"一带一路"倡议并迈向"中国梦"的道路上，巨大的能源消耗拖累了中国经济前进的步伐。此外，从中国的能源结构看，化石能源，如煤炭、石油、天然气，占据主要地位。在化石能源的使用过程中排放了大量的废气和粉尘，造成了严重的大气污染问题。近些年，PM2.5困扰着全国多地人民，对各地居民的健康造成严重威胁。这些环境问题主要是由能源的不合理利用产生的，需要通过调整能源结构给予解决，从而促进可持续发展。

基于以上问题，利用纳米技术研发的摩擦纳米发电机正好能够有效化解这一困境。这一技术的原理基于摩擦起电和静电感应的耦合效应，当两种不同的材料相互接触时，材料界面之间的某些地方形成了化学键，电荷在材料界面之间转移以平衡电化学势，从而产生摩擦电荷。在外力驱动下，摩擦带电的界面之间相互运动，摩擦纳米发电机中将产生周期性电势差。这种将机械能转化为电能的方式，是一种完全绿色无污染的能量转换方式。现实生活中，机械能的耗散普遍存在。小而言之，人体的每个动作包括走路、抬胳膊、动手指都有机械能的输出，而这些机械能正好可以被摩擦纳米发电机有效地转化为电能；大而言之，所谓的"蓝色能源"——波涛汹涌的大海蕴藏着不可估量的机械能，可谓取之不尽，用之不竭，理论上完全可以满足地球上所有的能源需求，几乎不会对环境造成任何污染。人们也逐渐意识到了这种"蓝色能源"的威力，从而在各类水库中建立像三峡大坝这样的水坝，有效利用能源。然而，众所周知，建造此类巨型大坝需要大量的人力、物力，由此衍生出来的一系列环境问题使得大坝所产生的社会效益大打折扣。然而，

---

[1] 《中国能源研究会发布〈中国能源发展报告2016〉》，《电力与能源》2016年第5期。

纳米技术能够利用聚合物将摩擦纳米发电机封装起来，加工成特殊的形状，并利用波浪的机械作用使摩擦纳米发电机内的不同材料相互接触和分离，从而将看似难以利用的海洋机械能转化为电能储存起来。

摩擦纳米发电机将给能源采集带来革命性改变，北大青年在这一研发过程中更是有着突出贡献。例如，北大校友张晓升在原本的金字塔微结构上利用深刻蚀引入纳米结构，形成微纳复合结构，大大地提高了摩擦纳米发电机的输出电压和电流。[1] 通过摩擦发电机收集人体的机械作用能，并将其转化为电能，使之成功点亮数十个 LED 灯，并且为计算器、电子手表等进行长时间供电，这在一些自驱动电子设备的应用中具有极高的实用价值，为人们摆脱电池可能出现的电量不足的困扰提供了可能。程晓亮校友则研发制备了一种可大面积量产化的装备有摩擦纳米发电机的发电地板，该地板可以大面积应用于室内场所，当有人经过时，由机械能转化而来的电能可以驱动风扇运转。[2] 若将这种可大面积生产的发电地板商业化运用到各大商场、超市、学校教室等场地，那么就可以将每个人走路的机械能收集并重新利用起来，从而减轻这些场地对电的需求，甚至在紧急情况下，如停电时，可以临时供电照明。北大学生韩梦迪基于摩擦效应，利用聚乙烯制备了一个密封腔室的摩擦纳米发电机。[3] 利用外界的振动、碰撞、滚动使得内部液体不停地进行转移，在这过程中产生电荷，再通过外接电路实现电能的输出。这种密封式的纳米摩擦发电机，为采集"蓝色能源"打开了思路。赵至真同学受丝织物

---

[1] Zhang, X., Han, M., Wang, R., et al. Frequency-multiplication high-output triboelectric nanogenerator for sustainably powering biomedical microsystems. *NANO Letters*, 2013, 13:1169.

[2] Cheng, X., Song, Y., Han, M., et al. A flexible large-area triboelectric generator by low-cost roll-to-roll process for location-based monitoring. *Sensors and Actuators A: Physical*, 2016, 247:206-207.

[3] Han, M., Yu, B., Qiu, G., et al. Electrification based devices with encapsulated liquid for energy harvesting, multifunctional sensing, and self-powered visualized detection. *Journal of Materials Chemistry A*, 2015, 3(14):7382.

的启发，将摩擦纳米发电机与织物纤维结合，制备了可纺织、可洗涤的摩擦纳米发电机，它具有可穿戴化的特点，使得该技术能更好地应用于人们的日常生活之中。[①]

上述学者的研究工作，无论是在原理解释上，还是在性能提升及实际应用上，都为摩擦纳米发电机的发展做出了突出的贡献，使得摩擦纳米发电机在微纳能源、自驱动传感、蓝色能源三大方向上都有了进一步的发展，并受到国内外同行的高度肯定，这些研究为"智慧城市"的建设打下了重要技术基础。

（二）创新型发展的智慧城市

集成电路产业是关系国民经济和社会发展全局的基础性、先导性和战略性产业，是信息产业发展的核心和关键。无论民用设备、军用设备，还是教育、商业、农业等，集成电路的身影随处可见。但是，作为集成电路产业核心中的核心——芯片的研发和制造及其背后庞大的半导体产业，一直不是中国的强项。在 2016 年市场研究机构 IC Insights 公布的 2016 年全球前 20 位芯片厂预估营收排名中，[②] 美国有八家半导体厂商上榜，日本、欧洲与中国台湾各有三家，韩国、新加坡分别有两家、一家上榜，但没有一家是中国内地的半导体芯片企业。

如今，在即将到来的纳米时代，现有的不利形势有望被我国的青年科学家们扭转。随着集成电路进一步按比例缩小，传统的芯片制造已到微米级别，这标志我国进入了新时代的纳米技术发展行列。若是利用纳米精度的光刻、刻蚀等加工工艺，可以实现高集成、高空间分辨率的芯片制造，存储密度可达 1000GB，计算速度提高 100—1000 倍，功率增加 1000 倍，而能耗则可

---

① Zhao, Z., Yan, C., Liu, Z., et al. Wearable technology: Machine-washable textile triboelectric nanogenerators for effective human respiratory monitoring through loom weaving of metallic yarns. *Advanced Materials*, 2016, 28(46):10 267.

② 《2016 全球前 20 大半导体芯片厂预估营收排名》，搜狐，2016 年 12 月 25 日。http://www.sohu.com/a/122513947_460357。

以降低 100 万倍，芯片尺寸减小 100—1000 倍。众所周知，虽然尺寸逐渐减小的晶体管在集成电路发展过程中有众多优势，但是根据摩尔定律，目前尺寸的缩减似乎已走到尽头。无论是科学界还是产业界都认为芯片难以按照摩尔定律继续减小尺寸来提高集成度。[①] 值得一提的是，北大青年们在减小半导体器件直至纳米尺寸方面做出了重要贡献。信息科学技术学院青年科研工作者邱晨光，成功在《科学》杂志发表了 5 纳米碳纳米管 CMOS 器件研究成果。[②] 科学界和产业界一直在探索以应用各种新材料和新原理的晶体管来替代硅基器件，然而尚未研发出 10 纳米及以下的硅基 CMOS 器件，而邱晨光利用碳纳米管作为构建 10 纳米及以下晶体管的理想材料，通过控制电极功函数来控制晶体管的极性，与导师一起在课题研究过程中开发出一整套高性能碳纳米管 CMOS 晶体管的无掺杂制备方法。同时，他们还探索了器件整体尺寸减缩和接触减缩可能会带来的影响，在保障性能的情况下，成功制备了整体长度为 240 纳米的碳纳米管 CMOS 反相器，这是目前所制备出的最小的纳米反相器电路。该成果不仅成功探索了非硅材料——碳纳米管这种纳米材料的半导体特性，并且有望达到由测不准原理和热力学定律所决定的二进制电子开关的性能极限，展现出碳纳米管电子学的巨大潜力，为未来集成电路技术的进一步发展提供了重要方向。

在新时代，人们的生活将更加智能，而有效地利用纳米材料，将为我们的生活带来新的改变。前沿交叉学院的陈号天同学通过将碳纳米管与海绵结合，成功地研制出一种可定位的，并且能够识别弯曲和按压这两种不同机械作用方式的电子皮肤。[③] 碳纳米管本身具有较高的机械强度和良好的导电性，目前这种纳米材料已受到了全世界的广泛关注和应用。类似的纳米材料，例

① Waldrop, M. M. More than moore. *Nature*, 2016, 530:145.

② Qiu, C., Zhang, Z., Xiao, M., et al. Scaling carbon nanotube complementary transistors to 5-nm gate lengths. *Science*, 2017, 355:271.

③ Chen, H., Su, Z., Song, Y., et al. Omnidirectional bending and pressure sensor based on stretchable CNT-PU Sponge. *Advanced Functional Materials*, 2017, 27:1 604 434.

如石墨烯、银纳米线等，也在被各地的科学家深入研究。近些年来，对石墨烯材料的研究从未停歇，该材料在能源、航天航空、生物技术等领域都具有重要应用价值。但是由于纳米级别的制备过程以及对缺陷的低容忍性，这些纳米材料往往难以实现大面积的、较好的生长。北大纳米化学研究中心张朝华同学在刘忠范教授的指导下，利用新型的共分离方法，实现了晶片级的垂直堆叠的石墨烯／六方氮化硼异质结构的生长，开辟了一条批量生产大面积垂直堆叠的石墨烯／六方氮化硼异质结构和其他范德瓦尔斯异质结构的道路。[①] 同时，刘忠范教授课题组的青年科研工作者们还发展了低维碳材料的化学气相沉积生长方法学，建立了精确调控碳纳米管、石墨烯等低维碳材料结构的系列生长方法，发明了碳基催化剂、二元合金催化剂等新型生长催化剂，提出了新的碳纳米管"气—固"生长模型。该模型首次将有机小分子的自组装概念拓展到准一维碳纳米管领域，建立了多种化学自组装方法，实现了碳纳米管在各种固体表面的有序组装，并开拓了碳纳米管电化学和基于扫描探针显微技术的针尖化学研究方法。这些新的低维碳材料无论是在军事领域，还是在民用领域都将发挥不可估量的作用，为处于新时代的中国在纳米材料领域打开新的大门。北大的青年学者们正是在这一步步的纳米技术研发与应用实践中推动着"智慧城市"建设，促进着国家经济发展，从而助推"一带一路"倡议的发展。

---

① Zhang, C., Zhao, S., Jin, C., et al. Direct growth of large-area graphene and boron nitride heterostructures by a co-segregation method. *Nature Communications*, 2015, 6:6519.

第五节 国家治理现代化

党的十八大以来，以习近平总书记为核心的党中央面对复杂多变的国际局势，立足于我国国情，继续坚持和发展中国特色社会主义，顺应广大人民对美好生活的向往，在系统总结过去经验的基础上，提出了一系列国家治理的新理念、新思想、新战略，通过实施"四个全面"战略布局，不断推进国家治理现代化，推动我国发展迈入了新的历史阶段。

一、国家治理现代化成就

（一）全面建成小康社会

十八大以来，以习近平总书记为核心的党中央贯彻落实"创新、协调、绿色、开放、共享"五大发展理念，把握新常态，调动各方积极因素，推动公有制经济和非公有制经济协调发展，全面建成小康社会迈入决胜阶段。经济维持中高速增长，GDP 已突破 80 万亿元人民币，稳居世界第二，不断推进产业升级；农业农村现代化进展显著，粮食生产取得"十一连增"，农民收入和生活水平显著提升；[1] 贫困人口不断脱贫，扶贫资金逐年增加，贫困地区数量显著减少，精准扶贫不断推进；京津冀协同发展、"一带一路"建设深入推进，取得巨大成果；生态文明建设成效显著，"绿水青山就是金山银山"理念不断深入，生态文明制度加速健全，环境治理显著加强；各类制度不断完善，社会各领域突出问题显著减少。

北京大学以服务国家战略为己任，以高度的使命感和责任感坚决贯彻落实以习近平总书记为核心的党中央的战略方针，推动全面建成小康社会。在服务京津冀协同发展战略方面，北京大学整合各方资源，与天津市共同建设

---

[1] 《【经济实说·大家谈】GDP 总量突破 80 万亿元释放多重信号》，中国网，2018 年 1 月 20 日。http://opinion.china.com.cn/opinion_33_177633.html。

新一代信息技术研究院，激发技术转化能力，推动动能转换。此外，北京大学与天津市共建的北京大学滨海医院大幅改善了周边地区的就业环境和医疗水平。北大的多家医院还与河北省进行了医疗合作，助推河北省医疗水平进一步提升，并在雄安新区开展培训，输送优秀毕业生，建设医学中心，通过自身努力和带动作用为雄安新区的发展做出贡献。在落实定点扶贫战略方面，北大以智力扶贫为目标，把定点扶贫纳入了"十三五"规划，统筹八个院系和弥渡县的八个乡镇进行一对一的定点帮扶，精准扶贫。[①]

（二）全面深化改革

十八大以来，以习近平总书记为核心的党中央全面深化改革，通过实施简政放权、推进供给侧结构性改革、实行放管结合、优化政府服务等举措，取得了巨大成就，全面深化改革步入新的高度。改革主要框架不断完善，商事制度改革得以推行，数百项行政审批事项取消或下放；行政管理体制愈加公开和透明，体制机制改革全面推进，服务效率不断提升；国防与军队改革取得重大进展；土地制度改革与农村集体产权制度改革不断深化，农民就业创业获得更多支持，监管责任进一步落实，公众监督得以加强；创新创业服务平台快速增加，企业发展障碍不断清除，科技成果转化效率不断提升；随机抽查清单和名录库得以搭建，审慎监管进一步深入；社会活力进一步激发，重大风险得到有效防范；社会各领域改革平稳推进，政府和市场职能进一步明确。

北京大学深入贯彻全面深化改革战略。在协调推进创新创业方面，北京大学不断完善创新创业教育，实行创新创业培养方案，搭建交叉融合的创新创业平台，积极扶持优秀的创新创业项目，全方位构造创新创业系统，成立了占地近5000平方米的全球大学生创新创业中心，推出北大创业训练营、

[①] 《【回眸5年发展路　迎接13次党代会】社会服务篇（一）对口支援与定点扶贫工作回顾》，北京大学新闻中心，2017年10月27日。http://pkunews.pku.edu.cn/2014zt/ 2017-10/27/content_299764.htm。

创新创业扶持计划、创业服务联盟等项目，举办创新创业沙龙系列活动，搭建专业化的团队提供创新创业的一站式服务，评选创新创业榜样人物，开展创新创业课程和比赛，召开创新创业工作协调推进会，[①] 不断优化"双创"氛围。在助推国家科研发展方面，北京大学以取得重大原创性科研成果为导向，面向科学前沿和国家重大战略需求，推动国家重大科技基础设施建设，积极促进理工医学的交叉研究发展，在多个领域取得了巨大突破，为国家发展提供了强有力的支撑。[②] 在推进科技成果转化方面，北京大学集中自身优势进行外延社会服务，在潍坊市建立了现代农业研究院，在启东市成立了生命科学华东产业研究院，这些研究院的设立不仅提供了国内领先的科研和孵化平台，还将拓宽资源，实现校内外互补的良性循环，提升科技成果转化的效率。

北大青年以勇于担当时代责任为使命，以天下为己任，积极响应并落实以习近平总书记为核心的党中央的战略方针，通过到各地方尤其是中西部和基层地区就业、选调、挂职、支教扶贫等方式参与治国理政，推动国家治理进一步现代化。在基层选调方面，党的十八大以来，北大青年到西部和基层的选调生人数达 500 余人，涌现出了带领贫困村成功摆脱贫困帽子的第一书记陈俊，扎根于帕米尔高原、辗转于多个乡镇的钟梓欧和在大山深处进行扶贫攻坚的博士副县长王锋等先进青年典型。[③] 他们立志为地方谋求发展，在最艰苦与最基层的地区砥砺心智，在广袤的土地上同人民群众共同奋斗，为地区发展做出贡献。在支教扶贫方面，北大研究生支教团已选派 19 批总计

---

① 《北京大学召开创新创业工作协调推进会》，北京大学新闻中心，2015 年 5 月 11 日。http://pkunews.pku.edu.cn/xywh/2015-05/11/content_288733.htm。

② 《【砥砺奋进看北大】守正创新齐头进 五载深耕结硕果——北大五年学科建设与科研工作回顾》，北京大学新闻中心，2017 年 10 月 29 日。http://pkunews.pku.edu.cn/xwzh/2017-10/19/content_299528.htm。

③ 《【砥砺奋进看北大】"扎根中国，面向世界"——北京大学五年来国际交流及社会服务成就回顾》，北京大学新闻中心，2017 年 10 月 26 日。http://pkunews.pku.edu.cn/xwzh/2017-10/26/content_299712_4.htm。

300 余名志愿者到西藏、新疆等地进行为期一年的支教扶贫工作，其中涌现出了首位主动延长服务期限的志愿者、第十届中国青年志愿者优秀个人、首位入选研究生支教团的中国台湾籍博士研究生等先进榜样，[①] 为中国落后地区的教育发展贡献了北大青年的力量。

（三）全面依法治国

十八大以来，以习近平总书记为核心的党中央全面推进依法治国，不断完善中国特色社会主义法治体系，出台了一系列重大举措，取得了显著成果。制定或修改多部法律法规，不断完善立法，颁布和出台一系列重要法律法规，落实"法律规范，法治实施，法治监督，法制保障，党内法规"五大法治体系，确立司法体制改革的总体框架，稳步推进法治政府建设，搭建法律顾问制度，深入推进司法体制改革，全面推进司法责任制改革和刑事诉讼制度改革，制定干预司法记录、通报和责任追究制度，设立巡回法庭，废除劳教制度，实施立案登记制度，优化司法职权配置，纠正一批重大的冤假错案，执法、司法规范化建设逐渐完善，进一步树立法治权威和全民的遵法守法意识，法治社会建设迈向新阶段。

北京大学深入贯彻全面依法治国战略，整合各方资源，积极推进依法治校和立德树人工作，建设法治文化，开展法治人才培养，搭建法治人才培养平台，搭建全方位的法治育人体系，增强法治教育，加深法治理论研究，与教育部政策法规司共建"高等学校学生法治教育研究中心"，不断推进普法教育，改善法律基础课程，举办法治主题系列活动和讲座，通过法律援助协会等进行实践，开展法治文化节，成立北京大学法律人工智能实验室、北京大学法律人工智能研究中心，[②] 优化法治氛围，助推全面依法治国进一步发展。

---

① 《【回眸 5 年发展路　迎接 13 次党代会】培养引领未来的人——人才培养素描》，北京大学新闻中心，2017 年 10 月 13 日。http://pkunews.pku.edu.cn/2014zt/2017-10/13/content_299647.htm。

② 《教育部政策法规司与北京大学共建高等学校学生法治教育研究中心》，北京大学新闻中心，2017 年 6 月 7 日。http://pkunews.pku.edu.cn/xwzh/2017-06/07/content_298169.htm。

（四）全面从严治党

十八大以来，以习近平总书记为核心的党中央坚定不移推进全面从严治党，从制度和思想等方面全方位实施举措，从严治党成效显著。五年来，党中央全面加强党的建设，严明纪律与规矩，落实政治责任，坚定全党的理想信念，深入推进反腐和依法严肃查处违纪违法案件，制订巡视工作计划，出台监督条例和准则，加强党风廉政建设和法规制度建设，完善党建制度，提升制度执行力，对党和国家机关进行监督和巡视，高度重视与培养基层党组织，加强骨干队伍建设，增强基础保障，增强党的纪律建设，有效缓解了腐败趋势，净化了政治生活，为国家的进一步发展奠定了根基。

北京大学深入贯彻全面从严治党战略，推进党的教育方针，以基层党建和思想政治工作为根基，立足实际，联合中央党校开展高校中第一个学习贯彻"全国高校思想政治工作会议"精神的专题培训班，高度重视基层党支部书记培养，通过专题培训班、基层党支部书记培训、学院调研、制订党建工作规划、设立党建领导小组等全方位措施，在强化党支部书记队伍建设、树立模范先锋等多方面夯实根基，推进从严治党，严格把好党员发展关。①

二、对其他国家治理模式的影响

随着中国国力的不断提升，中国对世界发展的作用日益增强，中国特色社会主义治理体系对世界其他发展中国家和发达国家的治理模式都产生了深远影响，推动世界各国的共同发展。

埃塞俄比亚位于非洲，人口众多，但资源短缺，属于发展中国家。为了发展，埃塞俄比亚政府借鉴了中国的国家治理模式，其执政党人民革命民主阵线的多数高层都曾经到中国学习，现任埃塞俄比亚总统穆拉图·特肖梅先

---

① 《【回眸5年发展路　迎接13次党代会】党建篇（一）北大基层党建和思政工作回顾》，北京大学新闻中心，2017年11月20日。http://pkunews.pku.edu.cn/2014zt/2017-11/20/content_300260.htm。

后在北大哲学系和国际政治学系深造，并获得博士学位。近十年来，埃塞俄比亚经济得到了飞速增长，维持了 10% 的高增长率，有效利用了自身的人口红利，劳动密集型产业得到了良好发展，成为东非第一大经济体，被西方媒体誉为"非洲版的中国"。[①]

通过学习中国国家治理经验，埃塞俄比亚政府积极发展制造业，加大投资力度，不断完善和修建公路、铁路等基础设施，放开大量投资领域，鼓励民间投资和外商直接投资，简化审批流程，降低甚至免除部分税，实行十年义务教育，学习中国的先进技术，不断推进和深入与中国的合作，国家发展取得了显著成效。

多年来，埃塞俄比亚的官员在制定发展和转型方案时多次借鉴中国经验，参照中国模式实施了"五年计划"，确立短期和中长期发展目标。2006 年，埃塞俄比亚政府运用中国的国家治理经验，实施了第一个"五年计划"，旨在发展经济，实现脱贫。借助国际援助，结合自身实际情况，大力推进公路等基础设施建设，使埃塞俄比亚的 GDP 获得了连续六年两位数的增长，大幅提高了其经济水平。2011 年，埃塞俄比亚政府实施了第二个"五年计划"，旨在由农业主导型经济向工业主导转型，发展出口型经济，实行进口替代。通过学习中国经验并切实落实，埃塞俄比亚得以成功转型，并承接了部分中国富裕的优质产能和来自美国、沙特阿拉伯等国家的直接投资，经济继续维持高速增长，国家实力日益增强，埃塞俄比亚人民的生活水平得以改善。2013 年，世界银行《埃塞俄比亚经济发展报告》显示，埃塞俄比亚正以最佳方式努力达成到 2025 年成为中等收入国家的目标。[②]

此外，中国的国家治理模式也为发达国家的发展提供了宝贵经验。波兰政府推出"波兰长期发展规划"，提倡政府应充分利用市场机制，采取有效

---

① 《埃塞俄比亚：参考中国模式的"非洲版中国"走了多远》，财新网，2017 年 8 月 17 日。http://international.caixin.com/2017-08-17/101132058.html。

② 《中国模式的非洲样本：埃塞从"世界第二"甘居"第三"》，凤凰网，2015 年 3 月 12 日。http://finance.ifeng.com/a/20150312/13547898_0.shtml。

措施，发挥比较优势，实行适当产业政策，推动经济健康发展，提升产业竞争力。[①] 波兰长期发展规划的核心内容源自北京大学林毅夫教授的新结构经济学理论，运用了新结构经济学的"增长甄别与因势利导"框架，甄别出了在波兰具有潜在比较优势的产业，诊断了发展过程中的相应障碍，归纳了具体的发展建议，帮助波兰进行产业转型。

北京大学也积极发挥自身优势，在国际治理中贡献力量。在服务对外开放战略方面，北大通过参与生态文明国际大学联盟等多个联盟，为推进我国"五位一体"的总体布局提供智力支撑；通过北大斯坦福中心、北大中美人文交流研究基地等，为中美进一步交流增加渠道，增进人民互信；通过承办10所孔子学院、46个孔子课堂搭建更多传播汉语的国际平台；通过组织高端学术会议如"北京论坛"、世界艺术史大会，举办世界哲学大会，民间外交，学生交流等方式搭建国际交流平台，传播中国理念，推进学术进步，增进国家间的友好合作，促进共同繁荣。在贯彻"一带一路"倡议方面，北大成立了"一带一路"研究院等智库，联合建立创新中心，举办海外分论坛、交叉学科论坛、合作高峰论坛，实施经典文库项目，推出贸易投资指数，建立研究委员会与40余个研究中心，整合跨境语言资源，利用多方面的优质学科群夯实学科基础，为"一带一路"倡议服务。北大青年以青年立场发声，用自己力所能及的方式为国际交流与发展贡献了智慧与力量。在"一带一路"国际合作高峰论坛中，百余名北大志愿者参与了多个岗位工作，志愿服务累计时长总计数千小时，在国际舞台上展现了北大学子的风采。

---

① 《财经纵横，林毅夫：新结构经济学在波兰经济发展中借鉴与运用》，搜狐，2017年2月16日。http://www.sohu.com/a/126465943_188245。

附

留学生访谈实录

1. 是什么吸引你选择到中国求学呢？

土耳其 Michael 米卡尔 我来到这里最初的目的是到中国的第一学府感受东方教育。在北京期间，两年专门学习了语言，在北大学习了两年，我觉得很棒，同时我想继续留在中国做国际政治方向的学术研究。

蒙古国 Munkhbilguun 高卓 我是国际关系学院 2016 级本科生，在国内曾读过国际关系专业的本科。20 世纪以来，许多传统及非传统因素对国家安全构成威胁。我想到中国继续学习这个专业，跳出本国视角，形成多元化的分析能力。

新加坡 Gwyneth 李懿芯 我想在年轻的时候丰富自己。新加坡比较小，北京面积是我们的两倍多，人口接近我们的四倍。新加坡的教育很好，但是学校就是那几所，所以我想到远一些、大一些的地方来闯一闯。

哈萨克斯坦 Sovet Altynay 罗金月 我爸爸是外交官，负责中哈关系，他会说汉语，所以也鼓励我来中国学习。过去，在哈萨克斯坦懂汉语的人很好找工作，但是现在会讲汉语的人越来越多了，竞争大了，工作没有以前那么好找。

柬埔寨 Hay Chamnan 林忠义 我现在是光华 MBA 二年级的学生，这两年中柬贸易频繁，我希望可以从事这方面的国际贸易，所以中国是我的不二选择。

2. 你们觉得中国哪些方面和你们国家不同呢？

土耳其 Michael 米卡尔 我觉得中国人很勤奋，身边的中国同学都把时间安排得很充实，学习很多课程，参加很多活动。中国的压力比土耳其大，生活节奏比土耳其快。另外，我发现中国人喜欢公立医院，但是土耳其人更喜欢去私立医院，我们的私立医院不贵。

新加坡 Gwyneth 李懿芯 我也感觉到北京的节奏比较快。饮食方面，新加坡更像是中国南方菜的口味，北京菜偏油，我在慢慢适应。

马来西亚 Tan Yu Ang 陈宇昂 马来西亚的医疗系统比较完善，目前主要缺少牙医和美容类的专家。我们的教育体系分为国民中学、国民型中学、独立中学。国民和国民型中学主要以马来语和英文为教学媒介语，独立中学则以中文为教学媒介语。生活方面，共享经济不如中国发达，同时，马来西亚人对政治的关心程度不像中国这么高。

柬埔寨 Hay Chamnan 林忠义 柬埔寨最发达的是旅游业，从事旅游业的劳动力占比非常高，中国的行业就非常多了，其中 IT 和金融行业更热门。柬埔寨的电子商务不如中国发达，网上买东西很不方便，但也有很多年轻人使用 PayPal。

3. 在你们的国家网络覆盖水平高吗？比如 Wi-Fi、网购、手机上网都是随时可以吗？

土耳其 Michael 米卡尔 土耳其人也会用阿里巴巴买东西。不过，Wi-Fi 不是到处都有的，中国每个餐馆都可以上网，但是土耳其没有那么方便。不过，我已经两年没有回国了，最近几年土耳其也有了 Wi-Fi，只是不像中国这样公用的密码随手可得。

蒙古国 Munkhbilguun 高卓 在蒙古国网络覆盖率很高，我爸爸是记者，他会用 Twitter 和 Facebook 发布自己的看法。但是手机支付不普及，我们也有银行扫二维码支付的业务，不过每个银行都要有不同的流程，不方便。而且我们国家上网的人年龄在 20—35 岁之间。我们的网购不是很普及。

新加坡 Gwyneth 李懿芯 新加坡的网络覆盖率很高，Wi-Fi 和移动网络都很发达，新加坡特别小，不太需要互联网支付和互联网购物，新加坡货币管理政策很严，取款机随处可见，非常方便，大家就不会那么想要新的支付方式。但是也会网购买一些更加便宜或者实体店没有的东西。

哈萨克斯坦 Sovet Altynay 罗金月 在我们国家，到处都可以用 Wi-Fi，手机 4G 网覆盖率也很高。但是智能手机使用率不像中国这么高，我们主要是聊天儿功能多一些，手机支付就更少了。

马来西亚 Tan Yu Ang 陈宇昂 最近几年 Wi-Fi 普及率很高，但是有些公共场所的饭店、咖啡馆要问店员才能拿到密码。马来西亚快递运费比较贵，而且快递不像中国这么快。现在，"双十一""双十二"活动在马来西亚也有了，不过没有中国便宜。马来西亚在网上支付方面做得不好，手续费较高，而且过程很烦琐。

柬埔寨 Hay Chamnan 林忠义　柬埔寨在旅游景点以及公共场所，比如机场、酒店等地方，都有 Wi-Fi 覆盖，但是在一些偏远地区，网络覆盖程度比较低。整体而言，免费 Wi-Fi 不是很普及。游客可以在机场买一张专门上网的电话卡，很方便。柬埔寨网络收费也比较便宜。

俄罗斯 Gul'nara 古丽娜　在俄罗斯不能随处用 Wi-Fi，网络覆盖率不高。比较发达的地区，肯定都有 Wi-Fi。但大部分的农村或不太发达的地区，基本上都没有 Wi-Fi，只能用手机的 4G 流量上网。俄罗斯人一般用手机看新闻、进行网络社交、玩游戏、看小说。

日本 Kijima Chiharu 喜岛千晴　在日本（东京）用 Wi-Fi 不太方便，车站和一部分连锁的咖啡馆可以用 Wi-Fi，餐厅、商场基本没有。我们用智能手机看新闻、读文章、查地图、打游戏。

4. 你们会经常在中国的电商平台买东西吗？还是说你们有自己的购物网站？

土耳其 Michael 米卡尔　我们有自己的购物网站，但是土耳其人不经常在网上买东西，我们享受一家人一起去商店买东西的时光。

新加坡 Gwyneth 李懿芯　新加坡比较欢迎进口，但从网上海淘的需求很小，因为主流的商品在实体店肯定都能找到。一般我们要从国外买东西的话，优先考虑价钱。

蒙古国 Munkhbilguun 高卓　我差不多一个月帮他们买一次，买的一般是国内没有或者是更便宜的东西。最近，我帮他们买东西更频繁了，特别是之前的"双十一"，我们国家没有这样打折的日子。

哈萨克斯坦 Sovet Altynay 罗金月　我们国家会用到 Ali Express，但是哈萨克斯坦的物流不发达，快递太慢了，而且很多老年人也不会用网购功能。我们的互联网产品、高科技产品一般来自俄罗斯。

马来西亚 Tan Yu Ang 陈宇昂　马来西亚现在有天猫、淘宝进驻，我们也有了自己的电商，一些本土电商还会和淘宝合作。淘宝在马来西亚是有价格优势的，本土电商还要靠和中国电商的合作来发展自己，增长用户量。

柬埔寨 Hay Chamnan 林忠义　我周围很多朋友听说过阿里巴巴，不过很少有人使用。目前阿里巴巴同柬埔寨有许多合作，比如通过阿里巴巴控股的 Lazada 为柬埔寨企业提供电商培训，帮助柬埔寨建立本土电商平台以及自己的数字化技术和东南亚地区数据中心。

俄罗斯 Gul'nara 古丽娜　俄罗斯人不信任网上的物品，但随着中国网购时尚的传入，这种想法也在慢慢改变。我们一般都在阿里巴巴在外国的网站——Ali Express 上买东西。少部分人会通过中国人在淘宝买东西。俄罗斯自己没有规模很大的网上商店，都是在国外的网站买东西。实体店购物仍占主流。

日本 Kijima Chiharu 喜岛千晴　亚马逊和乐天是日本的两大购物网站。但是日本人没有中国人这么喜欢在网上买东西，因为价格跟商场差不多。买书可能多一些，还有最近流行网上拍卖，拍卖网站主要是雅虎 Auction 和 Mercari。日本自己的电商我没什么印象，可能我太不关注这方面了。

5. 你们国家的青年人喜欢从事哪些工作？什么行业比较发达呢？有没有运用大数据技术？

土耳其 Michael 米卡尔　土耳其的农业最发达，农场很多。土耳其的农业机械化程度很高，但是并没有运用大数据技术。土耳其的服务行业也比较发达。在土耳其，医生的地位很高。但是这些行业里的数字化程度都不高。

新加坡 Gwyneth 李懿芯　我们喜欢金融类专业，还有一些软性技术，比如管理和服务业。最近生物学有关的专业炒得也比较火，还有土木工程。这些行业里大数据技术的应用并不多，但是新加坡数字经济发展趋势很明显，政府最近一直强调智慧城市的概念。

蒙古国 Munkhbilguun 高卓　蒙古国没有什么数字经济的发展，我们很少提到大数据技术，大家喜欢经济类、工程类的专业，但是即使是学习经济类的专业也是传统的方式多一些，很难和互联网技术联系起来。

哈萨克斯坦 Sovet Altynay 罗金月　大数据技术在我们国家也比较陌生，哈萨克斯坦经济发展程度应该是中亚最发达的，石油行业发展比较好，是我们国家最主要的经济来源，但是运用的是比较传统的技术。年轻人里，经济和法律专业更受欢迎。

马来西亚 Tan Yu Ang 陈宇昂　毕业生都喜欢商科或者管理专业，最近比较火的是国际经济与贸易。石油行业对我们的国计民生影响很大，在马来西亚，购买石油鼓励去现金化，信用卡支付，整个石油体系会有一个庞大的网络，使用起来很方便。我们最近这段时间才开始频繁提到大数据概念，并且开始重视数字经济贸易，我觉得这里有中国的影响，马云是我们的数字经济顾问。

柬埔寨 Hay Chamnan 林忠义 旅游业是柬埔寨的支柱产业。互联网与数字经济都给人们带来了全新的无与伦比的体验。我很希望柬埔寨的旅游业以及其他产业发展可以用到你说的大数据技术，但是显然目前还没有。

俄罗斯 Gul'nara 古丽娜 俄罗斯的数字经济刚刚起步，没有中国发达，但也有相同的地方。比如，在俄罗斯也可以在网上买飞机票和火车票，也在私人医院进行网上挂号。由于电子支付在我们国家并不普及，所以外卖、ofo 等 APP 也不发达。不过最近很多俄罗斯人开始用 WebMoney、PayPal 这两个 APP 付钱，只是还不普及。

6. 我们现在就在北京大学"双创"中心进行采访，"双创"就是创业和创新，这两个词在当今中国，尤其是中国青年中形成热潮，尤其是与互联网技术结合的创新创业项目，在你们国家呢？

土耳其 Michael 米卡尔 我听说现在的中国是创新创业最好的时候，凭借一个概念或一个网红就能获得千万投资。这在土耳其几乎无法理解，我们会觉得"中国的钱那么多"，土耳其的创业环境远没有这么"气势磅礴"。在土耳其，想让人投资，要先证明你怎样才能赚钱，否则没人愿意承担那么大的风险。

新加坡 Gwyneth 李懿芯 有人说新加坡是与生俱来的创新国，在新加坡创新意识很浓，所以我们也有很好的创业环境。新加坡比较重视科技创新力，我们也很倾向于和互联网、金融行业相结合的创业项目，新加坡的国际化程度比较高，所以创业的前景非常好。再加上有科技类专业高校，所以技术类创业人力补给充足。

马来西亚 Tan Yu Ang 陈宇昂 马来西亚鼓励创新创业，但是效果并不好，很多学生开个咖啡馆就算创业了，创业项目重复性很高。马来西亚的投资环境也不好，虽然政府也在提倡创新创业，但是我觉得扶植力度没有中国大。

俄罗斯 Gul'nara 古丽娜 俄罗斯政府鼓励和支持创业，不过，俄罗斯创业环境不算好，反正比中国难。俄罗斯超过 100 万人口的城市只有 12 个，人口的分散性使得消费呈现多元化，这与中国完全不一样。关于互联网，我想在传统行业中有很多环节，每个环节都产生费用。可以利用互联网技术，把这些过程简化，提升收入。另外，中国电商的影响力很大，这个方面也有中俄合作创业的趋势。

柬埔寨 Hay Chamnan 林忠义 由于技术的发展、政府的提倡，以及各种社会组织的支持，越来越多的柬埔寨青年转向创业。我们获得的信息也比以前多了。我的一些朋友也被认为是年轻企业家，他们中的一些人从零开始创办自己的企业，并帮助改变社会。

白俄罗斯 Valeria 李晓玉 我个人没有这方面的经验，身边也没有创业的白俄罗斯人。白俄罗斯政府和中国政府一样，也支持创业发展，我们有一些国家级别的支持创业的项目。这样的项目可以帮助企业家获得补贴贷款。最近，白俄罗斯的国家创业协会也开始发展国家商业平台。

吉尔吉斯斯坦 Anastasia Kim 金娜莎 和中国不同，吉尔吉斯斯坦没有这么多大公司。据我所知，我们的政府不支持大量年轻人创业。中国在推动创新方面成绩举世瞩目，但对一些国家来说，促进经济发展的方式有很多，通过鼓励创业来刺激经济对我们来说只能作为发展经济的第二选择。

7. 进入 21 世纪，网络技术发展突飞猛进，中国在医教文卫各方面都能看到智能技术的渗透，比如出行有共享单车，餐饮有外卖 APP，医院看病现在也有了网上预约挂号，我想这个现象在世界各国都会有所体现。

土耳其 Michael 米卡尔 土耳其医院看病还不能网上预约挂号。我在中国看过病，在中国看病不方便。我不知道有网上预约的方式，现场挂号要排很长的队。在土耳其也要排队，但是在中国每个项目都需要排队等待。

新加坡 Gwyneth 李懿芯 新加坡也有 ofo，有摩拜，还有我们自己的共享单车 obike，但是新加坡马路窄没有自行车道，大部分是游客，或者是从其他国家来新加坡工作的人在骑。不过我们的公交 APP 很好用，它会随时通知公共汽车到来的时间，而且非常准确。

哈萨克斯坦 Sovet Altynay 罗金月 我们没有像 ofo 这样的共享单车，只有定点自行车，跟北京的城市公共自行车一样。哈萨克斯坦出行更多的是需要导航 APP，我们人口少，地方大，市民出行用私家车比较多，我们有 2GIS，是一款俄罗斯的地图信息软件，类似于中国的百度地图。

马来西亚 Tan Yu Ang 陈宇昂 出行方面，马来西亚最近几年也开始有 ofo 了，还有东南亚很流行的共享单车品牌 obike，但我们没有自行车道，所以自行车使用率不高。马来西亚私家车产业发达，东南亚有一款打车软件 Grab，充分利用了私家车丰富的资源，使用流程便捷，相比之下，中国滴滴计算方式比较复杂，不如我们的 Grab 好用，而且比较贵。生活方面，我们国家用到网络技术比较少，比如网络购买火车票程序复杂，且失败率高。

日本 Kijima Chiharu 喜岛千晴 日本订车票现在基本都在网上。医院的网上挂号有是有，但不算是主流。至于共享单车，日本没有，以后也可能不会流行，因为在日本交通环境管得很严，不能随便停自行车。外卖也不流行，可能是因为日本的人工费比较高。

8. 互联网技术让我们更加便捷，数字经济使发展更为迅猛，但也带来信息泄露等网络安全问题。你担心受到这样的困扰吗？你受到过网络安全的困扰吗？

土耳其 Michael 米卡尔　会担心，但是也没有办法。我爸爸在国内就收到过虚假信息。在土耳其，公交卡充值可以用银行卡、信用卡在网上交钱，但是大家担心不安全，大部分人还是会选择去现场充。

新加坡 Gwyneth 李懿芯　我在中国没有收到诈骗电话和短信，但在新加坡反而遇到很多。在中国用 EMS 发国际快递需要上传证件照片认证，虽然不愿意上传，但是也没有办法。新加坡是不需要上传证件照的，因为数据库里都有了。

马来西亚 Tan Yu Ang 陈宇昂　我们国内也会有诈骗信息，但是这种情况不多。至少我个人没有感受到太多网络安全、数据安全问题对生活造成的困扰。

俄罗斯 Gul'nara 古丽娜　我觉得对个人来讲这个网络安全问题不严重。每一个人可能偶尔一次会遇到自己邮箱或者社交网络界面密码被恶意破解的情况，但这个问题不大。

日本 Kijima Chiharu 喜岛千晴　出于对各种风险的考虑，我还是不能完全信赖网络媒介。所以我刚开始不愿意使用移动支付功能，但是在中国，离开网上支付生活会有很多不便。

9. 你们的政府重视数字经济的发展吗？你对各国之间数字经济的合作有什么看法呢？

土耳其 Michael 米卡尔 我看到中国的新闻说，土耳其的数字经济有进步。关于合作，最近在乌镇举办互联网大会，中国和土耳其、沙特阿拉伯等国家共同发起了《"一带一路"数字经济国际合作倡议》。倡议包括扩大宽带接入，提高宽带质量，促进数字化转型等，这是一个不错的开始。另一方面，我比较担心数字经济全球化会带来垄断。

新加坡 Gwyneth 李懿芯 新加坡政府很重视互联网产业的发展，政府大力支持数字经济，希望产生类似中国现有的互联网金融平台。目前，我们已经有了自己的平台 PayLah，有了 Grab、Garena 这样把生活、娱乐跟互联网技术结合的项目。政府非常欢迎数字经济的合作，吸引外来项目有利于新加坡的发展，而且新加坡的软性技术比较发达，政府也愿意为其他国家输出这些技术。政府很重视鼓励个人的数字化技能培训，鼓励通过考试自学等方式不断地进行自我提升。

蒙古国 Munkhbilguun 高卓 我们的政府四年换届一次，每换一届就会有新的政策，经济发展不快，也就谈不上数字经济的发展。但如果有国际数字经济的合作来推动技术和经济发展，我当然是拥护的。

哈萨克斯坦 Sovet Altynay 罗金月 我们的政府对数字经济并不重视，我们国家产业很单一，主要是依靠石油。政府很重视和中国的外交关系，中哈之间的交流也越来越多。

马来西亚 Tan Yu Ang 陈宇昂 据我所知，中马已经签了很多合作协议，这几年，我们的政府开始重视数字化发展，马云已经和马来西亚签订了协议，

2018 年支付宝会进入马来西亚。对于各国间的数字化合作我觉得这是一个双赢的局面。但是我希望合作不要最后变成一方垄断另一方市场。

10. 除了数字经济的合作，还有很多方面也存在各国互利共赢的条件，比如面对一些普遍存在的社会问题，贫富差距、恐怖袭击、环境破坏等等，各国可以不必单枪匹马，而是寻求联合，对此中国提出了"人类命运共同体"的概念。联系我们的实际情况，我也想听你们谈谈"青年命运共同体"，青年人可以在这个过程里做些什么呢？

土耳其　Michael 米卡尔　首先，到国外留过学、交过外国朋友的学生更能体会到"人类命运共同体"这个观念的重要性。经济全球化和网络一体化给世界人民带来共生关系，幸福、利益共享的同时也要共同面对危机。这个概念先由中国提出不是偶然的，随着中国的不断发展，就需要继续加强国际合作、扩大国际影响力，我认为，"一带一路"仅是一个开始。

蒙古国　Munkhbilguun 高卓　中国提出"人类命运共同体"，有一定的时代背景支撑。中国的国际影响力越来越大，但是像蒙古国这样的小国则需要思考怎么对待人类命运共同体的问题。解决重大国际问题，青年的参与非常重要，而且我发现中国青年的民族意识越来越强，也越来越有凝聚力。从我们国家的角度，我想在支持人类命运共同体的同时，也要注意保持距离，对各国的文化传统和习俗加以认真对待。

新加坡　Gwyneth 李懿芯　新加坡政府一直支持和周边国家的区域性联合发展，比如推动东盟建设。所以对于"人类命运共同体"的看法，我们和中国是一致的。面对各种社会问题，新加坡贡献得更多的是经济和技术输出。作为青年人，参与这项事业，应该更多地结合当今世界发展的大趋势。例如金融领域隐私信息保护问题，怎样结合我们的所学让互联网金融既惠及民生又保护好隐私，这也是各国青年需要合作思考的问题。

哈萨克斯坦 Sovet Altynay 罗金月　我觉得"人类命运共同体"是解决普遍存在的社会问题的一个不错的思路，体现了中国人的智慧。青年人更应该投身其中，共同合作，因为合作可以发挥各国优势，效率更高。

马来西亚 Tan Yu Ang 陈宇昂　中国多次向世界发出负责任的声音，比如提出"人类命运共同体"。"一带一路"帮助带动周边国家的发展，推动基础设施建设，非常受欢迎。我觉得青年可以通过模拟论坛和峰会的筹办，推广和宣传"人类命运共同体"的概念，在世界各国青年间形成熟悉度，让青年的声音更多地被政府或高层听到。

柬埔寨 Hay Chamnan 林忠义　我想以"一带一路"为例谈"人类命运共同体"。我觉得这个倡议将沿线各国凝结成同一命运共同体，它将促进区域经济一体化和深化全球化。这无疑也有助于维护地区的和平与稳定。作为柬埔寨人，我想就"一带一路"在柬埔寨的贡献表示感谢，柬埔寨作为中国的"老朋友"和"最可靠的朋友"，非常支持"人类命运共同体"的提出。作为青年人我非常希望自己成为一个小桥梁，联通两国，配合中国与各国青年，做"行者""歌者""使者"。

俄罗斯 Gul'nara 古丽娜　关于"人类命运共同体"，我觉得各国之间有必要进行多方面的合作，因为合作有利于改善国家之间的关系，推动经济发展，从而提高人民生活的质量，具有积极的意义。

白俄罗斯 Valeria 李晓玉　我相信共同努力可以帮助解决世界上最紧迫的问题。中国在引导不同国家之间合作方面发挥了重要的作用，特别是在我们的首都建立了一个工业园区，被称为"大石头"，它的初衷是用来吸引来自世界各地的公司和投资者。我希望自己在中国能参与到一个国际组织或当地的 NGO 组织中，和中国青年一起帮助应对这些挑战。下学期，我将参加一个名为 Philanthropy in Motion 的 NGO 组织的青年社会创业课程。

吉尔吉斯斯坦 Anastasia Kim 金娜莎 的确，当代世界正面临一些全球性的问题和挑战。现存最大的国际组织联合国并不能将资源及时覆盖到所有地区，所以陆续形成了很多小范围区域性跨国合作组织，然而，我不确定建立新的合作是否会产生更好的解决办法。也许更重要的是大家团结一致找到应对这些挑战的实质性新方法。所以我更期待青年命运共同体能够做出实事，为人类社会带来真正的贡献。

日本 Kijima Chiharu 喜岛千晴 不同的问题解决对策不同。打击恐怖主义需要各国政府多方合作；环境和贫富差距的核心问题的解决还要靠本国政府。作为青年人，我们能够为"人类命运共同体"贡献的力量不如年长者强大，可以说是星星之火，但"星星之火，可以燎原"，青年之间频繁的交流可以开拓思想和视野，如果这样的年轻人多了，并且逐渐成长为改变自己国家的中坚力量，最终就能够对解决社会问题起到巨大作用。

实践与实例展示

"一带一路"糅合了多个文化符号和多重历史记忆,是一个天然的旅游资源库。历史符号、文化底蕴、壮美风景,是"一带一路"这一超级 IP 为旅游业带来的发展机遇。

VR 技术是计算机技术辅助生成的高技术模拟系统,简称为虚拟现实技术。使用者通过装置连接电脑进入 3D 虚拟世界,运用多感官的模拟和虚拟空间进行交互,产生一种身临其境的感觉。这是人类认识世界的新手段,使用者可以及时、无限制地观察空间内的事物,自然地和这个虚拟世界产生交互体验。而 VR 技术和旅游业的结合,将会以全新的旅游模式颠覆人们对旅游的认知,成为未来旅行、观光、文化导览的一个重要发展方向。未来 VR 旅游将首先在各旅游机构普及,因为旅游机构可以借助 VR 来实现预览、规划、体验及信息增强与虚实交互,还能够实现远程实景体验、现场多媒体强化体验等。同时,对于具有历史意义的景点,通过 VR 还原出历史情景,对游客来说更具有教育意义。

北京微泛科技有限公司致力于交互式虚拟现实与增强现实内容的创新制作,集合影视及交互领域内的技术及艺术人才,建立内容制作及技术研发团队,提供交互式虚拟现实内容解决方案。

团队成员均来自北京大学数字娱乐实验室,该实验室自 2017 年 5 月底成立以来,完成了多个政府和企业 VR 项目。同时,团队正在与北京大学极客实验室推出一系列 VR/AR 教学课程,计划与北京大学心理系共同开发 VR 心理项目,与未来城市实验室共同开发 VR 智慧城市项目。团队参加了 Jaunt Wonder 项目,将会使用顶尖的 VR 设备拍摄两部 VR 影片。

目前，团队致力于VR旅游项目，采用"VR＋旅游"的方式，让用户能够预先体验到不同旅游活动，减少选择的困惑，同时助力旅游业发展。"VR＋旅游"能够将古代文明、新兴科技相结合，碰撞出更多智慧的火花。

目前，对旅游景点的介绍主要采用二维的展示模式，但这种模式不能充分地展示出旅游景点的魅力。如果引入VR技术，用户则可以对旅游景点拥有更加直观的感受。同时"VR＋旅游"对"一带一路"具有重要意义，它可以让人们通过VR技术体验不同的文化，提升对"一带一路"倡议的理解与认同。

在旅游行业中，人文旅游资源以文化景点和人文特色为主，这些旅游资源的历史和人文背景，是旅游者通过简单的观赏和文字性知识所无法理解和体会的。因此，人文旅游资源的开发对VR技术有较高的依赖性，因为VR技术能为旅游者带来更加逼真、全面、丰富的旅游体验。随着VR技术的发展和普及，其必将在旅游业中得到越来越广泛的应用。

为服务国家"一带一路"倡议规划的实施，全面展示中华文化瑰宝的独特魅力，"一带一路"VR文化旅游展，借助VR、AR等虚拟现实技术对"一带一路"沿线20多处世界文化遗产、100多件文物进行全方位、体验式的展示，让人们通过虚拟现实技术认识、了解"一带一路"沿线丰富多彩的文化资源和悠久的历史，亲身感受中华传统文化的多样性和包容性。

大圆锅数字创意科技（北京）有限责任公司（以下简称"大圆锅"）成立于2017年，公司基于创意传播管理理论，帮助企业利用大数据进行营销传播活动，实现品效合一的推广效果，同时帮助企业通过大数据平台工具和数字创意提升企业的营销传播效果，助力企业实现数字化营销创新，建立营销传播闭环。

"大圆锅"创始人团队成员均毕业于北京大学新闻与传播学院，师从北京大学陈刚教授。陈刚教授基于互联网技术的发展，提出了立足于适应互联网的创新方法论——创意传播管理理论（CCM）。"大圆锅"的成立也是延续了北大人的家国情怀，帮助更多中小企业汲取技术创新带来的养分，让中国的技术创新惠及"一带一路"沿线国家。

"大圆锅"主要提供内容生产和运营服务、数字营销策划与广告投放服务、品牌年轻化与数字化转型咨询等服务，帮助中小企业以更低成本获取更高的传播效果与转化效果。未来，"大圆锅"还会打造自己的内容IP，逐渐将业务扩展到文创商品的研发和生产上。

语言是行走于不同国家的基础，中译悦尔（北京）翻译有限公司（以下简称"中译悦尔"）移动字典致力于提供标准而流畅的语言与人交流服务，用优美动听的语言去表达自己、倾听世界。

从对语言的学习到对世界的学习，从对语言的理解到对世界的理解。蒙永业——中译悦尔总经理——希望以语言为纽带连接世界，以语言为坦途通往世界。14年前，蒙永业创办了中译悦尔，在同龄大学生中走了一条不同寻常的道路，成为大学生创业成功的一个典型。

2001年，正在读大三的蒙永业就编译出版了《杰克·韦尔奇——全球第一总裁的管理秘诀与领导艺术》（中国戏剧出版社，2001年）一书，首次向国人系统介绍了这位全球第一总裁的管理秘诀和领导艺术。在多种文化的熏陶之下，蒙永业越来越体会到在文化的交流中语言所发挥的微妙作用。"一带一路"倡议中蕴含着各国之间相互平等的理念，要求我们摆脱英语中心体系下的文化霸权。在这一过程中，翻译工作扮演着沟通者和调和者的角色。蒙永业希望在不同文化之间，架起一座座沟通的桥梁。2003年春，蒙永业带领100余人的团队翻译了Discovery系列科普节目脚本，从此进入了职业翻译这片新天地。2009年，蒙永业以优异成绩被录取为北京大学翻译硕士研究生。在未名湖畔这片广阔而自由的沃土上，在各国文化的滋养下，延伸自己繁茂的枝叶。

在"一带一路"倡议的大背景下，亚太地区翻译工作遇到了前所未有的机遇与挑战。翻译人才的需求量日益增加的同时，由于语言文化背景不同，导致翻译过程中会因文化因素而产生诸多误解，因此商务翻译中存在大量的不对等现象。

"一带一路"倡议给中译悦尔提供了机遇，但同时也带来了新的要求。随着中国企业"走出去"，在国际市场上采用中国标准的呼声越来越高。所谓标准乃是我们国家法律法规的延伸，也是我们得以衡量世界的标尺。习近平主席指出，"谁制定标准，谁就拥有话语权；谁掌握标准，谁就占据制高点"。但中国标准并没有英文版，因此如何将中国标准翻译成外国客户易于理解的英文、如何将中国标准上升为国际标准，是如今急需解决的问题。而蒙永业在翻译行业打拼多年，有着丰富的经验，让中国标准为国际贸易便利服务，成为蒙永业的研究内容，也成为中译悦尔发展的方向。

蒙永业说："我们对标准英文版翻译有一个从生疏到熟悉，再到专业化的过程。"十年来，中译悦尔共翻译了上万个中国标准的英文版，字数超过1亿字，翻译大胆采用国际标准的平行文本，而非拘泥于中文一词一句的得失，在所有标准译文中贯彻执行国际标准化惯例，对专职译员进行培训，最终打造出一只标准翻译队伍。蒙永业在公司内部编写了10多万字的翻译培训教材，整理了上百个翻译培训案例，摸索出一条切实可行的标准译员进阶之路。中译悦尔译员在各种标准化会议、标准翻译项目、标准英文版专家评审会上的专业表现，获得了专家们一致肯定。蒙永业作为中国标准"走出去"的践行者，努力使我国标准在国际上立得住、有权威、有信誉，为中国制造"走出去"提供"通行证"。蒙永业近年来翻译出版了50多本中文标准英文版，2016年担任中国标准化研究院中国标准"走出去"项目专家，参与住建部面向"一带一路"沿线国家的工程建设标准政策研究。

"一带一路"，何为"带"，何为"路"？蒙永业用自己的青春庄严地写下了自己的答案——语为"带"，言为"路"。他自始至终坚持与世界推心置腹的对话，这是翻译者的承诺，也是北大人的信仰。

不仅是中译悦尔公司，用友网络科技股份有限公司（以下简称"用友"）也在用心与世界交友，为世界提供一流的云服务。

用友是新一代中国青年与世界"交朋友"的典范。用友副总裁张月强，是北京大学外国语学院翻译硕士校外导师，也是带领用友与世界交朋友的先锋。张月强自2014年起担任"人力资源管理"课程讲师、博雅翻译文化沙龙理事、《译界》杂志专家委员。

用友在企业软件与服务领域走过了30年，在企业服务领域拥有深厚的积淀，拥有多家面向不同领域的子公司，同政府与多行业的企业连成亲密的朋友网络，用创新与技术推动人类命运共同体建设。

随着IT技术的发展和升级，张月强投身于推动云计算技术并帮助中国企业持续提升管理能力，成为中国企业信息化浪潮的参与者和新技术应用的亲历者。在工作和教学的同时，他参与到博雅翻译文化沙龙和《译界》的工作中，从语言和全球化的视角更深入地学习"一带一路"等倡议的精髓和胸怀。这让他深刻体会到可以用互利共赢的原则，与世界握手。张月强鼓励青年说，"未来创新的引擎在中国，青年需要更有创新意识"。在"一带一路"倡议下，中国必然成为未来创新的引擎，中国青年必须具备更强的创新意识，积极面对未知的未来。

不仅各个国家和地区为用友的发展提供了平台，而且用友也推动了相应国家和地区的发展与繁荣。经过努力，用友在多个亚洲国家建立了分公司或代表处；在法国，用友与"源讯"成立合资公司——云安，为欧洲、中东和非洲（EMEA）的企业用户提供一站式创新型产品、服务和云应用。用友将中国的管理思想、管理实践、文化辐射到全球范围，这是用友的贡献，也是中国青年的贡献，更成为中国的贡献。各国企业在与用友的合作中，建立起了相应的关系网络和利益共同体，如此互利共赢的新模式是全球化时代背景下与各国交流的关键所在。

不仅是内容，在运营模式和方法上，用友也和朋友们一起前进，紧跟时代发展。"用友云"通过"敏经营、轻管理、易金融、简IT"赋能中国企业。服务企业的业务创新，帮助企业实现"敏经营"；服务企业的管理变革，帮助企业实现"轻管理"；支持企业和金融机构把金融服务嵌入，帮助企业实现"易金融"；服务企业的IT升级，帮助企业实现"简IT"。最终，用友将帮助企业实现增长收入、降低成本、提高效率、控制风险的商业目标。"用友云"通过打通"云计算"服务，让"云计算"在千万企业真正落地。同时，"用友云"定位于"企业服务产业的共享平台"，致力于建设一个开放的生态化平台。它通过为企业"云服务"提供商提供公共能力和领域服务，使其能力聚焦，快速创新，并通过聚合服务提供商的企业云服务，构建强大生态，一站式服务客户，带动生态伙伴发展。

张月强的理想是：立足中国、面向世界，努力培育视野开阔、能力卓越、富有责任感和领导力潜质的各国杰出青年人才，为构建人类命运共同体、增进世界各国人民福祉贡献力量。

构建人类命运共同体，是中国共产党第十九次全国代表大会向世界的庄严宣告，而用友——用心交友，在"一带一路"倡议的鼓舞和感召下，怀揣服务中国企业"走出去"的梦想，帮助中国企业更快速、更高效、更稳妥地走向全球，在构筑人类命运共同体的实践中写下浓墨重彩的一笔。

不仅中国青年，更多的国外青年也参与到"一带一路"倡议下的创新浪潮中。

Hay Chamnan（林忠义）具有一半柬埔寨血统、一半中国血统，持有柬埔寨王国公民身份。他所学的专业是商业管理和企业经营，在马来西亚大学获得学士学位，目前在北京大学对外汉语教育学院学习中文，并将于2018年9月攻读光华管理学院国际工商管理硕士。

从2012年至今，林忠义担任KGL建筑材料有限公司的首席执行官。KGL是一家处理各种建筑材料的综合性公司，位于柬埔寨金边，主营业务是进口与建筑材料相关的高品质产品，产品大多是从邻国如泰国、越南及中国等地进口，目前是金边Russey Keo地区最大的建筑公司之一。

谈及企业未来的发展，林忠义觉得和"一带一路"倡议是休戚相关的。"一带一路"倡议将为所有参与国，特别是东盟国家提供新的资金来源，用于基础设施建设。中国正努力与东南亚国家共同构建"利益共同体、责任共同体、命运共同体"三位一体的格局。在他看来，"一带一路"无疑承载着恢宏愿景，凝结着相知相通，将在共同的心跳与呼吸中实现"共商、共建、共享"。

东盟成员，尤其是柬埔寨，基础设施的建设和升级是非常必要的。而在林忠义看来，中柬两国在这些领域的合作使得他的企业得以迅速地发展起来。

同时，林忠义也在林光亮（LKL）公司酱料厂担任总经理的工作。鱼露是该公司的主推产品，由湄公河和洞里萨湖质量最佳的鱼制成。正是因为"一带一路"倡议下各国的交流，使得来自不同文化背景的民众对味道的需求丰富了起来。林忠义觉得这对于他的企业既是机遇也是挑战，他一直努力为"一带一路"沿线国家提供多元化的味蕾满足。这既是文化的碰撞，也是生活的交融，他说："人类命运共同体大概就是从互相分享不同文化中食物的味道开始的吧。"

2014年，林忠义在家庭的帮助下，自己贷款投资建立了一家特许经营加油站（Tela Hay Chamnan Gasoline Station）。LKL 酱料厂和 Tela Hay Chanman Gasoline Station 都位于亚洲公路1号线的第五国道。提到亚洲公路1号线，林忠义认为这是他从"一带一路"这条藤蔓上汲取了营养。

随着"一带一路"倡议的实施，将会有更多青年人投身于不同领域的创新活动之中，增强理解、推动合作，共同通过青年命运共同体来促进人类命运共同体的建立。

第五章

青年与文明

引 言

　　20世纪末，两极格局结束后，美国著名学者塞缪尔·亨廷顿提出了"文明冲突论"，认为世界未来冲突的根源不再是意识形态的差别，而是不同宗教与文明之间的矛盾。今天，我们面对的是一个大发展、大变革、大调整的时代，文化多样化深入发展，中国基于自身文化传统的系统观和整体观，提出了和谐世界的理念，认为要推动人类发展进步，就必须促进不同文明加强交流，相互理解、相互尊重、相互信任，共同维护世界文明多样性。这一理念在"一带一路"构想中再次得到了强调，只有以文明交流超越文明隔阂、文明互鉴超越文明冲突、文明共存超越文明优越，将"一带一路"建成文明之路，方能促进人类持久和平、共同繁荣。

　　建设文明之路，涉及的不只是一个国家内部的事务，更关涉到"一带一路"沿线诸多国家和地区之间多层次人文合作机制、文化交流渠道的统筹与完善。青年一向是各国间教育合作的主角。通过赴海外进行交流学习，世界各国青年人可以增进相互了解，减少因误解而产生的冲突，收获跨文化友谊，也为世界各国的合作提供可能。国家提供政策法律保障、高校搭建教育合作平台，扩大互派留学生规模，提升合作办学水平，都是文明之路建设的重要内容，都将助力青年跨文化交流。除了教育以外，文化、体育、卫生三大领域的国际交流也都是文明相遇、互助、共赢的重要内容，林兆晗在药物学的研究中首次实现了自闭症相关糖蛋白晶体结构的解析，这意味着青年学者在自闭症这一全球性公共卫生问题的解决上迈出了重要一步。北京大学的文物爱好者协会、燕园文化遗产保护协会等社团的成员也是和林兆晗一样务实的青年学子，他们组织日常文保活动、主办讲座论坛，以实际行动践行着文化遗产保护的精神。当他们走出校园、投身"一带一路"建设时，在文化遗产保护方面的经验必将成为他们坚实的知识基石。

共青团作为中国先进的青年组织，举办了全国大学生"圆梦中国"暑期社会实践专项行动等"一带一路"青年行动，并联合高校成立中国大学生"一带一路"协同发展行动中心，为有志于参与"一带一路"建设的青年提供支持和保障。共青团已成为中国青年参与"一带一路"建设、向世界传播中国文化的组织后盾。共青团是文明对话中群体交流的一个缩影，文明之路的建设，离不开各国议会政党、民间组织、妇女团体、特殊人士等多种多样的群体间的沟通，这也是实现包容发展的必然要求。

青年是"一带一路"最活跃、最富有朝气、最富有梦想的实践者，构建人类命运共同体最终的落脚点是文明共同体，这一过程中需要充分发挥青年命运共同体的作用，这是时代赋予青年的责任。中国是"一带一路"的发起国，中国青年更应在传承和弘扬丝绸之路合作精神的基础上，积极参与"一带一路"的文明建设，推动沿线各国乃至全世界精神文明层面的合作。展望未来，在"一带一路"这部被徐徐翻开的新时代巨著的文明篇章中，青年的身影必会更加夺目，参与的形式也将更加多彩。中国青年将继续顺应中国与世界的发展趋势，敢为天下先，为破解文明冲突问题、构建和谐世界奉献独有的力量。

青年与"文明之路"

〔新加坡〕黄俊扬

北京大学燕京学堂中国学硕士研究生

在壮阔而危机四伏的丝绸之路上,每当商队负载着货物经过一个个绿洲、村镇和城市,向当地的居民致以问候时,他们往往讶异于异域的珍奇和文化。无论是产自遥远土地的农作物,还是体现异国匠心的手工艺品,这些物质资料见证了古丝绸之路上丰富的跨文化交流。正是受这一历史遗产的启发,"一带一路"倡议在作为探索自身文明丰富性的绝佳机遇的同时,使我们得以站在共享人文源泉的角度上考察外来文化。

一、"一带一路"倡议与青年

作为当代青年,当我思考"一带一路"倡议时,似乎看见了新一轮文艺复兴正在蓬勃兴起,并将在我们可见的未来实现。作为一个青年,一个新加坡青年,我站在新加坡的角度反思如何通过"一带一路"实现这一复兴。而作为一个世界青年,我更加关注"一带一路"如何能够与全球青年发生更加密切的联系。对于不同文明的正确理解,应该超越时代的潮流和风尚,从根源上把握当代社会及其文化源流。"一带一路"不仅刺激商业贸易,而且在保留各自文化特质的同时,更好地团结不同民族和文化背景的人们。在相互尊重理解、学习交流、求同存异的基础上,以陆上和海上通道为线索,我们终能将不同文化交织成为一条精致而美丽的缎带。

正是在这一思维框架下,"文明之路"作为"一带一路"倡议的重要组成部分被提出。铁路、公路和海路，作为基础设施，连接不同的国家，是有形的。而这条"文明之路"却是无形的：双眼无法看到，双脚无法踏足，车辆无法驶过。对于我们青年人而言，这是一条以态度而非泥土浇筑的道路，是一条以头脑而非双手铺设的精神之路。随着"一带一路"宏伟计划的推进，青年们不应消极旁观，而应该在"文明之路"的建设中发挥不可或缺的重要作用。因为青年不仅仅是未来的希望和明日的领袖，青年更是未来本身。公元4世纪的罗马哲学家圣奥古斯丁曾写道："我们即是时代；我们如何，时代便会如何。"作为年青一代，我们有时会听到，甚至习惯于发出，这个时代正在衰败的悲叹。但我们必须意识到，我们即是时代，并且有责任和义务塑造这个时代。

因此，"一带一路"想要获得成功，就必须让青年参与进来。青年终将作为掌舵人，在引领航向的同时，成就自我和这个时代。具体来说，青年可以通过以下两个层面参与到"一带一路"倡议中：一是态度，二是行动。"一带一路"明确提出以"民心相通"作为核心内容之一，鼓励跨文化交流。这为青年们提供了一个过去难以获得的直接学习或体验其他文化的绝佳机会。如何看待和利用这个机会，就取决于青年的态度；如何实现这个机会，落实到具体事件和活动，则取决于青年的行动。态度和行动并非互不干连，而往往是态度决定行动，行动塑造态度。

影响青年态度最直接的方式即是教育，但首先要改变青年对教育的态度。青年应该对学习抱有这种信念：学习是为了塑造健全的人格，使他们掌握受益终身的价值观念，并在今后的人生中做出正确的价值判断，而不是只为了日后获得工作做准备。只有拥有这种信念的青年才能对这个世界产生积极的影响。

二、教育与"文明之路"

"一带一路"是一个重估教育态度的机会，因为它在倡导合作贸易精神的同时，潜在地促进了古典教育理念的复苏。诚然，它承认跨文化理解的重要价值，但这种"理解"应该超越单纯的"文化素养"。在这个高度信息化的时代，人们可以在互联网上获取许多数字化书籍，同时大众媒体挑选出一些不同的文化，并通过电视剧、综艺节目、纪录片甚至音乐的形式呈现给观众。任何人都可以谈论文化，但在对话中提到一本书或者一段历史的人，未必一定博学。教育的最终目的并不是造就一个能够引经据典的人，而是成就一个能够思考、品格良好、行动谨慎的人。

教育不仅起到塑造内心世界的功能，而且为青年提供了参与的场域。也正因此，教育成为"文明之路"的交汇点。我将在此列举办学理念令人赞赏的三个学术机构，并相信这些学术机构已经做好了促进深层次跨文化理解的准备。这三个机构分别是中国的北京大学燕京学堂、意大利的维真古典学院（Accademia Vivarium Novum）和新加坡的耶鲁—新加坡国立大学学院。[①]他们虽坐落在不同的国家，却都具有多元化和国际化的特质，连接着来自各地的人们。

（一）燕京学堂

北京大学燕京学堂吸引着来自世界各地的优秀学生来到中国，并培养他们成为未来的全球领袖。这个独一无二的中国学硕士研究生项目，让学生得以在中国学习中国。从哲学到管理，从考古学到政治学，从宗教到经济学，课程的设置使学生能够广泛涉及中国和中华文明。不仅如此，每年学生们都会去西安进行为期一周的实地考察，探访不同的博物馆，参观创业公司，参加大公司举办的活动。在那里，学生们将对西安作为四大文明古都之一和丝绸之路最东端的城市有更深入的了解。

这一项目的核心正是增进跨文化交流。在课堂上，学生有充足的机会通过小组讨论和团队展示，学习如何与不同文化背景的人交流合作。课堂之外，

---

① 我与这三所院校颇有渊源：目前，我正在燕京学堂学习，并担任学生会主席；作为维真古典学院的校友，我被委以秘书职务；虽我未在耶鲁—新加坡国立大学学院就读，但与该学院在新生活动上有过合作，并且作为新加坡人，我为这个学院感到自豪。

学生亦学会了摆脱偏见、消除紧张、接受差异，与他人和谐共处。实际上，这种观点和思想的交锋，正是燕京学堂所倡导的交流精神的体现。这种互动自然是一把双刃剑，在为学生提供合作机会的同时，也成为文化冲突频发的场合。就像在任何社会中一样，由于文化差异而产生的争议和分歧时常发生。但这不也正是我们青年当下需要的吗？因为在这些裂痕中，我们恰恰可以更好地理解他人的行为动机，知道什么会冒犯到他人等。正是由此，我们学会了体贴、同情和理解。或者至少，我们学会了宽容，理解了"海纳百川，有容乃大"的真正含义。燕京学堂为来自不同国家的学生间的争论提供了一个非常安全的环境，使学生能够在职业生涯开始前，在他们的行为可能产生更大的影响前，解决一些分歧。即便最终没有解决，至少学生在未来遇到这些分歧时也不会太过惊讶。

燕京学堂不仅为外国学生提供了了解中国的机会，也为中国学生了解外国人提供了途径，并使所有学生在其中相互学习。燕京学堂的学生可以说是中国最为国际多元化的学生团体之一，它为北大带来了丰富的资源。学堂研究生会和北大一些有意与我们进行更密切交流的院系组织保持着紧密的联系。针对本科生，研究生会也在开展一系列讲座形式的"跨文化沙龙"，中国学生和国际学生作为参与者，可以在愉快轻松的氛围中进行对话，分享各自对文化冲击的理解。

因此，燕京学堂在课堂内外均为学生们提供了相互学习、重审自我、共同进步的宝贵机会。

（二）维真古典学院

维真古典学院是一所非营利的古典语言和人文学院，位于历史悠久的罗马弗拉斯卡蒂法尔科尼瑞庄园（Villa Falconieri, Frascati），由公认的掌握最流利的拉丁语（《纽约客》）的拉丁美洲裔教授路易吉·米拉格利亚（Luigi Miraglia）创办。维真古典学院开设有以拉丁文（偶有例外以希腊语）讲授的系列人文课程，试图以此恢复文艺复兴时期的传统。每年大约有30—40名来自世界各地的卓越青年被维真古典学院授予全额奖学金，共同生活并探寻文明共同的根源。这个根源正是两千多年前，西塞罗在学院附近的别墅里写下的《图斯库卢姆辩论》（*Tusculan Disputations*）中的概念——人文（Humanitas）。

在维真古典学院的两年中，我与来自不同国家且有着不同信仰的同伴共同学习。他们来自澳大利亚、中国、哥伦比亚、洪都拉斯、马拉维、墨西哥、俄罗斯、沙特阿拉伯、美国，以及其他数个欧洲国家，几乎遍及各个大洲。最为超现实的经历当属这样一个学生群体内部都使用拉丁语交流，而对此的新鲜感很快变为了熟悉的日常。考虑到没有人可以把拉丁语作为母语，在这样一个多民族共同体中，尤其是在当前社会中人与人之间的误解和不宽容日益增加的背景下，仅用拉丁语亲切交流无疑是一件近似奇迹的事。虽然学院以拉丁语教学著称，但学院的创始人兼校长明确表示，语言本身只是实现更大成就的工具。这也正是为何学院所开设的古典语言、哲学、文学和历史课程，并不是为了语言学习或纯粹学术研究，而是作为探寻人文基石并连接各地人们的途径。这个途径可能成为世界和平的源泉。

由于常常迎来国外的客人，学院的影响力远达其学生之外。来自俄罗斯、保加利亚、法国、德国、西班牙和英国的学生代表团每年都会到学院参加课程，与学院的学生一起出游和参加活动。来自世界各地的教授也被邀请到学院进行交流，分享他们对可能超越短视文化分歧的全球性和跨学科人文主义的看法。例如，2017 年年初，学院曾邀请新加坡的耶鲁—新加坡国立大学学院教授，就"利玛窦与中西哲学碰撞"发表演讲。随后，一批耶鲁—新加坡国立大学学院学生在其罗马夏季交换项目期间参观了学院。

在 2016—2017 学年闭幕式之际，我们组织了一个名为"多元民族的共同家园"（Patria diversis gentibus una）的会议，邀请杰出的学者为我们带来展现了不同文明的历史性碰撞中的合作与理解精神的论文。学院的学生也受邀发言，许多听众对此印象深刻并深受触动：一个中国人、一个印度人、一个阿拉伯人、一个墨西哥人皆用拉丁语讲述了不同民族之间的和谐。这次会议向我们展示了：数百年间有无尽的例子可以证明不同族群、不同文化与习俗的遭遇方式，并非仅仅以刀剑，而是以我们共同的人性。

（三）耶鲁—新加坡国立大学学院

耶鲁—新加坡国立大学学院是新加坡第一所文理学院，也是亚洲极少数文理学院之一。作为耶鲁大学和新加坡国立大学之间的合作成果，该校的宗旨是："由两个伟大学府共同打造的学习社群，立足亚洲，着眼世界。"学院提供一系列必修课程：从阅读历史和文学，到学习定量研究方法论；从哲学文本的考察，到对科学探究模式的理解。这些充分证明了它的确是一个多学科的机构。

耶鲁—新加坡国立大学学院的成立，不仅标志着美国文科风格在这个年轻的亚洲国家的土壤扎根，而且也显示了一个通过实用主义获得成功并为此自豪的国家，开始意识到人文的价值。事实上，新加坡的开国之父李光耀在50年前说过这样一句名言："诗是一种我们承受不起的奢侈。"此后，这个评论被讽刺性地用为一部新加坡诗歌集的标题。这一切都表明，人文学科和文学艺术完全能够在新加坡蓬勃发展。事实上，耶鲁—新加坡国立大学学院的创始人，伯里克利斯·刘易斯（Pericles Lewis）教授曾在学院的正式就职典礼上开玩笑称，人们并不是每天都会庆祝一所新的文理学院的成立。虽然这样的文理学院在西方世界正渐渐衰落，但正如许多著名学者，包括伯里克利斯·刘易斯教授本人所观察到的，亚洲正在转向文科，耶鲁—新加坡国立大学学院就是一个典型的例子。

耶鲁—新加坡国立大学学院由此巩固了新加坡作为东南亚教育中心的地位，吸引了来自世界各地，特别是来自该地区的优秀学生到学院学习。学院的文学课程包括《一千零一夜》和《罗摩衍那》，历史课程涉及希罗多德和司马迁，哲学课程涵盖孔子和龙树菩萨，分别代表着构成该地区文化多样性的不同文明。也正因此，这为东南亚青年学子提供了一个绝佳的机会，使他们不仅可以更深入地了解自己，而且可以更好地了解他们的近邻。

青年们在这些机构学到了不同文明之间存在共通的联系，这些联系促进了我们对人文的理解，而对人文的研究与思考具有深远的价值。在世界日益紧密联结的今天，它们的重要性也日益增加，因为它们开阔了青年的思维，使他们从全球角度思考问题；塑造了他们的品格，使他们尊重和理解其他文化——换而言之，使他们更加谦逊。这正是青年在活动中历练自我时该有的态度，尤其在他们成为"一带一路"这样的全球倡议中的实际行动者、影响者和决策者的时候。

三、新加坡与"文明之路"

作为一个新加坡人，我对"一带一路"倡议有着与我的祖国同样的热情。新加坡是"一带一路"倡议的早期支持者和积极参与者，在基础设施建设投资和加强金融合作方面扮演了重要角色。新加坡和中国在 2017 年"一带一路"国际合作高峰论坛上签署了关于共同建设"丝绸之路经济带"和"21 世纪海上丝绸之路"的谅解备忘录。正如新加坡外交部巡回大使许通美 2017 年在《海峡时报》上发表的《世界在于新加坡》一文中所写到的，贸易无疑是新加坡的命脉。但"一带一路"不仅关乎经济，我坚信其本质更在于人。那么在"文明之路"上，新加坡又处于什么样的位置呢？

新加坡处于许多不同文明的交汇处，可以说是文化的贸易中心。新加坡的地理位置使其成为跨文化交流的理想门户。新加坡位于马来西亚半岛的尖端，紧临马六甲海峡。今日中国人和印度人共同与土著马来人一起构成了新加坡的主要种族群体。公元 4 世纪著名僧人法显在结束了其在印度的求法后，正是从这片水域之上，由印度回到中国。

新加坡在东南亚的地理位置使它受到多元文化的影响——不仅来自大陆，还有来自西方文化的影响，它们在新加坡的文化发展史上留下了清晰的印迹。正如许通美大使写到的，"西方教会我们尊重和重视人文与社会科学。展望未来，新加坡应该追求科学和人文的双重优势"。

如今的新加坡正如唐代的长安，不同文明在此相遇，共同构成了一个有着多民族和多元文化，提倡"不分种族、言语、宗教，团结一致"的国家。不同种族的人们在同一个街区里和平共处，不仅如此，人们甚至还可以在同一条街上看到清真寺、佛教和印度教寺庙、天主教和新教教堂。2017 年 1 月 5 日，《海峡时报》发表了一篇题为"死亡的语言？新加坡人依然坚守拉丁文"（Dead Language? Singaporeans still keep the faith with Latin）的文章。即使其优越地位在欧洲早已被民间语言取代，拉丁语依然在这个岛上受到青睐，这证明了新加坡享有不同文明的交汇点的声誉并非空穴来风。当耶稣会传教士 Francis Xavier S. J. 在 16 世纪勇敢地向中国进发时，他首先在新加坡停留了一段时间，然后才开始了冒险的旅程。由此，我们发现在 Matteo Ricci 和 Nicolas Trigault 的重要著作《基督教远征中国史》（De Christiana expeditione apud Sinas）中，非常简短地提及了拉丁语名称为"Sincapura"的小型城邦，而且可以骄傲地将此视为对新加坡在东西方交流中的重要位置的致敬。新加坡如今被广泛认为是促进"一带一路"的重要金融中心，而在它的早期历史中，值得关注的更是其作为跨文化交流支点的历史，也正基于这一点，其作为"文明之路"的重要关口能够发挥更大的作用。

历史为我们提供无数先例，借此我们得以在这个相互关联的世界中采取正确的行动。"一带一路"本身即是历史的辩护，这一倡议使我们更深刻地认识到历史的宝贵，并在当下潜移默化地引导着我们。它所体现的精神不仅是商业性的，更是文化性的，而青年在从事商业活动前应该首先拥有后一种精神。这种精神应该通过教育实现，因为教育对我们青年有着最具变革性的影响。但是，教育不应教人如何经商，而应教人如何做人，对青年尤其如此。一个世纪前，《来自一位中国官员的信札》曾提到"一个与自然分离却没有经过艺术熏陶，经过指导却未受到教育，被同化却毫无思考能力的人"，如今听来振聋发聩。"一带一路"将向世界展示，人文并不只是一种奢望，而是为当今世界引导航向的重要精神资源。前文所提到的三个学术机构，部分地展示了这一理念，因为它们使青年得以暴露在一个以相互理解和尊重为核心价值的国际化场域中。这样的环境同样可以在国家范围内实现，以新加坡为例，我们可以看到一些地方由于其地理位置的天然优越性而更利于促进跨文化和谐，这种跨文化接触往往是商业的或文化的。如今新加坡被认为是商业活动繁荣的一座城市，但在将自己建设成为区域文化中心和高等教育中心方面，新加坡能做的还有很多。尤其是作为"文明之路"的重要一站，人们在此将看到不同文明如何构成一个和谐的整体。在古丝绸之路上，自然存在血腥的冲突战争和致命的抢劫，但我们不该因此否认继承了这一遗产的"一带一路"倡议，而是应该吸取历史上惨痛的经验教训，避免其再次发生。我们从历史中获得的启发是成果丰硕的交流，是友谊的培养，以及对自我和他人更为深刻的理解。这也正是为何"民心相通"被认为是"一带一路"的重点所在。而在此之上更为重要的是，它也是当下青年们应当思考和参与的重心。

（王博轩　译）

"一带一路"视野下的中国考古学

胡文怡

北京大学考古文博学院博士研究生

对于个人来说，考古学是非常伟大的，正如我在北京大学 2017 年中学生考古暑期课堂开课仪式上所说的："一块陶片、一粒碳核的背后，无数普通人的生命在涌动着；不同于截取帝王佳人、神怪天才来展示的其他历史人文学科，考古所呈现的，更多的是岁月随机挑拣的平凡人的生命片段——而这，恰是一个世界的基石。"

而在牵系到几十亿平凡人的"一带一路"倡议的视野下，对于中国和世界来说，中国考古学则被赋予了日益重要的使命。

它将是"同一对话背景"的奠基者，客观、理性而忠诚。根据《中国大百科全书·考古学》卷的解释，考古学的任务是"根据古代人类通过各种活动遗留下来的实物，以研究人类古代社会的历史"。因此，它始终讲求"铁证如山"，也因此，以文字为主要研究对象的传统史学固然重要，但依凭遗迹和遗物的考古学则使新的历史科学更为强大，面对静默伫立的未央宫遗址和鲜活如生的辛追遗体，再嘈杂的关于史书的争辩声也会有所胆怯。而"一带一路"沿线国家和地区之间历史关系的千丝万缕，则造就了我们今日地缘政治复杂、宗教文化多样的局面。不同民族、不同文化、不同宗教信仰的人在交流时，若不能基于一个获有共识的对话背景，便难免会产生隔阂、矛盾甚至冲突。中国考古学则正在努力为这个"同一对话背景"打造真实可信的历史基础。当我们了解到自己脚下的土地上曾发生过的历史后，我们站在这片土地上的感受便会截然不同。而当"一带一路"沿线国家和地区中的人民，意识到自己和那个千里之外的、正在起纷争的国家中的人民，曾经是亲密无间的一家人时，我们的共同归属感便容易被唤醒，随后，我们之间的同一对话背景的建立，便会柔软、容易许多。而这种真真切切的"意识到"，则需要中国考古学带头为之努力。近年来，我国考古学者正在不断地"走出去"，为研究世界历史、还原人类古代社会的真实面貌而奋斗。2011 年，中国社会科学院考古研究所（以下简称"社科院考古所"）与乌兹别克斯坦共和国科学院考古研究所正式签署合作协议，开始了在费尔干纳盆地的联合考古工作。联合考古队的中方领队、社科院考古所所长王巍说："这是我国国家级考古研究机构第一次真正走出国门。"2013 年，西北大学与乌兹别克斯坦共和国科学院考古研究所签订合作协议，双方组成国际考古队，由西北大学丝绸之路研究院王建新教授带领考古团队联合开展考古工作，主要目标便是"寻找大月氏"。大月氏在中国和世界历史上都是一个极为重要的游牧部族，它与匈奴发迹、汉通西域、佛教东传皆有着密切的联系。据《光明日报》报道，在合作发掘的过程中，中方考古队员毫无保留地向乌方人员介绍了自己的专业技术及经验，更教会了乌方队员使用洛阳铲；中方考古队员对发掘过的遗址进行回填保护的负责做法和态度，亦收获了乌方队员和当地群众的一致好评。至 2016 年，王建新教授表示，经过对考古发现和相关文献的分析，考古队已基本梳理清楚了大月氏与稍晚的贵霜帝国之间的关系，并对一些传统观点提出了挑战。这一事件不仅意味着中国考古队员利用自己的田野考古经验和知识储备，真正参与到了世界史的研究当中，更为由中国考古学带头，去复原人类古代社会的真实面貌，起了一个好头，竖立了一个好榜样。今后，中国考古学仍将为打造这"同一对话背景"的历史基础而不断努力。

中国考古学亦是中华文化的代言人，沉稳、有力而亲切。2017 年 5 月 14 日，"一带一路"国际合作高峰论坛开幕式在北京的国家会议中心举行，习近平主席出席开幕式并发表主旨演讲《携手推进"一带一路"建设》。在这次具有历史性意义的演讲中，习近平主席高屋建瓴、博古通今，从古代丝绸之路的历史意义入手，清晰点明当代"一带一路"的时代意义与内涵：以和平合作、开放包容、互学互鉴、互利共赢为核心的丝路精神。这四个关键词，不仅是中国在推进"一带一路"建设时所遵循的基本原则，更体现出了大国担当与人文关怀。中华民族曾经创造了辉煌的历史与文明，中国文化博大精深，对人类社会的进步有着深远的影响。今日，文化竞争力愈发重要，是国家竞争力中的决定性因素，更是国家软实力和综合国力的重要表现。中华民族的伟大复兴，不仅要实现在经济的复兴上，更要实现在中华文化的复兴上，而"一带一路"便为中华文化更好地"走出去"提供了良好的契机。通过实施"一带一路"建设，中国将进一步深化与沿线国家和地区的文化交流，培养沿线国家和地区对中国文化的认知与认同，推进沿线国家和地区文化的交流互鉴，向世界展现中华文明的魅力，宣扬中国精神和中国智慧，弘扬优秀的中国传统文化。通过考古发掘出土的中国文物，便是实现这一目标的重要使者。早在 1978 年，陕西出土的珍贵文物，青铜器、秦兵马俑、汉代陶俑、唐金银器等，便频频走出博物馆大门，拉开了文物境外展览的序幕，所到之处，皆受特别礼遇与关注，更常常掀起"中国热"。到了 2014 年，光"汉风——中国汉代文物展""牵星过洋——中非海上丝绸之路历史文化展""颐和园珍宝展""华夏瑰宝展"等大型境外文物展览便有七处，在海内外广受欢迎。比起抽象的文字与短暂的音乐，经过精心布展的出土遗物对海内外人民的文化影响力，无疑更直接、更长久。中国文物身上所附有的中国文化与历史，便在各国人民观展的同时，润物细无声地留在了他们的心里。这便是中国考古学所独有的文化代言方式，直观而余韵悠长。

除了我们所肩负的重要使命外，"一带一路"倡议的实施，无疑为中国考古学带来了前所未有的机遇。

首先，在"一带一路"的大背景下，中国考古学施展拳脚的空间得以大大增加，"中国考古走出去"迎来了千载难逢的良机。曾几何时，中国考古学在国际考古学术界中的发言权很少，而现在，中国的经济实力和科技实力都达到了前所未有的水平，这为中国考古的"走出去"提供了重要的物质基础。随着国力的强盛及心态的转变，中国考古学迎来了越来越多的中外合作机会。上文的中乌联合考古队便是一个很好的例子，中方执行领队、社科院考古所的朱岩石教授告诉记者，在这次考古行动中，中国的考古技术和能力"大显身手"；社科院考古所所长王巍在接受采访时亦说："由于各自考古理念的不同，最初我们和乌方的考古学家是分区作业，但在进行当中，中国的考古技术不断吸引着对方，最终他们过来向我们学习请教。……比如我们的'探铲'钻探技术，已经用了近百年；测绘技术、三维快速成像技术等，令乌方学者叫绝。"此外，早在2006年，四川省文物考古研究院和陕西省考古研究院便联合在越南进行了田野考古发掘，团队的发起人、组织者，四川省文物考古研究院院长高大伦说："（这是）我国内陆省级考古研究机构在国外的第一次田野考古工作。也有人说这是国内考古机构第一次在国外独立发掘完成的考古发掘。"他们选定越南永福省义立遗址作为发掘点，工作近三个月，取得了丰硕的成果，尤其是与三星堆同时期的、与三星堆文化有一定联系的一批遗物遗迹，"收获远超预期"。时至今日，内蒙古、四川、陕西、湖南和云南等地的考古研究机构都曾先后派遣考古队到蒙古国、孟加拉国、柬埔寨及哈萨克斯坦等国进行考古调查和发掘等，北京大学、西北大学、南京大学和中山大学等亦先后在肯尼亚、乌兹别克斯坦和伊朗等国进行了考古调查和发掘等，中国社会科学院更于2017年3月成立了外国考古研究中心。应该说，在"一带一路"的大背景下，我国在外国考古方面已经取得了今非昔比的喜人成绩。今后，随着"一带一路"倡议的进一步实施、我国经济的增长、学术研究的进步和国家的重视，外国考古更将进入一个快速发展时期。而从另一个层面来看，我国考古"走出去"首先要沿着"一带一路"沿线的考古"走出去"。过去，丝绸之路沿线考古主要集中在中国境内，现在则需要逐步开展境外丝绸之路沿线国家和地区有关城址、墓葬和寺庙遗址的考古调查和发掘，海上丝绸之路考古也是如此。中国考古"走出去"，有着沉重的历史背景和艰巨的时代使命，直至20世纪20年代，中国考古学才艰难诞生，而考古学的学科理论和方法都是由西方人建立的，话语权更偏向西方。"一带一路"则给予了我们中国考古人积极地"走出去"的信心和勇气，中国考古学将更多地参与到世界史的诠释当中，更有底气地争取中国考古学的话语权。

其次，"一带一路"将使"中国考古欢迎你"成为大势所趋。回忆20世纪七八十年代的中国，虽然开展了一系列"学术外交"，一定程度上对外开放，但多数交流是单向的，很多时候仅允许外国学者进行有限的参观，发掘工作则是完全禁止外国方面参与的。这当然有其历史原因：来到中国的传教士，回国后大肆宣扬中国的恶名；来到中国的外国考古学家，发现重要遗物后，"盗取"回国，敦煌遗书在我们心中留下的伤痛尚未完全愈合；就算是进行了相对科学发掘的瑞典考古学家，得出的结论也始终偏向于"中华文明自西来"。无数的伤痛之后，自20世纪90年代起，中外考古合作才陆续开始恢复。时至今日，中国境内的涉外考古合作项目已进行无数。第二届"世界考古论坛·上海"也在沪召开，主题为"文化交流与文化多样性的考古学研究"。而中华人民共和国成立后，中美首个联合田野考古项目"中国商丘地区早商文明探索"的考古成果《豫东考古报告》，亦已于2017年发布。虽然此时已距离这一考古项目发掘结束20年，但似乎仍为时不晚，慰藉着中国考古学人的心——终于不怕了，能够坦荡荡地对国际考古学术界说出"中国考古欢迎你"。如今中外考古学术交流的这一派繁荣景象，自然离不开"一带一路"的大背景。"一带一路"既带来了中外合作考古的无限机遇，亦带来了那曾一度失去的开放和胆量。现在，我们能越来越以坦诚、公开、分享的心态，在中国境内与外国考古学家进行合作，这正是源于"一带一路"倡议的支持，保护着中华文明的发现、研究与阐释，更有力地支撑着中国考古学在国际考古学术界中的话语权。

北京大学中文系的李零教授在《我们的中国》（三联书店，2016年）里说："近代，中国挨打，据说因为不开放，妨碍了西方来中国做买卖和传教的自由，西方一直这么讲，不足怪也。奇怪的是，中国人自个儿也给自个儿扣屎盆子，说明清两代，咱们闭关锁国，自绝于世界之林。……然而，事实真相是，中国连接东西方的陆路交通、海上交通，各种动植物、矿产、工艺品、奢侈品，两千多年，不绝于旅，何曾封闭？……开放不等于开门揖盗。"正是如此，那任由外国人讲述中国历史的时代正在远去，"一带一路"的实施及与之相关的考古发现，更不断推翻着对于中国及"一带一路"沿线国家和地区历史的陈旧偏见。与此同时，"一带一路"使中国考古学能更好、更多地参与到世界史的诠释之中，而将这种从他们"装扮"我们，到我们"阐述"他们的转变，说成是中华民族伟大复兴的里程碑，绝不为过。

文化遗产是考古学研究的重要资源，是我们诠释历史的基石。"一带一路"沿线国家和地区有大量蜚声全球的历史文化遗产，仅中国境内的丝绸之路重要考古遗址和古建筑遗存就多达22处，[1]但历史遗产的保护工作还任重道远，需要社会各界通力合作。

2017年1月，中国文化部颁布了《"一带一路"文化发展行动计划（2016—2020年）》，对未来五年"一带一路"框架下的人文合作进行部署。十九大报告指出，要加强文物保护利用和文化遗产保护传承。在文化遗产的保护方面，北京大学已做出了独特的实践与理论探索。早在1984年，北大就成立了文物爱好者协会，协会致力于普及文物知识、宣传文物法令、增强文物意识。通过举办讲座、文物图片展，参观博物馆，组织实践调研等方式，加深人们对文物的了解，唤起社会对文物保护事业的关注。2013年，北大还成立了燕园文化遗产保护协会，旨在通过挖掘并宣传北大作为教育遗产的价值，保护燕园文物、传递燕园记忆。2015年11月至2016年1月，北京大学文物爱好者协会举办了"透视丝绸"系列讲座，分为"沙漠与绿洲""宗教与寺窟"和"文化与景观"三场，从历史地理学角度透视丝绸之路形成的自然条件以及考古学视角下的早期东西文明交互，并通过对沿线各国宗教与文化的研究，解读其文化基因和社会律动。2016年10月15日至16日，北大举办了以"文化遗产和文化政治"为主题的北大人类学论坛，与会学者从文

---

① 韩文宁《"一带一路"历史文化遗产及其当下意义》，《唯实》2015年第4期。

化遗产保护和文化政治实践相结合的角度，试图呈现出中国社会中各种力量的复杂互动，为中国人类学及其他学科参与文化遗产保护及其牵涉的公共事业提供了启示，推动"一带一路"文明之路建设。

"一带一路"倡议是中华民族伟大复兴的双翼，而古代丝绸之路的真实历史，全球人类的迁徙与分布，文明的传播、碰撞与融合，则都有待考古来一一阐释。"一带一路"和中国考古学是相互促进、相辅相成的，最后验证的主题，则都是"人类命运共同体"。几千年来，人类都是、也必须是命运共同体，就像习近平总书记所说的，"以和为贵""和而不同"，我们应当带头推动"人类命运共同体"和"利益共同体"的形成，只有这样，"地球村"才会一片繁荣昌盛，大一统的西周及汉唐盛世等，已经在很大程度上证明了这一点。"一带一路"视野下，中国考古学不仅迎来了诸多机遇，更肩负光荣的重要使命。"一带一路"倡议具有伟大的现实意义，是习近平新时代中国特色社会主义思想的重要组成部分，我们应当在这一思想的指导下，稳步向前，为中华民族的伟大复兴，贡献全部的力量。

第一节　加强同世界各国的教育交流

教育交流是推动各国青年深入交流的重要途径，也是"一带一路"倡议中的重要内容。推动教育合作，也是构建国家间良好关系的基础性工作。随着中国同世界的交往不断加深，越来越多的中国青年走出国门，同时，越来越多的外国青年带着对中国的好奇来到中国。不同国家间青年交流的重要性不言而喻，我们要继续推动教育合作，扩大教育交流的规模，注重提升交流的深度，提高教育合作的质量。

一、青年留学交流情况

改革开放以来，随着对外开放程度的加深、国民收入的提高，越来越多的中国学生具备出国留学的经济能力。在经济发展的基础上，生活条件的改善、教育要求层次的提高和世界视野的开阔，增进了中国学生出国留学和对外交流的意愿。中外交流日益密切，也使中国学生出国留学具备更多便利条件。而且中国政府和社会组织也为中国学生出国留学提供了更多途径。相关的统计数据表明，数以万计的中国学生前往海外求学；这也见证了中国同世界教育交往的不断加深。从 1978 年到 2016 年年底，中国各类出国留学人员累计达到 458.66 万人，2016 年度中国出国留学人员总数为 54.45 万人。根据联合国教科文组织的统计数据，中国已经成为最大的留学生输出国。中国教育部的数据统计也表明十八大以来中国出国留学呈现规模持续扩大的趋势：2016 年中国出国留学人数比 2015 年增加 2.08 万人，同比增长了 3.97%；①

---

① 《2016 年度我国出国留学人员情况统计》，中华人民共和国教育部，2017 年 3 月 1 日。http://www.moe.gov.cn/jyb_xwfb/xw_fbh/moe_2069/xwfbh_2017n/xwfb_170301/170301_sjtj/201703/t20170301_297676.html。

2015 年比 2014 年增加 6.39 万人，增长 13.9%；^①2014 年与 2013 年相比，增加 4.59 万人，增长 11.09%；^②2013 年比 2012 年增加 1.43 万人，增长 3.58%；^③而 2016 年与 2012 年相比，增长 14.49 万人，增幅为 36.26%。^④

与此同时，中国的综合国力显著增强，对外界的吸引力也与日俱增；对外开放程度不断提高，世界对中国的认识和理解也不断加深；教育事业的发展也促进了外国学生到中国留学的意愿。因此，来华学习的外国学生不断增加。2015 年各类外国留学人员比 2014 年的 377 054 人增加 20 581 人，增长 5.46%（以上数据不含港、澳、台地区）；^⑤2016 年共有来自 205 个国家和地区的 442 773 名各类外国留学人员进入 31 个省／自治区／直辖市学习，同比增长 11.35%（以上数据不含港、澳、台地区）。^⑥中国已经成为接受国际学生数量全球排名第三的国家，也已经跻身为世界最主要的留学目的地国家之一，成为亚洲最大留学目的地国家。^⑦此外，据教育部统计，2016 年在华留学生生源国前 10 位大多是"一带一路"沿线国家。^⑧同时，沿线国家学

---

① 《2015 年度我国出国留学人员情况》，中华人民共和国教育部，2016 年 3 月 16 日。http://www.moe.gov.cn/jyb_xwfb/gzdt_gzdt/s5987/201603/t20160316_233837.html。

② 《2014 年度我国出国留学人员情况》，中华人民共和国教育部，2015 年 3 月 5 日。http://www.moe.gov.cn/jyb_xwfb/gzdt_gzdt/s5987/201503/t20150305_186107.html。

③ 《2013 年度我国出国留学人员情况》，中华人民共和国教育部，2014 年 2 月 21 日。http://www.moe.gov.cn/jyb_xwfb/gzdt_gzdt/s5987/201402/t20140221_164235.html。

④ 《十八大以来留学工作情况介绍》，中华人民共和国教育部，2017 年 3 月 1 日。http://www.moe.gov.cn/jyb_xwfb/xw_fbh/moe_2069/xwfbh_2017n/xwfb_170301/170301_sfcl/201703/t20170301_297675.html。

⑤ 《2015 年全国来华留学生数据发布》，中华人民共和国教育部，2016 年 4 月 14 日。http://www.moe.gov.cn/jyb_xwfb/gzdt_gzdt/s5987/201604/t20160414_238263.html。

⑥ 《2016 年度我国来华留学生情况统计》，中华人民共和国教育部，2017 年 3 月 1 日。http://www.moe.gov.cn/jyb_xwfb/xw_fbh/moe_2069/xwfbh_2017n/xwfb_170301/170301_sjtj/201703/t20170301_297677.html。

⑦ Institute of International Education. Project Atlas：Trends and Global Data 2017. https://www.iie.org/Research-and-Insights/Project-Atlas/Tools/Current-Infographics.

⑧ 《2016 年度我国来华留学生情况统计》，中华人民共和国教育部，2017 年 3 月 1 日。http://www.moe.gov.cn/jyb_xwfb/xw_fbh/moe_2069/xwfbh_2017n/xwfb_170301/170301_sjtj/201703/t20170301_297677.html。

生的数量也明显增加，2016 年沿线 64 国在华留学生总共 207 746 人，同比增长 13.6%，高于各国平均增速。[①] 这也表明"一带一路"倡议对于促进各国学生来华留学具有积极意义。

二、国际教育交流的重要性

（一）中国青年走向世界

参与国际交流对于每个青年学生而言，最直接的意义在于通过与各国人民相互交流，切身感受各国丰富的文化。北京大学、东京大学和首尔大学合作的"亚洲校园"项目就为来自世界各国的学生，提供探讨国际关系和世界形势、分享生活经历的机会。在推动各国之间教育交流与合作的同时，也促进年轻人之间的相互理解。

青年出国学习或对外交流的目的在于：一是学习先进知识、提升专业素养；二是开阔青年国际视野、培养国际交往能力，以适应全球化时代。国际教育交流通过不同文化间的体验和理解实现跨文化交流，这有利于减轻面对不同文化时的焦虑感，提高在新环境中的适应能力。

青年间的跨文化交流，有助于不同文化背景的学生通过对话加深对彼此的理解，提高跨文化交往能力，能够以更加丰富的视角观察世界。在国际交往中，"换位思考"能力往往被视为是极为重要的能力。换位思考并不是简单地从对方的立场出发考虑问题，更需要了解对方所处的社会文化、基本国情。相反，对于他国一无所知而空谈从对方的立场出发，是无稽之谈。我们越深入了解其他国家，越能够尊重与不同国家的风俗和价值观，更能够接受世界上存在的差异，能更好地理解人类文明的多样性。

青年在海外的学习生活收获的跨文化友谊是联系各国青年的纽带。由此

---

① 《十八大以来留学工作情况介绍》，中华人民共和国教育部，2017 年 3 月 1 日。http://www.moe.gov.cn/jyb_xwfb/xw_fbh/moe_2069/xwfbh_2017n/xwfb_170301/170301_sfcl/201703/t20170301_297675.html。

产生的友好情感使不同国家的人更愿意去理解对方，而非排斥对方。由交流而获得的相互了解，能减少因误解而产生的冲突。这也能为合作提供可能性。走在时代前列的青年代表着世界的未来。各国青年相互理解能为世界各国相互理解和减少冲突提供可能。因此，各国青年的合作能够为世界各国的合作提供契机，从而促进世界的和平与发展。

同时，青年在国际交往中也会加深对本国的认同感和归属感。认同来自于认识到"他者"的存在。自我在他者面前显现出自我与他者的差异，在认识到他者的特殊性的同时，也认识到自身的独特性。当中国学生进入不同的文化环境中，会加强对祖国的认同感。人在海外，以往习以为常的生活元素往往会变成本国的文化符号。无论是西红柿炒鸡蛋，中国超市的"老干妈"辣椒酱，还是儿时喜爱的中文流行歌曲，都会成为海外学子悠悠乡愁的寄托。

（二）提升国家软实力

在国际交流中，每一位中国青年都是中国的名片。未曾到过中国的外国人往往通过身边的中国人来认识中国。中国学生在国外的行为举止就代表了国家形象，他们就是其他国家了解中国的一扇窗。数量庞大的中国学子进入其他国家，这本身就已经成为公共外交的重要组成部分。

随着综合国力的提升，中国在世界上获得了越来越多的关注。同时，也存在着对中国的误解和偏见。这大多源于信息的不畅通。更多的中国青年和外国学生交流，传播中国声音，可以向对方展现丰满的中国形象，对于消除因不了解而产生的偏见、改善中国的国际形象有着显著的作用。与此同时，来自世界各地的外国留学生，切身体验中国文化，感受中国特色，有助于丰富他们对中国的认识，改变对中国的刻板印象。

同时，具有国际视野和国际交往能力的中国青年，可以成为国家建设的骨干力量，可以帮助中国加深对外部世界的了解。在其他国家的学习生活经验有助于中国青年日后在工作中处理国际事务。随着中国国际参与度的不断提高，国家需要更多的中国青年进入国际组织，代表中国在国际舞台上发声。

三、国家、高校和青年推动国际教育交流

（一）国家：提供政策法律保障

2010 年发布的《国家中长期教育改革和发展规划纲要（2010—2020 年）》中明确提出要加强国际化人才培养，扩大教育开放。政府要继续加大对教育交流的重视程度，全方面提升国际教育交流水平。

中国政府相关部门应该从政策和法规层面为国际教育交流提供保障，大力推进国家和地区之间相互承认学历学位，推进学分、学历互认，为中外青年赴外、来华学习创造有利条件，提供足够的法律支持。截至目前，教育部已先后与 47 个国家和地区签订了学历学位互认协议，但正如教育部国际合作与交流司司长许涛指出，仍要进一步加快这项工作的进行。[①]

以"共商、共建、共享"原则为基础的"一带一路"倡议，为推动区域教育扩大开放、增进交流、促进融合提供了绝佳的机遇。随着"一带一路"倡议的推进，中国教育的国际化步伐也会不断加快。在政府大力推动国际教育合作的同时，也要避免出现一味地追求数量而忽视质量的问题。教育是百年大计，推进具体的教育合作项目，应该建立在细致调研的基础之上，经过各方专家论证后再付诸实施。

（二）高校：搭建平台，创造机会

高校是开展教育合作的重要平台。近年来，中国高校在国际排名中不断上升，但同顶尖的世界一流大学仍然有一定距离。通过高校间的交流与合作，中国高校可以发现差距及其原因，由此改进自身，提高国际化程度，进入世界一流大学行列。

首先，国内高校要坚持"引进来"，吸引更多优质留学生来华学习。高校应在国家战略的引导下，提升教学、科研水平和国际化水平，建设优质学科。目前，大量的外国留学生来到中国以学习汉语或其他与中国相关的专业为目的。2012 年来华学习汉语的留学生占外国留学生总人数的 53.5%，2016

[①] 许涛《努力开创教育开放发展新局面》，《中国教育报》2017 年 12 月 21 日。

年下降到 38.2%，但仍占较高比重。① 对于其他尖端专业领域，中国高校对外的吸引力仍然有限。而其他国家的情况则大不相同。

其次，国内高校要继续加强与海外高校的合作，积极搭建中外交流的合作平台，推进教育合作制度化、长期化，为学生提供多层次的交流平台。北京大学已经同全球超过 100 所大学建立合作关系，在双学位教育、交换生项目、暑期学校和海外实习科研等方面让更多的在校生获得国外学习交流和提升综合素养的机会。

最后，高校应借鉴先进管理理念，完善内部治理结构，提升服务意识和管理水平。中国高校建设，往往忽视行政人员的工作效率和服务意识。为了推进国际教育交流，学校内部要加强国际项目的协调和保障工作，相关人员应主动为学生提供海外学习交流的信息，做好学生服务，及时处理学生遇到的问题。

北大作为中国最高学府，应该在为学生的国际交流搭建平台、创造机会方面发挥更大的作用。这既是北大对"一带一路"倡议应当承担的责任，也是走到世界一流大学前列的应有之义。回顾过去，这几年来北大在学生国际交流方面取得丰硕成果，未来应当在此基础上继续奋进。北大应当继续完善国际化育人体系，培养引领未来的人。一方面，继续完善来华留学项目发展体系，延揽海外优秀学子到校学习。据统计，每年到北大学习的留学生已有7000 人次左右，来自世界 100 多个国家和地区。北大应当在燕京学堂中国学硕士项目和南南合作与发展学院等成功经验之上，建设更多长期留学项目，吸引更多外国留学生。同时，北大还应充分开设类似"论道中国"等各种短期课程，进一步丰富留学项目体系。另一方面，北大应继续推动中国学生赴海外学习。在已有的基础上，学校继续完善协同机制，充分实现学校、院系和学生社团自发组织的项目三位一体共同发展；继续引导院系创办交流项目；实现项目类型的多样化，提供包括暑期学校、实验室、国际组织实习、

---

① 刘博超《我国留学工作呈现新趋势》，《光明日报》2017 年 3 月 2 日。

毕业设计和社会服务等在内的海外平台，继续完善学生海外学习、实习和社会服务基地。除提供多种途径之外，北大还应继续通过各方资金支持，为学生海外学习和交流提供充分的经费支持。

（三）青年：积极参与

在国际交流中，身在海外的中国青年就是中国的代表，有责任也有义务向外国友人介绍立体化的、真实的中国。而且，对于青年学生，国际交流并不局限于出国攻读学位项目，不管是出境的交换项目、文化体验活动，还是在国内同身边外国留学生的交往，都属于国际交流。因此，每个青年学生都有可能参与国际交流活动。青年学生作为国际教育交流的主体，应当主动承担教育交流的责任，积极参与国际交流活动。

在国际交流中，中国学生应该注重个人的行为举止，意识到个人行为对国家形象的影响。中国青年应该主动承担起积极传播中国文化的责任；应该有意识地培养自己在跨文化交往中的综合能力，提升语言和交往能力；还应该主动扩展全球视野，了解国际组织，做有国际视野的大国青年。

第二节 "一带一路"跨国医疗卫生合作

一、跨国医疗卫生合作现状

2017 年 12 月，北京大学公共卫生学院全球卫生学系唐昆等人在顶级医学杂志《柳叶刀》上发表了一篇题为"中国的'一带一路'和全球健康"的专题研究报告，全面回顾了中国提出"一带一路"倡议之后在卫生领域取得的蓬勃发展。[①]

文章提到，自 20 世纪 60 年代，中国第一个向世界宣布派医疗队赴阿尔及利亚，开创了中国援外医疗队的历史。至今中国援非医疗队已经向非洲 45 个国家派出 1.6 万人次的医疗队员，救助了近 3 亿非洲人民。"一带一路"倡议的提出，更是为各国共商全球健康提供了新的平台。2014 年面对西非埃博拉疫情的暴发，中国开展了史无前例的海外卫生援助，共派遣包括军人在内的 1200 名工作人员前往西非控制疫情。中国海外发展援助目前以每年 25% 的速度迅速增长，2013 年的援助总额已经达到约 70 亿美元。此外，中国还为非洲和亚洲等国提供了卫生发展援助，帮助其开展基础设施建设，并提供医疗设备援助。2017 年 8 月，中国主办了促进卫生合作的"一带一路"高级别会议，超过 30 位来自多边卫生机构的卫生部长和高水平代表通过了《北京公报》。中国同"一带一路"沿线各国以及世界卫生组织和联合国艾滋病规划署等多个国际组织签署了 17 项双边备忘录，内容涉及卫生安全、孕产妇和儿童卫生、卫生政策、卫生系统、医院管理、人力资源、医学研究和传统医学。同时文章中还指出，尽管中国对多边组织的援助已经日益显著，然而目前其他主要援助国仍然存在供资缺口，中国的卫生援助难以弥补，因此中国正在加紧建立自己的多边基金与发展银行。

[①] Tang, K., Li, Z., Li, W., et al. China's Silk Road and global health. *Lancet*, 2017, 390:2595.

二、中国跨国医疗卫生合作成果

（一）多模式推动"一带一路"卫生领域合作

"一带一路"倡议下，跨国医疗卫生合作不仅要加强沿线国家和地区在技术层面上的直接交流与援助，而且要增进国际学术交流，进一步推动"一带一路"沿线国家和地区的医学发展，促进全民健康。

2017年7月8日，北京大学南南合作与发展学院和北京大学全球卫生研究中心联合举办了2017年发展创新首场研讨会——"一带一路：探讨南南合作之中国方案"。本次研讨会的目的是希望政企学研各界可以积极参与到南南领域的"一带一路"卫生项目中，共同合作探讨发展中国家的医疗卫生模式变革，积极为全球医疗卫生水平的提升建言献策。[1]2017年8月8日，北大肿瘤医院与呼伦贝尔市医学会、满洲里市医学会联合举办了首届"一带一路"国际肿瘤诊疗峰会，来自俄罗斯、蒙古国的专家和北大肿瘤医院的专家共同就肿瘤学科的新进展、新技术和新理念进行了交流探讨，为提高满洲里市和俄蒙两国地区的肿瘤防治水平开展更广泛的合作。[2]2017年10月底，北大肿瘤医院又承办了"一带一路"国际肿瘤防治专业人员联合培训中心第一次学术交流会，向来自俄罗斯、印度尼西亚的专家学者展示了医院在肿瘤治疗方面的先进技术和最新研究成果。一系列的学术交流会加深了中国同"一带一路"沿线国家和地区的联系，促进了学术沟通，对现代医学的创新和进步意义重大。

北京大学作为世界一流大学，具有先进的教学理念和雄厚的师资力量，不仅承担起了保障民族健康的重任，成为中国的医学中心，而且始终以世界卫生中心为目标。"一带一路"倡议提出后，北京大学担起了新使命。截至

---

[1]　《北大公共论坛纪实｜走进非洲——中国医疗卫生企业如何"抱团出海"》，搜狐，2017年7月21日。http://www.sohu.com/a/158820161_323064。

[2]　《北大肿瘤医院与呼伦贝尔医学会、满洲里市医学会联合举办首届"一带一路"国际肿瘤诊疗峰会暨满洲里论坛》，北京大学医学部新闻网，2017年8月11日。http://www.bjmu.edu.cn/xxdt/190540.htm。

目前（2018 年 1 月 27 日查询），"一带一路"沿线国家已经多达 71 个，[①]其中约 35% 的国家属于中低等收入国家，[②]这些国家存在较多的公共卫生问题。作为"一带一路"倡议的发起国，中国有责任利用自身卫生领域的优势去为他们提供更多帮助，而且随着各国人口往来越来越频繁，传染性疾病暴发及传播的风险将会不断增高，需要时刻保持警惕，积极主动强化与沿线国家的卫生交流合作，提高应对突发公共卫生事件的联合应急能力，为维护我国同沿线国家卫生安全和社会稳定提供强有力的保障。在这样的形势下，北大各医学专业在科研教学和实践方面加强了同"一带一路"沿线国家的交流合作。

北京大学早在"一带一路"倡议提出前，便率先将目光关注到全球卫生科研上，2012 年建立了全球卫生学系；在"一带一路"倡议提出后，全球卫生学系相应地成立了中国全球卫生大学联盟和全球卫生网络，在国内外产生显著影响。[③]2017 年 11 月 21 日，北京大学在马拉维建立了首个公共卫生科研教学基地。该基地将着眼于加强全球卫生人才队伍建设，在全球卫生、妇幼健康、传染病、卫生政策等方面与马拉维医学院校和医疗机构开展全面合作，定期派出教师和学生进行医学研究和实践。[④]2017 年年底，北大肿瘤医院正式成为中国科学技术协会"一带一路"国际肿瘤防治专业人员联合培训中心项目在国内的三大培训基地之一，将在未来同"一带一路"沿线各国开展更加深入全面的合作，共同寻找克服肿瘤难题的新思路。[⑤]

北京大学不仅是培养医学人才的教育基地，其临床体系中还有 6 所直属

[①] 中国一带一路网：https://www.yidaiyilu.gov.cn/info/iList.jsp?cat_id=10037。

[②] 世界银行网站：https://data.worldbank.org.cn/country。

[③] 《做好全球卫生事业，北大全球卫生研究院筹备成立》，搜狐，2017 年 10 月 29 日。http://www.sohu.com/a/201042770_128505。

[④] 《北京大学在马拉维建立首个公共卫生科研教学基地》，网易，2017 年 11 月 24 日。http://news.163.com/17/1124/14/D40V0I3B00018AOQ.html。

[⑤] 《北大肿瘤医院举办"一带一路"国际肿瘤专业人员联合培训学术交流会》，北京大学医学部新闻网，2017 年 12 月 4 日。http://bynew.bjmu.edu.cn/yyzs/2017yy/193289.htm。

附属医院、4所共建附属医院和14所临床教学医院，承担着医疗服务的责任。2016年4月，作为北大医院"顶天立地——腔镜中国行"活动的延伸，"一带一路腔镜行"公益活动启动，其活动从甘肃兰州和新疆石河子开启，用一流的医疗水平为沿线的患者提供优质的医疗服务，同时也帮扶当地医疗机构，传授技术、培训人才，提高当地的医疗执业水平。2017年5月，在"一带一路"国际合作高峰论坛召开期间，北京大学第三医院承担了对来自智利和埃塞俄比亚代表团及各国媒体和驻地工作人员的医疗保障工作。在整个论坛期间，北医三院的医生们以高度的责任感和精湛的医术保障了会议的顺利进行，以高质量的医学服务为"一带一路"奉献力量。北大医院肾内科先后多次派专家学者前往斯里兰卡，帮助解决当地持续20余年的不明原因肾脏病（CKDu）。学者们深入病区收集病历，与患者们充分交流，同斯方肾脏病专家一起制订疾病治疗方案，并在治疗过程中促成了中斯双方的合作，包括数据共享、共同探讨CKDu的发病机制、培训当地医生及公卫领域的工作人员。这是一次"医疗—教育—科研"三位一体的"一带一路"合作典范。[①]

（二）青年投身"一带一路"建设

在推动"一带一路"卫生领域交流合作的过程中，青年学子扮演了重要角色。2017年12月2日，世界卫生组织驻华代表处召开了"我们一起看世界"纪录片发布会。[②]这是一次关注"艾滋病病毒携带者污名与歧视问题"的活动，北京大学公共卫生学院团委组织学生们参加了此次活动。活动现场听到最多的声音是科班出身的医学生们在与防艾组织成员积极探讨如何从医学的专业角度去防治艾滋病，如何更好地帮助大家正确认识这样一个"魔鬼"，如何作为志愿者去发展较落后、艾滋病发病率较高的国家传播预防艾滋病的知识；看到最多的则是他们在谈到渴望用自己的知识为艾滋病防治做出一份贡

---

① 《北大医院肾内科——"一带一路"的医疗前行者》，北京大学医学部新闻网，2017年5月25日。http://www.bjmu.edu.cn/xxdt/189119.htm。

② 世界卫生组织微博，2017年12月2日。https://weibo.com/5078700027/FxPnd5liY?type=comment。

献时那充满光芒的眼神。在 71 个已经参与到"一带一路"倡议中的国家里面，有不少国家的艾滋病发病率较高，有很多支志愿者团队或者医疗团队曾赴当地进行医疗救助或者志愿服务。

就在马拉维首个公共卫生科研教学基地宣布成立的当晚，一个北大的青年学子就激动地给家里打电话说："妈妈，现在我们学校跟马拉维的医学院有很多合作项目，过一段时间我们可能会去那边与当地医学院共同学习，我也可以顺便去那里当一名志愿者呀！"虽然目前马拉维还未加入"一带一路"倡议，但是北京大学与马拉维开展医疗卫生合作所表现出的精神，与"一带一路"背后人类命运共同体的理想是一脉相承的。

"一带一路"倡议的落实，有助于人类命运共同体的打造，这需要中国和其他各国的共同努力，落到每一个青年身上，就是各国青年的共同参与。2017 年 10 月中旬，首届"感知中国—北京大学医学部'一带一路'国家留学生四川行"活动成功举行。[1] 来自尼泊尔、斯里兰卡、荷兰、贝宁、马来西亚、菲律宾、肯尼亚等七个国家的 22 名北大留学生前往成都，参观了大熊猫培育基地、都江堰和武侯祠等成都的"名牌"景点，欣赏了川剧，深入了解了成都，对中国有了更深入的了解以及更深厚的感情，他们将是未来中国与其他国家开展跨国医疗卫生合作的桥梁。国际青年通过参与"一带一路"主题活动，将增加对中国以及"一带一路"倡议的认同感。在增进各国民众间友好感情的同时，可以让更多高质量的国内外人才投身到"一带一路"建设中，为世界持续繁荣奠定良好的基础。

三、青年——跨国医疗卫生合作的未来

2017 年 12 月 7 日，世界顶级医学杂志《柳叶刀》发表了一篇对北大医学部主任詹启敏院士的人物专访。詹启敏院士在专访中提到，我国已经把

---

[1] 《感知中国—北京大学医学部"一带一路"国家留学生四川行》，中国国际青年交流中心网站，2017 年 10 月 20 日。https://www.youthbridge.org.cn/Show/2017-10/show49-368.html。

全民健康放到了优先发展的战略地位，并且在 2016 年颁布了《"健康中国 2030"规划纲要》。詹启敏院士认为，中国不仅将关注中国人民的健康，还应致力于改善全球健康，为全世界尤其是"一带一路"沿线国家的医疗需求承担责任。[①] 这对于广大北大青年而言，是一次鼓舞，更是一种鞭策。当前是健康卫生事业发展的最佳历史机遇期，每一个北大青年都有责任承担新时代的历史使命，推动医学发展和创新，将自己的个人理想与国家的命运和发展紧密联系在一起。

虽然在"一带一路"倡议的推进过程中，卫生领域尤其是全球卫生的发展迎来东风，但是我们应该清醒地意识到，我国的全球卫生发展还处于起步阶段，仍有很多需要继续探索改进的地方。

从技术层面看，尽管目前传染病的发病和死亡率已经大幅度下降，但我们仍然必须警惕新发传染病的流行，防止某些古老传染病的死灰复燃，尤其是在"一带一路"大背景下，国与国之间的交际往来愈加频繁，加大了传染病暴发的风险。广大青年学者需要增强对全球疫情和其他健康相关信息的监测与分析能力，做好健康卫士。另外，随着生活水平的提高，冠心病、糖尿病、精神疾患等一些慢性病已经变成越来越严重的公共卫生问题，这就要求青年学子们积极探索病因、寻找危险因素，如同抽丝剥茧般去研究病因中的各种关联，为全球的慢性病问题寻求解决方案，以减少社会的各种损失。2018 年 1 月 18 日，来自北京大学天然药物及仿生药物国家重点实验室刘合力研究团队的硕士研究生林兆晗等人，在国际学术期刊《自然·通讯》杂志上发表了题为 "Structural basis of SALM5-induced PTPδ dimerization for synaptic differentiation" 的研究论文，首次解析了自闭症相关糖蛋白的晶体结构，提出了受体 PTPδ 在神经突触分化中跨膜信号转导的新机制，为进一

---

① Davies, R. Qimin Zhan: Driving medical research for better health in China. *Lancet*, 2017, 390:2541.

步确证 SALM5/LAR-RPTPs 信号复合体为自闭症的药物靶标奠定基础。[①]

从管理层面看，全球卫生的发展不只牵涉到健康行业，在一个项目的实施过程中其往往会受到政治、文化、政府执行力、决策力、政策等各个因素的制约与限制，而我国目前缺少具有实地经验的全球卫生专业人员，大多数医科大学也是刚刚在全球卫生研究和教育领域开展工作。这就要求每一位致力于全球卫生研究的青年学子要具备全局眼光，多途径、多学科地进行研究，对"一带一路"卫生项目实施过程中各种可能出现的干扰因素系统全面地进行了解，提升综合能力。北京大学卫生经济学博士研究生代聪在"健康中国——北大医学青年说"系列活动中，从国内市场、行业监管、"走出去"政策、国际化药制剂产业转移四个方面对中国医药市场发展做了深入透彻的分析，他认为未来 10 年，中国的制剂出口将迎来井喷，有关企业和部门应该把握机会，让世界爱上中国药。[②]

相信在众多出类拔萃的医学青年学子的共同努力下，"一带一路"跨国医疗卫生合作将会发展得更加美好。

---

① 《刘合力课题组在〈Nature Communications〉上发表自闭症相关分子的研究进展》，北京大学医学部新闻网，2018 年 1 月 22 日。http://bynew.bjmu.edu.cn/zhxw/2018n/194687.htm。

② 《健康中国——北大医学青年说系列活动之让世界爱上中国药》，北医研究生会微信公众平台，2017 年 12 月 18 日。https://mp.weixin.qq.com/s/imRqP31jtklrx7NzXoqWUg。

第三节 音乐艺术引领时代风气

一、丝绸之路与历史的音乐融合

文字有差别，艺术无国界。无论何种语言都能谱写成美妙的乐曲。音乐在丝绸之路上是重要的交流方式，千百年来，发生着无数的碰撞与交融。音乐的繁荣与各国政治、文化、经济的交流相辅相成。一方面，政治、文化、经济的交流促进音乐的融合发展。另一方面，音乐的交融促进各国民众的合作与交流，增进了相互的理解，进而推动各国在政治、文化、经济领域的合作。

经济的往来，既促进了丝绸、茶叶的流通，也促成了乐器和乐谱的传入。[①]今人耳熟能详的琵琶、箜篌均由丝绸之路传入华夏大地，《隋书·音乐志》记载："曲颈琵琶，竖箜篌之徒，均出自西域，非华夏旧器。"此外，还有觱篥、胡角、胡笳、胡笛等。[②]《旧唐书·音乐志》有言："琵琶、竖箜篌汉灵帝好之。"唐代白居易的《琵琶行》传诵至今，足见当时西域乐器已融入中原人的生活。无论帝王将相，还是平民百姓，都在促成胡乐的传播，推动乐器、乐谱的发展，促进音乐的交融。

宗教文化的交融，也影响着音乐的融合。[③]西汉末东汉初，佛教自古印度传入。为融入中国传统文化，僧人将教义和民间音乐结合，通过传唱的方式来传播。这不仅促进了佛教与民间文化的融合，更促进了胡乐和民间音乐的融合。

丝绸之路传播了不同的音乐，而音乐也连接着沿线各国。当今世界也发生着深刻的变化，多种矛盾交织。"一带一路"倡议本身就面临着无数的文

---

① 周菁葆《丝绸之路与东西音乐文化交流》，《西域研究》1993 年第 2 期。

② 《丝绸之路上流动的精神财富：汉唐丝路上的胡乐入华》，腾讯网，2017 年 7 月 27 日。http://cul.qq.com/a/20170727/022613.htm。

③ 吴延《传播学视域下的丝绸之路音乐文化的交流与融合》，《音乐天地》2015 年第 5 期。

化冲击。促成各国民众的音乐交流，进而推动国家之间政治、文化、经济的交流合作，是必要的。

二、"一带一路"与今天的音乐交流

"一带一路"倡议以政策沟通、设施联通、贸易畅通、资金融通、民心相通为主要内容。其中，民心相通是基础，而要想做到民心相通，就需要文化的交融。通过不同国家传统文化的交流融合，提高各国人民的亲近感和信任感，实现民心相通，从而推动政治、经济的合作。

音乐，自古就是人们沟通的工具，丝绸之路开通以后，对中外交流的作用更为显著。在"一带一路"的倡议下，音乐交融早已蓬勃发展。中国社会各界积极响应，以民族传统音乐为基础，开展了丰富的交流活动。

（一）音乐使者

每个国家都是一本韵味无穷的书，历史书写了过去，而未来还需要人来继续讲述。音乐作为不同文化间的桥梁，是最好的述说方式。音乐使者则是过去和未来的桥梁，要将这历史的辉煌与未来的展望讲述给世人听。

"一带一路，我说你听，齐心协力，互利共赢。一带一路，有你有我，大小问题，一起面对……"这个片段来自老挝的知名摇滚歌手阿提萨·拉达那冯创作的歌曲《一带一路》。[①] 作为文化传播使者，阿提萨用自己的歌曲讲述中国故事，让更多人了解"一带一路"理念以及它给我们的生活带来的影响，从而增进民众对于"一带一路"的认可和支持。

在走进中国的音乐使者里，中国人民最为熟悉的应该是哈萨克斯坦青年歌手迪玛希。凭借两国媒体和观众的极大关注，迪玛希成为哈萨克斯坦与中国音乐交流的使者，他用跨越国界与文化的歌喉拉近了两国民众的距离，增进了两国的情谊。迪玛希说："由衷地希望两国友谊长存，作为歌

---

① 《"'一带一路'给我创作的灵感"——老挝摇滚歌手阿提萨的心声》，人民网，2017年11月13日。http://world.people.com.cn/n1/2017/1113/c1002-29643010.html。

手，从文化交流的角度我会继续尽自己最大的努力用音乐表达两国人民的情谊。"①

同时，中国的音乐使者也带着传统音乐走出国门，用精湛的技艺感染听众，向外国民众讲述中国的故事。李辉、李杨夫妇就是这样一对音乐使者。李杨是泰国王室三公主朱拉蓬的古筝老师，两人由此结下深厚的友谊，并举办了"中泰一家亲"音乐会。李杨将在泰国的文化体验融入古筝乐曲的创作中，还将泰国一些耳熟能详的歌曲改编成古筝曲。这对夫妇用美妙的中国传统音乐征服了包括皇室在内的泰国人民，而这种文化的交融又增进了两国人民的默契。

在北大，也有这样一群人用热情和努力，让中外文化在戏剧上得到融合。2013年的秋天，李实带领北大学生，把尼日利亚剧作家沃莱·索因卡的作品搬上舞台，这是国内首次上演来自非洲的剧目。为了展现这部戏包含着的大量体现非洲元素的乐舞和音乐，李实邀请了亚非系的非洲外教费米·奥索菲桑来担任文化顾问。在中非音乐使者们的努力下，这场充满非洲本土气息的演出圆满成功。在这样的文化交融中，李实感慨道："北大自身所具有的兼容并包气质，实在是发展多元文化的沃土！"②

（二）音乐艺术节

中国既鼓励传统音乐"走出去"，又鼓励外国音乐"走进来"。而举办主题音乐节、成立音乐文化交流中心是促进中外音乐交流的重要形式。其中，音乐艺术节能够让观众在短暂的时间里感受到强烈的文化冲击，是音乐交流的首要方式。

中国曲艺是传统文化走出国门的典型例子。2017年10月31日，"中国曲艺海外行"走进卢森堡。著名相声表演艺术家姜昆和老搭档戴志诚共同表

---

① 《【"一带一路"】迪玛希："一带一路"上的音乐使者》，央视网，2017年5月15日。http://m.news.cctv.com/2017/05/15/ARTI4duqcboYFGpkPNxu7t2u170515.shtml。
② 《李实：扎根燕园的跨国戏剧人》，北京大学国际合作部，2016年4月26日。http://www.oir.pku.edu.cn/index.php?g=&m=article&a=index&id=1834。

演了相声，巧妙地将青田话、温州话、广东话和西班牙语贯穿在一起，还展现了数来宝和苏州弹词等，给在场观众献上了一场精彩绝伦的视听盛宴。通过这种独特的形式，中国优秀的传统艺术在世界舞台上绽放光彩。[1] 类似的例子数不胜数，比如《丝路津韵》交响音乐会走进斯里兰卡——庆祝中斯建交 60 周年，中国丝绸之路艺术团在南非与当地艺术团共奏南非世界杯主题曲等。

同时，中国始终敞开怀抱欢迎外国音乐的到来。在"一带一路"倡议下，各地积极开展音乐交流活动。2016 年 5 月 28 日，北京现代音乐节"一带一路"主题音乐晚会在国家大剧院音乐厅上演；2016 年 10 月 1 日，2016 天地世界音乐节以"一带一路"为主题在沪开幕；2017 年 3 月 25 日，深圳"一带一路"国际音乐季开幕。音乐节上世界各国的音乐家给观众带来多元文化的冲击，同时也达到了"文化共鸣"，这正是"一带一路"所指引的方向。

北大也在努力创建平台，促进中外音乐交流。从 2004 年开始，北大每年都会举办国际文化节，旨在让来自世界各地的学子展现各自独特的风采，实现不同文化的碰撞交流。不同民族的传统音乐在国际文化节上得到充分的展现与交流。正如巴勒斯坦驻华大使法里兹·马赫达维在北京大学第十四届国际文化节致辞中表示，文化艺术节不仅是一个不同的文化碰撞交融的平台，也是观众体验和接纳文化交融的平台。在这里，不同的文化象征、语言、肤色都通过音乐联结在了一起，达到了"文化共鸣"。

（三）音乐教育联盟

音乐的交流，不仅需要直接地碰撞，更需要深层次的研究合作。2017 年 5 月，为了落实教育部《推进共建"一带一路"教育行动》的文件精神，"一带一路"音乐教育联盟在京宣告成立，来自沿线其他国家 11 所音乐院校和中国 9 所音乐学院的 20 位院长共同发出联盟宣言，探索建立音乐教育、

---

[1] 《"中国曲艺海外行"走进卢森堡》，新华网，2017 年 11 月 1 日。http://news.xinhuanet.com/world/2017-11/01/c_129730454.htm。

音乐创作、音乐交流演出和音乐文化遗产活态化传承与创新发展的多元合作机制。

大学间音乐教育联盟的作用不仅仅只是表面上的音乐交融，更应该深入了解音乐的学术价值，从学术研讨的角度来深化对各国文化的理解，从而让人们更好地认知音乐在文化交流中的力量。教育部国际合作与交流司司长许涛说："今后我们还要加强'一带一路'沿线国家的音乐教育研究，推动联盟成员单位积极参与到研究中去。"[1] 为了建立一个良好的学术互动关系，音乐教育联盟内部也需要有一套统一的评价标准，便于鉴定学术成果、审核学术质量。同时，不同国家的音乐考级制度不一样，可能会给人才交流带来问题，所以音乐教育联盟需要积极推动联盟国家教育领域学位互认和海外考级事务，促进音乐教育联盟的进一步发展。

大学间音乐教育联盟的成立还为"一带一路"沿线国家提供了人才支持，通过学校间的相互交流、理解，在不同文明之间架起桥梁，促进"一带一路"沿线国家的音乐创作和人才培养，这种推动是流动的、长期的以及光明的。[2]

音乐教育联盟是中国高校响应"一带一路"倡议走出的重要一步，虽然目前还有很多问题亟待解决，但联盟的成立初步建立了沿线国家间的沟通渠道，同时加强了高校间的教学和研究合作，更重要的是让更多的国家了解到了中国和中国音乐。

三、"一带一路"音乐交流与青年使命

"一带一路"倡议从提出至今，在音乐交流领域发展迅速，在国内外均得到了很大的反响。青年作为国家最具朝气、最有活力和敢于实践并富有创新意识的群体，对于音乐交流是不可或缺的。正如中共中央党校国际战略研

① 《"一带一路"上，音乐架起文明之桥》，人民网，2017 年 11 月 6 日。http://world.people.com.cn/n1/2017/1106/c1002-29630148.html。

② 张伯瑜、刘红柱、赵海《"一带一路"音乐教育联盟成立大会回顾与展望》，《中央音乐学院学报》2017 年第 2 期。

究院教授赵磊所说："要以青年人喜欢的方式影响青年人。""一带一路"离不开青年人的参与。对于青年来说，这不仅是一种实现自我价值的途径，更是时代赋予的光荣使命。而要使青年真正肩负起这一使命，需要高校与青年的共同努力。

高校是青年最活跃的场所，提高青年在音乐交流中的参与度，学校是不可或缺的力量。而北大更应该积极承担"一带一路"的时代使命，从不同的角度激励青年参与，搭建平台。

首先，为了激发青年的热情，高校应当普及"一带一路"倡议和音乐交流的相关知识，并说明"一带一路"蕴含的时代使命。此外，也要提高当代青年的文化自信和民族自豪感。以北大为例，学校可以通过宣传册、讲座、论坛等传统的方式让更多青年理解自己的使命，也可以用艺术展、视频等更具艺术感、趣味性的方式来提高青年的认知。此外，还需要发挥榜样的力量，这种榜样可以是国内外的青年艺术家，也可以是音乐交流工作中普通却又不可或缺的一员。比如李实，他是北大青年的一员，有着和其他北大人一样的背景，他的故事更能引起北大青年的共鸣。

其次，鼓励青年以"一带一路"为主题，进行音乐创作。让青年参与到音乐创作中，在传统音乐中融入更多的青年文化元素，使得传统文化更加亲切，更加容易拉近国家间的距离。为此，学校可以以"一带一路"为主题，进行原创音乐征集比赛。另外，也可以在青年歌手中选出"一带一路"的音乐大使，借助青年歌手的影响力促进"一带一路"沿线国家间的音乐交流。

最后，建立青年音乐交流平台，让青年直接参与到文化的碰撞和交融中。北大的国际文化节就是这样的平台。通过举办以青年为主体的音乐节，青年之间可以相互交流音乐，共同创造音乐。另外，借助音乐教育联盟，积极开展高校间的交流。高校间的合作对于青年参与"一带一路"至关重要。学校也可以发挥国际教育交流方面的作用，开展跨国、跨校、跨学科、跨文化背景的项目合作。

　　要想让青年真正地肩负起"一带一路"音乐交流的时代使命，关键还在于青年自身的努力。青年人需要时刻牢记习近平总书记无数次提到的"知行合一"这四个字。作为国家的未来，青年不仅要提高对于"一带一路"倡议的认知，更要砥砺前行，用实际行动来构筑"一带一路"的蓝图。

　　首先，青年应当以坦荡的胸怀迎接推动"一带一路"音乐交流这一使命，而不应心生畏惧或逃避责任。其次，青年应当努力学习相关知识，提高自身的音乐艺术修养，为参与音乐交流打下良好的基础。最后，青年应当积极参与国家、高校或社会开展的"一带一路"音乐交流活动。北大青年作为中国优秀青年的代表，在推动"一带一路"音乐交流方面更是具有不可推卸的责任，更应当为"一带一路"音乐交流做出贡献。

第四节　走在时代前列的共青团

一、走向世界的中国青年

2016 年 11 月，第七十一届联合国大会首次将"一带一路"倡议写入决议；截至 2017 年 3 月，"一带一路"倡议参与国和国际组织总数已达 100 多个，中国先后与 40 多个国家签署合作文件，[①] 世界各个国家和地区对"一带一路"的关注度、认可度和参与度都在持续提高。这为中国青年走向世界创造良好的机会，让中国青年与沿线其他国家的青年能够跨越国家、民族和地域的障碍，一起走向世界舞台的中央，与世界青年共同规划世界的未来。正如共青团中央书记处书记徐晓在广西桂林举行的有关"一带一路"倡议下"青年社会组织的作用与责任"论坛上提到的，"'一带一路'建设为沿线国家交流合作开启了机遇大门，也为我国青年社会组织'走出去'搭建了广阔平台"。[②]

"一带一路"倡议不仅为中国青年创造了走向世界的机会，而且吸引着中国与沿线各国的青年为落实这一倡议而不懈奋斗。"一带一路"倡议涉及的合作涵盖政治、经贸、科技、文化、能源、交通、旅游、安全等领域。沿线国家在政治体系、利益目标和文化背景方面各不相同，使"一带一路"合作的发展趋向多元化和复杂化。这需要沿线国家青年加强交流合作，推动中国与"一带一路"沿线各国建立可持续发展的合作机制，创建和谐共荣的发展局面。

---

① 《习近平指出："一带一路"倡议取得积极成果》，央广网，2017 年 1 月 17 日。http://china.cnr.cn/gdgg/20170117/t20170117_523496746.shtml。

② 《"'一带一路'战略中青年社会组织的作用与责任"论坛在我校举行》，广西师范大学新闻网，2017 年 6 月 17 日。http://news.gxnu.edu.cn/detail/a178b4a95b814ef28febed4bac0c0729。

二、共青团在"一带一路"中的贡献

共青团作为中国先进的青年组织，承担着在"一带一路"倡议中应有的责任，负责组织中国优秀青年为"一带一路"贡献青春力量，带领青年走向世界，一同铸就中国梦。

由共青团中央举办的 2015 年全国大学生"圆梦中国"暑期社会实践专项行动，是全国范围内首次"一带一路"青年行动。本次活动以"丝路新世界，青春中国梦"为主题，在专家的悉心指导下，5000 名入围的高校学生根据 18 个副主题进行了为期两个月的实践锻炼。期间，这些项目通过网络平台配合推广，以网络众筹的形式获得社会的关注和支持。最终每个团队都完成各自主题的社会调查报告和实践历程纪录片，向社会分享中国青年在"一带一路"调研中的实践成果和所想所感，用实际行动展现中国青年在"一带一路"中敢于作为的勇气与担当，表达中国青年将自己的梦想与国家的梦想相结合的强烈愿望。

除大规模青年调研活动之外，共青团中央还联合高校成立中国大学生"一带一路"协同发展行动中心，为有志于参与"一带一路"建设的青年提供支持和保障。2016 年 5 月，在中国大学生"一带一路"协同发展行动中心成立仪式上，共青团中央学校部副部长李骥宣读了《共青团中央关于建设中国大学生"一带一路"协同发展行动中心的意见函》，并宣布中国大学生"一带一路"协同发展行动中心正式成立。此中心主要致力于带动全国高校大学生围绕"一带一路"倡议探索符合自己成长和国家发展的模式，为中国青年投身"一带一路"给予理论研究上的支撑，让中国青年发挥创造力、激发思想的火花，解决"一带一路"中的难题，同时也鼓励他们付诸行动，探索出青年服务国家发展、国家助力青年成长的模式，充分发挥青年社会组织在中国与沿线国家合作中的重要功能。

以共青团的视角，"一带一路"倡议也是中国青年社会组织走向国际舞台的大好时机。中国青年利用自身资源和力量，创新形式，向世界传播中国文化。中国青年"走出去"，世界也能更了解中国。正因如此，共青团除组织建设和开展实践活动之外，也大力鼓励和支持中国青年参与"一带一路"的各类活动。"一带一路"倡议提出后，团中央主持、指导和支持青年与"一带一路"倡议的相关项目接轨，让青年砥砺前行，实现抱负。

2017年，中共中央对外联络部中协办主任、中国民间组织国际交流促进会秘书长朱锐在出席广西桂林举办的有关"一带一路"倡议下"青年社会组织的作用与责任"论坛中，特别表彰广西在推动社会组织参与"一带一路"建设方面的成果。该论坛由团中央和全国青联作为指导单位，由团中央社会联络部、团广西区委、广西师范大学联合主办，由中国—东盟青年社会组织发展研究院、共青团桂林市委、广西师范大学校团委、广西青年社会组织培训中心承办。作为被表彰对象之一，桂林市青年文化创意产业协会的成员结合文化创意产业、软件、动漫、设计等领域的资源，制作了《一带一路》宣传片，并翻译成多国语言，通过动漫的形式让中国文化传播到东盟10个国家。此外，在青年的创意构想下，为了向各国推广桂林传统手工艺，桂林手工艺人协会将桂林传统手工艺作品开发为旅游纪念品。共青团充分肯定了青年及其所在社会组织的行动，给予这些组织极大的信心和动力。该论坛作为共青团推动"一带一路"发展的实例，也为代表们提供相互交流对外交往心得的机会。

另外，在共青团中央网络影视中心的指导下，共青团中央"青年之声"直播了85后新锐导演赵启辰讲述其作品《河西走廊》的节目。那是一部有关"一带一路"的历史纪录片，赵启辰希望通过它让观众了解古丝绸之路。结合国家主席习近平的讲话——"古丝绸之路绵亘万里，延续千年，积淀了以和平合作、开放包容、互学互鉴、互利共赢为核心的丝路精神。这是人类文明的宝贵遗产"，以及河西走廊在地理上的独特性和文化上的包容性，影片勾勒出一幅丰富多彩又生动形象的历史画卷，将真实的情景、真实的人物和真实的故事展现给世界，诠释中国历史文化。

北京大学始终和国家的命运紧密相连，为国家输送人才。同时，北大也是国际交流的重要平台，共青团北京大学委员会（以下简称"北大校团委"）

作为至关重要的青年组织也时刻跟随国家的发展步伐，带头将国家发展目标与学校的未来发展方向相结合。自"一带一路"倡议提出以来，北大校团委一直十分关注，为北大师生参与"一带一路"创建平台、提供各项资源，通过行动为中国推动与"一带一路"沿线各国的多方位合作贡献力量。

第一，信息宣传。北大校团委对"一带一路"的突出贡献首先表现在宣传上。一方面，由北大校团委直接举办的讲座或宣讲会源源不断，例如，2016年4月22日由北大城市与环境学院历史地理研究中心韩茂莉教授主讲的"东边是海洋，西边是沙漠——一带一路与中国"讲座。另一方面，在北大校团委的支持下，北大学生组织开展了一系列关于"一带一路"的讲座或论坛，较为典型的有2017年由北京大学非洲研究中心与北京大学非洲学生联谊会、北京大学开罗校友会共同举办的以"一带一路"倡议下中非合作与中非青年角色探讨为主题的"博雅非洲新年论坛"，以及"'一带一路'倡议与非洲发展：政策导航"等讲座。这些与"一带一路"倡议相关的讲座让北大青年学子获取更多相关信息，接触政府及社会各界人士，在聆听和讨论中学习，为进一步参与"一带一路"打下坚实的基础。

第二，志愿服务。在提供资讯的同时，北大校团委也在为"一带一路"储备和输送人才。在"一带一路"国际合作高峰论坛的举办过程中，北大校团委就提供了一支精英志愿服务团队，让北大青年在志愿服务的最前线助力中国与"一带一路"沿线各国的交流与合作。2017年3月19日，在北京大学"一带一路"国际合作高峰论坛志愿者动员会暨第一次集体培训中，北大校团委书记、青年志愿者协会会长陈永利出席动员会，鼓励百余名候选志愿者以高度负责的态度、热情与实干精神投入到志愿工作中。在其后的强化培训中，北大校团委也邀请到有经验的人士向志愿者讲解"一带一路"和志愿服务的相关事宜，并且从全要素岗位演练中累积经验，保证"一带一路"国际合作高峰论坛的顺利进行。该论坛的志愿服务工作属于北大校团委组织北大青年学生开展的外交志愿者服务项目，是北大校团委与"一带一路"直接对口且较大规模的一次活动。2017年5月14日至15日期间，"一带一路"国际合作高峰论坛在北京成功举办。在北大校团委的带领下，北大青年学子在这场国际合作盛会中，认真服从、任劳任怨、积极负责，为"一带一路"贡献了当代大学生的青春力量，因此获得了北京市团委和其他高校的一致认可。

第三，调研项目。在北大校团委组织的"勇担青年报国志，不忘初心跟党走"2017 年学生暑期社会实践活动中，北大众多青年学子走遍大江南北，深入社会生活进行调研和学习。有的更是大胆迈步国际舞台，在"一带一路"调研项目的开展中展现奉献"一带一路"的满腔热血。为配合举世瞩目的"一带一路"倡议，2017 年 7 月由北大校团委指导、北大研究生会组织的由来自 16 个院系 20 名硕士、博士研究生组建的一支服务调研团队，赴菲律宾进行为期 9 天的调研工作，实地考察了作为"一带一路"沿线国家之一的菲律宾。[①]通过与政府官员对话、拜访当地大学、参访企业组织、感受社会风俗，结合专业知识，北大青年分别从整体和具体行业上把握菲律宾的经济、社会发展状况，由此加强对"一带一路"沿线国家的认识。在中菲多领域合作上，也发出了北大学子的声音，给菲方官员和专家学者留下了深刻的印象。

在"一带一路"倡议的背景下，北大青年在登上国际舞台的同时，也不忘继续探索国内社会实况。在"一带一路"国际合作高峰论坛上，习近平主席提到，文化交流、旅游作为拉近了心与心距离的有效方式，对"一带一路"有着重要意义。为响应习近平主席的发言，北大校团委、北京大学地球与空间科学学院、中国地质学会旅游地学与地质公园研究分会联合举办了 2018 年寒假赴湖南、广西、广东的实践活动，招募到的 10 支团队将对地质公园与社会经济、地学旅游与地质公园区域合作、亚太地区联合国教科文组织世界地质公园发展等方面进行考察研究，通过实践促进"一带一路"建设中区域间的文化与旅游交流。

---

① 《在"路"上：北京大学博士生"一带一路"服务团赴菲律宾调研》，北京大学新闻中心，2017 年 8 月 7 日。http://pkunews.pku.edu.cn/xwzh/2017-08/07/content_298825.htm。

三、顺势为，青年行，中国梦

从开展全国大学生"一带一路"暑期社会实践活动到成立中国大学生"一带一路"协同发展行动中心，共青团致力于引导中国青年把国家发展融入个人理想中；充分肯定中国青年创新形式将"一带一路"的中国故事展现给世界，主动向世界推广中国文化；鼓励中国青年积极参与"一带一路"，并持之以恒地提供各种平台支持。作为全国模范，北大校团委也带领北大青年助力"一带一路"倡议。不论是信息宣传、志愿服务，还是调研项目，共青团与"一带一路"的关系越来越紧密，中国青年在"一带一路"交流合作中逐渐展现风采，为国家发展注入青春活力。

展望未来，在"一带一路"这幅徐徐展开的新时代画卷中，青年的身影必会更加夺目，青年参与的形式也将更加多样。中国青年将继续顺应中国与世界的发展趋势，在参与中学习研究，在尝试中累积经验，在实践中施展才能。北大校团委也将乘"一带一路"东风"走出去"，以独特的文化平台创造独特的成就。

第五节　反腐败国际合作

一、从国内反腐到国际反腐合作

改革开放以来，中国经济高速发展，社会进步，人民生活明显改善，综合国力显著提升，但与此同时，腐败现象却日益猖獗，无论是查处腐败案件的规模、涉案金额、复杂程度，还是社会负面影响，都持续增长。根据最高人民检察院和最高人民法院公布的数据，在 1978—2007 年间，我国立案查处贪污腐败案件已经达到 1 029 402 件，[①] 平均每年 3 万余件，足见腐败现象猖獗之态。

（一）十八大以来反腐工作取得的成效

针对腐败加剧的问题，中国共产党始终把党风廉政和反腐败斗争作为重要任务，旗帜鲜明地开展反腐工作。十八大以来，为使中央关于反腐败斗争的决策部署得到贯彻落实，全国检察机关不仅强化了办案措施，而且注重犯罪预防，并且大力推进惩治和预防腐败体系建设，在多方面取得重大成效。

第一，严查各类职务犯罪。2013 年共立案侦查职务犯罪案件 37 551 件，包括贪污贿赂、渎职侵权等，共有 51 306 人涉案；[②] 2014 年共查办 41 487 件，55 101 人涉案，其中，民生领域共有 9913 人，涉及社会保障、征地拆迁、扶贫救灾、教育就业、医疗卫生、"三农"等方面；[③] 2015 年共有 40 834 件，

---

① 何增科《改革开放 30 年来我国权力监督的重要变化和进展》，《社会科学研究》2008 年第 4 期。

② 《最高人民检察院工作报告——2014 年 3 月 10 日在第十二届全国人民代表大会第二次会议上》，中华人民共和国最高人民检察院，2014 年 3 月 18 日。http://www.spp.gov.cn/tt/201403/t20140318_69216.shtml。

③ 《最高人民检察院工作报告——2015 年 3 月 12 日在第十二届全国人民代表大会第三次会议上》，中华人民共和国最高人民检察院，2015 年 3 月 23 日。http://www.spp.gov.cn/gzbg/201503/t20150324_93812.shtml。

涉及 54 249 人；^①2016 年共有 47 650 人，其中，受贿 10 472 人、行贿 7375 人，渎职侵权犯罪 11 916 人。^②

第二，坚持"老虎""苍蝇"一起打。2013 年立案侦查的案件中属于贪污、贿赂、挪用公款 100 万元以上的涉案人员有 2871 人原属于县处级以上国家工作人员，253 人原属于厅局级，8 人原属于省部级。^③2014 年贪污、贿赂、挪用公款 100 万元以上的案件，查办原县处级以上人员 4040 人，其中原厅局级以上 589 人，包括 28 名原省部级以上干部。2015 年贪污、贿赂、挪用公款 100 万元以上的案件，查办 4568 名原县处级以上干部，其中，769 名原属于厅局级以上干部。^④2016 年依法立案侦查 21 名原省部级干部，查办民生领域"蝇贪"17 410 人。^⑤

第三，为达到标本兼治的效果，加强对职务犯罪的预防。2013 年向发案有关部门提出建议共 3.9 万余件，^⑥2014 年 2.1 万余件，^⑦包括防控风险、

① 《最高人民检察院工作报告——2016 年 3 月 13 日在第十二届全国人民代表大会第四次会议上》，中华人民共和国最高人民检察院，2016 年 3 月 21 日。http://www.spp.gov.cn/gzbg/201603/t20160321_114723.shtml。

② 《最高人民检察院工作报告——2017 年 3 月 12 日在第十二届全国人民代表大会第五次会议上》，中华人民共和国最高人民检察院，2017 年 3 月 20 日。http://www.spp.gov.cn/gzbg/201703/t20170320_185861.shtml。

③ 《最高人民检察院工作报告——2014 年 3 月 10 日在第十二届全国人民代表大会第二次会议上》，中华人民共和国最高人民检察院，2014 年 3 月 18 日。http://www.spp.gov.cn/tt/201403/t20140318_69216.shtml。

④ 《最高人民检察院工作报告——2016 年 3 月 13 日在第十二届全国人民代表大会第四次会议上》，中华人民共和国最高人民检察院，2016 年 3 月 21 日。http://www.spp.gov.cn/gzbg/201603/t20160321_114723.shtml。

⑤ 《最高人民检察院工作报告——2017 年 3 月 12 日在第十二届全国人民代表大会第五次会议上》，中华人民共和国最高人民检察院，2017 年 3 月 20 日。http://www.spp.gov.cn/gzbg/201703/t20170320_185861.shtml。

⑥ 《最高人民检察院工作报告——2014 年 3 月 10 日在第十二届全国人民代表大会第二次会议上》，中华人民共和国最高人民检察院，2014 年 3 月 18 日。http://www.spp.gov.cn/tt/201403/t20140318_69216.shtml。

⑦ 《最高人民检察院工作报告——2015 年 3 月 12 日在第十二届全国人民代表大会第三次会议上》，中华人民共和国最高人民检察院，2015 年 3 月 23 日。http://www.spp.gov.cn/gzbg/201503/t20150324_93812.shtml。

完善制度、堵塞漏洞等；2015年12 621件；[①]2016年11 172件。[②]此外，在健全职务犯罪举报、查处机制和深化国家监察体制改革等方面都有显著成绩。

（二）中国参与国际反腐合作

中国的国内反腐工作始终与国际反腐合作密不可分。职务犯罪国际追逃追赃行动，是国内反腐工作的重要组成部分，必须在与其他国家的合作中开展。随着中国与其他国家的反腐合作的推进，越来越多的外逃贪官被遣返，贪官成功外逃的数量逐年锐减，这也表明跨国反腐工作取得阶段性成果。[③]据统计，在党中央坚强有力领导下，2015年，我国从34个国家和地区遣返、劝返外逃职务犯罪嫌疑人124人，包括"百名红通人员"17人。[④]2016年，164名外逃职务犯罪嫌疑人被遣返或劝返，包括"百名红通人员"27人。[⑤]

在反腐的国际合作中，中国也提出了一系列国际反腐败新格局的开创性理念，包括"零容忍"（对外逃腐败人员和外流腐败资产）、"零漏洞"（国际反腐败追逃追赃体系和机制）和"零障碍"（各国开展反腐败追逃追赃合作时）等。《二十国集团反腐败追逃追赃高级原则》和《二十国集团2017—

---

① 《最高人民检察院工作报告——2016年3月13日在第十二届全国人民代表大会第四次会议上》，中华人民共和国最高人民检察院，2016年3月21日。http://www.spp.gov.cn/gzbg/201603/t20160321_114723.shtml。

② 《最高人民检察院工作报告——2017年3月12日在第十二届全国人民代表大会第五次会议上》，中华人民共和国最高人民检察院，2017年3月20日。http://www.spp.gov.cn/gzbg/201703/t20170320_185861.shtml。

③ 《反腐败走出国门 护航"一带一路"建设》，正义网，2017年5月23日。http://www.jcrb.com/anticorruption/ffpd/201705/t20170523_1755679.html。

④ 《最高人民检察院工作报告——2016年3月13日在第十二届全国人民代表大会第四次会议上》，中华人民共和国最高人民检察院，2016年3月21日。http://www.spp.gov.cn/gzbg/201603/t20160321_114723.shtml。

⑤ 《最高人民检察院工作报告——2017年3月12日在第十二届全国人民代表大会第五次会议上》，中华人民共和国最高人民检察院，2017年3月20日。http://www.spp.gov.cn/gzbg/201703/t20170320_185861.shtml。

2018 年反腐败行动计划》等规则文件在 2016 年杭州 G20 峰会上相继通过，在中国设立 G20 反腐败追逃追赃研究中心的计划也得到确定。

在"一带一路"倡议下，中国与沿线各国政府、企业和社会组织在贸易、金融和文化等各领域开展合作。在此背景下，开展反腐工作也将面临新形势、新挑战、新任务，[①]中国需要与亚欧非各国开展更深入的反腐合作。

二、反腐倡廉在"一带一路"倡议中的意义

"一带一路"倡议，要求沿线各国互联互通，而廉洁正是各国交流合作的保障，腐败则会阻碍各国的互联互通。各国相关部门的腐败会大幅度提高国家合作与交易成本，非透明的政治经济状况使得效率低下，明显有害于各国之间的贸易投资。严重的腐败问题甚至会动摇政权稳定性，加剧区域合作的不确定性与潜在危机。因此，廉洁能够激发"一带一路"倡议的活力，而腐败则会危害"一带一路"。[②]

廉洁能够保障"一带一路"相关项目规划的落实。"一带一路"倡议涉及项目、资金极为庞大，无论是在基建工程中出现审批环节雁过拔毛、征地拆迁弄虚作假和物资采购吃里爬外，还是盘剥企业、牟取股份或非法集资等金融腐败，或者中介机构乱收费，都会阻碍"一带一路"相关项目的有效落实。

腐败会妨碍"一带一路"倡议的成果惠及沿线各国的民众。"一带一路"旨在同沿线各国分享中国发展机遇，获得新的经济增长空间，实现共同繁荣。在"一带一路"倡议中，只有倡导廉洁，才能使沿线各国交流合作、共同创造的经济共同体的成果更好地惠及沿线各国的民众。而且廉洁本身就是"一带一路"建成文明之路的应有之义。

让"一带一路"成为廉洁之路是深化国际反腐合作的体现。腐败是世界

---

① 《反腐败走出国门　护航"一带一路"建设》，正义网，2017 年 5 月 23 日。http://www.jcrb.com/anticorruption/ffpd/201705/t20170523_1755679.html。

② 闫鸣、李玉长《让"一带一路"成为廉洁之路》，《中央纪检监察报》2017 年 5 月 15 日。

各国共同面对的问题，开展国际反腐合作有利于世界各国的共同利益。从《北京反腐败宣言》到《二十国集团反腐败追逃追赃高级原则》，一系列由中国主导的国际反腐合作方案正在引领国际反腐合作。随着"一带一路"倡议的提出，国际反腐合作也在不断深入，这必然要求国际反腐合作成为"一带一路"倡议中的重要内容。

另外，不仅中国面临着较为严重的腐败问题，沿线其他各国的腐败现象也不容乐观。中国作为"一带一路"的主导国家，必须坚持推进反腐败工作，以清正廉洁的政治环境为沿线国家和地区发挥示范性作用，以公开透明的经济环境推进区域多边合作。推动构筑一个开放包容、清廉透明、公正高效、健康良性的"一带一路"区域合作平台，使"一带一路"真正成为全球治理和构建"人类命运共同体"的伟大倡议。

三、青年扣好人生第一粒扣子

随着互联网的发展和大众参与度的提高，参与国际交流合作的行为主体不再限于政府、企业和社会组织，人民大众参与国际合作越来越得到认可。因此，"一带一路"倡议不只是沿线各国政府的合作，也是中国人民与亚欧非其他国家人民的交流与互动。

在给联合国教科文组织第九届青年论坛的贺词中，习近平主席指出，"全球青年有理想、有担当，人类就有希望，推进人类和平与发展的崇高事业就有源源不断的强大力量"。青年是"一带一路"最活跃、最富有朝气、最富有梦想的实践者，是构建人类命运共同体的先行者和生力军。作为"一带一路"的发起国，中国青年更应在传承和弘扬丝绸之路合作精神的基础上，积极参与"一带一路"的建设，大力推动沿线各国乃至全世界的合作与发展。

北大是中国先进思想的前沿阵地，北大青年也一直是时代前沿的奋斗者和领军人。五四时期，北大人批判旧思想、旧文化，重塑中华民族的精神面貌，开启中国现代化征程。今天北大人依然站在实现民族伟大复兴征程的最前沿。2016年，北大校友中国公安部副部长孟宏伟当选为国际刑警组织主席，成为自中国 1984 年 9 月 5 日正式加入国际刑警组织以来，首次当选为该组织主席的中国人。这不仅是北大人在国际组织中担当重任、促进国际合作的例证，也是值得所有北大青年学习的参与国际反腐合作的榜样。

北大青年应培养反腐倡廉意识，提高思想觉悟，投身于"一带一路"反腐事业。在北大从廉洁纪律、工作纪律、生活纪律等方面教育师生的同时，北大青年应积极学习贯彻十九大以来党中央反腐倡廉的精神。北大青年在未来要始终具备反腐意识，在建立反腐机制、从学术方面探讨防腐措施、加强社会监督等方面贡献力量。

反腐倡廉最根本的是抵制自身腐败，因此北大青年应树立正确的价值观，坚守"砥砺德行，立己立人"的道德追求。2016 年 4 月，习近平总书记在知识分子、劳动模范、青年代表座谈会上也强调，广大青年要加强道德修养，自觉践行社会主义核心价值观，不断养成高尚品格。党中央提出全面从严治党的方针，正党风、树正气，使近年来我国法制逐步健全，社会风气和政治生态逐步改善。但广大青年在面临利益诱惑时，依然容易背离正确的价值观。北大青年作为中国当代最优秀青年，在未来必然会成为中国各领域的中流砥柱，面对复杂的社会环境，北大青年应当坚守价值判断，坚守法律、道德的底线，坦然地面对诱惑。

附

留学生访谈实录

1. 你如何看待"一带一路"背景下的人文合作机制？

孟加拉国 Orpita Oysharja 孟献玉　国际人文合作的总体目标在于增进不同文化之间的理解、不同文明之间的交流以及各国人民之间的沟通，以此促进国际社会的和谐发展。

波兰 Grzegorz Stec 葛瑞　"一带一路"背景下的人文合作机制应该着重于增进沿线国家对彼此文化的理解。"一带一路"倡议确实促进了互联互通、开放等众多价值观的形成。然而，我们不应该只关注经济合作、经济开放。目前，许多跨文化合作只强调民族差异，对某些国家只有肤浅的认识。有时人们只盯着某些地区的传统民族文化，而没有真正关注和理解其当下的文化。其实，我们应该跳出传统文化的框架，推动文化艺术交流，促进不同群体之间的对话，向其他国家介绍和推广本国的流行文化。建立人文合作机制，还需要在教育方面多下功夫。接受了不同阶段教育的人们，往往更乐意去尝试、去体验、去发现新鲜事物，这有利于推动人文合作机制的建立。可以通过两种方式建立这种机制，一是促进人们对当代文化的理解，而非只关注传统文化；二是树立开放的心态，引进其他国家的文化。另外，我们也不得不承认，建立一个完全符合实际而又有针对性的人文合作机制固然十分重要，但要使这个机制满足"一带一路"沿线各国人民的兴趣和需求绝非易事，具体措施仍有待商榷。

2. 你对在"一带一路"沿线国家建立人文合作机制有何建议？

孟加拉国 Orpita Oysharja 孟献玉　国际人文合作应该纳入一个更大的框架，在此框架下，不同国家可以实时关注其他国家的发展动向。此外，应该鼓励双边合作与多边合作携手并进，共同构建更为有效的合作平台，以进一步推动"一带一路"沿线国家之间的人文交流合作。

波兰 Grzegorz Stec 葛瑞　在中国，这类项目大多集中在高校。然而，在交流学习的过程中，留学生往往无法很好地适应当地生活，也难以与当地学生打成一片。这主要因为留学生参加的大多是只面向他们开放的课程和项目，并没有与中国学生住在一起，彼此在日常生活中鲜有交集。当然，这种情况在国外并不罕见，但在中国尤为明显。在促进国际教育合作方面，Erasmus 项目是一个很好的范例。该交换项目为学生们提供了大量海外交流的机会，他们可以参加国外高校常规课程的学习。这些课程以外语讲授，面向各国学生开放。在这个项目中，学生们通常能够更好地融入不一样的环境，体验不一样的生活。意大利作家、哲学家和人文主义者安伯托·艾柯（Umberto Eco）曾经说过，类似于 Erasmus 的项目是教育合作的一种理想形式，应该在学生群体中推广，也可以在不同年龄群体、不同职业群体中推广。据此，我建议"一带一路"沿线国家建立寄宿留学项目，这样一来，外国学生就能与当地人有更多的交流和互动，也能更好地体验和了解当地文化。在促进人文交流方面，还需要推广跨国合作的电影、艺术，或者通过特定的媒介展示外国的文化和艺术，向观众介绍和阐释其所表达的价值观。更重要的是，让人们认识和了解其他国家的社会生活。显然，中国在建立"一带一路"相关机制时，应该出台更多切实可行的政策。在这一过程中也不妨借鉴欧盟推行的措施，促进国际合作，增强成员的认同感。

3. 你认为青年应该如何推动人文合作机制的建立？

孟加拉国 Orpita Oysharja 孟献玉 尽管不同文明在各自的故土得到发展，然而不同文明之间也会彼此交流、互相借鉴。在全球范围内，思想的碰撞、观念的交流在持续进行。"一带一路"背景下的人文合作，可以让这样的碰撞与交流以组织的形式呈现，以进一步促进不同文明之间的理解与沟通。

波兰 Grzegorz Stec 葛瑞 在我看来，青年人可以积极参与到国际人文合作中去，以推动国际人文合作内在结构与外在结构的建立。青年人应该把握机会，尽可能地花时间到国外留学或参与国际交流项目，比如参加教育训练营、国际夏令营等。有过这些经历的青年人日后将具有更广阔的国际视野与更强的适应能力。

4. 你认为孔子学院在加强中外文化交流中可以发挥怎样的作用？

孟加拉国 Orpita Oysharja 孟献玉 我了解到孔子学院在给不同国家的青年传授中文、中国文化以及历史方面发挥着重要作用。然而，在孟加拉国，孔子学院所发挥的作用没有这么明显。据我所知，在汉语教学方面，孟加拉国达卡大学的国际语言学院扮演着非常重要的角色。

瑞士 David J. Hongler 洪大卫 坦白说，我对孔子学院及其在海外的具体活动了解不多。据我理解，孔子学院是类似于西班牙塞万提斯学院、德国歌德学院的机构，其设立旨在更好地推动中国语言文化在海外的传播。我认为这些项目非常重要，可以更有效地促进不同文化的相互了解。这对于中国来说尤为如此。在欧洲，许多人对中国仍然不甚了解。不过，我希望孔子学院能举办更为丰富的活动。举个例子，位于北京的德国歌德学院，每年都会举办电影节，让当代德国的电影工作者展示他们的成果和作品。在我看来，充分地展示当代中国文化，可以让孔子学院更好地发挥自身作用——传播中华文化，展示中国软实力，促进国际人文交流。

5. 你在来北京大学留学之前对海外留学有什么期望？

孟加拉国 Orpita Oysharja 孟献玉　此前我一直希望到国外留学深造。然而，直到我在一家与中国社会科学院有直接合作的智库工作后，我才获得留学中国的机会。2015 年，我参加了一个由社科院研究生院组织的国际研讨会，会议为期一个月，其间各国青年学者共同探讨国际经济问题。在这期间，我了解到留学中国的相关信息，我这才萌生了到北京大学深造的想法。

瑞士 David J. Hongler 洪大卫　入读北京大学之前，我已经在中国人民大学学习了一年。因此，我对这边的生活环境和学术文化也有了比较全面的认识。不过，在北京大学学习确实很开心，我在中国的第一年就已经久仰其大名了。

6. 你在北京大学学习有什么感受？有没有超出你预期的地方？

孟加拉国 Orpita Oysharja 孟献玉　在北京大学学习是一种很棒的体验！在这里，我对中国的社会、政治、公共政策有了更多的了解。这里的老师见多识广、博学多才，让我印象深刻。总之，我对留学北京大学感到非常满意。

瑞士 David J. Hongler 洪大卫　我很享受在北京大学的学习生活。在这里，学生活动丰富多彩，兴趣小组各式各样，各种思想交汇碰撞，这些都让我印象深刻。另外，学校非常重视社会科学和人文艺术学科的发展。相较于技术类或单一的商业导向的科目而言，这些学科更符合我的口味。我也很喜欢这边的校园环境，特别是未名湖北面一带古色古香的景观。

7. 你如何理解"一带一路"背景下的国际教育合作？

孟加拉国 Orpita Oysharja 孟献玉 中国政府一直致力于加强"一带一路"沿线国家之间的教育合作。很多学者、专家、外交官受邀到各国大学发表演讲。中国政府为留学中国的青年学者和官员提供奖学金，以表彰他们对中国经济、社会、环境、人民的深入研究。

瑞士 David J. Hongler 洪大卫 我对"一带一路"背景下的教育合作的了解比较有限。目前我听说的大多是该倡议下的商务合作以及基础设施建设。不过，我大概查了一下，发现"一带一路"倡议也包括针对沿线国家的学生活动项目，主要是为在中国高校学习的留学生提供奖学金。我觉得这一措施切实可行，不过我不确定它和此前的中国政府奖学金制度有何不同。据我所知，中国政府奖学金也为大量来自不同文化和地域背景的学生，包括"一带一路"沿线国家的学生，提供全方位的奖学金。

波兰 Grzegorz Stec 葛瑞 我认为，加强教育合作是"一带一路"取得成功的关键。我们需要召集那些适应全球化潮流、有能力有才干、受文化教育程度高的人去推动跨文化合作。因此，在"一带一路"背景下的教育合作中，除了加强高校高层间的合作，如邀请教授、专家、院系负责人参加会议以外，青年的参与同样重要。仅仅将部分学生送到国外，期望他们学有所成，这是远远不够的。我们应该通过不同的方式促进人们的交流和交往。学生们的交往方式多种多样，例如，外国留学生通常会到餐馆、酒吧去参加比较大型的聚会。相反，中国学生平日里大多和自己的朋友一起用餐，而不是在特定地点约会见面。这体现了两种不同的交往方式。但如果大家始终只是各自为伍，就很难促进彼此的交流和交往。而交流和交往正是人们相聚的意义所在：让人们更直接地结识和了解来自不同文化背景的伙伴。这对于"一带一路"背景下的教育合作而言十分重要。另外，随着社会的发展，尽管知识的传播更为便捷，但人与人之间仍然难以做到真正互相理解，这包括对不同的思维方式、不同的行为方式、不同的文化内涵的理解。我认为这是"一带一路"背景下的教育合作中非常关键的一点，也是当前有待改进的一点。

8. 你认为青年应该如何推动"一带一路"沿线国家的教育合作？

孟加拉国 Orpita Oysharja 孟献玉　在我看来，国际教育合作主要针对青年人教育，因而青年人在国际教育合作方面扮演着非常重要的角色。在"一带一路"背景下，必将有更多留学国外的机会涌现，鼓励青年学生把握机会到国外深造，可以更好地促进国际教育合作。与此同时，留学国外可以让青年人获得经验与知识，有助于他们日后的事业发展。当青年人迎来事业高峰、身居领导之位时，他们过去到不同国家受到的教育、到不同国家游历的经验，都有助于他们推动国际教育合作往多层面、多元化方向发展。

瑞士 David J. Hongler 洪大卫　留学生一方面可以把留学时学到的经验带回家乡，另一方面也可以更好地了解留学国家的人们。他们的经历会影响自身应对不同国际环境的方式，甚至可能改变他们对自己国家的看法。同时，国家和政府有责任提供必要的资金援助，特别是在教育方面的援助，促进来自不同社会经济背景的青年们的交流互动，让他们成为跨文化的交流使者，对另一种文化有更深层次的理解。

波兰 Grzegorz Stec 葛瑞 在我看来，青年人可以积极参与国际教育合作的相关项目。就个人而言，可以增长见闻、收获体验；就国家而言，可以加强文化交流、教育合作。我认为在促进国际教育合作方面，青年人所能发挥的最大作用就是积极参与其中。

9. 你如何理解"一带一路"背景下智库的作用？

孟加拉国 Orpita Oysharja 孟献玉 迄今为止，"一带一路"沿线国家广泛建立了智库。在此基础上，各国举办了一系列研讨会和学术会议，探讨了多个领域出现的问题。这些研讨会和学术会议，在加强国际学术交流与沟通合作方面起到至关重要的作用。智库层面的交流与合作，有助于自下而上推动国家层面的政策制定、政策调整以及更广泛的合作。

波兰 Grzegorz Stec 葛瑞 在我看来，智库有助于促进国际交流与合作。为了进一步扩大"一带一路"在世界范围内的影响力和辐射力，积极发挥智库作用、推动各国相互理解至关重要。中国的智库与西方国家如欧洲国家的智库在运作模式上有所不同。中西智库的职能虽然有所不同，但同样重要。智库有充足资源可以对国家政策进行全面分析，有更多机会可以向政界领导和商界领袖提议方案和传播理念。

10. 你认为青年应该如何推动智库的发展？

孟加拉国 Orpita Oysharja 孟献玉 在我看来，智库的发展，既需要资深专家的有效引导，也需要青年的积极参与。资深专家的引导，有利于专业技术与研究经验的传播与普及；青年的参与，有助于注入新鲜活力、创新思想观念。

11. 你对在文化、体育、卫生领域建立创新合作模式有什么建议？

孟加拉国 Orpita Oysharja 孟献玉 智库有必要立足自身特点与优势，选择某一具体领域作为研究方向。这有助于加强具有自身研究优势的智库之间的合作，从而进一步深化各自的研究。除智库以外，专注于不同领域的机构也应该加强合作，以推动新思想、新观念的传播与交流。

12. 你对加强各国议会、政党、民间组织往来有什么建议？

波兰 Grzegorz Stec 葛瑞 政治交往和民间交流都非常重要。人们可以齐聚一堂，就彼此感兴趣的话题展开讨论。我们应该搭建一个平台，共同商讨这类话题，增进"一带一路"沿线国家的相互了解，而不是进行单纯的政治交往、民间交流等。这些交流应该与特定的话题紧密联系，例如消除贫困、促进公平等，从而吸引更多对此感兴趣的来自不同国家、有着不同文化背景的人共同参与。正是出于对这些话题的共同兴趣，人们才可以增进彼此的沟通联系，了解和跨越彼此的文化差异。我相信，这将有利于在交流中促进合作，在合作中增进理解。同时，人们满怀热情地参与其中，这将有助于相互学习、相互借鉴、拓展社会网络，推动"一带一路"沿线国家的新型合作。另外，民间举办的交流论坛应当无关乎政治，积极邀请热衷于推动社会发展的人们就共同关注的话题畅所欲言。

13. 你对加强妇女、青年、残疾人等群体交流有什么建议？你认为在加强各国政府组织、非政府组织和民间交流方面，青年可以发挥怎样的作用？

波兰 Grzegorz Stec 葛瑞 我认为相关会议活动应该围绕一个具体议题展开，人们可以对此进行讨论。重要的是，这些会议活动应当有着明确的目的、目标和任务，鼓励人们为解决问题而各抒己见。另外，一些建设性方案应该得以落实，这样一来，人们会更乐意建言献策，表达自己的意见。广大青年可以通过实习参与到政府组织、非政府组织和民间交流之中。即使青年代表们的提案只有少数能够得到采纳，甚至在某些重大项目的决策方面发挥不了太大作用，我依然鼓励青年们多参加论坛，多为解决社会问题而出谋划策。显然，这对培养和发展政府或非政府组织等相关领域的未来领袖大有裨益。发掘他们的才能，为他们提供展现自我的平台，同时增强他们的参与感与社会责任感。如此一来，青年们的参与度自然就能有所提升。

14. 你对"一带一路"背景下加强国际反腐合作有什么看法？

澳大利亚 Matthew O'Neill 欧明修 有观察评论员建议把过去的现金资助或贷款援助转变为物品资助或服务帮助，这样可以减少相关人员挪用公款的机会。我留意到中国的反腐倡廉已在进行当中。一方面，中国国家发展和改革委员会宣布将为进行海外投资的公司提供更为完善的风险评估指引，以防止贪污款项的流通。另一方面，中国政府和世界银行合作在北京举办研讨会，探讨如何加强国际合作以推动廉洁的"一带一路"的相关议题。监督机制的缺失，将导致贪污腐败的温床滋生。中国已对国有企业的海外活动进行规范，这些活动往往涉及多家公司，因而也涉及多方利益。据报道，中国将就国有企业的海外活动建立法律体制，这一体制不仅可以提高效率，也可以缓和投资者的顾虑。贪污腐败不仅不利于"一带一路"的推行，也有损中国在提出多边倡议时的公信度，因而反腐倡廉至关重要。

瑞士 David J. Hongler 洪大卫 国际合作是成功反腐的必要举措。在当今日益全球化的世界里，富人们很容易将金钱贮存到海外，比如一些税率很低的避税港。他们利用复杂的法律手段来逃税、隐藏财富、掩盖金钱的来源等，在这些钱财中有些是通过腐败行径攫取的。很多时候，这些腐败行为并没有受到任何惩罚。为了有效地解决这个问题，非常重要的一点是将反腐合作上升到国际层面。只有通过提高避税港及其他金融产业中心的透明度，腐败行径才能更清晰地公之于众，腐败的个人才能受到应得的制裁。

15. 你对国际反腐有什么建议？

瑞士 David J. Hongler 洪大卫 长期以来，我的家乡瑞士就有比较严重的腐败现象，人们通过银行业掩盖海外资产的来源。不过，近年来迫于国际社会和欧盟的压力，瑞士推行了更为透明化的系统。这让我明白，国际社会的监督确实能有效地处理和取缔金融业中不公正的系统和体制。但是，目前许多国家仍然施行缺乏透明度的体制机制，因而相关监督不能只停留在某些国家之中，而应该在全球范围内广泛推行。当前，一些拥有特权的人利用国际金融体系，压榨中低层阶级，中饱私囊。中国等大国的施压能够极大地帮助其他国家推行更加公平的体制。同时，中国也应该在国内加大反腐力度。腐败的个人破坏了整个社会的繁荣发展，因此将腐败人员绳之以法十分必要。在中国，为了有效反腐，应该进一步加强法治，让普通公民或是牵涉在内的受害者，可以通过法律途径来应对和处理他们在日常生活中遇到的腐败问题。

16. 对于习近平主席提出的"人类命运共同体"的概念，你有何看法？

孟加拉国 Orpita Oysharja 孟献玉 中国作为世界第二大经济体，已成为全球地缘政治的重要推动力量。当下西方国家有走向保守主义的趋势，习近平主席在这一重要时间节点及时地提出了"人类命运共同体"的理念。我们应该认识到，各国人民都生活在全球化时代，各国人民都是全球公民。无论在经济还是环境保护领域，各国人民有着共同的利益关切，需要应对共同的挑战，承担共同的责任。在此背景下，尽管各国存在地理差异，但各国人民的未来发展密切相关。互联网不断普及，技术日益进步，各国人民有着越来越多的共同利益关切，各国人民需要共同应对环境污染、全球变暖、全球反恐等挑战，这一切都让构建共同体成为可能。各国人民应该共商共建"人类命运共同体"，以实现人类和自然的可持续发展。

波兰 Grzegorz Stec 葛瑞 我认为"人类命运共同体"是一个相对宽泛的概念。在这方面，我想就以下两点谈谈我的想法：第一，中国的国际地位不断提升，不同的人对此持有不同的看法，因而也会对中国提出的"人类命运共同体"概念有不一样的解读。有些人对中国的崛起感到忧心忡忡，自然就会认为，中国之所以提出"共同体"这一概念，是希望增强其在全球社会治理、国际规则制定等领域的话语权。当然，我并不认为这是中国的目标。但确实有人持有这样的观点，因为这一概念本身有着广阔的解读空间。此外，也有些人对中国的发展持有积极态度，不担心其地位的提升会对国际社会带来威胁，但他们中也有好一部分人不清楚这一概念的确切含义。当政治家在国外提及这一概念时，有可能会引起部分人的抵制，因为这部分人可能会误解中国提出该概念的动机。我们在谈到国外的政策时，都必须清楚了解其具体内容是什么，而不是只了解一个相对简洁的口号。第二，我认为，"人类命运共同体"的概念有别于全球化的概念。全球化在带来积极效应的同时，也产生了一些负面影响，如人口问题、保护主义等，引发了人们的广泛争议，而"共同体"则有利于抵御全球化带来的消极影响，利用全球化的有利因素来营造一种积极健康的新气象。在我看来，这或许是中国提出构建"人类命运共同体"的初衷。

瑞士　David J. Hongler　洪大卫　在我看来，"人类命运共同体"概念的提出，有助于人们富有成效地展望未来的国际关系。这样一个"共同体"不只为某些特定国家的利益服务。我认为，将国际社会视为全体人类的命运共同体，而非部分民族国家的命运共同体，这是十分重要的。当前，美国日益关注自身发展，其他一些国家也在国际舞台上锲而不舍地谋求自身利益，全球经济的发展和国际关系的走向存在相当程度的不确定性，这一概念也许可以发挥其积极作用。

17. 如何看待"青年命运共同体"这一新概念的提出？

孟加拉国　Orpita Oysharja　孟献玉　伴随信息技术的持续发展与不断进步，来自世界各国、有着不同文化背景的青年已走在联合的道路上。人类的发展，必须以维护当代人的发展与促进未来一代人的发展为基础。在推动人类发展的过程中，未来一代青年发挥着至关重要的作用。当下的全球决策者围绕如何在全球范围内消除战争与冲突、根除恐怖主义、促进环境的可持续发展等议题，进行相关决议、制订相关计划，旨在创建更为美好的未来。为更好地实现全球共同目标与愿景，各国青年应该携起手来共建"青年命运共同体"。

波兰　Grzegorz Stec　葛瑞　我认为"青年命运共同体"与"人类命运共同体"有相似之处。我们需要了解其具体含义，个人认为这个概念从字面上没有传递出足够清楚的信息。在其他国家，赋予这类术语或口号一个确切的定义是十分重要的。当中国与其他国家合作的时候，尤其要注意这一点。

实践与实例展示

中国经历改革开放 40 年的经济腾飞，经济实力大幅度提升，从 1979 年到 2015 年中国国民总收入平均增长速度为 9.6%，^① 在世界经济发展遇到许多阻碍、挑战的新形势下，中国的经济发展逐渐成为世界经济发展的焦点。

然而，冷战结束之后，以约瑟夫·奈提出"软实力"（Soft Power）为标志，人们开始更多地关注国家文化吸引力、政治价值观以及制定国际规则和决定政治议题的能力。"一带一路"倡议也不仅仅是一个政治经济合作的倡议，更是一个文化交流与合作的建议。如果用心理学中的"冰山理论"^② 来类比，一个国家的政策实施、政治活动仅仅是水面之上冰山所露出的那部分，水面下看不到的冰山的主体是一个国家的意识形态、价值观，这才是一个国家的核心。这一核心作用的发挥不仅仅是表面上的战略选择，更是一个国家从自身的内核出发，向外输送影响力的过程。

2017 年 5 月北京召开的"一带一路"国际合作高峰论坛中习近平主席提出，要将"一带一路"发展成为和平之路、繁荣之路、开放之路、创新之路、文明之路。"文明"之于"一带一路"构想，正如水面之下的部分之于冰山，正是这条文明之路指引着中国打开各国文化交流的新窗口，加深与其他国家之间文化的相互影响，达到深层面互利共赢的目的。这也要求中国青年，在

---

① 中华人民共和国国家统计局编《中国统计年鉴—2016》，中国统计出版社，2016 年。http://www.stats.gov.cn/tjsj/ndsj/2016/indexch.htm。

② 美国心理治疗大师维琴尼亚·萨提亚曾用冰山作为比喻，将人比作一座漂浮在水面上的巨大冰山，能够被外界看到的行为等只是露在水面上很小的一部分，而生命中渴望的真正的自我被隐藏在深海中。

加强对中国传统文化的了解、研究、传承的同时，要注重对世界优秀文化的吸取以及对中华文化的弘扬与再创造。

北大青年对于"一带一路"倡议的性质有着独到的理解。北京大学国家发展研究院 EMBA 宫刊认为，以美国为主导的世界秩序在受到多极化挑战之后出现了裂隙，中国"一带一路"倡议的提出恰恰满足了填补这一裂隙的需要。这一倡议是中国主动适应时代潮流的举动，也是中国在经济上取得举世瞩目的成就之后的必然选择。他说："'一带一路'倡议的提出，并不是一种霸权主义，中国向世界输送的是经济发展、合作政策、基础设施建设合作项目、当地的就业机会、人才和技术，而非战争、贫穷、危机。""一带一路"是构建人类命运共同体的重要渠道。对于人类命运共同体这一概念，宫刊认为它是站在全人类未来发展的角度所提出的。在目前的世界形势面前，部分资本主义国家以自我为中心的发展模式正步入"死胡同"，取而代之的应该是以建构"命运共同体"为价值基础的发展模式。

北京大学光华管理学院博士研究生蔡文源也从人类发展的宏观视角来理解"人类命运共同体"，认为人类命运共同体是指在追求本国利益时兼顾他国合理需求，在谋求本国发展的同时促进各国共同发展。蔡文源认为，在21世纪，人类面临的危机将主要源于自身，由于技术的快速发展带来的三大趋势——人工智能、物联网技术、区块链技术所引发的去中心化革命，生产管理权将逐渐从人类向机器转移，这极可能会诱发两大问题：机器人作为新物种与人类的竞争，以及人类为自我生命意义寻找更强价值依托的需要。针对这两大问题，蔡文源提出了两条可能的解决路径：第一，医学的进步提高了人类对机体的自我改造能力，这将让人类在一定程度上获得相对于机器人的进化优势；第二，人文、人本的精神理念会在人类寻求生命价值依托的过程中达到前所未有的高度。在技术更新、社会演化历程中，没有一个国家能够独善其身，互联网与物联网、跨国公司将弱化国家的边界，使人类成为"命运共同体"。

宫刊和蔡文源也分别通过创业行动在"一带一路"文化互动中找到了具

有前景的发展之路。借助"一带一路"倡议所带来的中国与沿线国家之间的合作机会，宫刊看到了通过职业培训实现各国人才的优势互补、为各国青年的就业铺路搭桥的可行性。他把"一带一路"倡议和自己公司的发展结合起来。一方面，他审时度势，抓住历史机遇推动公司发展；另一方面，他又通过公司的发展更加清晰地认识到"一带一路"倡议下青年的角色与作用。蔡文源则注意到了中国文化对外输出中语言交流障碍、软性投入不足等问题，他开发的产品"阅邻"是一款基于社区地理位置的图书共享平台，通过一种更接地气的方式促进中国人文精神领域的繁荣，创造民间文化品牌，打造中国价值符号，为我国文化输出打下坚实的基础。

建设"文明之路"的过程中，语言的差异有时的确会给不同文化背景的人带来沟通上的困难，但文化交流绝不是只能依靠语言。如果要找出一种能在世界通用，并且在某种程度上能够独立进行情感表达的方式的话，那么有可能的选项就是音乐了。

对于"文明之路"的建设，北京大学歌剧研究院院长金曼表达了自己的看法："文明的产生及落实其实就是一种对于生活的归纳与总结。"在她看来，即使学习、工作再忙碌，人们尤其是青年不能缺乏对生活的追求。只有当人们开始用心体会、感受美好的事物，比如音乐、环境等，才会有能力去创造文明。对于"一带一路"中文化的传播，金曼认为歌剧是一种很好的方法，音乐是无国界的，人们被"共情"联系在一起。而歌剧相比纯音乐更是一种极致的表达感情的方式，它所能起到的传播作用不容忽视。

作为歌剧表演艺术家，在歌剧表演实践中，金曼一直坚持使用民族唱法演唱，吸取中国戏曲和曲艺的歌唱元素，为的正是向世界弘扬中国文化。"歌剧作为中国从西方文明中学习而来的东西，不论从声音形态（美声），还是表演方式，都是西方国家所能听懂、容易被接受并喜爱的。用美声唱法演唱中国歌剧是让国内听觉向国际听觉转换所必需的手段。"当歌剧所承载的内容是中国人的故事、表达与文化时，虽然表达方式是西方的形式，但并不影响它表达的属于中国的文化、精神、价值观、世界观、人生观。这些文化内容以更能够被接受甚至喜爱的方式呈现的时候，才是中国文化能真正影响外国观众的时候。

因此，作为歌剧研究院院长的金曼在教学实践中也一直试图向青年人传播这样的理念，要推动"一带一路"文化传播，一方面需要坚守中国传统文化，扎根于中华五千年文明留传下来的灿若繁星的瑰宝，将其发扬光大；另一方面也要注意传播策略，把歌剧变成一只信鸽，飞到每一个对中国文化感兴趣的外国友人的心中。

对文明交流进行探求，要想获得更鲜活的感受，更直接的形式则是访问和旅行。来自历史学系的本科生张浩天便是走向世界的北大青年中突出的一个。"读万卷书、行万里路"，不满 20 岁的他，已经游历过 20 多个国家和地区，其中，伊朗给他留下了十分深刻的印象。即便知道伊朗是"丝绸之路经济带"上非常重要的一环，但他做出前往伊朗旅行的决定也仍然困难重重。因为在身边人的眼里，伊朗遥远而陌生，似乎局势很不稳定，恐怖袭击多发。而张浩天之所以能够坚定地前往这个陌生的国度，还是要感谢一门课程——北京大学颜海英教授的"古代东方文明"。这门课使他了解到，这片名叫波斯的土地作为中国古代丝绸之路的重要枢纽和市场，是联结欧亚大陆重要走廊的一部分，是丝绸之路上的明珠。在到伊朗之前，张浩天从未到过中东地区，即便有着对古代文明充足的热情，但是由于信息不畅，他也担心过当地局势和治安。十几天的旅程，证明他之前的顾虑是多余的，脱离实践的道听途说扭曲了这个国家真实的面貌，文明的多样性理应得到尊重。无论是由于伟大灿烂的文明，还是热情好客的人民，在"一带一路"倡议下，这个遥远的国度都值得所有人去体验。此次伊朗之行，张浩天实现了探访以波斯波利斯的文明和琐罗亚斯德的信仰为代表的"古代东方文明"的愿望，也领略了古代丝绸之路上重要的一环——伊朗的风光。更重要的是，这十几天的经历使张浩天彻底改变了之前对这个国度的刻板印象。他遇到了无数可爱的人，见到了许多真诚的笑容，体会到了伊朗人民的热情与好客。中国和伊朗两国同样拥有悠久的历史，分别雄踞亚洲大陆的东西两端，灿烂而又不同的文明使两国人民之间有着许多共同语言。目前，中国是伊朗在亚洲的第一大贸易伙伴，伊朗是"一带一路"倡议中不可或缺的一环，一路上与伊朗普通青年的交谈和对话，更让张浩天感受到，未来中伊合作具有的巨大潜力，而这有待青年人去助力、去开拓。

旅行是实现文化交流一种重要方式，只有我们真正开始意义非凡的旅行，用自己的双脚踏上那一片真切的土地，才能体会到尊重文化的多样性，让文明和谐相处、共存共荣的美妙瞬间和伟大意义。要想深化对某一地区的认识，除了实地拜访获得感性体验之外，还需要结合已有材料进行深入的理论研究。这方面，北京大学青年智库学会起到了表率的作用。

随着物质文明和精神文明的不断进步，智库"智囊团"的作用和其灵活运营的机制愈发受到当代人的重视与欢迎。为肩负新时代下青年人引领世界、引领未来的历史使命，北京大学研究生群体发起成立了北京大学青年智库学会（以下简称"北大青年智库"）。北大青年智库依托北京大学学科齐全、学科间交叉密切的优势，立足于北大青年教师、学生群体，针对时下热点和有深远意义的课题进行研究，旨在为国际、国内组织机构提供智力支持。其成立无论是对于北京大学及北大青年，还是对于国家、社会而言，都将产生深远的影响。

首先，北大青年智库变"短期调研实践"为"长期项目合作"，加强了调研实践的规划性和调研结论的针对性。以往的调研实践项目，通常采取的是零散化的发团模式，调研实践团的发出以及调研课题的选定偶然性较大。参加调研的团队在短时间内无法对当地的实际情况做出准确的判断，对于调研结论的适用性也未建立常态化、制度化的反馈机制，使得调研团容易走样，流于形式。无论是对调研团成员研究解决问题能力的提升，还是对地方政府疑难问题的解决都效果有限。北大青年智库采取了面向对象的研究机制，变被动为主动，选择针对时下热点、意义重大的课题进行研究，并对研究结论的适用性开展后续跟踪调查。这样的模式，短期看有利于地方项目推进，排疑解难；长远看有助于区域发展，改善民生。

其次，北大青年智库为有志青年提供充分发挥所长的智慧输出平台、成长平台。北大青年智库致力于从青年人视角出发，看待时下国际、国内热点，以发扬北大人爱国、进步、民主、科学的风范为己任。调研团队将在权威专家学者的指导下，对选定的高质量课题项目开展实地调查研究，给出可行性意见和方案。在这一过程中，北大青年学子通过理论学习和具体实践，将获得全新的学习体验。北大青年智库在引领当代有志青年实现自我教育和自我提升的同时，将为国家、社会打造出一支具备社会主义正能量的高觉悟、高素质的人才队伍。

最后，敢为人先，北大青年智库继续发挥北大青年的示范引领作用。自1982 年北大人开全国大学生暑期实践先河之后，北大青年再次主动求变，发扬北京大学爱国、进步、民主、科学的精神，将以往的信息收集模式发展为新型的智慧输出方案，利用北京大学所特有的平台优势，不断摸索青年智库建设模式，推动中国特色新型高校智库建设，充分彰显了北大人敢为天下先的形象。

北大青年智库作为服务社会、服务祖国的组织，将以北大青年的担当和情怀，为国家发展建言献策。北大青年智库通过设立海外观察员、成立海外研究组等方式，着手推动"一带一路"倡议的落实，为构建人类命运共同体做出贡献。

现如今，全面脱贫的计划证明了党带领人民建设和谐社会、实现共同富裕的决心；"一带一路"倡议体现了中国引领世界发展、实现民族振兴的壮志。北大青年智库将继续发扬北大人敢为人先的优良作风，为实现中华民族的伟大复兴、为人类命运共同体的构建增砖添瓦。

从宫刊、蔡文源、金曼和张浩天，到北大青年智库，为响应"一带一路"倡议，北大青年在推动文明的传承、弘扬与创新的过程中，不仅进行了自己的思考，而且付出了自己的行动。构建人类命运共同体最终的落脚点是文明共同体，这一过程中需要充分发挥青年命运共同体的作用，这是时代赋予青年的责任。北大青年作为中国的优秀青年代表，必将在前行的路上继续发光发热。

主要参考文献

《"一带一路"经济总量约 21 万亿美元约占全球 29%》，《金陵晚报》2014 年 10 月 21 日。

《北京大学多措并举助力"一带一路"》，中华人民共和国教育部，2017 年 6 月 5 日。http://www.moe.edu.cn/jyb_xwfb/s6192/s133/s134/201706/t20170607_306594.html。

《大气中国 2017：中国大气污染防治进程》，亚洲清洁空气中心。

《关于构建绿色金融体系的指导意见》，《环保工作资料选》2016 年第 9 期。

《国家风险分析报告》，中国出口信用保险公司，2015 年。

《环境保护部发布〈中国机动车环境管理年报（2017）〉》，新华网，2017 年 6 月 3 日。http://www.xinhuanet.com/fortune/2017-06/03/c_1121081621.htm。

《李彦宏：百度创始人、董事长兼首席执行官》，《商场现代化》2013 年第 30 期。

《青年学者对谈："一带一路"的历史观、世界观与价值观》，《文汇报》2015 年 7 月 17 日。

《人民日报国纪平文章：推动世界经济迈向包容普惠的新时代——学习习近平主席达沃斯论坛年会开幕式主旨演讲》，新华网，2017 年 1 月 19 日。http://news.xinhuanet.com/world/2017-01/19/c_1120340005.htm。

《十三五规划纲要（全文）》，新华网，2016 年 3 月 18 日。http://www.sh.xinhuanet.com/2016-03/18/c_135200400_2.htm。

《授权发布：推动共建丝绸之路经济带和 21 世纪海上丝绸之路的愿景与行动》，新华网，2015 年 3 月 28 日。http://news.xinhuanet.com/world/2015-03/28/c_1114793986.htm。

《推动共建丝绸之路经济带和 21 世纪海上丝绸之路的愿景与行动（摘选）》，《地理教育》2016 年第 5 期。

《物联网头条：国内物联网政策汇总（2009—2017）》，搜狐，2017 年 6 月 22 日。http://www.sohu.com/a/151178956_468632。

《习近平给南南合作与发展学院首届硕士毕业生回信》，《中国青年报》2017 年 10 月 19 日。

《习近平谈治国理政》，外文出版社，2014 年。

《习近平在"一带一路"国际合作高峰论坛开幕式上的演讲——携手推进"一带一路"建设》，《人民日报》2017 年 5 月 15 日。

《习近平在巴基斯坦议会的演讲（全文）》，新华网，2015 年 4 月 21 日。http://news.xinhuanet.com/politics/2015-04/21/c_1115044392.htm。

《习近平在韩国国立首尔大学的演讲（全文）》，新华网，2014 年 7 月 4 日。http://news.xinhuanet.com/world/2014-07/04/c_1111468087.htm。

《习近平在联合国日内瓦总部的演讲——共同构建人类命运共同体》，《人民日报》2017 年 1 月 20 日。

《习近平在省部级主要领导干部学习贯彻党的十八届五中全会精神专题研讨班上的讲话（2016 年 1 月 18 日）》，新华网，2016 年 5 月 10 日。http://news.xinhuanet.com/politics/2016-05/10/c_128972755.htm。

《习主席主旨演讲：将"一带一路"建成开放之路》，新浪，2017 年 5 月 14 日。http://news.sina.com.cn/c/2017-05-14/doc-ifyfekhi7635603.shtml。

《亚投行运营两周年——交出亮丽成绩单》，《人民日报》2018 年 1 月 17 日。

《中国和匈牙利签署"一带一路"合作文件》，中华人民共和国外交部，2015 年 6 月 7 日。http://www.fmprc.gov.cn/web/wjbz_673089/xghd_673097/t1271003.shtml。

《中国能源研究会发布〈中国能源发展报告 2016〉》,《电力与能源》2016 年第 5 期。

《中华人民共和国东北地区与俄罗斯联邦远东及东西伯利亚地区合作规划纲要(2009—2018 年)》,呼伦贝尔市发展和改革委员会,2013 年 1 月 5 日。http://www.hlbrfgw.gov.cn/dzxk/1156.html。

《最高人民检察院工作报告——2014 年 3 月 10 日在第十二届全国人民代表大会第二次会议上》,中华人民共和国最高人民检察院,2014 年 3 月 18 日。http://www.spp.gov.cn/tt/201403/t20140318_69216.shtml。

《最高人民检察院工作报告——2015 年 3 月 12 日在第十二届全国人民代表大会第三次会议上》,中华人民共和国最高人民检察院,2015 年 3 月 23 日。http://www.spp.gov.cn/gzbg/201503/t20150324_93812.shtml。

《最高人民检察院工作报告——2016 年 3 月 13 日在第十二届全国人民代表大会第四次会议上》,中华人民共和国最高人民检察院,2016 年 3 月 21 日。http://www.spp.gov.cn/gzbg/201603/t20160321_114723.shtml。

《最高人民检察院工作报告——2017 年 3 月 12 日在第十二届全国人民代表大会第五次会议上》,中华人民共和国最高人民检察院,2017 年 3 月 20 日。http://www.spp.gov.cn/gzbg/201703/t20170320_185861.shtml。

敖昌群、王其书、胡扬吉、包德树、柳良《"南北丝绸之路音乐文化对比研究"考察研究报告》,《音乐探索》2008 年第 2 期。

蔡锦胜《基于云计算的大数据分析技术及应用》,《电脑编程技巧与维护》2017 年第 12 期。

曹云华、胡爱清《"一带一路"战略下中国—东盟农业互联互通合作研究》,《太平洋学报》2015 年第 12 期。

陈莹莹《北大报告建议商业银行积极抓住互联网转型机遇》,《中国证券报》2016 年 11 月 13 日。

戴军《一带一路国际工程项目管理人才的素质研究》,《物流工程与管理》2017 年第 7 期。

戴雅兰、谢泗薪《"一带一路"背景下物流一体化发展战略研究》，《铁路采购与物流》2015 年第 12 期。

杜明军《大连港建设第五代物联网智慧港口发展模式研究》，大连海事大学硕士学位论文，2014 年。

范乔艺《我国跨境电子商务的物流模式与发展状况》，《商业经济研究》2017 年第 22 期。

房秋晨《把握"一带一路"机遇，实现对外承包工程业务转型升级》，《海外投资与出口信贷》2017 年第 2 期。

冯育民《中俄农业合作构想》，《东欧中亚市场研究》2002 年第 9 期。

付彪《习主席寄语青年"担当的责任"寓意深远》，中国共产党新闻网，2015 年 10 月 27 日。http://cpc.people.com.cn/pinglun/n/2015/1027/c241220-27745285.html。

干春松《"各美其美、美美与共"与人类命运共同体》，《人民论坛·学术前沿》2017 年第 12 期。

高江虹《专访中国铁建董事长孟凤朝：亚吉模式是国际产能合作新样板》，《21 世纪经济报道》2017 年 5 月 13 日。

管晓庆、陈志海《寨卡病毒病研究进展》，《传染病信息》2017 年第 1 期。

郭鹏《"一带一路"战略下区域物流经济发展研究》，《物流技术》2015 年第 16 期。

郭微、徐庆、徐晓磊《"一带一路"区域物流供需预测分析——以福建和新疆为例》，《特区经济》2016 年第 3 期。

韩文宁《"一带一路"历史文化遗产及其当下意义》，《唯实》2015 年第 4 期。

韩旭阳、闫欣雨《习近平五四访北大　问候谈心听诗会》，《新京报》2014 年 5 月 5 日。

何增科《改革开放 30 年来我国权力监督的重要变化和进展》，《社会科学研究》2008 年第 4 期。

洪浩《我国生物质能产业发展战略的思考》，《中国工程科学》2008 年第 7 期。

黄珊《八千里路云和月——北京大学丝绸之路考古研究》，《北京大学学报（哲学社会科学版）》2016 年第 1 期。

姜丽丽《用区块链破解国际贸易信用难题》，《特区经济》2017 年第 1 期。

金元浦《数字港·物联网·云计算——文化创意产业集聚区与国际贸易的高端融合》，《科技智囊》2010 年第 12 期。

孔俊俊、郭耀、陈向群、邵维忠《一种基于智能物体的物联网系统及应用开发方法》，《计算机研究与发展》2013 年第 6 期。

李翠平、王敏峰《大数据的挑战和机遇》，《科研信息化技术与应用》2013 年第 1 期。

李戈、魏强、李力行、金芝、许焱、郑丽伟《物联网服务建模：一种基于环境建模的方法》，《中国科学：信息科学》2013 年第 10 期。

李建军、苏泯元、杨玉、杨芳《“一带一路”战略视域下中俄跨境电商云服务平台发展模式研究》，《商业经济》2017 年第 2 期。

李力行、金芝、李戈《基于时间自动机的物联网服务建模和验证》，《计算机学报》2011 年第 8 期。

李明朗、袁烨《走向国际的年轻志愿者们》，《中国社会工作》2017 年第 16 期。

李萍《海外中国青年开展的反制性民间外交活动》，中国青年政治学院硕士学位论文，2010 年。

李桃《中国民间外交的历史和现状分析》，《理论观察》2011 年第 1 期。

李争粉《“走出去”“引进来”两条腿走路　中国创业孵化国际化步伐加速》，《中国高新技术产业导报》2017 年 5 月 29 日。

李纵、王明峰、喻思南、程远州、李茂颖、季健明、马原《创新驱动，让中国智造领跑世界》，《人民日报》2017 年 10 月 21 日。

梁丽萍《基于“互联网＋”思维的国际经济与贸易专业创新性改革研究》，《山东农业工程学院学报》2016 年第 5 期。

刘博超《我国留学工作呈现新趋势》，《光明日报》2017 年 3 月 2 日。

刘旭友《"绿水青山就是金山银山"的理论与实践价值》，《光明日报》2017 年 11 月 7 日。

刘永富《中国特色扶贫开发道路的新拓展新成就》，《智慧中国》2017 年第 9 期。

卢益清、李忱《O2O 商业模式及发展前景研究》，《企业经济》2013 年第 11 期。

陆小璇《跨国土地利用及其生态影响》，《生态学报》2014 年第 6 期。

吕耀鹏《青年创业研究综述》，《山东省青年管理干部学院学报》2009 年第 4 期。

罗伯特·阿尔布里坦等主编《资本主义的发展阶段：繁荣、危机和全球化》，经济科学出版社，2003 年。

马梅若《"大众创业万众创新"战略扎实推进》，《金融时报》2015 年 9 月 21 日。

马胜利、邝杨主编《欧洲认同研究》，社会科学文献出版社，2008 年。

木子《姚晨：与联合国难民署官员并肩作战》，《侨园》2012 年第 5 期。

屈畅《北大师生监测校园物种长达 15 年 记录超 300 种动物》，《北京青年报》2017 年 10 月 18 日。

任萌《东黑沟遗址全国十大考古发现诞生记》，《西部考古》2008 年第 3 期。

荣新江《出土文献所见丝绸之路概说》，《北京大学学报（哲学社会科学版）》2016 年第 1 期。

商发明、李震英、李志涛、邹敏、唐科莉、周红霞、闫飞龙《近年来主要国际组织提出的十大教育新理念》，《教育导刊》2014 年第 4 期。

水丽淑《西汉丝绸之路走向繁荣的原因及启示》，《兰州大学学报（社会科学版）》2014 年第 6 期。

孙可欣、詹思延、胡永华《医学大数据在药物基因组学领域中的应用与发展》，《药物流行病学杂志》2017年1期。

孙宁《污染集聚：理论评述与中国证据——新企业进入视角》，《现代管理科学》2017年第9期。

孙宁《中国污染集聚的模式特征及其历史演化》，《现代管理科学》2017年第10期。

孙先民《论古代丝绸之路贸易维持体系》，《学术交流》2015年第11期。

孙致陆、李先德《"一带一路"沿线国家粮食生产现状及前景》，《世界农业》2015年第12期。

陶玲、刘卫江《赤道原则：金融机构践行企业社会责任的国际标准》，《银行家》2008年第1期。

陶涛、郭宇宸《跨境电商平台作为新型贸易中间商的理论基础与现实发展》，《新视野》2016年第2期。

田文林《"一带一路"：全球发展的中国构想》，《现代国际关系》2017年第5期。

汪鸣《国家三大战略与物流业发展机遇》，《中国流通经济》2015年第7期。

王菲《大数据时代》，《经济视野》2016年第24期。

王海波《"一带一路"背景下我国生物质能源发展的机遇与挑战》，《林业调查规划》2017年第2期。

王海永、谷守军《基于ZigbeeGPRS物联网网关系统的设计与实现》，《电子测试》2017年第Z1期。

王林《"一带一路"为青年打开机遇大门》，《中国青年报》2017年5月15日。

王敏、黄滢《中国的环境污染与经济增长》，《经济学（季刊）》2015年第2期。

王鹏《物联网技术及行业应用——运筹帷幄的智慧物流》，《中国数字电视》2011年第12期。

王天义《发挥市场在资源配置中的决定性作用》，《中国领导科学》

2014 年第 5 期。

王万洲《GDP 增长速度与环境安全关系分析》，《中央财经大学学报》2009 年第 11 期。

王岩《"扎根中国　面向世界"——北京大学五年来国际交流成就回顾》，《北京大学校报》2017 年 11 月 15 日。

王哲《大数据："一带一路"普惠世界》，《中国报道》2017 年第 Z1 期。

王正青《教育促进人类和平的人性基础与角色实现》，《西南大学学报（社会科学版）》2012 年第 2 期。

魏强、金芝、许焱《基于概率主题模型的物联网服务发现》，《软件学报》2014 年第 8 期。

吴琼娅《基于文化交融视域下的文化输出策略研究》，合肥工业大学硕士学位论文，2016 年。

吴延《传播学视域下的丝绸之路音乐文化的交流与融合》，《音乐天地》2015 年第 5 期。

吴志攀《"大众创业　万众创新"的局面何以形成？——对北京大学部分青年校友创业情况的观察与初步分析》，《北京大学学报（哲学社会科学版）》2015 年第 3 期。

夏天娇、鲁艳霞、陈廷斌《物联网技术助推中国制造国际竞争力》，《物流科技》2012 年第 11 期。

夏昕鸣《北京大学首届研究生学术文化节开幕　四名师畅谈文化自信》，《北京大学校报》2017 年 4 月 5 日。

谢世清、何彬《国际供应链金融三种典型模式分析》，《经济理论与经济管理》2013 年第 4 期。

谢泗薪、朱浩《"一带一路"战略架构下基于"互联网＋"的物流发展模式与策略》，《铁路采购与物流》2015 年第 10 期。

邢军、孙其博、张光卫《云计算综合信息服务平台下基于 REST 的单点登录模型设计与研究》，*Software Engineering and Applications*，2014 年第 3 期。

徐辉、王静《国际理解教育研究》，《西南师范大学学报（人文社会科学版）》2003 年第 6 期。

徐胜男、吴法《"一带一路"战略实施中青年人才培养模式的构建研究》，《山东青年政治学院学报》2016 年第 2 期。

徐增堂《一带一路战略形势下区域物流经济的发展》，《物流工程与管理》2016 年第 3 期。

许崇任、郝福英、苏都莫日根、柴真、顾红雅《培养创新型生命科学人才之路——北京大学生物基础实验教学示范中心建设》，《实验技术与管理》2009 年第 2 期。

许涛《努力开创教育开放发展新局面》，《中国教育报》2017 年 12 月 21 日。

许振宝、李哲敏《"一带一路"战略下中国与俄罗斯农业合作探析》，《世界农业》2016 年第 8 期。

闫鸣、李玉长《让"一带一路"成为廉洁之路》，《中国纪检监察报》2017 年 5 月 15 日。

颜晓峰《对历史的反思：德国与日本的不同态度》，《光明日报》2015 年 8 月 14 日。

杨田贵《云计算及其应用综述》，《软件导刊》2016 年第 3 期。

杨潇潇《中国青年创业发展研究》，华中师范大学硕士学位论文，2015 年。

杨晓琴、黄元波《"一带一路"背景下云南省生物质能源发展的机遇与挑战》，《绿色科技》2016 年第 8 期。

杨旭民、徐敏、韩阳、杨鑫《嗨，自行车！——ofo，走向何方？》，《新西部（上）》2016 年第 12 期。

姚晨《探访难民营》，《课外阅读》2015 年第 2 期。

姚建铨《我国发展物联网的重要战略意义》，《人民论坛·学术前沿》2016 第 17 期。

伊曼努尔·华勒斯坦《历史资本主义》，社会科学文献出版社，1999 年。

曾定茜、江璇《"一带一路"视阈下构建沿线跨境电商良性生态圈模式探索》，《经贸实践》2017年第20期。

曾琳《国内云计算市场发展状况分析》，《移动通信》2017年第8期。

张伯瑜、刘红柱、赵海《"一带一路"音乐教育联盟成立大会回顾与展望》，《中央音乐学院学报》2017年第2期。

张全升、龚六堂《基于物联网技术的智能物流的发展模式研究》，《公路交通科技（应用技术版）》2011年第3期。

张设华《供给侧改革与我国旅游签证制度的完善》，《旅游纵览（下半月）》2017年第8期。

张藤予、曹光明、高杨《矿山物联网与"一带一路"发展融合初探》，《煤炭工程》2016年第12期。

张维为《"中国模式"成功的制度原因》，《共产党人》2014年第23期。

张维为《中国人，你要自信！》，《党的生活（黑龙江）》2015年第4期。

张玺、刘超飞、王健《低维超导的实验进展》，《物理学报》2015年第21期。

张雪青《"一带一路"区域物流协同发展分析》，《统计与决策》2016年第8期。

赵立庆《"一带一路"战略下文化交流的实现路径研究》，《学术论坛》2016年第5期。

郑丽娟《"一带一路"战略下苏州跨区域物流一体化发展路径研究》，《苏州市职业大学学报》2016年第4期。

郑永年《中国的海洋地缘政治与陆地地缘政治》，《外交评论（外交学院学报）》2014年第1期。

郑勇《"一带一路"、亚投行人才需求青睐留学人员》，《北京晚报》2015年4月22日。

中国社会科学院数量经济与技术经济研究所《"一带一路"战略：互联互通 共同发展——能源基础设施建设与亚太区域能源市场一体化》，《国际石油经济》2015年第8期。

周行《基于物联网的我国猪肉供应链管理研究》，河南工业大学硕士学位论文，2011年。

周菁葆《丝绸之路与东西音乐文化交流》，《西域研究》1993年第2期。

周阳敏《传统丝绸之路兴衰历史周期研究》，《河南社会科学》2017年第10期。

朱峰、柯银斌《试论青年之于公共外交的战略意义》，《青少年研究（山东省团校学报）》2013年第3期。

邹命贵《论文化输出面临的机遇与挑战》，《山西财经大学学报》2012年第S1期。

左智科《浅谈大数据在"信息丝路"中的应用》，《丝路视野》2017年第14期。

Chen, H., Su, Z., Song, Y., et al. Omnidirectional bending and pressure sensor based on stretchable CNT-PU Sponge. *Advanced Functional Materials*, 2017, 27.

Cheng, X., Song, Y., Han, M., et al. A flexible large-area triboelectric generator by low-cost roll-to-roll process for location-based monitoring. *Sensors and Actuators A：Physical*, 2016, 247.

Cooke, P. Regional innovation systems, clusters, and the knowledge economy. *Industrial and Corporate Change*, 2001, 10(04).

Full text of President Xi's speech at opening of Belt and Road forum，新华网，2017年5月14日。http://news.xinhuanet.com/english/2017-05/14/c_136282982.htm。

Goldstone, J. A. Demography, environment, and security. *Environmental Conflict*, Westview Press, 2000.

Haller, S., Karnouskos, S. & Schroth, C. The internet of things in an enterprise context. *Future Internet-FIS 2008*, Springer, Berlin, Heidelberg, 2008.

Han, M., Yu, B., Qiu, G., et al. Electrification based devices with encapsulated liquid for energy harvesting, multifunctional sensing, and self-powered visualized detection. *Journal of Materials Chemistry A*, 2015, 3(14).

Han, W., Kawakami, R. K., Gmitra, M., et al. Graphene spintronics. *Nature Nanotechnology*, 2014, 9(10).

Li, S., Li Da Xu & Zhao, S. The internet of things: A survey. *Information Systems Frontiers*, 2015, 17(02).

Moller, H. Youth as a force in the modern world. *Comparative Studies in Society and History*, 1968, 10(03).

Perera, C., Zaslavsky, A., Christen, P., et al. Sensing as a service model for smart cities supported by internet of things. *Transactions on Emerging Telecommunications Technologies*, 2014, 25(01).

Qiu, C., Zhang, Z., Xiao, M., et al. Scaling carbon nanotube complementary transistors to 5-nm gate lengths. *Science*, 2017, 355.

Roman, R., Najera, P. & Lopez, J. Securing the internet of things. *Computer*, 2011, 44(09).

Urdal, H. A clash of generations? Youth bulges and political violence. *International Studies Quarterly*, 2006, 50(03).

Waldrop, M. M. More than moore. *Nature*, 2016, 530.

Zakaria, F. The politics of rage: Why do they hate us? *Newsweek*, October 15, 2001.

Zhang, C., Zhao, S., Jin, C., et al. Direct growth of large-area graphene and boron nitride heterostructures by a co-segregation method. *Nature Communications*, 2015, 6.

Zhang, X., Han, M., Wang, R., et al. Frequency-multiplication high-output triboelectric nanogenerator for sustainably powering biomedical microsystems. *NANO Letters*, 2013, 13.

Zhao, Z., Yan, C., Liu, Z., et al. Wearable technology: Machine-washable textile triboelectric nanogenerators for effective human respiratory monitoring through loom weaving of metallic yarns. *Advanced Materials*, 2016, 28(46).

后 记

2018 年，不仅是改革开放 40 周年，也是"一带一路"倡议提出五周年。在过去的五年时间里，这一倡议逐渐从理念转化为行动，从愿景转变为现实，得到了国际社会的积极响应和广泛支持，为我们揭示了一条通往人类命运共同体的康庄大道。在十九大报告中，习近平总书记对青年一代寄予厚望。新时代，中国青年应当将人生理想融入国家和民族的事业中，联合"一带一路"沿线各国青年，打造"一带一路"青年命运共同体。2018 年，也是北京大学成立 120 周年。北京大学自成立以来，就与国家民族的命运紧密相连。在不同的历史阶段，北大青年承担着不同的历史使命，但始终本着"爱国、进步、民主、科学"的光荣传统，与祖国同呼吸、共命运。新时代，北大青年的历史使命就是带头推进落实"一带一路"倡议，为构建人类命运共同体汇聚青年力量。

本书的写作，源起于北京大学在 2017 年举办的"一带一路"青年论坛。该论坛以"青年的责任与担当"为总主题，邀请了"一带一路"沿线国家驻华大使、国际组织官员、高校的专家学者以及"一带一路"沿线国家青年代表等 120 余人，搭建了一个青年—学者—政府官员分享观点、传播理念的交流平台。百名中外青年代表在两个多小时的热烈讨论中，获得了对"一带一路"倡议更为深刻的体悟，践行了"青年命运共同体"的主题。

北京大学全球互联互通研究中心主任、国际关系学院教授翟崑指出，我们处在一个非常好的时代，从 2017 年 5 月的"一带一路"国际合作高峰论坛到 2017 年 10 月的中国共产党第十九次全国代表大会，都对"一带一路"提出了极高的期许，这对于中国的发展和世界的全球化进程都具有重大意义。作为青年，在这样的时代背景下，要关注三个问题——"我们是谁""我们为何来这儿""我们将去向何方"，思索青年命运共同体的真谛。十九大后，

"一带一路"迎来了一个新阶段，所有青年更要承担起这份责任，加强自身学习和研究能力，并主动发挥中国与世界各国连接的桥梁作用，促进国际交流合作。

对于中国方案，巴勒斯坦驻华大使法里兹·马赫达维从自己近年来在中国各地具体的考察调研经历出发，提出中国所走出的具有本国特色的发展道路对于世界各国的国家治理模式都有借鉴启发作用，中国模式对于世界的发展具有重要意义。

对于青年力量在建设"一带一路"上的作用，北京大学光华管理学院西安分院院长、金融学教授姜万军同样结合自身经历表示，自光华管理学院西安分院成立以来，研究员们对中国西部地区的实际状况做了多方面的研究，发现西部有许多类似莫高窟这样值得发掘并加以保护的宝贵资源。但是，由于当地力量不足，需要外部提供支持，尤其需要青年团体来帮助推动对西部资源的开发保护。同样，各国也有其尚未被发掘、值得被发掘的资源优势，因此构建人类命运共同体不仅需要各国政府的参与，还需要广大青年投身一线，互相协助，贡献力量，充分挖掘各自的宝贵优势。

"一带一路"倡议的落实，绝不是"各人自扫门前雪"，而是需要沿线各国人民乃至全世界民众的共同参与。尼泊尔驻华大使利拉·马尼·鲍德尔强调，尼泊尔和中国拥有长久的友好互信关系，由于历史、地理和文化等原因彼此紧密联结在一起。现在，越来越多的尼泊尔青年来到中国留学，以各种各样的方式参与到了"一带一路"建设中，并得到了多方好评。各国在华留学生都应当充分抓住在中国学习、生活的机会，加深对中国文化的理解，做国家间友好交往的使者。在"一带一路"倡议的大背景下，沿线各国的急速发展，青年人既是受益者、见证者，也应当是建设者、贡献者，扎实地学习知识、增强技能，为人类的命运而奋斗。这既是青年的机遇，更是青年的责任。

作为一个媒体人，新浪国际记者文晶从自己多年的国际事件报道经历中发现，在世界多元化加剧的同时，各国之间联系也日益紧密，各行各业都呈现出国际化趋势，青年大有可为。

青年人主体地位的确立，既是大势所趋，又是现实要求。北京大学国际关系学院博士研究生王丽娜结合自己的一项研究课题指出，大多数"一带一路"沿线国家是发展中国家，人口结构尚未步入老龄化，青年是社会主力。因此，在建设"一带一路"的过程中，应当以青年作为突破口，通过发出倡议、创新传播、设置交流项目等多种方式，促进青年之间的沟通与互动，从而推动国家间的交流与互信，使青年为各国的经济、文化共建贡献力量。

那么，来自不同文化背景的各国青年在交往过程中，应以何种姿态面对文化多元化可能带来的不适呢？马克思主义学院博士研究生吴朋政认为，费孝通先生 20 多年总结出的"各美其美，美人之美，美美与共，天下大同"这一处理不同文化关系的十六字箴言，对于今天的国际交流合作仍具有重要指导意义。青年在推动"一带一路"建设过程中，要理解文化差异，尊重文化多样性。

"一带一路"是一条互利共赢之路，不仅造福中国人民，而且造福世界人民。留学生代表 Ravik Mima、Valentina Crivat、Tanik Ruangpanyaphot、Michelle Nanjekho Holi 感慨，在全球化背景下，"一带一路"倡议的落实不仅促进了各国的发展，例如通过大量基础设施的修建，提升了各国硬件水平，而且增加了各国民众的收入，提升了生活水平，也为外国青年在中国工作、学习、生活带来了诸多便利。作为青年，在享受了"一带一路"所带来的实惠后，深感重任在肩，应当有所作为，进一步推动倡议的落实。

"一带一路"要充分依靠中国与有关国家既有的双多边机制，借助既有的、行之有效的区域合作平台，借用古代丝绸之路的历史符号，高举和平发展的旗帜，积极发展与沿线国家的经济合作伙伴关系。在"一带一路"倡议的落实过程中，要以"政策沟通、设施联通、贸易畅通、资金融通、民心相通"为主要内容，打造"一带一路"沿线国家政治互信、经济融合、文化互容的利益共同体、责任共同体和命运共同体，建成和平之路、繁荣之路、开放之路、创新之路、文明之路。"五通"是开辟道路的具体过程，"五路"是引领以经济发展和文明交流为主要内容的新型全球化浪潮、推动全球治理、打造新型全球秩序、构建多元一体的人类命运共同体的具体途径。"一带一路"倡议在习近平主席的大力倡导下，正成为沿线各国人民乃至全人类21世纪的共同事业。

该青年论坛正是希望为各国青年提供一个实现相互交流、携手共进的契机，搭建一个互帮互助、互联互通的多元文化平台，团结世界各国青年，发挥北大学子的示范引领作用，为推动"一带一路"倡议集思广益，贡献青年力量。论坛的成功举办反映了国内外对"一带一路"倡议的普遍认可和广泛支持，也体现出了打造青年命运共同体的理念深入人心。

本书正是探索打造青年命运共同体的阶段性成果，既是对过去中国与中国青年、北大与北大青年推动落实"一带一路"倡议、构建人类命运共同体的经验总结，也是为未来继续推进这一伟大事业、进一步展开实践活动提供理论上的指导。因此，本书的编写既是为北京大学120周年校庆献礼，也是为构建人类命运共同体助力。

从举办"一带一路"青年论坛到本书问世，我们见证了"一带一路"沿线各国青年们将自己的理想志愿同国家的前途、民族的命运相结合，将自己的信念追求同社会的需要、人民的利益相匹配；我们见证了"一带一路"沿线各国青年们众志成城、凝聚共识、同舟共济，画出造福"一带一路"各国人民的"同心圆"；我们见证了"一带一路"沿线各国青年们同世界各国人民一道，在实现各自梦想的过程中相互支持、相互帮助，兼善天下。北大青年作为时代的弄潮儿，将始终保持"敢为天下先"的勇气和魄力，把远大的理想和脚踏实地的作风紧密结合在一起，主动融入国家"一带一路"倡议的全局，突出自身的主动性与首创性，引领沿线各国青年扎实推进"一带一路"青年命运共同体建设。

本书能够顺利问世，得到了各方的大力支持。在此，我们特别感谢北京大学燕京学堂院长袁明教授专门为本书撰写序言。在袁明教授的影响下，有越来越多富有朝气、富有梦想的中国青年投身国际实践，服务世界、引领未来。感谢海洋研究院院长张东晓教授、副院长王磊教授，海洋研究院在"一带一路"领域的诸多卓越研究成果为本书的编写提供了重要的参考资料，两位老师也在本书的编写过程中提供了诸多学术指导。感谢校内校外各级领导、老师对我们无微不至的关怀，为本书的付梓提供了源源不断的动力。感谢国家各相关部委在资料、调研等方面为我们提供的帮助，为我们的研究提供了崭新的视角并且帮助我们节省了大量的精力。感谢各国驻华使领馆对我们的支持，让我们感受到了人类命运共同体的温暖。

感谢王丽娜、李若谷、戴威、Ravik Mima、侯逸凡、陈岗、Any Lam Chong Leon（林锦珍）、邱道隆、黄俊扬、胡文怡为本书撰写稿件，他们都是在各个领域颇有成就的明日之星，感谢他们在这里为不同方向的青年命运共同体构建之路展现属于自己的青年之思，发出属于自己的青年之声。

北京大学哲学系硕士研究生王少川对本书的定稿进行了审校工作，语言修正和各类资料复核、查验都需要付出大量的精力，感谢他为本书最终定稿做出的贡献。感谢本书编委会各位成员，正是所有参与者的共同努力和支持才换来了本书的顺利诞生。

最后，非常感谢商务印书馆的全力支持，尤其是总编辑周洪波博士、汉语编辑中心主任余桂林对我们的悉心指导和全力帮助，以及责任编辑刘婷婷为本书出版所付出的心血，正是他们春节期间加班加点的辛勤工作，才使得本书能够在北京大学120周年校庆前如期与读者见面。

特别感谢两家单位的鼎力支持，分别是海南师范大学菲律宾国家研究中心、费舍尔物流科技（苏州）有限公司。特别感谢北京大学全球互联互通研究中心"一带一路"青年命运共同体课题组的两位青年导师余庆峰先生和于明坤先生。

受编者能力、认识所限，以及"一带一路"工作的不断推进和发展变化，本书难免有纰漏甚至错误之处，在此，敬请各位专家学者和各位读者批评指正，恳切希望得到诸位的宝贵意见及建议，一同为人类命运共同体的事业添砖加瓦。

图书在版编目(CIP)数据

"一带一路"青年命运共同体/苏晖阳主编. —北京：
商务印书馆,2018(2019.5重印)

ISBN 978-7-100-16021-6

Ⅰ.①一… Ⅱ.①苏… Ⅲ.①"一带一路"—国际合
作—研究 Ⅳ.①F125

中国版本图书馆 CIP 数据核字(2018)第 060974 号

"一带一路"青年命运共同体

苏晖阳 主编

商 务 印 书 馆 出 版
(北京王府井大街 36 号 邮政编码 100710)
商 务 印 书 馆 发 行
北京新华印刷有限公司印刷
ISBN 978-7-100-16021-6

2018 年 4 月第 1 版 开本 787×960 1/16
2019 年 5 月北京第 2 次印刷 印张 25½
定价:88.00 元